房维中近照

# 房维中文集

中国计划出版社

**图书在版编目（CIP）数据**

房维中文集／房维中著．—北京：中国计划出版社，2009.10

ISBN 978－7－80242－324－4

Ⅰ．房…　Ⅱ．房…　Ⅲ．经济发展—中国—文集　Ⅳ．F124－53

中国版本图书馆CIP数据核字（2009）第087783号

**房维中文集**

房维中　著

☆

中国计划出版社出版

（地址：北京市西城区木樨地北里甲11号国宏大厦C座4层）

（邮政编码：100038　电话：63906433　63906381）

新华书店北京发行所发行

三河富华印刷包装有限公司印刷

787×1092毫米　1/16　33.25印张　385千字

2009年10月第1版　2009年10月第1次印刷

☆

ISBN 978-7-80242-324-4

定价：66.00元

# 作者自序

我1952年进入国家计划委员会，一直工作到1993年。随后在全国政协经济委员会工作了十年。1995年担任中国宏观经济学会会长，迄今。这期间经历了“一五”到“十一五”计划时期，经历了计划经济阶段和计划经济向社会主义市场经济的过渡阶段。几十年的实践使我感触最大的，是我国经济，特别是党的十一届三中全会以来的三十年间取得了史无前例的大发展，但也遭受多次挫折，经过了多次的大调整。实践使我懂得了许多事情。第一，我们必须打开国门搞建设，闭关自守是没有出路的。第二，必须坚持稳步前进，防止急于求成。我们吃“急”的亏吃得太多了，不解决急于求成，我们还得吃亏。第三，急于求成必然是粗放经营。粗放的增长方式不符合中国人口众多而自然资源和环境容量有限的国情，不转变增长方式就不可能实现经济的可持续发展。第四，不打破政企不分、条块分割的传统体制，实行在国家宏观调控下让市场对资源配置起基础性作用，就难以实现资源的合理配置，就转变不了增长方式。如果说是经验，这是全党和全国人民用沉重的代价换来的，我们应当珍惜。

本书收集了作者1978年以来所作的时事报告、会议发言和撰写的文章，或者是解释党的方针政策，或者是阐述自己的观点、维护党的方针政策，都是有的放矢、坦诚直言的。我认为，作为一个老的计划工作者，这是在尽对社会的责任。

房维中

2009年9月30日

# 目　录

# 访日归来的报告*

（1978年6月10日）

经中央批准，中国经济代表团一行19人，于1978年3月28日到4月22日访问日本26天。代表团以林乎加为团长，段云为顾问，房维中和高修为副团长。这是粉碎“四人帮”之后，中国政府派出的第一个大型国外经济考察团。

代表团访日期间，同日本政界、财界、企业界、学术界人士进行了广泛的接触，了解日本战后经济发展的历史和经验，介绍中国粉碎“四人帮”以后的大好形势和新时期的任务，并就扩大中日经济贸易关系和开展技术交流交换了意见。

代表团在日本参观了著名的钢铁、造船、汽车、电子、化工、机械、纺织和轻工等工厂，共39家。还参观了港湾、码头、建筑、养鸡养猪场、公害监视中心、三井物产公司，以及早市、百货店、超级市场、地下街、商品流通中心等等。这些参观，使代表们大开眼界，同时，也看到了我们同日本的差距，增强了奋起直追的志气和信心。

**我们在日本看到的工厂、企业，有以下几个特点：**

1. 自动化程度高，劳动生产率高。丰田汽车厂，职工4.3万人，加上直接协作的工厂不过15万人，年产汽车270万辆。它的内燃机工厂，实现了自动化，生产20种发动机，

---

* 根据在中国社会科学院的报告整理。

年产240万台，完全是机械手操作，两班制，每班工人只有46人。我国长春汽车制造厂，4.3万人，去年生产汽车4.3万辆；全国汽车行业70万人，去年生产汽车13万辆。日本汽车工业的劳动生产率等于我们的几十倍。

新日铁君津钢铁厂，有4座高炉，4座转炉，职工不到1万人，年产1000万吨钢。4000立方米的大高炉，一班只有4个工人。日方请林乎加团长操作，按一下电钮，钢就出炉了。我国鞍钢（不包括矿山）15万人，去年产钢600万吨，每人平均40吨。日本君津钢铁厂每人平均1000吨，高出我们25倍。

神户港，日本的大港口之一，每年吞吐量1亿4000万吨。9个集装箱码头，按订单，从工厂运到码头，装到船上，全部电子计算机控制。一个神户港的吞吐量，等于我国全部港口的吞吐量。

三井物产公司，日本最大的商社之一。它有个电脑中心，24小时保持业务联系，世界上重要情报5分钟就整理好了。

2. 产品质量好，管理非常严格。过去的印象，“东洋货”中看不中用，粗制滥造，现在变好了。资本家为了取得高额利润和竞争优势，努力提高产品质量、精益求精。日本政府在提高产品质量方面下了很大功夫。政府立法，不合质量标准的产品不准出厂，否则要罚款。产品质量不好，几个不顶一个用，是最大的浪费。我们的汽车，跑10万公里就要大修，日本的能跑40万公里。电视机显像管，我们现在还不过关，按规定标准用1000至2000小时，实际上有些只能用700小时，1天2小时，1年就不行了。日本的能用1.3万小时，10年也用不坏。

3. 花色品种丰富多彩，按用户需要安排生产。日本人告诉我们，过去是“我卖给你”，现在的口号是“我为你生产”。你需要什么品种、什么规格、什么式样，按你的需要生产。这样，适应性强，既有高度的计划性，又有高度的灵活性。首先，收到订货单，按订单定料，安排运输和生产加工能力。生产出来马上送到用户手里。工厂不怕麻烦，接受小批量订货。丰田汽车装配线按订单装配，装的汽车型号不一样，有前开门、后开门的，有4个缸、6个缸的。到百货公司参观，商品式样真多，皮带至少几百种，最好的上万元；手表上千种；皮鞋、皮包上千种。我们的轻工业品，能摆上日本大百货商店货架上的很少。我们的商品是“高度标准化、通用化”，男人女人、大人小孩都能用，而且质量差，品种单调，包装不好，最好的商品在日本也只能放在地摊上卖。

4. 重视环境保护。日本60年代公害严重，1967年以后采取一系列措施，制定保护环境法规，取得显著成就。我们看到的钢铁厂，厂区都很干净，15%的绿化面积，种果树，种花草，看不到冒烟，废气废水都作了处理。东京、大阪看不到天空烟云弥漫。我们现在环境污染相当于日本60年代。外宾到上海，想登上海大厦看全景，接待单位都很难安排。日本来参观的人说，你们环境太糟糕，没有一个好环境、没有文明和秩序，生产不出好产品。

5. 企业工作效率高，时间观念强。时间就是利润，速度就是利润。生产任务事先安排好，生产环节一环扣一环，谁都不愿因耽误时间而受罚。办事手续简便，说干就干。

6. 情报非常发达，消息灵通。企业负责人精通业务，不仅了解本厂情况、国内情况，对国外情况也了如指掌。我们现在基本不了解国外情况，国内情况也不很了解。我们的电子元件降价出卖，10元的卖1元，库存有大量元件，但工厂还一个劲生产。广州交易会出口商品同外国没法比，海鸥牌照相机在国外卖不出去，焦距半天也对不好。人家一般家庭用的照相机，已经是自动快门、自动对焦距。我们太闭塞了，信息不灵。千辛万苦，费那么多原料、动力生产出的东西，放到仓库里卖不出去。

日本的这些方面，都值得我们借鉴。

**日本自50年代以来，主要是60年代的10年间，经济高速度增长，成为一个经济大国。**

1960年到1970年，日本的国民生产总值从相当于430亿美元增加到2000亿美元，增长3.6倍，平均每年增长16.5%；钢产量，从2200万吨增加到9300万吨，增长3.2倍，平均每年增长15.5%；发电量，从1100亿度增加到3600亿度，增长2.1倍，平均每年增长百分12%。

70年代，日本经济继续高速增长。1977年，日本国民生产总值达到相当于6800亿美元，钢产量达到1.02亿吨，发电量达到5000多亿度，汽车产量850万辆，造船1000多万总吨，乙烯产量400万吨，电视机产量1500万台；对外贸易1500亿美元，顺差近100亿美元。1978年3月底，外汇储备近300亿美元。市场商品丰富，人民生活水平较高。

日本是个最大的原料加工国。煤炭77%靠进口，棉花、羊毛、有色金属100%靠进口。据1976年统计，主要原料进口达300亿美元，包括2.6亿吨原油（210亿美元），1.3亿吨铁矿石（23亿美元），6000万吨煤炭（5.6亿美元），73万吨棉花（9亿美元），28万吨羊毛（6亿多美元），铜、铝等有色金属合19亿美元。这些原料加工成成品，出口的部分卖了400亿美元。仅钢材一项就卖了100多亿美元，船舶和汽车卖了170亿美元，电视机、合成纤维、摩托车、收音机等加在一起约卖了100亿美元。一般情况是，原料进口加工成成品，留下1/2到2/3作为国内消费用，其余的出口。熟练工人工资每月20万日元。几乎每个家庭都有小汽车，不愁没钱买，而是愁没处放。日本是个加工国，进口1吨原料是43美元，出口1吨商品是100美元，基本上是卖技术。

日本日中经济协会会长稻山嘉宽先生给我们讲，日本人善于变不利条件为有利条件：

1. 日本资源缺乏，什么都没有，就发展加工贸易，进口原料经过加工，变成产值更大的工业品，除了出口，国内什么都有了。

2. 日本是个岛国，四面被大海包围，就发展造船业，造船总量占世界一半，做到了四通八达，使大海为日本服务。

3. 日本国土小，只37万平方公里。没地皮建工厂就填海造地。君津钢铁厂填海造厂房，不仅有了厂房，而且有了深水港，可进10万吨到20万吨的船。

我国同日本相比，条件好多了。山西省煤储量4000亿吨，1年开采4亿吨，100年也开不完。我们国土大，资源丰富，把有利条件发挥出来，可以赶上他们。

**日本经济飞跃发展，关键是三条：**

**一、引进先进技术，把世界上的先进东西拿到自己手上**

据日本官方统计，自1950年到1975年，从国外买了2.6万项技术专利，只花了58亿美元。其中，50年代买了3000项，60年代买了1.2万项，70年代前5年超过1万项。原则是谁先进买谁的，兼采世界各国之长。如钢铁工业，连续铸锭、冷热轧，都是美国专利，部分是苏联专利。昭和电工公司的乙烯工厂，有美国、德国、法国的专利。买来后迅速吸收、消化、革新、创造，广泛应用，然后再出口。到目前为止，技术进口还是比技术出口多。1975年买了7.1亿美元，出口1.6亿美元。日本人自己说，日本的科学技术过去是准备阶段，现在才进入自己的发展阶段，但引进的比例还相当大。开始以引进成套设备为主，后改为引进专利，现在又注重购取实验室技术，在试验阶段就搞过来，试制成功后投入市场，参与竞争。美国说日本向美国倾销，美国要采取措施，也去日本卖货。日本说，欢迎你来卖，问题在于你有没有竞争能力，竞争不过我们就骂我们倾销，这不公平。由于引进先进技术，日本节约了大量摸索时间和试验经费，很快跃为先进。美国杜邦公司发明尼龙，花了11年时间，用了2500万美元。日本东丽公司花700万美元买来专利，投产2年，就净赚9000万美元。我们的彩色显像管，如果1974年就进口设备，去年即可投产，年产50万台。但江青把它破坏了，说要自己研究，至今已5年还没有过关。现在还是决定从日本进口设备，最快1980年才能投产。日本人说，在这上面胆子要大些，小手小脚不行。人家已经行之有效了，你还关门研究?!

**二、充分利用国外资金**

战后日本，主要由美国借资金给它。八幡制铁所是靠中国大冶的铁矿石起家的，稻山嘉宽先生于战后去美国，打算买200万吨废钢铁，美国人说你太小气了，应当发展自己的钢铁工业，没钱没技术我可以帮助你。结果，从美国借钱办起了新的钢铁厂，两年就把借的钱还上了。日本企业自有资本只占20%，80%是银行贷款。在日本，1亿元资本可做10亿元甚至15亿元的生意，而我们的比例只有1：1。日本银行的资金来源有三个。一是国内存款，主要是居民储蓄。1976年国内存款相当于1000亿美元。二是海外借款，近年来每年短期借款（1年以内的）250亿美元左右，长期借款约为10亿美元。三是吸引外币存款，每年在60亿美元以上。

**三、大力发展教育事业和科学研究，培养科技人才**

许多日本人士指出，日本经济高速发展的原动力在于重视教育。日本明治维新时代就提出：“求知识于全世界。”教育事业发达，科技水平高，能很快消化掌握引进的技术。现在，日本高中生就学率为90%左右，大学生就学率为40%左右。工厂很重视技术培训，大学毕业后进厂也要培训。每个企业都有一个相当规模的产品设计和研究机构，资本家不惜为此付出大量资金。

日本这三条经验，我们也可以用。要加快四个现代化，当然要坚持自力更生，同时也要学习外国一切民族的长处，大胆引进国外先进技术，为社会主义服务。列宁提出过，要使苏维埃强大起来，“在经济上极力利用、加紧利用和迅速利用资本主义的西方”。日本采取“拿来主义”，后来居上。我们在保证国家主权的前提下也可以这样做。邓小平同志说，要把70年代的水平作为我们的起点。我们已经在这样做。上海宝钢，买日本技术，建成后一下子就能达到70年代的水平。显像管也是。利用国外资金，日本可以用，我们也可以用。一是借款，一是利用国外存款。世界上任何一个国家都有借款和存款，包括最富的美国，哪有银行之间不相往来的？人才的培养是我们的要害问题。“四人帮”在这方面的破坏，远比少出多少万吨钢严重得多。1965年以后毕业的大学生，几乎没学什么东西。邓小平同志抓科教，真是抓到点子上了。现在进口了机器不会操作，有的还搞坏了。要千方百计加快培养人才，不拘一格选拔人才。香港一刊物发表文章，说我们为什么不管管人才方面的浪费。我们确实是一方面缺少人才，另一方面浪费人才。我们相信，只要认识了教育的重要性，认识了培养人才的重要性，我们就能及时采取措施，解决这个问题。

**中国经济代表团访日归来后，向中央提出以下的建议：**

1. 有计划地从国外引进成套设备，重点解决燃料、钢铁有色、化工这三个方面的需要。设计委托国外做；资金用国外的设备贷款，或者采用补偿贸易的办法解决。引进成套设备，要严加控制，不能一拥而上。

2. 买专利。三五年内，买它几千以至上万项专利，改造我们的工艺，改造整个机械工业，把各行业的生产技术提到一个新水平。现在我们机械工业很落后，如果不在三五年内大改造一下，以后还要大量进口设备。我国的轴承、泵、阀门、开关等基本的东西都不行，电梯开到半腰不动了，就是因为轴承不灵。买专利，人家要求报产量，我们以为这是丧失主权，不愿报，人家就按你几亿人口估产量，多算几十倍的钱。其实国际惯例都这样，没有什么丧失主权的问题。引进专利和设备，使用、研究、消化的工作必须跟上。

3. 进口一批装配线，用国外的零部件装配出成品，用于国内需要或者出口。这样做，花钱不多，掌握技术快，学会一样零件的生产就减少一样进口，比买成套设备自己建厂装配来得快。

4. 请外国专家。引进设备一定要买专利，还一定要请专家，这不花多少钱。同时，积极派实习生和留学生，到国外企业实习和到国外学校学习。

5. 扩大出口，多搞外汇。我们实在不会做生意。到国外一看，好多东西可以出口，就是质量不行，或者就是包装不行，一等的产品卖三等的价钱。日本和美国每年进口服装40亿美元，其中33亿是从亚洲进口的，大部分从香港、南朝鲜、台湾进口，我们只占1000万美元。日本每年进口100万到200万吨鱼，如果我们向日本出口20万吨，就可以收汇5亿美元，等于出口500万吨原油。我们的海岸线长，可以打渔出口；没船可以买船，用鱼来还船款。日本人说："外汇在水上漂，看你去捞不去捞。"

南朝鲜在国外给人盖房子，一年可拿10亿美元。我们与科威特联系盖房子，至今未订下合同。我们的管理机构好比是“超大型集成电路”，线路曲曲弯弯，不知什么地方短路就卡住了。

1977年，亚洲“四小霸”的出口情况是：南朝鲜100亿美元，新加坡80亿美元，台湾93亿美元，香港95亿美元。中国大陆只有76亿美元，潜力大得很。

除正常外贸外，可干的还有几件事情：

1. 搞来料加工。如服装，可进口原料，按国外需要的样式加工。“四小霸”就是利用工资水平低，廉价劳力搞加工。我们的平均工资低，更可搞加工。问题是劳动生产率太低、管理费太高。香港1人1天可做42件服装，我们只做十几件，这可以改进。这项工作可以在上海、天津、北京、广州先搞起来。

2. 搞农副产品出口基地。在广州等地搞，将农副产品直接运至香港、澳门和日本。香港讲究吃鲜活产品，活猪现宰的12元港币1斤，冻肉只6元港币1斤。

3. 充分利用香港、澳门转口。

把出口贸易搞好，必须解决质量次、品种单调、不按合同期限交货的问题。我们的银行信用是世界第一，履行商业合同的信用是世界倒数第一。夏衣到冬天才运到，不合时令，只好摆在地摊上削价出售。不守信用，再说社会制度好也不行。解决这些问题，必须实行几个转变：

1. 从以产定销转到以销定产。不是我生产什么卖什么，而是用户需要什么就生产什么。

2. 从以量胜质转为以质胜量。

3. 担负出口任务的企业，从以生产数量作为考核标准转到以换汇率作为考核标准。

4. 从关门搞生产转到开门做生意。现在出口产品，生产工厂同外商不见面，既不了解国外需要，也不了解国外技术。应当在外贸部的安排下，实行产销直接见面。

中国经济代表团的这些建议，得到中央的重视。

# 党的工作重心转移和三年调整*

（1979 年 4 月 14 日）

1978 年 12 月党的十一届三中全会决定，全党的工作重心转到社会主义现代化建设上来。这是个重大的战略决策，得到了全党全国人民的拥护。搞四个现代化是全国人民最大的心愿。由于政治运动接连不断，特别是长达十年的“文化大革命”，我们的经济建设时常是在那里打打停停，有时候发展得快一点，有时候又退回来。粉碎“四人帮”以后大家非常高兴，强烈要求把经济搞得快一些。

全党工作重心转移以后，第一个战役干什么？最近中央明确地决定，今年、1980 年、1981 年三年时间里，先搞国民经济的调整。中央提出的完整方针是调整、改革、整顿、提高，核心是调整。中央这个决定，是在实行战略转移后，在战役上的重大部署。有些同志思想一下子转不过弯来，为什么粉碎“四人帮”以后搞了两年，不接着搞大发展而先要调整，是不是出了什么问题？应该明确地说，并不是我们经济中出现了什么新问题，而是根据经济的客观实际情况和经济发展的客观要求，现在需要采取这个步骤，先搞调整。如果说在粉碎“四人帮”以后，我们对这个问题还看得不大清楚，那么经过这两年，问题已经暴露得比较明显，我们认识到了

* 在北京市党政干部形势报告会上的讲话要点。

不调整不行，不调整就不能有大发展。

当前，国民经济比例失调的情况相当严重。

第一，工农业比例失调，农业非常落后。去年虽然遇到了严重的干旱，整个粮食的收成情况还是比较好的，根据各省市上报的数字，经过省委核定是6089亿斤，比前年的5600多亿斤增加了400多亿斤。即使是这样，粮食的供应还是很紧张的。现在得吃进口粮食，去年一年全国进口的粮食、棉花，植物油、糖共花了21亿美元。有相当大地区的农民还吃不饱。这是我们现在感到的一个突出的问题——农业落后。

第二，重工业和轻工业比例失调。现在轻工业品的供应适应不了市场购买力的需要，许多商品供应不足。

第三，燃料动力工业和其他工业之间比例失调。煤、电、油远远不能满足需要。去年全国生产了3100多万吨钢，这是冶金战线广大职工艰苦奋斗的结果。但是钢上去以后，煤、电紧张了。煤就这么多，电就这么多，钢铁多搞一些，其他工业用电就供不上了。

怎样调整呢？经过最近研究，主要加强三个方面：

（一）加强农业，把农业搞得快一点

去年三中全会确定了一系列的政策，主要是调整农产品的收购价格。从今年的夏粮上市起，粮食的收购价格提高20%；完成征购任务以后超售的部分再加价50%，超过征购任务交售的粮食等于提高价格70%。这件事情农民是非常高兴的。现在农民的情绪非常高，因为实际上相当于给农民加了工资。棉花、油料收购价格也要提。猪的收购价格也要提。猪、肉、鸡蛋的收购价格也要适当提。这样，使农产品的价格能够维持一个相当的水平。总的来说，我国农产品的价格是比较低的，同国外比较也是低的。过去农民感到种粮食收益不大，因此积极性不高。为了加强农业，今年一年国家要拨出65亿元来提高农产品收购价格。

（二）加强轻工业，使轻工业发展速度比重工业快一点

调整以后的计划，重工业增长7.6%，轻工业增长8.3%。轻工业不仅今年要发展快一点，今后几年的发展也要快一点。钢铁要给轻工业让一点路，今年全国钢的产量大体上维持去年的水平，不要求什么大的增长。但是，对钢铁工业提出一个新的重要的任务，就是要把力量用到品种和质量上来，钢要好钢，一吨顶一吨；要多出材，出好材，质量指标要求要严格。

（三）加强燃料、动力工业

现在全国煤、电这么紧张，在投资分配上对煤、电、油的投资比重要提高。1975年煤、电、油投资占全国总投资的比重是20%，现在要提高到30%。

三年调整期间要加强以上三个方面，同时还要有两个排队。

一个是生产企业排队。现在我们的燃料动力供应，满足不了现有这样多企业的消耗，怎么办呢？只有先让那些产品质量好、消耗低的企业吃饱开足，而把那些产品质量不好、消耗高的企业停下来。人可以三个人的饭五个人吃，燃料动力和原材料可不能这样，应该是三个人的饭只给三个人吃。我们有些企业经常停停打打，与其这样，还不如把一部分企业停下来，让那些好的企业开足马力生产。什么叫国民经济比例失调？即没有那样多的煤、电却办了那么多消耗煤、电的企业。我们常跟外国人讲，我们现在燃料动力不够。外国人就很不理解，说他们办一个工厂，首先得落实电落实煤，没有煤电就不开这工厂。而我们现在搞工厂，却不考虑整个

建设中的煤电安排够不够，不考虑有没有煤，有没有电，而是建起来再说。所谓调整，就是我们大家要冷静一点、实在一点，按照客观经济规律办事，有多少煤电你就开多少个工厂。已经开多了的工厂，只能把它停下来，叫关、停、并、转。一部分企业要停产关门，一部分企业要暂时停产整顿，一部分企业要合并，一部分企业要转产。

再一个是基本建设项目排队。现在我们的基本建设项目太多了。去年统计局作了一个普查，全国开工的大中型项目有1700个，加上投资在5万元以上的小型项目和技术改造措施项目，全国有11万个。这么大的建设规模，远远超过了我们钢材、木材、水泥、设备和资金供应的可能。这也是三个人的饭五个人吃，大家都吃不饱。这么多年，年年喊基本建设要集中力量打歼灭战，但“喊得凶，做得差”，结果是谁的项目都动不了，谁也建不成。现在基本建设的问题，是各个方面的要求太急，规模搞得太大，综合平衡又没有搞好，贪多嚼不烂。年年嘴里喊得凶，但手很软、下不了刀子。上项目大家都高兴，砍项目都不高兴。成天讲经济规律，经济规律是无情的。没有那么多东西，你想办那么多事情，就办不成。不仅办不成，每年还要打消耗战，要受惩罚。光是人头费一项，工期拖长一年就是50亿元。有些工程，本来3年可以干成的干5年，5年可以干成的干10年。有的工程明明知道办不成，却硬撑着架子在那里干。现在，我们不能再这么干下去了，要收缩。有的工程干了一半停下来，当然要受到损失。但是只有下一批建设项目，才能把当前紧急需要的项目赶快搞起来，生产能力才能够很快地增加。就这一点，我们所得到的比我们损失的不知道要大多少倍。

这次调整，要下决心搞这两个排队。生产企业要排队，基本建设项目要排队，停一批，保一批。有的同志问，不停一批企业，不下一批项目行不行？不行！多少年经验表明，不停一批企业，不下一批项目，还是现在这种状况，大家都得挨饿。

这些年，我们的基本建设工作搞得很不实在。去年计划规定全国要建成投产大中型工程项目400多项，结果到年底连一半都没有完成。什么原因没有完成计划？在290多项没有完成计划的工程中间，有40多项工程的工艺还没有过关，资源还没有搞清楚，工厂盖起来不能投产，白白浪费了投资。有许多基本建设项目电力都还没有着落，建起来还不是不能开工。我们有相当多的项目出现了“工厂建成之日，就是停产之时”。这次要严格起来。新建项目的地质资源搞清楚没有，要地质工程师签字；工程地质搞清楚没有，要工程地质师签字；水源搞清楚没有，要水源工程师签字。以后出了问题就找签字的。项目建成后由谁供应电，必须有电力局签字。今后没有电源保证，工厂就不能建，要有一套责任制。不能出了问题就你推我，我推你，谁也不负责，最后推到计委头上。今后，该计委承担的责任由计委承担，不能什么都责怪计委。计委的工作是个得罪人的工作。今年原定的全国基本建设投资457亿元，最后总算安排下去了，相对于各省市、各部门要求的1200亿元，没有一个省市、没有一个部门满意。现在又要从457亿元压缩到360亿元，就更难办了。北京的投资要减1/3。

我们引进国外的设备和技术要循序前进。去年国务院开务虚会，一些同志从国外考察回来，发现我们很多技术比外国落后，主张多从外国引进。当时中央决定从国外引进技术，利用国外资金，这个决定是非常正确的。问题是，由于我们没有经验，引进的工作搞急了，发生了一些问题。主要有以下几个缺点：

第一个缺点，引进设备的合同签字了，但是贷款的合同没有签字，特别是跟日本和西德。本来两个谈判是同时进行的，但是贷款谈判扯皮，我们要求按美元计价，日本坚持按日元计价，因此在贷款没有谈拢的情况下在设备合同上签了字。今年第一季度日本人来要钱，我们没有钱付现汇，这就发生了问题。我们只好给日本的二十几家合同公司发了电报，说我们签订的合同政府没有批准，原因是贷款没有解决。日本资本家就急了，有的就提抗议，说中国不讲信用，签了合同不算数。我们这样做的理由，就是根据在签订的设备订货合同中间有一条规定，从设备合同签订那天起60天内双方各自提请各自政府批准。我们政府不批准，并没有超过60天。日本人说，像宝钢这样大的项目，在政府批准合同以前就投入了很大的人力物力，现在到达上海的日本技术人员已达2000多人，一大笔开支已经花出去了。我们说，本来签订购买成套设备合同应该把给优惠贷款作为一个先决条件，这是国际上通行的惯例。你给我优惠贷款，我才买你的成套设备，你不给我优惠贷款我就不买你的成套设备，我可以到欧洲去买。我们相信你，在贷款问题没有谈定以前，就跟你签订了订货合同，谁叫你签了订货合同以后还不解决贷款。你不给贷款我就签了字，我签了字你还不给贷款，你不如欧洲国家，以后请你注意。稻山嘉宽先生有远见，主动给日本政府、企业做工作。现在这个问题已接近于解决。去年我们同日方签订的合同，可以全部把用现汇改成延期付款。我们坚持用美元，如果不行就美元日元各半，现在正在谈判。另外，银行贷款问题也是可以解决的。

外国资本家主要是赚我们钱，我们在这方面没有经验。多少年来，没有跟外国人打过交道，有好多事情我们并不清楚。世界的行情，世界做买卖的一套生意经，我们不熟悉。

我们谈判的人非常紧张，他给你报的价，你不答应嘛怕跑了，答应嘛又怕多花钱。

第二个缺点，我们买成套多，买专利少。去年签订的60多亿美元的合同，基本上都是成套设备。外国人劝我们，不能这么买，有钱不能尽买鸡蛋吃，得买鸡回来自己下蛋，教我们要买专利。日本人说，他们进口设备基本上不买第二套，只买一套，买到专利后自己造。我们的问题是，第一，买专利自己造，哪年能造成？要快，还得买成套。第二，对我们自己的制造业不信任，怕造不出来。

第三个缺点，很多项目的国内准备工作没有做好，不能按期建成，建成以后也不能很快达到设计能力。东北霍林河煤矿，从西德引进一套露天开采设备，我们向西德提供了地质资料，经过他们补打了几个钻，发现我们原来报的地质资料不确实。原来报的煤层很厚，补打结果发现中间有很多的夹层。如果按照我们提供的地质资料进行设计，那造成的浪费就大了。

所以，引进要循序前进。吃一堑，长一智。我们总结去年经验，现在作了若干规定，慢慢地可以走上轨道。

调整要统筹安排人力。这次调整，同60年代初不一样，那时全国减下来2000万职工下农村。这次不但不能减人，还要增加人，有些城市里必须想办法安排下乡的知识青年返回城市。这给我们的经济工作提出一个难题。又要缩短战线，又不能减人；不但不能减人，还要安排一批人就业。所以现在的工作，才是真正地做经济工作，真正到紧张动脑筋的时候了。

要坚持平衡的原则。要搞财政平衡，物资平衡，信贷平衡，外汇平衡。现在当厂长，最头疼的是给任务不给材料不给电。这实在是对不起大家，这叫计划留缺口。为什么要留缺口呢？就是任务和摊子太大，又压缩不下来，东西就这么多，对不起，大家都少给一点。这样搞下去，不利于比例关系的调整。所以，平衡的原则，不留缺口的原则，必须坚持。但是还得说一句，1979 年我们的计划还难以做到完全不留缺口，我们努力争取明年做到，看行不行。

调整的内容大体上就是这些。不能理解调整就是退。重工业要退一些，但农业要加强，轻工业要加强，燃料动力工业要加强。从总的来说还是前进的。就部门来说是有进有退，就企业来说是有舍有取。

我们的调整，不是说经济中发生了什么新问题。检查起来，去年有一个时期我们要求急了一些，要求百废俱兴，要求各个方面都搞快一点，这样规模就搞大了。但是，总的来讲，这次调整是要解决由于林彪、“四人帮”长期破坏遗留下来的问题。只有解决这些问题，我们才能更好地前进。

# 现行经济管理体制存在的问题及改革的一些设想*

（1979 年 9 月 7 日）

我们现行的经济管理体制，弊病很多，主要问题是三个：

第一，自上而下的指令性的计划，管得太多，把经济搞死了。国民经济错综复杂，不断变化，要想通过国家计划对各项经济活动统统作出具体的规定，根本不可能。国内外的经验证明，没有哪一个中央机构能够解决经济问题的全部细节。

第二，按行政系统、行政区划、行政层次、行政手段来管理经济，切断了经济的自然联系，排除运用经济的办法，产生了一系列问题和数不尽的浪费。许多事情，企业之间直接见面，问题就能很快解决，但非得一级一级地报批。几十道关口，一个关口通不过，事情就停摆了。而从下向上报，再从上向下批，一个圈子兜过来，即便顺利通过，已经时过境迁了。

第三，企业本身没有自主权，什么事情都得由上级布置、上级批准，多少条绳索把企业捆得死死的。其结果，企业只对上级负责，对计划负责，吃“大锅饭”，想积极也积极不起来。等、靠、要不对，但现行体制就是鼓励等、靠、要，鼓

* 为《财贸战线》所写的专题文章。

励伸手，而不鼓励企业开动脑筋，自己想办法把事情办好。

这三个是相互联系的。搞包罗一切的指令性计划，就得主要靠行政机构、行政手段。其结果，必然束缚和伤害企业的积极性。企业是生产的直接承担者，企业没有积极性，生产要更快地发展是不可能的。

当然，问题不止这三个。在企业本身，还有一个经营好坏同生产者个人的物质利益不挂钩的问题。这个问题也是非常重要的。

为什么长期打不破这套体制？认识上有偏差，以为社会主义公有制，实行计划经济，就得实行包罗一切的指令性计划。越是问题多，越是嫌管得少、管得不严。过去老批评计划不全不深不透，不仅要管全民企业，连社队企业的供产销都想直接纳入国家计划。国家管的经济技术指标，越加越多。中央管不了，就想放给地方，地方管不了，出了问题，又收回中央。来回兜圈子，就是不去想怎样扩大企业的权力，把许多事情让企业自己去管。

强调计划经济是完全正确的。国家通过计划，指导国民经济按比例地发展，避免无政府状态。但是，计划经济是不是一定要全部实行指令性的计划，可不可以利用市场关系和经济手段，来达到计划规定的目标？事实证明，是可以这样做的，而且应当这样做。

我们应当实行什么样的经济管理体制，现在的想法不尽一致。大体有三种方案：

第一种，高度集中，恢复第一个五年计划时期的做法，即实行“古典式的中央计划经济”。主张这种体制的同志还是有的。但是，这种体制，中央与地方之间矛盾重重，部门与部门之间矛盾重重，地方与地方之间矛盾重重，中央、地方与企业之间也矛盾重重，这是实践已经证明了的。

第二种，分散管理，各省、市、自治区经济独立，即实行以省、市、自治区为主的“地方计划经济”。这样办，可以八仙过海，各显其能。但是，这种体制仍然没有解决企业自主权的问题，不过把中央集权中存在的问题不同程度地转到省市的头上，而按行政区划和用行政手段管理经济所带来的弊病并没有消失，且会限制地区之间的经济协作和经济交流。许多资本主义国家实行“虚君共和”，中央管虚，地方也不直接管企业。美国的企业并不是按几十个州划分的，日本也不是按几十个县划分的。现在，跨国公司盛行，欧洲正在搞共同体，而我们如果把全国经济按省、市、自治区划成二十九块，有的同志担心，这不是前进，而是后退。当然，不是说不要扩大地方的权力，应当给地方的权力要给地方。

第三种，给企业以更多的自主权，按经济规律组织经济。打破部门和行政区划的界限，把行政管理系统和经济管理系统分开，以企业为基础，按照社会化大生产的要求，怎样组织合理就怎样组织。企业在哪里，就给哪里缴税。部门和地方负责研究发展规划、方针政策，负责企业之间的协调和思想政治领导，地方还要负责搞好公用事业的建设。企业拥有生产、交换、分配的更大主动权。国家给企业指明发展方向和要求，但尽量减少下达指令性计划，更多地主要地采用经济手段来管理经济，实行计划调节与市场调节相结合。

第三种方案，可以解决我们现行体制中存在的主要问题，但是实行起来并不简单。要把理论搞清楚，把很多细节搞清楚，必须进行大量工作，实行起来要有很多过渡阶段，会遇到很多的阻力。现在，对于第三种方案的许多提法，可能并不准确，也还没有一个完整的设想，但这确是一个方向。我们要从中国实际情况出发，借鉴外国的经验，闯出一条路子来。

实行体制改革，第一件事情，是先把方向搞清楚。每一个小改小革，都要遵循这个方向前进，而不能同这个方向相背离。没有全局在胸，没有一个明确的方向，体制改革是搞不好的。

# 怎样搞快一点又不出大问题*

（1980 年 3 月 5 日）

对于整个经济工作，全国人民都很关心，国外也很关心。除了政治上能不能安定团结之外，大家担心的是经济工作能不能搞好，既怕慢，又怕乱，怕折腾。最好搞快一点，慢了不解渴，但又怕折腾，怕不稳当，怕走弯路。因为走了弯路再来收拾，反而更慢了。目前，理论界和做实际工作的同志都在探讨怎样搞得快一些，而且不出大的问题。

我想就这个问题讲几点意见。

第一点，我们的经济要搞活，不要搞死，改革是必要的。

长期以来，经济中的主要问题是搞得过死，缺乏活力。在所有制方面，社会主义改造是完全必要的，但急于向全面的全民所有制过渡，有个时期甚至连集体所有制经济都要向全面的全民所有制过渡，带来很多问题。什么都想包下来，包死了。举一个简单的例子：在商业上，原来很多城市有夫妻店，半夜十二点也能买到东西。改造的结果，把这些都取消了，国营商店早上九点钟开门，下午七点钟关门，过了这个点想买东西也无处可买，对人民生活很不方便。这并不是说全民所有制不好，在目前生产力发展的水平下，急于向全面的全民所有制过渡，实行单一的经济成分，这个事情恐怕

* 在国家经委、全国总工会企业管理研究班的报告（第三部分）。

不行。

再一个就是急于搞产品交换。既然都是全民所有制，就要搞产品交换，取消生产资料的商品化，结果也把经济搞死了。不搞商品交换，什么都由国家调拨，企业之间没有竞争，造成企业不关心产品的命运。资本主义发展的动力，它的活力，就是靠竞争，企业极其关心产品的命运。产品是否合乎市场需要，能否销售出去，决定它能否获得利润。竞争促进了资本主义生产技术的发展。我们是公有制，应当而且可以把计划调节和市场调节结合起来，利用商品交换，利用竞争，促进社会生产和技术的发展。

再一个是基本建设上搞实报实销，财政上搞统收统支，用多少钱向国家要，最后花多少钱都向国家报销，企业不负经济责任。因此，企业不注意缩短建设周期，不注意投资效果，不注意增收节支，这样做也把事情搞死了。

再就是生产好坏同个人的经济利益不挂钩，企业没有主动权，限制了企业和个人的积极性。

计划管得太多太死，行政层次太多，中间环节太多，关卡林立，把经济管死了。

长期以来，我们闭关自守，只能在 960 万平方公里的范围内打圈子，这也搞死了。本来世界那么大，有那么多国家，为什么要把大门关起来，不同外国开展经济技术交流呢？这些都需要改。

改革的大方向一定要肯定，不然就只能一潭死水。改革是大势所趋，顺乎潮流。我们应当解放思想，开动脑筋，不能墨守成规，不能说我们原来的那一套都是好的。三中全会指出的“解放思想，开动机器，实事求是，团结一致向前看”，不但在政治上是十分重要的，在经济工作中同样是十分重要的。现在看，解放思想还要做很多工作。

第二点，要避免折腾，避免走弯路。

我们过去发生过的几次大曲折，除了“文化大革命”十年坏人捣乱之外，是不是可以作这样的分析：在形势好的时候，在思想比较解放的时候，容易头脑发热，对问题处理不当，也就容易发生折腾。形势一好就想大干，高指标一来，就折腾。解放思想，海阔天空，脑子一热，行动不慎重，就发生折腾。1958 年到 1960 年大折腾就是如此。破除迷信，解放思想，结果把规章制度都烧掉了，甚至把技术资料都烧掉了，把必要的成熟的经验都破坏了，什么都要大办，都要“化”，造成了大的折腾。所以越是在形势好的时候，越是提倡解放思想的时候，越要实事求是。邓小平同志在提出解放思想的同时，提出要实事求是，这是很重要的。解放思想，要破除一些东西，要打破常规，但不是什么都不顾了，什么都不要了。有些准则，有些规律，有些基本原则，是不能违反的。现在咱们的国家实在是经不起折腾了，绝不能再折腾了。经过林彪、“四人帮”的破坏，我们的经济困难很多，无论如何要搞得稳当一点。李先念同志最近讲：“中央一再强调，我们一定要争取国民经济有一个较快的发展速度，但一定要保证在不再折腾的条件下，去争取实实在在的速度，持续发展的速度。这条指导原则各方面都要认真贯彻执行。”我们应当努力遵照中央的要求去做。

第三点，思想上要解放，行动上要慎重。

思想上不解放就改革不了。想都不敢去想，那怎么改呢？但又要避免折腾，因而行动上一定要慎重。大的改革，一定要经过试点，要先立后破。很多改革，我们吃了亏，就是因为没有经过试点，没有取得完整经验就推开了。回想一下 1958 年人民公社化运动，就没有搞试点，一个公社挂起了牌子，全国一号召，就都挂起了人民公社的牌子。没有一套具体章程，什么叫人民公社，人民公社怎么搞法，都还闹不清，反正挂起牌子再说。结果搞起了人民公社，体制一变再变，最后还是落到队为基础。还有些工作，只搞了几天试点，试了几个月，情况并没有搞清楚，就推广开了。一切经过试验，取得经验然后再推广，这是正确的方法。但回想一下，我们有许多事情由于没有这样做，因而走了弯路。现在我们搞扩大企业自主权，搞市场调节，搞扩大地方权力，这都是必要的。但鉴于过去的经验，也必须进行试点，取得完整的经验，订出一套切实可行的办法，才能推开。对于整个体制改革，更应该如此。我们这么大的国家，有这么多个企业，应当更加慎重。搞得不好，发生了问题，再来纠正，时间耽误了，而且会造成大家对改革信心不足，结果不利于改革。我们有些事情，往往是不动就多少年不动，一动就想马上推开，急于求成。今年国家经委派人到匈牙利作调查，匈牙利搞体制改革，它是准备了几年的时间。这个国家才 1000 多万人口，大概和我们一个烟台地区的人口差不多少，企业也不多，但改革还是准备了几年，并不马上实行，经过了详细的调查研究，然后训练干部，然后再在全国推开。现在我们搞体制改革，不能急急忙忙地动手，如果没有一个完整的方案，不预计到改革会出现的问题，先改起来再说，就非出纰漏不可。我们有许多事情还是“先破后立”，干起来再说，这种办法至少对于经济工作是不行的。为什么发生滥发奖金的问题，为什么发生滥提价的问题，一些单位、一些人不执行财经纪律，胡来，这是一个原因。但是缺少一个完整的办法和制度，也不能不是一个重要的原因。到底怎么发奖金，价格如何搞法，应当拿出一个办法来，大家去执行，违反就制裁。现在许多事情没有这样做。你没有个章程，又要搞，当然要乱了，而且乱了还无法制裁，打屁股都不知道往谁身上打。慢是个坏事，慢了不行，但搞急了也会坏事情。所以我们既不能保守，要解放思想，要进行改革，又要避免折腾，一个重要途径，就是坚决实行先试点，取得完整的经验，制定出章程以后，再普遍推开。首先要试点。在搞试点的问题上，决心一定要大，就是试坏了，也可以取得反面的经验。我们在有些问题上，搞试点决心不大，吵来吵去还是试不下去。要试就试嘛，不试点取不了经验。只有经过试点，取得经验，才能说服那些不愿改革的人。你说好，人家说没看见，那也不行。有了完整的经验，有了章法，然后再推开，就可以避免折腾。不试点就推开，出了问题再来收拾，肯定发生折腾。试点也要有个周期，从头到尾试完，这样才能取得完整经验。有些事情试了几天，试了半截，就说有完整经验了，其实靠不住。

近来我们同外国人谈生意，外国人有个担心，说中国很多事情没有法制。我们自己也感到立法太少。现在很多事情还是停留在一般号召、一般原则上，没有一个具体的办法。一个原则，中央讲，省里讲，企业也讲，一直讲到底下，下边给上边写报告，从企业又讲到省里，讲到中央，讲来讲去还是那个原则。比如质量第一，谁也不反对，部里也讲，企业也讲，到底有什么具体办法没有？应当立法。当然立法也要试点，总结经验，逐步完善。

第四点，计划工作需要改革，需要完善，但不能不要计划。

不讲价值规律、不进行经济核算、不讲经济效果不行，但不讲计划也不行。资本主义国家来到中国考察，很多人就是来中国考察怎么搞计划的。因为它头痛的问题，就是社会生产的无计划性。资本主义国家也搞长期预测，强调国家对经济的干预。我们由于过去计划管得太多、太死，因此现在要强调灵活性，多讲点灵活性，这是必要的，但绝不能把计划性也给丢掉了。

国民经济各个部门，生产的各个环节，都是密切联系的。一件事情办下去，往往会发生连锁反应，影响到各个方面。孤军突出不行，各个方面、各个部门齐头并进也不行。如果不从全局出发，过细考虑各个方面的内在联系，而是单独一件事一件事、一个项目一个项目地搞，就会导致比例关系的破坏。单纯去考虑一个部门、一个地区的经济合理性，而不考虑全局的经济合理性，效果也可能是不好的。因此，一定要强调综合平衡这件事。所谓计划性，就是要综合平衡。经济工作中发生的许多问题，一个重要原因就是缺乏周密的综合平衡。特别是在调整时期，每个单位都有自己的理由要求增加投资，要求增加建设项目，要求增加财政开支，讲得很有道理，很有说服力，主要领导一听认为应当支持，但进行一下综合平衡，一算总账，很多事情就办不了和不能办了。如果硬要办，就会出现财政赤字，出现物资的不平衡。计委常常碰到这种情况，定计划时，不把大家要求的项目排上，大家埋怨；列上计划以后，东西拿不到手，回过头又要挨骂。因此得出一条经验，挨两次埋怨不如挨一次埋怨，定计划时有把握就上，没有把握就不上，埋怨就埋怨这一次，事后可能就不埋怨了。

在计划工作中，我们想办的事情很多，一定要强调实事求是。应该办的，能够办的，我们一定要努力去办。实在办不到的事，要敢于说办不到。在计划工作中不能搞高指标，不能搞形式主义的东西，避免折腾，这也是很重要的一条。

第五点，一定要抓好发展国民经济的长远规划。

折腾不折腾，同有没有一个切实可行的发展国民经济的长远规划关系很大。过去由于没有一个切合实际的长远规划，有些项目往往是今年上去了，明年又下来。没有一个富于远见而又切合实际的长远规划，走一步看一步，就很难避免盲目性。中央已经决定，从现在开始要制定长远规划。五中全会决定，十二大时要讨论长远规划的纲要。国务院最近已经给各省市、各部门发了通知。从现在起各省市、各部门都要组织一定的力量，组织专门的领导班子，由主要领导同志挂帅，着手制定长远规划。并确定在三月间召开长远规划座谈会，系统总结我们经济建设的经验，分析我们当前的经济状况，研究和确定我们今后经济发展的方针和政策。十年规划搞好了，我们的经济工作就更主动了。

十年规划中，要强调这样几件事情。

首先，应当把基础搞得扎实一点，包括农业这个基础，包括燃料动力和原材料这个基础，包括交通运输，包括企业的管理上轨道，包括人才的培养，科学技术的发展。这些基础工作，我们都应搞好。特别是一个能源问题，一个人才培养问题，没有十年周期见不了大的效果。如果现在不抓能源勘探和开发，不抓人才培养，十年以后还是接续不上。如果现在不下大力量进行企业的整顿，提高我们的技术水平和管理水平，过几年以后，我们的经济发展仍然会遇到阻碍。我们不仅要考虑当前十年的发展速度，还要考虑后十年的发展速度，前十年给后十年打下一个基础。

其次，我们要讲求经济效果，要讲求工作效率。不能不算经济账，不能什么事情都搞包干制、供给制，不能不计成本，不计盈亏。今后要把经济效果、经济效率作为考核经济工作的一个重要指标。在这方面，我们的潜力实在太大了。我们要向经济效率和经济效果要速度。

第三，国外新技术的引进和贷款，一定要强调国内的偿付能力、消化能力和配套能力。能偿付、消化和配套就进口，否则，就不要进。

要努力使我们这次制定的十年规划既富有远见，又扎扎实实。我们的经济工作要做到使全国人民放心，也要使国际上放心。要做到这一点是很不容易的。我们还有许多条件不具备，需要努力创造。但应当把这作为一个目标，要向这个目标努力。要争取尽可能符合这个要求，争取制定的规划少出纰漏。要制定好十年规划，需要统计部门密切配合。现在我们的统计资料很不齐全，很多资料都没有加以认真分析。要把计划工作搞好，没有完整周密的统计资料是不行的。另外，也需要理论部门的同志配合。现在我们还有很多理论问题没有搞清楚，在理论上就摇摆。想要不折腾，首先在理论上就不能摇摆。这个问题需要做很大的努力。粉碎“四人帮”以后，理论工作者解放思想，研究理论工作中的问题，很有成绩。我们需要理论部门的密切配合，来解决我们国民经济中的新情况、新问题。

# 今后再不要搞“大跃进”了*

（1980 年 12 月 21 日）

讲六点意见：

一、完全拥护陈云同志的讲话。陈云同志讲话的许多内容，1979 年 3 月和 9 月就讲到了，如果当时就完全照着去做，情况不会像今天这样严重。认识有个过程，现在下决心还为时不晚。

二、多少年吃“大跃进”的亏，一次折腾，几年翻不过身。今后再不要搞“大跃进”了。

之所以不能搞：一是搞跃进就要“一马当先”，这就必然破坏国民经济各部门之间的比例关系。二是要跃进，就得大搞基本建设，就得挤消费，挤人民生活，挤生产维修，结果破坏现有生产基础，打击人民的生产积极性。三是搞跃进就不能循序而进，就得边勘探、边设计、边施工，搞简易投产，造成大量浪费，擦不完的屁股，填不完的坑。四是搞跃进，追求速度，追求数量，就必然不顾质量，不顾消耗，不问销路，不讲经济效果，图虚名遭实祸。

三、陈云同志讲，决不要再作不切实际的预言。搞“大跃进”，都同不切实际的预言相联系，为实现这种预言服务。多少年有一个最大的预言，这就是在本世纪内实现四个现代

* 在中央工作会议东北组的发言。

化。现在离本世纪末还有 20 年，多少年的时间都耽误了，2000 年实现这个目标已经不可能。为什么不愿意下基本建设，为什么总要把速度搞高一点？都同要实现这个过高的目标有关。四个现代化是要搞的，这个目标不能丢掉，不搞现代化搞什么？但时间要放长，量力而行，尽力而为，本世纪内能做到什么程度就是什么程度。这个问题不解决，思想不解放，说不定什么时候还要折腾。

四、现在是没有钱，就是将来钱多了，也不能象过去那样搞基本建设。几年之内，除了能源、交通和“肉”的建设之外，不能再搞多少工业建设了。理由有三：

1. 人民生活要保，而且要逐步改善。再不能用挤人民生活的办法来搞基本建设了。

2. 燃料动力供应不足，已有的企业都养活不过来。再搞新厂，还不是白搞，还不是自找麻烦？

3. 现有的企业，有的是克郎猪，需要催肥；有的缺胳膊少腿，需要填平补齐；有的设备陈旧破落，需要更新改造。有了钱，首先要用到老企业身上，这才是真正发展生产的观点。

五、明年能不能消灭赤字，物价能不能稳住，在基建投资和各项开支减下来之后，主要就看生产能不能搞好，能不能增产增收。

从计划本子上列的几十种主要产品产量来算账，产值算不上去，财政收入也算不上去。明年 40 种主要产品产值，计划比今年下降 5%，整个工业增长速度要求达到 3%，根据过去的经验，这是有可能完成和超过的。定 1979 年计划时，40 种主要产品产值只增长 0.8%，整个工业速度为 8%；实际执行结果，40 种主要产品产值增长了 10%，整个工业增长了 8.5%。定 1980 年计划时，40 种主要产品产值下降 1.5%，整个工业速度为6%；实际执行结果，40种主要产品产值预计增长4%，整个工业增长8%。这是因为订计划时，大家都留点余地，在执行中都努力超过。再加上市场调节，可以揽活干，补计划的不足。因此，明年工业生产计划是会超过的。只要生产能够完成和超额完成计划，财政收入也就可以完成和超额完成计划。定今年财政计划时，也争得很厉害，收入差100亿元。执行结果，工业企业收入和工商税收入计划都可以超额完成，总的收入也可以完成。

在计划方案确定之后，各地方、各部门都要下大力量抓生产。生产搞好了，收入增加了，经济就能稳住。生产不抓好，收入上不去，那就逼着还要退。因此，明年抓增产增收的工作很关紧要。

六、已经改的经济体制，不完善的可以完善，但不要走回头路。企业自主权和企业的积极性要保护，不能伤害，这是发展生产的希望所在。“分灶吃饭”的财政体制也不要急于变。实行两级财政，可以调动地方增收节支的积极性。

# 为什么要对国民经济进行进一步的大调整*

（1981 年 1 月 13 日）

1980 年 12 月，中央召开了工作会议，陈云、赵紫阳、李先念、邓小平四位政治局常委作了重要讲话。他们讲话的主要内容是：全国的经济形势很好，但是潜伏着一个很大的危险，搞不好要爆发危机，必须对国民经济进行进一步的大调整，把好的形势持续发展下去。我参加了这次中央工作会议，把我的理解向大家说一说。

## 第一个问题，形势好，主要表现在什么地方。

关于我们当前的经济形势，陈云同志讲，可以说是开国以来少有的好形势。形势好主要表现在三个方面。

第一方面，农村的形势很好。

现在我们 8 亿农民是稳定的，农民多少年来没有像现在这样高兴。长时期以来，我们感到一个很大的难题，就是农民对生产没有积极性。特别是十年“文化大革命”中间，好多地方农村长期是吃粮靠返销，花钱靠救济。相当多的生产队，农民每天下地出工要靠打钟吹哨子，集合起来现分配任务，有时农民到地头看队长不在，就扛着锄头回去了。分配

* 在海军政治思想教育会上的讲话要点。

上搞平均主义，生产上搞一刀切、瞎指挥，搞强迫命令。有的地方生产队长换了一茬又一茬，生产就是上不去。农民对集体经济丧失信心，导致粮食长期以来增长缓慢，经济作物产量下降。全国棉花的产量，1966 年是 4674 万担，到 1977 年下降为 4098 万担。全国油料的产量，1977 年比历史最高水平的 1965 年低 3000 多万担。那时说经济形势大好，实际上是说假话，形势是很不好的。

三中全会以来，我们在农村主要办了三件事情。一是端正了农村的经济政策，给社队经营自主权，同时实现了各种形式的生产责任制。二是因地制宜地发展多种经营。过去是以粮为纲，一扫而光，把其他的经济作物都搞掉了。现在是各地在争取粮食生产逐年有所增长的基础上，可以因地制宜地种植各种经济作物。三是提高了农产品的收购价格。不是小幅度而是大幅度地提高了农产品的收购价格。此外，根据陈云同志的建议，每年从国外进口粮食，最高时达到 2000 万吨，减少了对农村粮食的高征购，从而增加了农民的口粮。这些事情把农民的积极性调动起来了，现在绝大多数地区是既增产，又增收。全国粮食产量，1979 年达到 6640 亿斤，比 1977 年增加了将近 1000 亿斤。1980 年由于全国遭到了南涝北旱，历史上最大的一次灾害，全国粮食可能要减产 300 亿斤左右。但是前年是个大丰收年，去年还是建国以来第二个丰收年。棉花的产量，1980 年是个大丰收年。1979 年棉花产量是 4400 万担，1980 年预计达到 5200 万担，增产 800 万担。去年的油料、糖料也是大丰收，增长的幅度都在 10% 以上。由于农业增产和农产品提价，农民的收入也增加了。农村社队和农民由于农产品提价和农业增产得到的好处，1979 年是 108 亿元，去年增加到 130 亿元。这在农村是个很不小的数字。现在可以这样说，农村的政策已经开始走上正确的轨道，农民比较安定，生产稳步地增长，党和政府多少年来想解决而没有解决的问题，现在初步得到解决。

第二方面，工业生产形势也是好的。

过去工业生产上的问题，主要是结构不合理，重工业过重，轻工业增长缓慢；工业生产的经济效果很差，质量不好，消耗很高，货不对路，造成大量产品积压在仓库里边。企业不关心产品的命运，吃大锅饭。经过三中全会以来的调整，工业的生产情况也发生了变化。第一个变化，就是轻工业增长速度超过了重工业的增长速度。1979 年全国重工业只增长了7.7%，轻工业增长了 9.6%。1980 年预计轻工业增长了17.4%，重工业只增长了1.6%，重工业的增长速度明显慢下来了。第二个变化，就是经济效果开始好了。去年，全国的能源产量下降了2.6%，全国的工业总产值却增长了 8.4%。重工业产量下降以后，产品的品种和质量都有所改善。第三个变化，就是企业有了自主权，一部分产品可以市场调节，把企业搞活了。过去，产品生产出来以后，生产资料物资部门拿走了，消费品商业部门拿走了，卖得出卖不出，企业的厂长、经理并不关心。现在不行了，产品卖不出去，利润实现不了，发不了奖金，也提取不了福利基金。逼得好多厂长上展销会推销产品。这样就有了比较，为什么人家的产品卖得快，你的产品不行？这就得找原因。过去长期吃大锅饭的办法，是鼓励懒惰，而不是鼓励勤奋；是鼓励浪费而不是鼓励节约。这是体制上的问题。

第三方面，市场商品供应增多，人民的生活有所改善。

从农村来说，1965 年到 1976 年，每年农民从集体分得的收入从 52.3 元增加到 62.8 元，11 年间每年增加不到 1 元钱，几乎没有什么增加，有些地方还有减少。1978 年农民从集体分得收入增加到 73.9 元，1979 年增加到 83.4 元，比 1976 年增加了20.6元。1980年估计多数地区农民的收入还是会增加的，虽然有些地方粮食减产了，但是多种经营搞得比前年好，经济作物的增长幅度也比前年大。因此，农民从集体分得的收入还是会有不同程度的增加。

从职工生活来说，1965年到1977年，全民所有制职工的工资总额（包括机关、部队在内），12年间增加了190亿元。1979、1980两年时间，全民所有制职工的工资总额增加了170亿元（包括奖金和物价补贴在内）。职工的平均工资，包括基本工资加奖金和物价补贴，1965年是652元，1977年下降到602元，12年间不但没有增加，而且下降了50元。1978年职工的平均工资增加到644元，1980年达到812元，1979、1980两年间增加了168元。虽然物价上涨抵销了一部分，但是还是增加得多，抵销得少。

城市的住宅建设。1977年以前，每年大约只建设2000万到3000万平方米的房子。1979年全国建设了6200万平方米，1980年全国大约建设7000万平方米。每年都有一批职工搬到新房里去。

社会商品的供应，1965年到1977年，12年间平均每年供应总额只增加55亿元；1979年比1978年增加了225亿元，1980年比1979年增加了318亿元。市场商品供应多了，表明人民的购买力强了，城乡人民的生活水平有了提高。

以上可以说明，当前的经济形势，确确实实是过去长期所没有的，是建国以来少有的很好的形势。

## 第二个问题，潜伏着的危险在哪里？

有的同志说，又说形势很好，是开国以来少有的，又说潜伏着危险，搞不好要爆发危机，这个不好解释。我国当前的实际情况就是这样。上面我们讲经济形势好，是讲我们的生产、分配、流通这些方面的形势是好的。但是，我们的财政金融状况是不好的，财政发生了赤字，银行大量发票子，从而造成物价上涨。三中全会以后，我们办的很多事情人民是满意的。但是，对物价上涨这一点，人民议论纷纷，是不满意的。为什么物价上涨呢？其中一个很重要的原因就是票子发多了。为什么票子发多了呢？就是财政出现了赤字。

1979 年中央的财政赤字 170 亿元，财政部是怎么搞平衡的呢？大概是从四个方面：

1. 向银行透支 90 亿元，即财政向银行借款 90 亿元。

2. 动用了中央预备周转金 24 亿元。

3. 占用地方财政历年节余款 37 亿元。

4. 动用了国家物资储备 19 亿元。

1979 年银行增发票子 56 亿元。其中，大约有 20 亿到 30 亿元属于财政性发行，是给财政补窟窿的发行。

1980 年全国财政赤字有多少？现在还算不出来。据初步统计，大概是 130 亿元。地方节余 10 亿元，中央财政赤字 140 亿元。中央有赤字，地方有节余。

1980 年的 130 亿元赤字怎么过去的呢？大概是：向银行透支了 78 亿元，占用了地方资金 52 亿元。中央决定从 1981 年开始，银行一块钱的财政性发行也不搞，该由财政拨款的，一块钱也不允许叫银行负担。财政没有钱，可以发国库券。

由于财政出现赤字，银行被迫大量发票子，1979 年银行增发了 56 亿元的票子，1980 年要增发 70 多亿元的票子，两年加到一起，大约增发了 130 亿元票子。由于市场票子多，超过了市场商品供应的可能，于是就造成物价上涨。大概 1979、1980 这两年的物价每年上涨 6% 左右。票子能不能再多发呢？不能再多发了。我们的货币流通量已经达到临界点。什么叫临界点？

就是票子不能再多发了，再多发就要出事了，出大问题了。这就是经济中潜伏着的危险。危险就在于如果不采取坚决的措施来调整原来规定的1981年计划，那么1981年的财政还要出现庞大的赤字，银行还要多发票子，物价就要暴涨，三中全会以来城乡人民得到的好处就有可能失掉，人民就会对政府产生严重不满。这样，已经出现的好形势就保不住。

为什么会出现这种情况呢？有这么几个原因：

第一，贯彻执行调整的方针不力。调整的方针，1979年中央就提出来了。我们对调整的认识很不深刻，执行中央调整的方针也不得力。对长期以来“左”的错误的影响，没有很好地清理和纠正。基本建设下得不狠，总是顾虑这顾虑那，总是舍不得把有些工程坚决停下来。有些开支应该减少的，也没有坚决把它减下来。压缩投资，原则上都同意，但是一具体化到哪个部门、哪个地区、哪个单位的头上，他都不愿意减。讲各种理由，说什么减不得呀，我们这里人都上来了，设备也到齐啦，工厂搞到什么程度啦，你一停下来，我就要受损失，就会出乱子等等。就这样说来说去，心软了，就算啦。所以经济调整工作也是很难做的，不是说下就下来了。还有，这次调整同1961年的调整有所不同，那时生产下降，人民吃不饱，发生浮肿，甚至饿死人。这次农业生产情况是好的，工业生产情况也比较好，市场供应情况也比较好，地方和企业的日子并不难过，你叫他下，他就是不愿意下。所以，把经济情况搞清楚，才能够把大家思想统一起来，而这个工作也不是一下子能做通的。我们对情况的认识有个过程，打通思想也有个过程，这是第一个原因。大家对调整的认识不一致。正如小平同志讲的，认识很不一致，很不深刻，执行得很不得力。

第二个原因，在这两年中间我们办了许多好事情，但是口子开得多了一点，有些不该花的钱也花了，有些该收的钱没有坚决把它收上来，财力有些分散。加上财政制度不严，有些钱跑到邪路上去了。比如企业滥发奖金，有些单位奖金发得简直不象话，各种歪门邪道都有了。另外，就是乱涨价。乱涨价的一个重要原因也是为了多发奖金。这样就减少了国家的财政收入。另外，有些财政不该支出的也支出多了一点。

第三个原因，对于连续出现这样大的财政赤字，以及赤字造成的后果估计不够。这两年生产情况比较好，对于财政会出现这么大的赤字估计不够，因而对于坚决调整、消除潜在的危险决心不大。记得1980年2月中央召开省市第一书记座谈会时，财政部讲，1979年有170亿元赤字，1980年还要出100多亿元赤字，当时很多同志不相信，说不会，你财政部吓唬人。为什么不相信呢？因为从生产发展趋势来看，从经营管理的改善来看，不能出那么大的赤字。但是没有考虑，你那个收入虽然增加，但支出搞大了。过去认为，农产品增收以后，国家可以增加财政收入。实际情况不是，粮食增收了，国家补贴也增加了，农民拿多了，国家财政收入减少了。我们国家每年对人民生活必需品和支农产品的补贴，包括粮食、棉花、肉类、蔬菜、民用煤、供应农村的化肥等，1978年是75亿元，1979年由于农产品提价，补贴增加到139亿元，一下子就增加64亿元；1980年又增加到200亿元，又比1979年增加61亿元。其中粮、油这两种产品，1978年国家补贴36亿元，估计今年要补贴到127亿元。不补贴行不行？不补贴就得给职工长工资，长工资同样要增加财政开支。所以陈云同志说，比较来比较去，还是补贴这个办法好。另外，去年以来有一个阶段，在一些理论研究工作者中，认为外国哪个国家都有一些财政赤字，我们有些赤字也没有什么关系。现在看来，在我们中国这样一个大的国家，由于我们的消费品供应不足，不像外国那样商品多，供过于求；赤字多了，就要多发票子，这就更增加供应的紧张。所以，在我们的国家搞财政赤字不行，至少这两年证明不行。正如陈云同志讲的，还是要坚持财政收支平衡，不能动摇这一点。

这就是我们讲的为什么经济形势好还潜伏着危险。是不是可以简单地这么说，生产的形势是很好的，但是由于我们在财政支出方面没有掌握好，造成了支大于收，特别是在人民生活消费提高以后，没有把基本建设和其他各项开支相应地减下来，造成了大量的财政赤字，使银行多发了票子，推动了物价上涨，因此就存在着危险性。对这个状况，过去我们重视不够，下决心消灭财政赤字也不狠。如果今年再出现赤字，那还要多发票子，市场物价就还要涨，整个局面就乱了。

**第三个问题，讲一讲怎么样大调整。**

怎样大调整？简单说来，可以归纳为三大要求、八项措施。

三大要求：

第一，财政收支平衡，不留赤字。今年就要实现。

第二，信贷平衡，不搞财政性发行。

第三，把物价基本稳定下来。

为了实现这三大要求，调整的主要内容和措施有八项：

第一项，基本建设一步退够。不再今年退一点明年退一点，今年退够了明年就不再退了。基本建设不像别的事情，几千、几万职工队伍上去了，今年干，明年停，这样浪费最大。今年一步退够，明年就保持这个规模，不再变。凡是没有条件搞的，一律停下来。这次中央决心很大，国务院发了通知，对项目逐个审查，看样子可能会好些。

第二项，压缩各项开支。这次下了狠心，把国防费也压了。开始没有考虑压国防费，后来考虑基本建设退到什么程度，国家预算内的基本建设投资已经退到170亿元了，无法再退了。因为每年维持简单再生产这部分的投资就需要88亿元。比如说原油的产量，生产能力一年要递减800万吨，要把800万吨补上去，必须要勘探储量，增加新的原油生产能力。这样，全国维持矿山、采掘等简单再生产就需88亿元。但是在170亿元中，只安排了50亿元，连现在的生产水平都维持不住。所以，最后中央下决心，要减少军费。如果整个经济不稳定，对我们的国防更不利。

第三项，抓好农业和轻工业的生产。只有把农业、轻工业的生产搞上去，才能使商品供应尽可能同社会购买力的水平相适应。光减开支而不增加生产，市场还是稳定不下来。

第四项，大力节约能源。重点是节约石油的消耗。1980年原油产量是1.06亿吨，今年的原油产量准备安排到1亿吨，有些油田的产量要下降。既然能源是这么个状况，我们必须在能源的消费上采取措施。现在要采取的措施大概是两个；一个是把烧油的设施，如烧油的锅炉等，尽量把它改装烧煤；第二个是把现有的汽车和拖拉机的使用量控制起来，今年全国基本上要停20万辆汽车，使汽车的耗油量降下来。我们要在能源下降的情况下，使工业生产保持一定的增长速度，必须从节约能源上下功夫。这样逼一下也有好处。

第五项，整顿工业。现在有些企业还没有整顿好，管理得很不好，浪费很大。有些消耗高、质量差、亏损大的企业要坚决实行关停并转。对于同先进企业争原料争燃料动力的落后企业，特别是地方的小纺织厂、小烟厂、小化肥厂，把它关停下来。

第六项，把商业部门、外贸部门和物资部门的库存，拿出一部分来供应市场。如果今年上半年能够把商业、外贸和物资部门的库存，拿出相当于50亿元的货物投放市场，多回笼50亿元货币，这样市场就比较好稳定。另外，准备拿出一部分外汇来购买轻工原料，生产产品来供应市场。那么物价呢？中央已经决定冻结物价，至少冻结半年。半年以后，要采取措施，把占居民消费总额70%左右的消费品价格稳住。省市长会议提出，40种生活必需品的价格要稳定。

第七项，安排好人民生活。第一点，对今年城市的一些待业人员，想办法通过各种形式，使他们能够多就业一些。今年全国城镇需要安排的，大约还有1000万人，要通过集体和全民所有制的企业再安排五六百万人。同时，在城市搞一部分服务行业，搞一点个体经济。再一点，对没有奖金收入的、这几年实际生活水平下降的一部分职工，今年还要加一点工资。至少是1977年、1979年两次提工资都未提到的，尽量想办法增加一点工资。第三点，对于关停的企业，停建缓建的基本建设项目，职工工资照发，不把他们散到社会上去。要把他们很好地组织起来，搞一些能够搞的生产，进行正规培训，搞设备维修，搞新产品试制，搞环境保护。

第八项，加强集中统一。进行这样大的调整，没有全国的集中统一，是完不成的。而且非搞乱套不可。

**第四个问题，怎样理解和认识这次调整是清醒的、健康的调整。**

在五届人大三次会议以后，党中央、国务院领导同志认真地分析了当前的经济形势，同时也总结了三十年来经济建设工作中的经济教训。所以确定这次调整，不仅仅为了克服当前的经济困难，消除潜伏着的危险，还有一个更深刻的意义，就是从根本上端正经济工作的指导思想，真正根据中国的实际情况，走出一条发展国民经济、实现现代化的新路子。这次陈云同志讲，中国10亿人口，8亿是农民，我们是在这种情况下进行建设的，这就是我们的基本国情。8亿农民，现在平均每个人有2亩耕地，耕地很少，而且农村的劳动生产率低，商品率也低。全国平均每个人的国民生产总值才250美元，在世界上是数100位以后的。中国是个大国，但是个穷国。这种状况就带来了经济建设的艰巨性、长期性、复杂性。过去我们所以犯“左”的错误，就认识根源来说，主要的就是对中国的国情认识不够。所以，认识一个规律，认识一个事物很不容易。我们搞了30年建设，还要回过头来认识一下中国的国情。长时期以来，我们经济工作中犯了“左”的错误，粉碎“四人帮”后的头两年，我们经济工作中也犯了“左”的错误，急躁冒进。重犯这个错误的根本原因，就是对中国是个经济落后的国家，特别是经过10年“文化大革命”的破坏，国民经济比例关系严重失调这一个情况认识不足，本来应该进行调整，结果又急于求成，提出加快四个现代化的建设。多少年来我们吃亏就吃在这个急字上。根据我们国家的实际情况，今后国民经济的发展和现代化怎么搞法，大体上是不是有这么几条：

第一点，不能急于求成，不能指望一下子出现什么奇迹。这次调整，就是要贯彻量力而行、循序渐进的原则。基本建设要量力而行，各项事业的发展也要量力而行，改善人民生活也要量力而行。不但调整时期要这样做，而且今后也要这样做。为了使我们国家逐步富强起来，我们要奋发图强，要积极努力，要艰苦奋斗。但在具体的步骤上，一定要一步一步地前进，决不要再做不切实际的事情。

第二点，因为我们国家人多，人民生活水平比较低，因此在建设中间一定要考虑到人民生活的改善，一定要很好地安排农业、轻工业和重工业三者之间的比例关系，一定要很好地安排积累和消费二者之间的比例关系，使国民经济能够得到协调发展，使人民生活能够得到逐步改善。

第三点，由于我们国家底子薄，积累又不能太多，因此经济发展要走精打细算、提高经济效益的路子。政府工作报告里讲，过去我们走的是条重基建轻生产高积累低效率的路子，事实证明这个路子不好。看起来工业速度不低，但是实际效果很差，人民得到的实惠不多。今后，要改过来，不靠多铺基本建设的摊子，而是主要靠发挥现有企业的作用，靠搞技术改造，靠提高经济效果。这个路子，看来速度可能不那么快，积累不那么高，但是经济效果会好，人民得到的实惠会多。

第四点，我们的社会主义建设，今后要坚持自力更生为主，依靠现有的工业基础，依靠我们自己的知识力量，但是我们不搞闭关自守。借用外债，引进有用的技术，但一定要认真计算我们的偿付能力，认真计算我们的配套能力，计算我们的消化能力。

陈云同志讲，这次是清醒的、健康的调整。主要的意思是，我们不仅看到了当前经济中存在的问题，看到了潜伏的危险，使它在没有爆发之前，把问题得到解决，而且找到了我们长期以来经济工作中的主要毛病所在，并且根据这些认识，来确定今后的建设方针，避免今后再出大的曲折，出现大的折腾，提高我们社会主义建设的自觉性，克服盲目性。因此说这次调整是清醒的健康的调整。有人怕调整耽误时间，陈云同志说，不要害怕，不调整反而会耽误时间；说调整会受损失，你不调整损失会更大。如果我们真正按这次中央工作会议精神做下去，我们的经济发展是大有希望的。

# 对计划工作存在问题的认识*

（1981 年 1 月 29 日）

长期以来的经济工作和计划工作，除了体制外，我感到有三个问题：一是急，急于求成；二是粗，缺乏深入研究和认真平衡；三是不讲究经济效果。

一、急。开国初期就冒头了。1953 年提出过渡时期总路线，要求十五年基本上完成社会主义工业化，要求就急了。1955 年提出反右倾保守，又要扩大和加快中国的工业化规模和速度。1958 年初提出大跃进，1958 年 9 月提出五年接近美国、七年超过美国，急上加急，犯了一个大错误，来了一个大折腾。以后调整，形势好转。1964 年又提出准备打仗，建设三线，急如星火。1970 年制订的第四个五年计划纲要草案，指标又搞高了，大部分指标都无法完成。1975 年制订十年规划纲要，1977 年进行了修订，仍然要求过急。1978 年提出组织新的大跃进，重犯了急躁冒进的错误。

急，领导上有责任，计委也有责任。1958 年的大跃进计划，就搞冒了，1959、1960 年又不肯下来，计委都应当承担一定的责任。1970 年以后，计委坚持把生产搞上去是好的，但对人民生活注意不够，积累率过高。1977 年搞 23 年设想，1978 年定 1979 年计划，指标都搞高了，建设规模搞大了。计

* 在国家计委党组扩大会议上的发言。

委是综合部门，有些精神固然来自上面，但经过计委提出的方案，又对领导决策起重大影响。如果计委头脑冷静，认真地向中央提出有根据的建议，中央是会重视的。

急，不是一时的局部的现象，而是一个长期的普遍的现象。因此，必须寻找产生这种现象的思想根源和社会根源。中国人口多，底子薄，人民生活贫穷落后，因此有不能急的一面。但是也正因为底子薄，人民生活贫穷落后，谁也不甘心于现状，因此又有容易产生急的一面。在困难的时候，人们比较清醒；形势一好，头脑就容易热起来。过去老是批右倾保守，对"左"批评得不够。正如陈云同志说的，在"左"的错误领导下，也不可能总结经验。

为了防急，有几件事情应当作为戒律：

1. 不要再作不切实际的预言。

2. 不要再搞大跃进。

3. 不要主观主义地规定增长速度。

4. 不要不经过综合平衡和详细论证就上大项目。

5. 要保持几大平衡。

防急，是一个大问题，是一个指导思想的问题。不从指导思想上解决问题，急就不好解决。这次解决了，过一阵子还会冒出来。在这个问题上解决了，在另外的问题上又会冒出来。1958 年 4 月武汉会议批稳妥派，说反冒进是稳妥派反对跃进的口号，又说中国这样大，这样稳，会出大祸。其实，中国这样大，稳一点有好处，搞冒了，会出乱子。

二、粗。经济工作越做越粗。第一个五年计划时期还好，制定计划要分析很多情况，作出一系列的平衡表。1958 年以后，把这些都作为老框框，作为清规戒律反掉了。1958 年夏季确定钢铁翻番有什么根据？1958 年制定 1959 计划，先是提出了生产 3000 万吨钢的指标，以后降为 2000 万吨，基本上是按主观意志行事的。调整时期的几年还好。“文化大革命”一开始，大有消灭计划之势。1967、1968年就没有搞计划。1969年国家计委只留下十几个人，变成为计划起草小组。一些基本资料都烧掉了。1970年搞第四个五年计划纲要，指标都没有经过仔细的平衡计算。因为1957年毛主席在莫斯科讲过，经过15年或者再多一点时间，中国钢产量可以达到3500万到4000万吨，因此，就把这个数字作为基准线，相应地安排了其他指标。“文化大革命”10年，林彪、“四人帮”成天捣乱，很难说有什么真正的计划工作，计委工作中出现一些缺点错误情有可原。1977年修订10年规划纲要，计委犯了一个大错误，没有进行认真地计算和综合平衡，就向中央提出了一个规划设想，有些指标比1975年订的还高，造成极大的被动。多少年来计委订计划，往往是先定目标后算账，说是综合平衡，实际上并没有真正搞起来。财政综合平衡，计委没有真正管，实际上靠财政部。物资综合平衡，计委党组就没有很好讨论。农业计划靠农业部，外贸计划很大程度靠外贸部。计委很大精力忙活基本建设计划，但基本建设的内部平衡也没有搞好。

急和粗是有联系的。急，就很难算细账，算也是形而上学地算。如果工作搞细了，对防急有好处。把急的问题解决了，计划工作不搞细，经济还是搞不好。

为了解决粗，有几点应当注意：

1. 制定计划，要从分析实际情况出发，把各种矛盾都摆开。不能先划框子，后找材料。

2. 要提出多种方案进行分析比较。

3. 要瞻前顾后，至少要有5年的预测。

4. 要广泛听取各方面的意见，不要怕议论纷纷。

5. 要逐步制定出一个计划条例，以便共同遵守。

三、经济计划工作长期以来的一个大毛病，是不讲究经济效果。只有实物量的概念，没有价值的概念，没有经济核算的概念。热衷于高速度，追求建设规模，好像速度慢一点、规模小一点就不得了，而对于经济效果如何，则很少考虑，很少分析，很少检查。因此造成“高速度、高积累、低效率、低消费”这样一种不正常、不合理的现象。讲经济计划工作的转变，在这方面必须有一个大的转变。

我长期在计委搞文字工作。我感到经济工作中有一个大问题，就是花在文字上的功夫太多了。每年我们党组都要把很大精力用在起草和讨论文件上，讨论文件的时间往往比讨论计划花的时间还多。有的时候，文件和计划是两张皮。文件写的是一回事，计划又是一回事。有时向上汇报，不是怕计划通不过，而是怕报告通不过。

我觉得，这个坏风气，同毛主席批1958年计委报告有关。1958年8月底，计委给中央写了一个《对1959年计划草案和第二个五年计划问题的说明（要点，修正稿）》。报告说：1959年比1958年，工业增长90%，农业增长44%。报告还提出，到1962年，钢产量达到8000万到1亿吨，建成社会主义，在主要工业产品产量方面接近美国，为向共产主义过渡创造条件。对于这样一个玄乎其玄的计划报告，本来应当检查它的可靠性，是否可能，是否有根据。但是，毛主席肯定了作者是一个促进派，力争上游、多快好省的坚决拥护者，却对文章写得不好，狠狠地批了一顿。说他“看了两遍，觉得不大满意，不能动员群众”。说文章“缺乏逻辑，准确性、鲜明性都看不见，文字又不通顺，更无高屋建瓴、势如破竹之态。其原因，不大懂辩证逻辑，也不大懂形式逻辑；不大懂文法学，也不大懂修辞学”。说他“讲了一万次了，依然纹风不动”。批评作者“灵台如花岗之岩，笔下若玄冰之冻”。

批评计委“我看你们的心意，把这类事当作芝麻，你们注意西瓜去了”。“你们做工业官，有工业志，就是不用心思，毫无理论研究，以致文件写成这样”。

我要说一点，计委的报告是根据毛主席的意思写的。他批评计委不是挑计委的文字毛病，而是嫌计委没有把他的意思阐述得高屋建瓴、势如破竹，不能动员群众，批计委的精神状态不对。但作为计委来说，这是难于做到的。订那么高的指标，计委思想本来就没有通，再要求把它说得头头是道，实在是说不上来。计委的毛病是没有敢讲真话。老人家提起笔就训人，使人望而生畏；兢兢业业，小心翼翼，唯恐文章出错，从此更加重了。

我觉得，计委的工作任务是做计划，不是写文章。计划能定多高，不能定多高，要敢于讲真话。计划做得好，文章又写得好，当然最好。计划做得好，文章写得差一点，也没有什么。计划做得不好，文章却写得神气十足，文过饰非，涂脂抹粉，那是要不得的。我不反对用心思写好文件。但是，不赞成把功夫花在这方面太多，以致影响计划的制定。问题分析得深刻，计划订得恰当，措施有力，文章写出来也就有说服力。

# 竭尽全力提高经济效益*

（1982 年 1 月 15 日）

五届全国人大四次会议，把提高经济效益作为考虑一切经济问题的根本出发点，作为经济建设的核心问题和基本指导思想确定下来，这是经济工作的一个根本转变和重大进步。

## 一、历史的经验教训

长期以来，我们是把发展速度的高低作为经济工作好坏的主要考核标准的，把发展速度作为经济建设的核心问题。提出了“多快好省”，但中心是强调一个“快”字。由于过分地强调速度，强调快，而不强调经济效益，因此在一个相当长的时间内，尽管经济的发展速度不算慢，但是国家的经济实力和人民生活水平却没有得到应有的提高，实际得到的利益较小。

下面是 1953 年到 1980 年几项主要综合指标的增长幅度。

国营企业固定资产总值增长 20 倍；

国营企业占用的流动资金增长 18 倍；

社会总产品增长 7.2 倍；

国民收入增长 4.2 倍；

* 为《经济管理》杂志 1982 年第一期写的文章。

居民平均实际消费水平增长1倍。

从这几个综合数字中可以看出，经过全国人民的努力，解放以来我们国家的国营企业所拥有的固定资产和占用的流动资金，工业、农业、建筑业、运输业、商业所生产的社会总产品，扣除物质消耗的国民收入，扣除物价变动因素以后的城乡居民平均实际消费水平，都有了增长，固定资产和社会总产品的增长速度还是相当快的。同时，也可以看出，社会总产品的增长速度大大低于固定资产和流动资金的增长速度，国民收入的增长速度大大低于社会总产品的增长速度，而人民实际消费水平的增长速度又大大低于国民收入的增长速度。一方面是高积累、高速度，另一方面是低效益、低消费。

形成这种状况有着多方面的原因。我们原来经济落后，解放以来又长期受国外敌对势力的威胁甚至侵略，我们不能不努力增加积累，增加基本建设投资，加快经济的发展速度，以增强国防力量。我国人口多、增长快，每年新增加的社会财富相当大的部分用于新增人口的需要，因而使人民生活的改善受到很大的影响。对于社会主义建设我们还缺乏经验。由于帝国主义的封锁，在一个很长的时期内我们在吸收国外的先进技术和经营管理经验方面遇到很大的障碍。在长时期内，不断地搞政治运动，特别是“文化大革命”十年政治动乱，使经济的正常发展受到极大的打击和挫折。对于这些，我们都要加以客观的分析，给予实事求是的评价。

但是，就经济工作本身来说，指导思想和指导方针的失误则是主要的。由于片面地追求高速度，急于求成，急躁冒进，加上经济体制的不合理，因此就产生和形成了长期不算成本、不计盈亏、不讲效益的严重倾向，而且根深蒂固。这里可以举出以下一些突出的表现：

1. 不是根据客观可能，进行综合分析和综合平衡以后确定经济的发展速度，而往往是先定个高速度、高指标，要求各方面勉强去完成。而速度的主要标志又是产量和产值。生产单位为了追求产量和产值，常常不顾产品的质量、品种和产品是否适销对路，不计付出的代价高低。

2. 在工业发展中过分地强调重工业生产的发展，把过多的投资、原材料和燃料动力以及运力用在重工业方面。因此既影响了消费品生产的增长，又影响了居民消费的增加，使人民得不到应得的实惠。

3. 工业建设中，强调基本建设是扩大再生产的源泉，强调遍地开花，强调各省市区自成体系。因而造成了基本建设规模庞大，过多地重复建设、重复生产，而原有的企业却得不到必要的设备更新和技术改造，造成建设资金的大量浪费。

4. 在农业发展中，片面地强调粮食生产，忽视经济作物和多种经营的发展。许多地方甚至破坏了自然生态的平衡，以致不能地尽其利、人尽其力。

5. 企业管理制度不健全，许多企业用人没有定员，原材料和燃料动力消耗没有定额，质量没有严格考核标准，生产者不了解市场的需要，不少企业甚至没有原始记录、基层统计和必要的计量设施。总之，整个生产经营活动没有严格的经济核算。

6. 基本建设工程常常事先不进行充分的技术经济论证，仓促上马，不得不边设计、边施工、边修改，造成工期拖长、造价增高，甚至中途下马，或者建成后不能正常投产。

7. 产品和半成品的库存没有定额，宽打宽用；周转环节太多，层层设库，使大量资金积压在流通领域。

8. 资金的使用，许多方面是无偿占用，实报实销；投资由国家拨款，不计回收年限；流动资金占用无息或者利息甚低。总之，“利息”的观念很淡薄，甚至根本不想这件事，大家都在吃“大锅饭”。

9. 企业中劳动力的使用，是由劳动部门统一分配，而不是择优录用；入厂后缺乏严格的考核标准和劳动纪律，好坏不分；工资奖励中存在严重的平均主义，大家都捧着“铁饭碗”吃饭。

10. 长期忽视人才的培养，忽视科学技术研究的发展和研究成果的推广应用，而科学技术研究同生产的结合也不够密切。

当然，不讲经济效益的表现不止这一些，还可以举出很多。对于这些问题，几年来，特别是党的十一届三中全会以来，逐步有所认识，并且开始作了一些改革，取得一些成效。积三十多年的经验，我们必须在指导思想和指导方针上作一些重大的转变。其中一个重要的转变，就是从把速度作为经济建设的核心问题转变为把经济效益作为经济建设的核心问题。这不是不讲速度，不重视速度，而是要彻底纠正那种片面追求速度而忽视经济效益的倾向，真正做到在保证经济效益的前提下实现尽可能达到的增长速度。这样，才能保证经济的发展是真正的而不是虚假的增长，保证这种增长使国家、企业和人民能得到切实的应得的实惠。我们要通过指导方针的转变，走出一条速度比较实在、经济效益比较好、人民可以得到更多实惠的新路子。因此，这种转变是带有根本性的、具有深远意义的战略转变。

## 二、现实的需要

我们国家的经济，在经历“文化大革命”十年破坏之后面临着极为严重的困难。由于粉碎“四人帮”以后的前两年，没有认真地纠正过去经济工作中的缺点错误，仍然急于求成，提出了一些过高的不切实际的口号和目标，因而使财政经济增加了一些新的困难。党的十一届三中全会以后，党中央、国务院提出调整、改革、整顿、提高的方针，特别是1980年12月中央工作会议提出进一步调整的方针以后，经济情况逐步好转。在农业方面出现了前所未有的欣欣向荣的大好形势。轻工业生产大幅度上升，重工业在调整服务方向方面也取得了初步的成效。基本建设规模有了较大的压缩。市场商品供应增多，人民生活得到明显的改善。

但是，长时期形成的经济困难，不可能在短时期内完全克服。当前，国民经济中还存在以下一些问题：

第一，财政收入增加缓慢，增加财政支出的因素很多，保持财政收支基本平衡仍然是一个艰巨的任务。

第二，由于财力的限制，基本建设投资不可能有较多的增加。有些当前急需的工程投资不足，一些为长远发展所必需的工程不可能作较多的安排。

第三，由于一次能源产量近期内不可能有较多的增长，能源紧张的情况还不能缓和，这将在很大程度上影响整个工业生产的增长速度。

第四，消费品供应的增长还赶不上社会购买力的增长，保持市场物价基本稳定还要做艰苦的努力。

这些问题说明，我们虽然已经取得很大成绩，国民经济中潜在的危险已经有所缓和，但还没有完全消除。

为了克服这些困难，党中央、国务院已经制定了一系列的正确方针，采取了一系列的有效措施。把这些方针、措施归结到一点，就是要竭尽全力提高经济效益。

财政困难，资金不足，一个重要根源是经济效益太差。目前国营企业的固定资金利用率，全国平均远远低于历史曾经达到过的较好水平；流动资金的占用率，远远高于历史曾经达到过的较好水平。而历史上曾经达到过的较好水平，同经济发达国家比较，那还相差很远。就全国来说，按照现在的规模，固定资金利用率每提高1%，就可以增加利润40多亿元；流动资金占用率每减少1%，就可以节省出30多亿元。这说明，国民经济活动中增收节支的潜力是很大的。基本建设投资各方面都感到不足，但投资的使用效果却相当的差，建设周期长，造价高，而建成后又不能充分发挥作用，这里的浪费是惊人的。按照现在的建设规模计算，工期拖长一年，施工队伍的工资就要多开支50多亿元；因为耽误了工程的投产时间，又少给国家创造利税近50亿元。因此，在一切领域中精打细算、克服浪费、提高资金使用的经济效益，财政收入就可以有较多的增加，财政困难就可以大为缓和。

在消费品的生产和供应方面，也有个经济效益的问题。不少生产企业和销售单位，对市场需要的情况和发展趋势缺乏调查研究，经常发生产销脱节，导致有些商品供不应求，有些商品又大量积压。商品流通中的中间环节太多，不仅影响资金的周转，而且加大销售成本，这也是很不经济合理的。努力改进这些方面的工作，提高经济效益，可以大大缓和市场供需的矛盾，有助于市场物价的稳定。

这就是说，竭尽全力提高经济效益，是克服当前经济困难的一个核心问题。要使我国经济活动由被动转入主动，争取国家财政经济情况的根本好转，归根到底，取决于我们在提高经济效益方面所作的努力和得到成效的大小。

### 三、提高经济效益的途径

提高经济效益是一个总题目，是一篇大文章。围绕这个中心，需要采取一系列的对策。

就经济建设的战略决策来说，必须把提高经济效益作为考虑一切经济问题的根本出发点，正确处理速度和效益之间的关系。必须正确安排国民经济中的产业结构、产品结构、技术结构、企业组织结构和经济布局，使之合理化。特别是正确安排生产资料和生活资料两大部类之间的相互关系，使之相互协调、相互促进。必须正确处理扩大再生产的外延和内涵的关系，逐步把以外延为主改变为以内涵为主，不再过多地建设新厂和盲目扩建老厂，而主要发挥现有企业的作用。必须正确处理经济建设和文化建设的关系，围绕经济建设的需要，努力发展科学研究和教育事业。必须正确处理积累和消费的比例关系，既不能压低人民的生活来扩大积累，又要力争保持一定的积累来保证生产的持续增长。必须正确处理国内和国际市场的关系，主要依靠广阔的国内市场，同时充分利用国际市场，以我之长换我之短。必须积极稳妥地改革经济体制，改变吃“大锅饭”的弊病，充分有效地调动各方面的积极性。无论在长期计划和年度计划中，都要从实际情况出发，采取有效的步骤，妥善地解决这些方面的问题，使一切经济活动都能以尽可能少的投入取得尽可能大的产出，取得最大的经济效益。

就当前的工作部署来说，1982 年起必须切实抓紧以下几项工作：

第一，全面整顿企业。整顿企业已经提出了几年，取得了一些成效，但总的来说进展不快，收效不大。相当多的企业仍然管理混乱，缺乏严格的责任制度，机构重叠，人浮于事，劳动纪律和财经纪律松弛，以致劳动生产率低、消耗大、质量差，成本高，许多企业甚至亏损。少数企业还弄虚作假、营私舞弊、欺骗国家，损害整体利益。企业是经济活动的基层单位，企业管理不健全，提高经济效益则将陷于空谈。

国务院已经决定，从1982年起，用两三年时间，对所有企业有步骤地进行全面整顿，分批完成。首先是把对国民经济有特别重大意义的企业整顿好。整顿的内容，一是，整顿和完善经济责任制，克服领导软弱无力，职责不清的状况，明确企业对国家的责任和职工对企业的责任，把各项规章制度建立和健全起来。二是，整顿劳动组织，严格按定员定额组织生产。三是，整顿和加强劳动纪律，要有奖有罚，赏罚分明。四是，整顿财经纪律，对违反财经纪律的要绳之以法纪。搞好企业，关键在领导。因此，首先要把企业的领导班子搞好，然后再去整顿职工队伍，并且扎实地把企业的基层工作和各项基础工作，包括原始记录、统计、计量等工作完善和加强起来。这次整顿，要扎扎实实，不能走过场。

第二，改组和调整企业。现在全国企业数量太多，生产过于重复，按照它们原定设计所需要的能源和原材料以及物资运输量，大大超过现在能源和原材料的生产水平，也超过现有运力负担的可能。而且不少企业消耗高，浪费大，产品质量不好，货不对路。这就产生了两个后果：一是，相当大一部分企业吃不饱，在能源和某些原材料供应上处于半饥半饱状态，生产停停打打，造成能源的极大浪费。二是，一些消耗高、产品质量差，或者严重亏损的企业照样维持生产，既浪费了资财，又给国家财政背了包袱；那些消耗低、产品质量好并为社会急需，或者盈利多的企业，却因为得不到足够的能源和原材料供应而不能开足马力生产，既影响了物资和商品供应的增多，又影响了国家财政收入的增加。许多企业都是“大而全”、“小而全”，也严重地增加了物资消耗，降低了劳动生产效率。这种状况不改变，提高经济效益的要求也要落空。

因此，国务院明确规定，企业的整顿要同企业的调整和改组结合起来进行。首先对那些产品产量供过于求而质量很差、能源和原材料消耗很高、长期亏损、污染严重的企业，分别不同情况，坚决实行关、停、并、转，把国家有限的能源和原材料，用于那些消耗低、产品质量好、经济效益高的企业。社会主义经济必须保护先进，不能保护落后。把一部分落后企业的生产停下来，保证先进企业正常生产，就局部来说可能减少一些产品和收入，而就全局来说肯定会增加社会产品总量和财政收入。因此，这是有利于国家经济发展的正确的重大措施。我们应当认识这样做的必要性和重要性，并且齐心协力把这一工作做好。整顿和改组工作做好了，企业的技术改造工作也就可以更有计划、更顺利地开展起来。

第三，重新审查基建项目，提高投资效果。为了搞好现有企业的技术改造，发挥现有企业的作用，同时提高投资的使用效果，对在建的基本建设项目要进行重新审核。凡是不急需的、建设条件不落实的，或者建成后不能正常生产的项目，要坚决停建，把投资和物资撤下来。对于必需建设的项目，要重新审定工期和所需投资，提出明确要求，限期搞完。新上项目，必须首先做好技术经济的论证，做好建设前期的准备工作，并在审批、设计、施工、物资供应、竣工验收等方面建立严格的责任制度。凡是通过现有企业的技术改造能取得更好经济效益的，就不要搞新建。

第四，压缩流动资金。要采取有效措施，解决流通环节多、产品库存多、资金周转慢的状况，把占用过多的流动资金压缩下来。所有企业应当结合整顿，重新核定企业合理的流动资金占用额，并通过经济杠杆和必要的行政手段，促使企业热心并严格遵守各项定额。

第五，精简上层机构，加强经济立法。要明确各部门的职责权限和工作人员的职责范围，改变部门林立、机构臃肿、层次繁多、互相扯皮、人浮于事、工作效率低下的状况。要制订必要的行政法规和经济法规，并在各级法院建立经济审判庭，运用必要的法律手段来保护经济秩序和经济效益不受损害。

第六，加强干部培训，不断地提高组织社会化大生产和进行现代化建设的本领。长期以来，我们实行的吃“大锅饭”的经济体制，使许多同志缺乏经济核算的观念，习惯于用行政手段而不善于运用经济杠杆、经济办法来管理经济。要真正做到提高经济效益，必须加强干部的培训，使他们不断地切实有效地提高经济理论水平、科学技术水平和增长管理社会化大生产的知识，并且逐步改革妨碍经济效益提高的企业管理制度，以及计划、统计、财政、税收、价格、银行、商业、物资、外贸、劳动工资等方面的制度。

我们相信，只要坚决贯彻执行调整、改革、整顿、提高的方针，实事求是，循序前进，踏踏实实地工作，一定会走出一条正确的适合中国国情的经济效益高的路子来，使中国经济经过一段时间之后出现一个新的振兴时期。

# 三十二年经济计划工作的回顾*

（1982年2月25日至2月27日）

这是一个很大的题目，我讲不完全，只能就一些方面概略地提供一些情况，讲一点自己的看法，供大家参考。因为计划工作同整个经济工作是联在一起的，因此我把两者结合在一起叙述。

三十二年经济计划工作，经过了十分复杂和曲折的历程。回顾历史，温故知新，引以为鉴。

**（一）解放初期，情况复杂，任务繁重，但得心应手。**几个大的战役：统一财经，稳定物价，调整工商业。除此之外，还有土地改革，抗美援朝，边打边稳边建。这一段的工作，由于有毛主席在党的七届二中全会的报告和七届三中全会的报告作为指导，由于有周总理、陈云等同志的正确领导，头脑冷静，情况明瞭，运筹得当，指挥有力，说到做到，可以说是得心应手。

1952年2月陈云同志有一个讲话，他说：1950年我们做了很多工作，重点只有两个，一是统一，二是调整。6月以前是"统一"，6月以后是"调整"，只此两事，天下大定。

当时有些同志想多搞经济建设，陈云同志止住了。他说："经济方面的投资来日方长，今年主要是做准备工作。数年后

* 在国家计委和中央党校举办的第一期计划工作研究班的讲话。

要进行大规模建设，这是肯定的，但现在还不能开始。准备工作是很重要的，即使有了钱，如果没有准备，用得也不会得当。经济建设不同于游击战争和游行示威。经济建设应该有充足的资料，切实的准备，不能说试试看。”陈云同志举了解放战争时期在太行山区造铁路，事先没有勘察设计好，两头造起，中间碰见山，过不去，又拆掉了的例子；还举了天津解放后在一处建造仓库，由于地基不好，一场大雨冲垮了的例子。他指出：“我们是政治家、军事家，还不是企业家。外行办事总是要吃亏的。偶然浪费少数钱尚可请人民原谅，老是浪费，年年如此，人民是不能原谅的。我们的钱是老百姓的，不能拿老百姓的钱开玩笑。所以我们今天不忙于做预算要钱，而应多做些准备工作，使以后的大量投资不致浪费，不走弯路。”

那时，每年制定的财政收支计划、物资调运计划、恢复工农业生产和交通运输计划，重点明确，依次而行，稳扎稳打。因此，三年恢复工作进行得相当顺利，如期完成。

**（二）“一五”计划基本正确**。这里说的是基本正确，缺点也有，但大致不差。“一五”计划从1951年开始编起，共编了五次，1954年基本定案，1955年人民代表大会通过。“一五”计划规定，工业每年增长速度为14.7%，投资五年合计为427亿元，限额以上的建设项目为694个，1957年要求农村入社户数达到总户数的1/3左右。这个规划既积极又留有余地。

1954年，陈云同志对“一五”计划有一个说明，讲了哪些事能办，哪些事办不到，明明确确，毫不含糊。当时陈云同志提出，在财政方面要反对两种倾向：一种是冒进，即将财政收入全部分出去，搞到中途财政破裂；一种是保守，即有钱不用，妨碍建设。为了避免这两种错误，一方面要保有一定数目的预备费，一方面准备在年度计划中增加可能增加的投资。

如果说没有经验，“一五”应该说是最没有经验了。但“一五”计划却搞得较好，关键是坚持了实事求是的原则。

1955年出现了一个波折。1955年7月31日，毛主席在省、市、区党委书记会议上，批判了合作化运动中的“小脚女人”。当合作化出现高潮后，要工业、交通运输和基本建设以更高的速度来代替原来的五年计划速度。在胜利面前头脑不清醒了。于是乎打破了原定的计划，扩大了1956年的建设规模，加快了工业的发展速度，多招了人，多发了票子。结果出现了一个小冒进，造成了物资、市场供应紧张，财政出现了赤字。

周总理、陈云同志发现了问题，在1956年夏季以后提出既要反保守，也要反冒进，提出建设规模要同国力相适应的原则。最后大家一致同意调整1957年的计划。第一个五年计划胜利完成。

**（三）1956年党的八大一次会议前，根据毛主席《论十大关系》的报告，在周总理主持下，制定了“二五”计划建议，提出了编制“二五”计划的方针、任务和主要指标。**现在看来，“二五”计划建议还是比较实在的。但1958年的“大跃进”，把这个建议一风吹掉了。原来设想，1962年钢产量达到1050万——1200万吨，但1958年夏北戴河会议决定，当年的钢产量要达到1070万吨，比1957年翻一番。当时，很多同志头脑发热，指标水涨船高，很多计划都没有进行计算。1957年大中型基建项目是992个，已经不少，1958年一下子增加到1587个，遍地开花。当时上面要跃进，下面就大放卫星，弄虚作假。有了下面的假卫星，又反过来以此作为依据，提出更高的不切实际的口号。当时提出要打破常规、敢想敢干，追逐轰轰烈烈，什么计划原则、综合平衡，统统抛到九霄云外。“大跃进”运动加上人民公社化运动，使得以高指标、瞎指挥、浮夸风和“共产风”为主要标志的“左”倾错误严重地泛滥开来。

1958 年 12 月武昌会议，毛主席感到势头不对，提出要压缩空气，要降温，但降不下来。1959 年 2 月底第二次郑州会议，毛主席提出反“左”，大家很高兴。但在 8 月庐山会议上，由于彭德怀同志写了一封批评“大跃进”的信，又转向反右。1960 年搞开门红，提出几个大办，“共产风”又刮起来了。

1960 年 6 月上海会议，毛主席在会上做了《十年总结》，提出实事求是，尊重客观规律。1960 年秋北戴河会议提出了调整、巩固、充实、提高的八字方针。1961 年 1 月北京会议上，提出“大兴调查研究之风”，要求“情况明、决心大、方法对”。1962 年 1 月中央召开 7000 人大会，毛主席、刘少奇同志在大会上作了报告，总结了“大跃进”的一些经验教训。2 月，陈云同志向国务院各部委负责同志作了一个报告，分析了财政经济的情况，指出了克服困难的办法。从 1962 年起，实事求是的精神占了上风，“温度”转入正常。1962 年计划，把钢的生产指标减到了 600 万吨，基本建设投资比 1960 年减少了 80% 以上。1963 年，中央确定调整还要搞三年，彻底下了决心。由于全党认真执行中央的决定，上下一心，经济一步一步好转，到 1965 年形势大好，人心舒畅。1964、1965 年毛主席多次总结“大跃进”的经验教训，说要按客观规律办事，建设也要符合客观规律，搞多了不行，只能有多少钱办多少事。他说“调整、巩固、充实、提高”提得好，受了惩罚嘛。又说破除迷信，不要破除科学，不要搞那些花花绿绿的东西，不要再闹 1958 年的笑话。

**(四)“三五”计划，1964年开始编制**。起头的方针是“吃穿用”、“农轻重”，以后又调过来，强调备战，强调重工业。经过反复，计划方案在1965年夏大体上定了下来。“三五”计划汇报提纲有五万多字。这个提纲的最后一部分还没写完，“文化大革命”就开始了。从这个计划所规定的指标看，还是留有余地的。“三五”的整个工业速度定为8%。五年的基本建设投资定为800亿到900亿元，实际安排850亿元。当时，毛主席强调计划要考虑战争、灾荒、人民这三个因素，建设规模不要搞大了。“三五”计划的最大问题，是建设布局的大变动，强调备战，把建设重点从一、二线转到三线。建设三线，由于要求太急，变化太大，造成了财力、物力的巨大浪费。

由于“文化大革命”的冲击，1967、1968两年工业生产的增长是负数。这两年的年度计划没有编，统计数字也没有了，计委形同虚设。1969年干脆把国家计委全部搬到襄樊，搞农业生产去了，大批资料被烧毁，只留下十几个人组成一个计划起草小组，帮助周总理应付一些门面事务。计划工作遭到一次空前的浩劫。

**(五)“四五”计划，1970年起草“四五”计划纲要**。当时两大干扰，一是“文化大革命”不肯收兵，一是强调备战。两纲并列，一是阶级斗争为纲，一是备战为纲。结果又搞了高指标。工业速度每年要求达到12.8%；钢产量1969年为1333万吨，1975年要求达到3500万到4000万吨。为什么要定这么高的指标？唯一的根据是1957年毛主席在莫斯科会议上曾经讲过，经过十五年或者更多一点时间，我国的钢产量可能达到3500万—4000万吨。经过三年动乱，从全国人民的愿望来说确实想搞建设。但“树欲静而风不止”，政治风浪一波未平一波又起。搞一次运动，生产建设受到一次摧残，但还得说什么“运动促进了生产建设”，“形势越来越好”，否则就是给运动抹黑。“四五”就这样在动荡的形势中过去了，留下来的只有一本“四五”计划纲要草稿。

（六）**1975 年小平同志出来主持工作，提出了整顿的口号，人心大振**。抓了铁路、钢铁两个整顿，效果显著，形势好转。国家计委着手搞“五五”计划和十年规划（1976—1985），国务院多次召开务虚会讨论，后来形成了一个草案。全国计划会议还没有来得及深入讨论，“批邓反击右倾翻案风”又昏天黑地地刮起来。国务院务虚会成了右倾翻案风的“风源”，十年规划也成了罪证。

（七）**1976 年粉碎“四人帮”，1977 年重新研究十年规划**。当时的指导思想是“两个抢回来”和在 20 世纪末实现四个现代化。“两个抢回来”，一个是把被“四人帮”耽误的时间抢回来，一个是把由于“四人帮”干扰破坏造成的损失抢回来。由于对当时国民经济比例关系严重失调的情况估计不足，规划又搞大了。十年规划定下来以后，又抢年度计划，国内外项目一起上，摊子一下子铺大了。

陈云同志发现了问题。1978 年 12 月他在中央工作会议上有一个发言，提出要坚持实事求是，提出要进口粮食稳住农民这一头，提出建设要循序而进、不能一拥而上，提出生产建设不能有材料缺口。1979 年 3 月陈云同志在中央政治局讨论调整计划的会议上，提出我国有 9 亿多人民，80% 在农村，革命胜利三十年了还有要饭的，需要改善生活；提出按比例发展是最快的速度，钢铁要踏步；提出现在比例失调的情况是相当严重的，基本建设搞不了的丢掉一批就是了；提出要用三年时间进行调整。小平同志讲，决心要下，坚决调整，不能动摇。

党的十一届三中全会确定的指导思想和 1979 年中央工作

会议确定的调整、改革、整顿、提高的八字方针，是全党和整个经济工作的重大转折。这是一次重大的拨乱反正。

1979、1980两年调整和改革取得了很大成绩。农业的两个文件，扭转了农业形势。工业企业的扩权试点，工业也开始活跃起来。由于提高了农产品的收购价格，扩大城镇就业，提高职工的工资和发放奖金，生活这一头上去了，人民对此是满意的。但建设和其他开支这一头没有相应地减下来，以致1979年出现了170亿元的赤字，1980年出现了127亿元的赤字，造成物价上涨，人民议论很多。

**（八）1980年12月中央工作会议上四位常委的报告，进一步批判了经济工作中的“左”的错误，提出了要走速度实在、讲求实效的发展经济新路子**。强调要对经济实行进一步调整。所有这些，对经济的发展起了极大的作用，而且具有极为深远的意义。1981年调整计划定得比较实在，由于全党齐心协力，计划顺利完成，财政实现了收支基本平衡。1981年提出的“六五”计划控制数字也比较实事求是。

可以说，经过几年的工作，我国的经济开始走上健康稳步发展的轨道，并逐步展现了光明前景。

**（九）对三十二年计划工作的评价**。

对三十二年来的计划工作，是否可以这样来认识：

1. 三十二年的计划工作并不是风平浪静的。总的说是两头好，中间反复折腾。这种折腾，首先是由于“左”的错误指导思想和政治动荡造成的。由于这种折腾，使计划经济遭受到很大的破坏。搞了三十年的计划经济，在一个很长的时间里，计划工作不是加强了，而是削弱了。实践是丰富多彩的，而经验却没有很好地总结起来，教训没有很好地记取，以致错误一犯再犯。三十多年来，我们已经实行了五个五年计划，但多数年份只有年度计划，走一步，看一步，正一下，反一下，真正形成完整的稳定的长期计划只有第一个五年。在三十多年里，真正像样地、聚精会神地、脚踏实地和按部就班地搞计划的时间并不多。

2. 计划中失误很多。这种失误，计划部门有很大的责任。制定计划，往往不是从客观实际可能出发，而是服从于政治气候的需要，要多高的速度就定多高的速度。计划部门常常对情况不明，综合平衡工作做得很差，提不出切合实际的方案和中肯的意见。领导上作出的一些脱离实际的决策，有的是计划部门提供了错误的情况和意见，有的是计划部门没有坚持原则，据理力争。大家想多搞一些，计划部门也想多搞；或者虽然知道搞不了，但顶不住，指标就这样抬上去了。错误的指导思想，通过计划贯彻下去，危害就更大。

3. 尽管如此，但不能全盘否定我国计划工作的成绩。

（1）我们有计划地发展了农业生产，对主要农产品实行了计划收购和计划供应，保证了全国人民对粮食等消费品的基本需要。在我们这样一个人口众多的大国里，保证人民吃饭穿衣的基本需要，这是一件了不起的事情，是一个大成就。

（2）集中了必要的人力、物力、财力，建设了大批工程，增强了工业、运输业的能力和农业的抗灾能力，形成了独立的比较完整的工业体系和国民经济体系。

（3）有了一支庞大的职工队伍和一定数量的科学技术干部队伍。虽然多数职工和科技人员的水平还不高，但已经形成一定的生产和科技的攻关力量。

（4）在生产发展的基础上，基本保证了市场物价的稳定。

（5）在十年“文化大革命”中，林彪、“四人帮”大肆破坏生产建设，破坏经济秩序，但计划部门同整个经济工作部门在一起，坚持了工作，以极大的力量进行了生产的安排和物资的调运，基本保证了大城市的生活品供应，增加了对农村的生产资料供应和消费品供应，并使一些重要工程的建设得以继续进行。

如果我们不是犯了那么多的错误，我们的成就会比这大得多，我们的社会主义制度的优越性将会发挥得更好。尽管有那么多的困难，但我们毕竟都渡过来了，这也证明了我们党的坚强和社会主义制度的强大生命力。

4. 经济工作的错误主要在于急于求成，而急于求成，必然“欲速不达”。现在回过头去看，大家会有这样一个共同的认识：如果过去三十年始终坚持解放初期那样的清醒头脑和求实精神，不搞得那样急，该多好啊。中国经济发展水平低，人民生活不富裕，问题成堆，要安于现状是不可能的。人们不甘心于现状，容易求成心切。因此，我们应当特别注意防止急躁冒进。特别是在形势好的时候更应如此。保守是不好的，要防止和纠正，但急躁冒进带来的危害更大，而纠正冒进倾向比纠正保守倾向要难得多。

有人说，我们总搞急躁冒进，是脱离了为人民谋福利的宗旨。我认为不能这样说。三十二年的实践证明，我们党是真心实意为人民谋福利的，之所以求成过急，主要也是想尽快使国家富强起来，使人民生活得到根本的改善，只是因为没有认真地研究我国国情，没有认真地计算国力的实际可能，不讲求经济效益，以至事与愿违。但大家可以看到，当我们党认识了错误，就坚决加以改正。那种因为我们工作中发生失误、经济发展遭受挫折，就否定党的领导，是完全错误的。

**（十）失误的主要根源在于决策脱离中国的国情**。中国的基本国情，可以说是大家所熟知的。但是，长期以来我们却很少认真地研究这些国情对我国经济发展所产生的深刻影响，以及我们怎样根据这种国情正确建立和确定我们的经济政策、经济计划和经济体制，因而做起事来往往忽略甚至违反它。

1978年底陈云同志重新工作以后，他首先着重提出的问题，就是要认识中国的国情。1978年12月在中央工作会议的一次小组会上，陈云同志提出："我们要坚持实事求是，就是要根据现状，找出解决问题的办法。首先弄清事实，这是关键问题。"1979年3月在中央政治局会议上，他又提出："我们搞四个现代化，建设社会主义强国，是在什么情况下进行的。讲实事求是，先要把'实事'搞清楚。这个问题不搞清楚，什么事情也搞不好。"

应当说，在社会主义建设时期，对中国的国情有共同一致的认识，也有不同的看法。由于这些看法不同，常常得出不同的结论和提出不同的方针政策。谁办一件事情都是有一种依据的，都称自己是从实际出发的。但是，实践是检验真理的标准。怎样做是真正符合国情，怎样做是违反国情，实践会作出证明。

1939年毛主席在《中国革命和中国共产党》一文中曾经讲过："认清中国的国情，乃是认清一切革命问题的基本的根据。"当时他指出，现时社会的性质既然是殖民地、半殖民地、半封建的性质，因此中国革命的敌人是异常强大的，那种轻视敌人的力量的观点是不正确的。在这样的敌人面前，中国革命的长期性和残酷性也就发生了，那种以为中国革命力量瞬间就可以组成，中国革命斗争顷刻就可以胜利的观点是不正确的。在这样的敌人面前，中国革命的主要方法，不能是和平的，而必须是武装的，也就决定了。毛主席根据中国当时的国情，分析了革命的对象、任务和动力，分析了中国革命的性质和前途。毛主席在这篇文章里，以及在这以前写的许多文章里，指出了中国革命一定能胜利，同时指出了中国革命的长期性和艰苦性。这种分析是那样的深刻、明确，因而成为指导革命胜利的科学。全国解放前夕，毛主席在党的七届二中全会上所作的报告中，清醒地分析了当时中国的经济情况，规定了一系列的方针政策，对全国解放后一段时期社会主义改造和社会建设的顺利发展起了重大的作用。可惜，在往后的社会主义建设中，没有始终一贯地坚持从中国国情出发的原则，以致在取得很大成功中发生了重大的失误。

可以举出以下一些事实：

（1）1956 年社会主义制度已经建立起来了，国内的主要矛盾已经转化为人民日益增长的物质和文化需要同落后的社会生产之间的矛盾，本应当据此把工作重点转移到以经济建设为中心的社会主义现代化建设上来。但是，我们党的主要领导人仍然强调国内的主要矛盾是两个阶级、两条道路的斗争，不间断地搞政治运动和政治斗争，把经济建设放到了从属的地位。同时，对经济问题上的不同意见和看法，不是就经济本身的状况和因素进行实事求是的分析和讨论，而是动不动把经济问题提到政治领域，轻率地搞两条路线斗争，搞反右倾斗争。搞经济不是按照经济规律办事，而常常用搞政治运动的办法大哄大嗡。政治上的这种一个接一个的斗争，特别是“文化大革命”十年动乱，造成了经济建设的不稳定和大起大落。

（2）既然农业已经集体化了，就应当把生产关系相对地稳定下来，积极发展生产。但是，由于不适当地夸大改革生产关系的作用，脱离生产力的性质和水平，继续强调不断地变革所有制，追求“一大二公”，追求向全面的全民所有制过渡，甚至提出向共产主义过渡，一次又一次地刮“共产风”、“割资本主义尾巴”。而刮一次，割一次，生产力就遭到一次破坏。生产下降时调整政策，日子稍微好一点；生产有所恢复和上升，则又来刮，又来割。

（3）我国人口多、底子薄，必须努力使生产有一个较快的发展。但是，也正是因为人口多，劳动生产率低，消费量大，不可能企图在短期内创造出什么奇迹，出现什么飞跃。长期以来，我们没有从我国的实际情况出发，建立长期建设的思想，而是片面强调高速度，急于求成，要求速胜。只强调有利条件，忽视困难因素。制定计划，常常不是首先对经济情况进行周密的分析，反复综合平衡，然后再确定经济的发展速度，而是首先确定速度和目标，要求各方面的工作同它相适应。高指标和瞎指挥是孪生姊妹，指标一高，随之而来的必然是瞎指挥。高指标、瞎指挥的结果，尽管一时的经济上去了，而当物力、财力失去平衡，各部门的相互关系失去协调的时候，即生产的正常秩序遭到破坏的时候，经济必然要随之下降。而在把速度问题同政治问题扭在一起的时候，人们不肯在发现失调象征的时候及时采取调整措施，因此一失调就是大失调，一调整就得大调整。

（4）进行生产建设的目的是为了更好地满足社会需要，这就必须讲求经济效益。而在片面强调高速度的情况下，我们却总是把发展速度作为经济建设的核心问题，把速度的高低作为衡量经济工作好坏的主要标准。尽管提出了“多快好省”，但中心是强调一个“快”字。在生产上，只追求数量，忽视质量，忽视技术水平的提高，甚至不惜成本，不计付出代价高低。在建设上，盲目铺摊子，事先不进行认真的准备，不进行详细的论证和综合平衡，仓促上马，因而在建设过程中不得不一再修改计划，或者停工待料，形成“投资无底洞，工期马拉松”，甚至今年上马，明年下马，大上大下，造成严重浪费。而原有的企业，由于得不到必要的技术改造和设备更新，技术陈旧落后，设备损坏严重。生产上的盲目追求产值，生产出的大量产品因为不符合社会需要而积压；基本建设上的计划多变，制造出的大量设备因为不能安装而存入仓库；加上商业单位盲目进货，周转太慢，这就使大量的资金积压在流通环节。我们有三个“浪费惊人”：生产中浪费惊人，基建中浪费惊人，流通中浪费惊人。由于忽视经营、忽视管理、忽视经济效益的情况，尽管经济的发展速度不算慢，固定资产也增加得比较多，但国家和人民得到的实惠并不多。

(5) 我国人口多、底子薄，一方面要建设，另一方面必须使人民生活得到适当的改善。在一个相当长的时期内，我们过多地安排了建设的需要，忽视了人民生活的逐步改善，以至建设规模搞得过大，积累率过高。而在基本建设安排中，又过多地强调重工业的发展，忽视农业和轻工业的发展；过分地强调生产性建设，忽视了文教卫生、城市公用设施、职工住宅等非生产性建设。这样做的结果，使人民生活中的问题越积越多，严重地影响了人民群众的社会主义积极性。

(6) 经济的发展必须是按比例的。我们过去常常孤立地强调某个部门的发展，而忽视各个部门之间的相互协调，忽视各种生产条件的相互衔接，忽视人、财、物的平衡。这是经济工作中常常发生失误的一个重要原因。长期忽视智力开发，也是一个重要教训。

(7) 中国的人口已经很多了，应该注意控制人口的增长。但是，一个长时期我们在人口问题上动摇不定，优柔寡断。只重视物质的计划生产，不重视人的计划生育，以至于人口长期失去控制，增长过多，造成经济和社会发展的沉重负担。

(8) 在当前和长远的计划安排上，我们两种亏都吃过：一是过多地考虑当前，缺乏长远的战略思想和战略部署；一是长远目标定得过高，不照顾当前的可能，使国民经济造成长期被动。对于长远的设想，也主要是考虑经济的目标，没有把经济、科技、社会三者有机地结合起来，没有把人口、资源、环境三者有机地结合起来，因而在一些方面不是造成良性循环，而是造成恶性循环。水土流失、环境污染加剧就是例证。

(9) 在我国建立独立的经济体系是完全必要的，但什么都要求自给自足是不可取的。我们生产技术水平低，又缺乏管理现代化经济的经验，应当引进国外的先进技术和有益的管理经验。建国后，苏联不同意我们建立独立的经济体系，我们顶住了，这写进了党的八大的报告。当时，帝国主义封锁我们，使我们面临许多困难。后来情况变化，国际环境朝着有利于我国的方向转变，我们没有积极地开展对外贸易，利用国际市场来取长补短，没有积极引进国外先进技术和管理经验。这也是我国经济发展缓慢的一个重要原因。

(10) 我们国家大，各地情况千差万别，因此在领导方法上应当因地制宜，依次而行。但很长时期，我们却习惯于搞一刀切、一阵风，一哄而起。这种领导方法，给经济建设造成极大的危害。

(11) 在一个较长时期，我们不注意发展商品生产和商品交换，不适当地强调粮食等主要农产品的地区自给，轻工业品的地区自给，以及钢铁等生产资料的地区自给。在工业生产建设中，搞“小而全”、“大而全”，追求自成体系。这些，都妨碍了地区优势的发挥，妨碍了劳动生产率的提高，妨碍了生产力的合理布局和生产的更快发展。

(12) 在经济体制上，强调计划、强调集中是必要的，过去的缺点在于集中过多，统得过死。当然，也有些该集中的集中得不够。在分配上，照顾地方、企业的经济利益不够，搞平均主义，形成“大锅饭”和“铁饭碗”，抑制和挫伤了地方、企业和劳动者的积极性。没有在坚持以计划经济为主的前提下，发挥市场调节的辅助作用。过多依靠行政手段，忽视发挥经济杠杆的作用。不惜工本，不计盈亏，不讲效果，不讲经济责任，什么事情都躺在国家身上，是经济体制中上述弊病的必然结果。

为了在今后的经济发展中，做到前进的步子要稳，不再折腾，避免反复和出现大的“马鞍形”，也就是在不再折腾的前提下求得发展速度，就经济计划工作来说，应该明确以下一些观念：

第一，树立长期建设思想。消极悲观的论点是错误的。我们要鼓足干劲，振奋精神，积极进取。速胜论也是错误的。不要再作不切实际的预言，不要再搞“大跃进”，不要追求一时的高速度，而要争取实实在在的稳定的增长速度。

第二，量力而行，有多少钱办多少事。这里的“力”，包括经过努力可能取得的人力、物力和财力。经过努力还是办不到的，不要纳入计划。计划要留有余地，避免搞到中途破裂。

第三，循序前进，不能一拥而上。轻重缓急要排队。基本建设要按程序办事，讲求实际效果。

第四，按比例发展是最快的速度。而按比例，就要综合平衡。陈云同志说：“一个国家应根据自己当时的经济状况，来规定计划中应有的比例。究竟几比几才是对的，很难说。唯一的办法只有看是否平衡。合比例就是平衡的，平衡了，大体会是合比例的。”

第五，一定要坚持以农业为基础。8亿农民是大头，稳住了这一头，就稳住了大多数。

第六，一要吃饭，二要建设。正确安排积累和消费的比例。饭不能吃得太差，也不能吃得太好。吃光用光，国家没有希望。建设要搞，又不能搞得太多。

第七，把提高经济效益作为考虑一切经济问题的根本出发点，作为经济建设的核心问题。

第八，不能只顾眼前，要有长远的战略思想。要搞好生产力布局，把人口、资源、环境三者结合起来综合考虑。人口非控制不行。环境保护和生态平衡要提到议事日程，为后人造福。

第九，坚持对外开放政策。对利用外资，既要积极大胆，又要稳妥小心。要有利于自力更生，而不是相反。

第十，有步骤地改革经济管理体制，调动企业和生产者的积极性。

第十一，因地因时制宜，不要搞一刀切、一阵风，不要一哄而起。

第十二，要建设物质文明，也要建设精神文明。思想政治工作任何时候都不能放松。

这些观点，都是中央、国务院领导同志反复强调过的。我们应当宣传这些观点，为广大干部所掌握。

# 目前经济工作中需要研究的几个问题*

（1982 年 5 月 19 日）

“六五”计划现在正在紧张地进行全国汇总和综合平衡。在汇总和平衡中，感到有一些问题需要认真加以研究，找到妥善的解决办法。一共有六个问题。

## 一、怎样保障农业稳定的全面增长

党的十一届三中全会以来，我国农村出现了生机勃勃、欣欣向荣的好局面。现在看，在“六五”期间，需要研究的问题有这样三个。

1. 把通过政策调动农民的积极性同逐步改善农业的生产条件和提高农业的科学技术水平结合起来。农业实行各种形式的责任制，调动了农民积极性，推动了农业生产的发展。今后，责任制对于推动农业生产的发展还会起作用，这是肯定无疑的。但是，如果不在农业生产条件方面有所改善，特别是在种子改良、化肥结构以及施肥的方法等方面有一个显著的改进，在农田水利的基本建设方面不进一步地提高效益，在农业机械的改良和应用方面不继续进行工作，农业生产的

* 在中央党校三部、培训部的报告。

进一步发展就会受到限制。现在，要研究怎样把调动农民的积极性同改善农业的生产条件结合起来。中央提出，发展农业一靠政策，二靠科学，在继续依靠政策调动农民积极性的同时，要多在科学种田上用功夫。

2. 怎样把粮食的生产同农业的多种经营恰当地结合起来。这几年，我们把一些不适宜种粮食的地方腾出来种植经济作物，这对推动农业的多种经营，特别是促进经济作物的发展起了很大的作用。现在，经济作物发展得很快，这很好。但有些经济作物（例如油料、烤菸、棉花）的播种面积控制不住，一些粮食高产区粮食作物播种面积减少得比较多。1979到1981年全国粮食的播种面积减少了1.4亿亩，今年又减少了近2000万亩。去年12月省、市、区党委第一书记会议上，中央领导同志提出，粮食的播种面积不能再减少了，菸叶的播种面积不要再增加了，只能维持在800万亩左右。现在看，今年菸叶的播种面积恐怕要增加到1200万－1300万亩，到时候有可能收购不下来，加工不了，调运不出去。

1981年全国粮食支大于收318亿斤。比1980年的亏空199亿斤又扩大了119亿斤。这个318亿斤怎么平衡下来的呢？就是进口了240亿斤（1200万吨），另外挖了库存78亿斤。现在，我们粮食库存的情况还是比较好的。但是如果这样一年一年地挖下去，就不好办了。已经出现调出粮食的省要求少调出，调入粮食的省也要求多调入，甚至有些调出的省现在要求调入粮食。全国粮食很不好平衡，值得我们严重注意。经济作物要大发展，但一定要从提高单产和利用荒地、山地等方面打主意，不能再挤粮田了。

3. 怎样使农产品统购派购的数量和收购价格的确定，有利于农业生产结构的调整，并且同国家财政承担能力相适应。

这几年，国家大幅度提高了农产品的收购价格，这是很必要的。但是也出现了一些问题。现在靠平价调出的粮食越来越少，靠超购加价和议价调出的粮食越来越多。过去全国粮食的统购数每年是700亿斤，去年就减少到606亿斤。实际上按平价收购上来的只占80%，仅有480亿斤。国家收购的1000多亿斤粮食，绝大部分是靠超购加价收购上来的。有些地区把农副产品的征购派购的基数冲掉了；有些新发展起来的地区，征购派购基数很低甚至没有基数，因此他们增加的这部分农产品出售给国家都是享受超购加价的。这样带来两个问题：

第一个问题，就是收购价格与销售价格的差距越来越大，国家的补贴也越来越多。比如，山东棉花的收购价格，原来一斤是1.03元，提价以后提到1.53元，加了50%。再加上超购价就接近2元1斤。现在全国棉花的收购价平均算起来是197元1担，但是国家供应给纺织厂只是135元1担，这中间就出现了62元的差额，由国家补贴了。过去供应纺织厂的棉花是103元1担，现在是135元1担，这又增加了32元纺织厂的成本，但是棉布的价格没有提。因此纺织厂每年亏损50亿元。这就是两重补贴。如果这种情况不加以调整，到1985年这个补贴要增加到400亿元左右。财政补贴总的说是必要的，因为人民生活长期没有提高，国家适当减少一些收入是可以的。但是，已经连续这样搞了好几年了，如果长期下去，财政收入就加不上来了。现在，我们又想给农民、工人、知识分子一些好处，又想搞一点建设，怎么把它兼顾好，是一个很大的难题。

第二个问题，就是种粮食的收入低于种经济作物的收入。现在好多地区反映：棉花、油料、烤菸，甚至于包括大豆在内，价格提得高了，反而显得粮食价格低了。能不能降低棉、油、菸、大豆的价格，或者再提高粮食的价格呢？可不敢轻易这样做了。现在，国家一年光粮食的补贴就达100多亿元。再提高粮食价格，国家再增多补贴，承担不了。利用价格杠杆调节生产是对的，但也不能今年一个价，明年一个价，多了就降，少了就提，老这么干，价格杠杆也就会不灵了。怎么办呢？还是陈云同志讲的，计划经济为主，市场调节为辅。我们有些产品过去靠统购、派购，后来说这是强迫命令，好了，把统购、派购基数一取消，结果物价就控制不住了。经验证明，在目前的情况下，农业生产脱离国家计划是不现实的。

## 二、怎样把增产轻纺产品的积极性同市场的需要很好地结合起来

现在，各地发展消费品工业的积极性起来了，消费品工业连续三年出现了大幅度的增长。这无论是对于繁荣市场、增加出口和增加国家财政收入，甚至对解决能源供应不足的问题，都起了很好的作用。但也出现了一个新的情况：一方面城乡居民的购买力大幅度增加，另外一方面有些商品销售不畅。现在城乡居民的选择性很强，不像过去那样见到就买，而是要挑一挑了。有的同志说，现在中国好像开始出现了买方市场。过去是卖方市场，卖是主要的，卖什么东西，你就买什么东西，你不买拉倒，还有别人买，不够卖。现在是买方市场，要以顾客为主体了，你合适我就买，不合适不要你的。过去怕东西少了，现在又怕多了。最近我们汇总各个省、市报上来的“六五”计划，轻纺工业产品的指标大多数超过了国家的控制数字。比如1985年的棉纱产量，各省、市上报的数字比国家控制数字多了165万到175万件；卷烟，原来国家计划1985年生产2000万箱，但是各省、市上报的数字比这

个数字多了285万箱；自行车，国家计划1985年生产3300万辆，各省、市上报的数字要求生产3650万到3700万辆，比国家计划多出了350万到400万辆；缝纫机，国家计划1985年生产1400万台，各省、市上报的数字比这个数字高出300多万台。各省、市现在增产消费品的积极性是很好的，但是如果整个国家计划安排不好，很可能出现产销脱节。你生产多了，超过市场的容量，你这个东西就卖不出去了。如果这样发展下去，很可能带来两个问题：一是原材料供应不平衡；二是产品不能销售出去。去年卷烟提价后，现在真正的名牌烟还是买不到，但是地方产的甲级烟却卖不出去。于是有人就说，提价提得不好了，应该降价。最近计委、经委两家讨论，认为不能降价。要采取计划生产，那种杂牌烟，质量不好的，不能生产。因为，要照顾你而降价，就要影响整个国家的财政。现在每年靠烟酒这两项，国家增加财政收入二十几亿元，你盲目生产杂牌烟酒，国家再降价，这项措施就得不到好处了。所以现在要整顿，就是要淘汰一批质量不好的烟厂、酒厂。我们现在的管理也确实不行。谁都可以拉开一个架子开一个工厂，东西生产出来了，贴一个商标就拿到市场去卖，这个不行。

为了打开轻纺工业品的销路，现在要从几个方面来想办法。

第一个措施是要积极推销，打开销路。现在有些产品所以销售不畅，并不是居民真正没有需要，而是我们在销售上有问题。比如说，长时期以来，国营商业同农村供销社的关系就没有打通，国营商业不能下乡，供销社不能进城。现在，国营商业说通了，允许供销社进城了；但是供销社这一头现在还没有说通，国营商业还不能下乡。所以有好多的商品还都积压在县城的批发站里，销不到乡下去。把销售渠道打通以后，销路是可以增加的。

第二个措施是要适当调整价格。现在，一方面棉布供不应求，另一方面纺织厂不愿意生产棉布，因为它亏损，没有利润。现在，的确良价格太高，卖不出去。所以，正在研究怎样调整一下棉布和的确良的价格。有些产品，如果长期推销不出去，积压减产，这对整个生产不利。

第三个措施就是按需要进行生产。不能够为了追求产值、追求利润而生产。如果产品超过了市场销售的限度，产值就实现不了。现在，我们在生产中间一个很大的问题就是不了解市场行情，不了解消费结构的变化。长时期以来，习惯于按计划生产，你计划规定我多少，我就生产多少，不去了解市场的需要。现在出现了产品积压，就迫使每个工厂都必须了解市场的需要和消费结构的变化。

## 三、怎样解决能源、交通的发展和耗能工业、运量增长的矛盾

我们在制定“六五”计划中，碰到一个很大的难题就是能源不足。从去年搞控制数字到现在将近一年的时间，反来复去地研究怎样把能源搞快一点，感到这实在是一个很难办的事情。如果说这几年在其他比例失调方面都有所缓和的话，那么在能源的发展和耗能工业的发展之间所存在的比例失调情况，却不是缩小了还可能是扩大了。全国能源供应总量折合成标准煤 1979 年为 6.45 亿吨，1980 年减少到 6.37 亿吨，减少了 800 万吨；1981 年减少到 6.32 亿吨，又减少了 500 万吨。就是说，这几年能源的产量逐年下降。计划把煤炭的产量适当地加一点，到 1985 年使能源的产量搞到 6.7 亿至 6.8 亿吨标准煤。这样，“六五”计划期间能源增长速度每年大概

是1.2%－1.4%。可是，工业每年要求的增长速度是4%。这就是说，工业的增长有2%－3%要靠节能来实现。节能的任务是比较重的。为什么在计划中不敢把工业速度提得更高一些呢？就是考虑到能源问题。现在，各省上报的“六五”计划煤产量数字，统配矿的数字比国家要求的数字还少500多万吨。但是，各省要求的发电量比国家控制数字多128亿度。这是一个很大的难题。现在发100亿度电，要600万吨煤炭。你煤炭产量少500多万吨，发电量增加却要多用700多万吨煤炭。这中间一共差1200万吨。这样煤炭就平衡不下来。现在解决能源碰到三个问题：

第一，能源建设周期长，投资大，短期内不能见效。现在建一个年产100万吨以上的煤矿，无论如何也要五年到六年的时间。而建成以后头一二年还只能拿到设计能力30%左右的产量。现在，我们海上油田的局面已经打开了，今年在42万平方公里中要拿出一部分来招标，招标以后就可以打勘探井了。但是真要拿到油，要到1988年以后。到1990年，我们可能拿到一、二千万吨油，但是大部分要还本付息，国内见不到多少。

第二，节约能源潜力很大，但越往后需要的资金越多。比如说，“六五”期间我们要节能，要改造400万千瓦的电站，把中低压改成高压，有的改成热电站，其投资量大体上接近设备的重新更换。这个钱花得并不少。

第三，能源工业和交通运输业利润少，企业没有多少钱来进行技术改造和设备更新。而加工工业的利润很高，可以搞更新改造，可以搞自筹。去年，国家规定全国的基本建设投资计划是300亿元，后来追加到380亿元，最后完成的是428亿元，实际上这里很大一部分都是加工工业的自筹资金。加工工业有钱搞技术改造。如果我们引导不好，这种技术改造，可能有很大一部分用去拉长耗能战线，越改造能源越承受不了。为什么这几年能源、交通紧张的局面没有什么缓和呢？因为能源工业和交通运输业的利润低，甚至于比银行的贷款利率还低。搞技术改造也好，搞基本建设也好，有钱不愿意投到能源上，也不投到交通上，而投到那些利润大、消耗能源的加工工业上去了。

解决这个问题，不外是以下四种办法：

第一个办法，大家来搞节能。要强调技术改造一定要围绕节能这个中心来进行，而不是一般地去扩大生产能力来扩大能源需求和能源供应的矛盾。现在，我们在煤炭、电力的消耗上也是吃“大锅饭”的。因此，准备在“六五”期间规定，你这个省、这个地区到1985年国家只能给你调入多少煤炭，然后你就根据这些能源来安排生产和基建等。消耗多了，你自己解决，国家给不了啦。一是没有煤，二是有煤也运不进去。现在东北的煤从关内调进1600万吨，到1985年要3100万吨，增加1500万吨，这怎么往里运呀？运不进去。

第二个办法，从各个方面来筹集资金，最好能筹集200亿元资金加快能源和交通建设。既然能源、交通不足，大家都感到了它的威胁，那就应当大家来集资、凑份子，把能源、交通搞上去。这次开计划会议要和大家谈判，现在是你那儿继续搞加工工业，能源供应不上，而让工厂在那儿大量停工呢，还是把那些钱不都去搞加工工业，一部分用来搞能源、交通，把全局搞活。“六五”期间整个固定资产投资（包括基本建设和更新改造）平均一年700亿元，这个数量不小。如果这700亿元不把它主要用于节约能源和发展能源方面，而去搞拉长消耗能源的战线，那么到“六五”计划完成的时候能源需求和供应的比例失调情况不但不能缩小，而且还要扩大。到那个时候说不定还得调整，“七五”、“八五”还是被动。已经给你七年时间进行调整，结果调整来调整去反而把矛盾扩大了，那时我们就不好向人民交待。

第三个办法，调整工业的地区布局。东北、华东有些有色金属、铁合金、铝等消耗能源很高的工业，要转移到能源比较富裕的地区，不然承受不了。

第四个办法，控制能源的出口。现在有一个现象很奇怪，一方面能源很紧张，大家都叫能源不足；另一方面出口煤炭的积极性可高了。生产煤炭的省要求出口煤炭，调入煤炭的省也要求把调入的煤炭拿去出口。为什么呢？他可以赚价差。国内一吨煤炭二十几元钱，出口是50美元，1美元折合人民币2.8元，就是140元人民币。因此现在有一种出口煤炭热。最近准备发许可证，凡是能源和耗能高的产品出口，国家要发许可证。要使人们知道，出口煤炭你赚的那点钱，是你把国家工业的速度出口了，把国家的利润给出口了，你得一个小利而国家受一个大害。这个盲目性无论如何要去掉。当然有些出口是必须出的，像对日本出口煤炭，是双方都谈好了的，到时候不出口那怎么行呀。但是有一些就不能出口。最近吉林省签订了出口铁合金几千吨的合同，然后就向国家要许可证，说你不发许可证我要给外商赔偿62万元。经研究，还是不能出，损失62万元就损失62万元吧。吉林本身的煤炭就很紧张，你出口铁合金不就是为了赚几个钱嘛，但是你这个赚钱把其他工业限制住了。现在我们计划上漏洞很多，应该说计划性很差，水平很低。一方面能源紧张，一方面又大量生产高消耗能源的产品；一方面要调进能源，一方面又要出口能源。计划工作像这样一个搞法是不行的。像这种事情，现在大概有几百笔。国务院领导同志已经下决心了，要限制，要国家干预。这样，有些地方同志，有些企业就会不高兴了。恐怕这方面还是要有一个从全局考虑的问题。也希望大家能够体谅全国平衡的苦衷。

## 四、怎样解决好“一要吃饭，二要建设”的关系

这几年我们国家用了很大的力量来改善城乡人民的生活，减少了国家的财政收入，这是必要的。但是现在出现一些问题：

第一个是国家的建设资金现在已经压到了最低限度。国家预算内的投资（就是通过财政部花的钱），1978 年是395 亿元，1979 年是394 亿元，1980 年减少到281 亿元，1981 年减少到207 亿元间。这个减少应该说是很必要的，因为要调整积累和消费的比例关系。但是，现在看来建设资金太少了，有许多要办的事情不能办。长此下去，不利于生产的稳定增长，也不利于人民生活的长期改善。因此，现在有必要在财政收入增加的基础上逐步地使建设资金有所回升。国家无论是要搞能源也好，交通也好，原材料也好，城市建设也好，解决城市公用事业也好（现在有些城市的用水问题很大），都需要增加一点投资。

第二个是国家的财政补贴越来越多。国家每年增加的财政收入大部分都用于补贴，因此没有力量来保证我们国家的必要建设和国防、行政的必要开支。去年的财政赤字是25 亿元。实际上去年的财政收入情况是不错的。我们提前还了一点外债。今年我们还打了30 亿元的财政赤字。现在看来，如果不采取一些措施，“六五”计划的后三年还有相当大的财政赤字。如果赤字还这么继续下去，而且数量很大，对我们经济的稳定不利。所以，无论如何要想办法逐步地缩小赤字，做到收支基本平衡。解决的办法有三个：

一是开源。就是要增产增收，这是最主要的。

二是堵塞“跑、冒、滴、漏”。根据去年末财政大检查来看，我们的国营企业也应该划分为四类：守法户、基本守法户、违法户、严重违法户。有些企业很遵守国家财政纪律，全局观念很强，但是数量不多。绝大部分是基本守法户，就是基本上守法，部分不守法。相当大的数量是违法户，其中少数是严重违法户。去年12月查一次，各地就查出任意偷税、漏税、截留、坐支等资金30亿元。有的地区查了一遍以后，再进行复查，又查出一批违法的。应该讲，我们的企业给国家做了很多贡献，这方面是很好的。但是另外一方面。财经纪律松弛，“跑、冒、滴、漏”的数量是很大的。今年第一季度的财政收入为什么好一点呢？除了进行一些整顿见效以外，同打击经济犯罪有关系。因为打击经济犯罪，他那个违法乱纪的事就收敛了。有些同志问，这次全国人大常委会通过一个审计长制度是干什么的？审计本来是国外的制度，是在经济过程中间的监督。我们的银行和财政都是事后监督，审计是在经济运行过程中的监督。将来各地要搞审计员，这个审计员直接归审计长管，而审计长归人大常委会管。他的党票不在企业里，谁违反纪律他都可以监督。企业每天发的传票要复制两份，一份给审计员，一份留给自己去做账。审计员拿了传票以后就可以去检查。企业的每一笔开支，在执行过程中，审计员都要查。

另外，要宣传爱护社会主义企业的光荣和名誉。把社会主义企业办成违法户、严重违法户，实际上是自己挖自己的墙脚，是损大公肥小公，是损害整体利益。通过加强财经纪律，堵塞“跑、冒、滴、漏”，一年增加二三十亿元的收入是可以做到的。

三是适当地调整分配政策。农村一些新的经济作物区，三年都没有调整征购基数了。从明年（第四年）开始，应该定一些统购派购基数。要调整一下各地一些不合理的超购加价和议价的范围。这样来减少国家的财政补贴。

在企业里要整顿一下企业的利润留成。国家扩大企业自主权，利润留成的制度不变，但是要严格地按照国家的规定办。国务院去年发过文件，企业利润留成不得超过企业实现利润的10%，但是很多企业都不按照这个规定办，以后必须严格起来。企业要想得好处，必须从增加生产、提高经济效益、降低成本所增加的利润里拿，不能从国家那里面捞一块去。

在人民生活和国家建设这两个方面，我们应该顾两头，不能只顾一头。这几年我们多安排一些人民生活，是必要的。因为长期以来人民生活，特别是农民生活没有什么改善。相当多的地区，农民生活很贫困。农民手里根本没有现金，买盐、买油都要拿鸡蛋去换。这几年，在农村由于实行了一系列的正确政策，农民手里有钱了。现在银行的票子发得多，和农民手持的现金多了一点也有关系。现在是8亿多农村人口，3亿多农村劳动力。一户有10元钱，2亿农户就是20亿元人民币。票子多发了一点是必要的。“六五”期间，要使人民生活稳定一下，不能下降，但是也不能像过去三年那样大幅度地增长。如果我们国家财政长期增加不上去，必要的建设投资长期加不上去，那么以后的生活改善就难以为继。

## 五、怎样用好外资

我们国家现在实行对外开放政策，以自力更生为主，争取外援为辅。对外开放，吸收国外有用的资金，引进先进技术，加快我国的经济建设，这是完全正确的。“六五”期间国内资金不足，多利用一点外资，总的方针这样定也是正确的。

问题是目前在这方面碰到以下几个方面的限制。

第一，国内利用外资项目的准备程度的限制。利用外资不是借来一笔钱就行，必须国内有建设项目。因此，在借钱之前应该先把项目准备好。我们过去的缺点和毛病就出在往往项目没有准备好，可不可行没有论证清楚，建设前期的准备工作没有进行，就同国外签订了借款合同。有些项目合同签订了，甚至设备都到货了，但是建设方案还没有定，因此借到钱花不出去，或者是设备到了不能及时安装。许多同志老是指责，为什么有外资你们不利用？为什么有钱花不出去？外国答应我们买方信贷一百几十亿美元，钱还是有的，一个法国就答应70亿美元的买方信贷，但是我们现在花不出去。为什么呢？一个原因就是没有项目，干什么没有准备好。过去我们把用款的程序完全颠倒了，本来应该是先定项目，把项目论证好了再去借外资，订设备。而我们是先借钱，先定设备，然后再论证项目。1978年进口的设备，有些项目现在还在那儿论证。比如南京那套乙烯项目，到底在哪儿建设合适，现在还定不下来。山西的化肥厂，宁夏的化肥厂，新疆的化肥厂，都是成套引进设备，到底建设不建设，现在还在论证。我们利用日本海外协力基金建设从北京到秦皇岛的铁路，从兖州到石臼所的铁路，早就把钱借来了，但我们国内的设计方案老变，一会说用电气机车，一会说用蒸汽机车，到现在钱还没有花出去。

根据世界银行的规定，从选定项目到准备评估（就是评价）、谈判，直到签订贷款协议，一般要一年到一年半的时间。你的项目定了以后，他来审查、评价，认为可行再谈判，谈判好了才签订协议。协议签订以后就招标，从投标到用款（把钱花出去）又是要一年的时间。我们嫌这样太慢，想办件事，马上就签订合同，结果不按程序办事，反而耽误了时间。

现在所谓有钱花不出去。主要就是项目没有准备好。

第二，利用国外资金的重点选择的限制。现在看来，利用国外资金搞加工工业不合算。一个是买的国外设备都贵，提高了产品的成本，这样利用外资得到的利润还抵不上它的利息。另一个是产品要返销出口，碰到一个市场的销路问题。现在有几个合营企业的产品都销售不出去。因为国际市场上很多产品的容量满了，我们的产品质量不行，销不出去。所以利用外资的重点还是搞能源、交通建设比较合算。而在能源、交通建设上有一个特点，它用的设备比例较小，大概只占投资的30%左右，其余70%是土建安装。煤矿建设和铁路建设不需要多少设备，而所需的设备大部分国内又能制造。

现在国外有两个办法向你卖设备。一个是叫无息贷款。比利时要我们买他一台发电机，他给你无息贷款3000万美元，但是这台发电机要几亿美元。他拿出3000万美元给你无息贷款，他又从几亿美元的发电机货款中拿回去了。英国给我们的买方信贷利息比较低，是7%的利息。但是和英国谈判，要买他60万千瓦的发电机组，它的价格就比国内贵得多了。国内1000瓦大概是300元，从英国买1000瓦的设备折合人民币是1300元。结果是他有钱借给你用，你却用不起。还有从国外买1美元的设备进来，国内的土建安装工程要配3元人民币，国内配不起。

还有，过去我们利用外资的重点是买成套设备。现在看来这个办法不好，以后我们应该多买一些软件（新技术）和少数国内不能制造的关键设备。这样花钱就花得不多。最近这两年，我们对买软件，引进新技术，只要你提出来，有可靠保证，国家就批准，没有什么限制。现在看，国内建设重点的选择，一是能源、交通，二是引进新技术，这样就限制了你利用外资的规模。

第三个限制是国内资金的筹措。我们国家现在的建设主要缺人民币。我们从国外借自由外汇以后，可以自由选购，买什么都行。但是自由外汇的利率很高，现在是15%到17%的利率，借1元钱，五年以后就要还2元。五六年翻一番，一般的不敢用。借用外国的买方信贷（即出口信贷），这个利息低，百分之七点几。但是它有规定，你必须买他的设备。而这个设备刚才讲了，1美元的设备国内还要配3元人民币，还是解决不了。怎样把国外贷款倒成人民币，是个大问题。现在还没有想出很有效的办法。

从去年开始，我们国家的外贸出现了顺差。就是由于各个地方出口的积极性提高了，大家积极出口，进口又限制，叫奖出限入，这个政策见效了。因此，外贸顺差27亿美元。加上非贸易外汇，我们就有30多亿美元的顺差。这个顺差也不好。存在中国银行的30多亿美元的外汇，是用了将近100亿元人民币收购的东西换来的。外汇不用是要占用人民币的，这不合算。因此，有些同志提出来，与其到国外借钱倒成人民币，能不能在国内就倒？不要再出口那么多东西，那些东西在国内销售就变成人民币了。因此，最近规定水泥、玻璃、尼龙等国内市场紧缺的商品减少出口，甚至不出口，把减少出口的那部分商品在国内卖，一下子就变成人民币了。现在就想了这么一个办法。前两年我们怎么倒成人民币呢？大量从国外买电视机、录音机、长丝纤维，用出售这些东西换成人民币。现在电视机卖不动了，录音机卖不动了。而且现在有反映说，进口这些东西，打击了我们的民族工业。

“六五”期间，我们想多用一些外资，但是由于上述这三个因素，有些外资用不出去，现在就憋住了。现在好像是说计委不积极，不愿意利用外资。计委说我们很想利用外资，因为我们知道资金平衡不下来。但是外资怎么用，这个问题值得研究。过去我们利用外资的成功率并不很高。1978 年进口的设备，很多是不成功的。比如大家经常讲的霍林河煤矿，霍林河煤矿是 1978 年提给国外的。当时有关部门说地质资源都搞清楚了，要和西德签订合同，利用西德的资金，建设一个大露天煤矿，用大的轮斗铲来开露天矿。为了开发这个露天矿，就修进一条铁路，这条铁路 400 多公里。还把电站也修起来了。但是，把霍林河煤矿的资料提供给西德以后，西德来打了两钻，发现我们的地质资料根本不行。说中间有夹层，根本不能用轮斗铲开发。结果是上万工人进去了，铁路修进去了，机器设备都到货了，方案定不下来。霍林河煤矿现在要改成国内建设，我们要重新研究这个方案。

应该承认，我们在利用外资方面确实是缺乏经验。有的同志提出来，现在有一个敢不敢利用外资的问题。我们说这里的敢不敢，实质上是个会用不会用的问题。如果会用，他就敢用；如果不会用，他就不敢用。你不敢肯定利用这个外资将来一定能获得很好的经济效益，能够偿还外债，这个钱你就不敢用。应该说在这方面我们的把握不大。我们要接受过去的经验，越是强调利用外资的时候，我们的工作越是要兢兢业业，很谨慎地进行，而不能草率从事。

## 六、怎样把生产建设工作的重点转到讲究经济效益上来

经济效益不高，是我们经济工作中的根本问题。就以能源利用率为例，我们每年的能源消耗量和日本差不多，但是我们的国民生产总值只等于日本的四分之一。当然，两个国家的具体情况不同，经济结构不一样，有许多不可比的因素。但是，我们能源的浪费确实比日本大得多。第一个五年计划

期间，每吨能源创造的国民收入是1095元。1965年降为700元，1981年仅618元。这说明每吨能源创造的国民收入比过去大大降低了。

现在大家都喊投资不够，可是投资中的浪费也很大。现在的建设工期比第一个五年计划期间长了一倍，单位投资新增的生产能力比第一个五年计划期间要下降50－70%。基本建设的效果也很差，主要毛病有两个：第一个是不按基本建设的程序办事，第二个是不考虑前后左右配套。根本没搞好设计，资源没找好，就仓促开工。建成以后的原材料能不能供应，电力能不能供应，交通能不能跟上，这些都不考虑。结果建成以后这些东西都配合不上，不能起作用。现在我们还是贪多，项目越多越好。现在计委在计划中间很大的矛盾，就是项目安排不能满足各方面的要求。但是投资拿走以后，项目不能按时建成，谁也没有责任。

流动资金占用很多。全国是3200亿元流动资金，周转一次是4个月，比第一个五年计划期间延长1个月。如果能够达到“一五”的速度，就可以少占用几百亿元的流动资金。

经济效益不高来自这么几个方面的原因：一个是我们的思想没有转变过来。现在总的来说，还是片面追求数量而不讲效益。生产还是追求产值，基本建设还是追求数量，而不讲究效益。现在“六五”计划全国安排2000亿元投资，都喊不够。国务院发了一个文件，今后的基本建设项目都要“五定”，不合乎“五定”的项目不能列入计划。如果我们真正铁面无私地执行“五定”，现在这个投资就用不了，因为企业里有好多项目根本不符合“五定”的条件。再一个原因是要求不严。包括我们对计划部门的要求也不严。另外，对要求投资的单位也没有一个严格要求。一个项目拿去以后，规定3年建成，他4年建成。5年建成，10年建成，没有责任，不受经济制裁，也不受刑事处分，没有严格要求。第三个原因是基础工作太差。无论是建设单位，还是生产单位、流通单位，没有一个基本定额，没有原始记录，基层统计都不健全，计量也不准确，很多企业根本没有定额。为什么不敢搞计件工资？就是因为连个定额都没有。

因此，要解决经济效益问题，首先思想上要真正转变过来；第二要提出严格要求，制定经济指标，工作达不到的，要进行监督检查；第三要把基础工作搞好，把企业整顿搞好。现在有相当大的一部分企业松松垮垮，管理得不好，奖金拿得不少，但是工作积极性不高。企业整顿的工作一定要抓紧。

“六五”期间经济发展能不能够有一定的速度（中央要求有一定的速度），能不能够取得财政经济情况的根本好转，归根结底就看你在提高经济效益上面过不过硬。所以我们要鼓干劲，要振奋精神，就是要在提高经济效益方面打开局面。要把大家的积极性、注意力引导到提高经济效益方面。效益好了就可以出速度，就可以出利润，也可以出能源。因此我们想，解决经济工作的根本出路还在于提高经济效益。

# 今后二十年经济建设的战略部署*

（1982年8月12日）

从1981年到本世纪末二十年经济建设的战略部署，包括战略目标、战略重点和战略步骤，党中央已经明确地规定下来了。可以说，二十年的大格局已经布好了。这对于领导全党和全国人民脚踏实地、有条不紊地向着现代化的目标前进，有着极其重要的意义。

## 一、工农业总产值翻两番

今后20年我国经济建设的战略目标，概括来说，就是工农业总产值翻两番。也就是说，到2000年时，全国工业和农业的总产值，要相当于1980年的4倍。以1980年为100，翻一番是200，再翻一番是400。“翻两番”，“两个倍增”，“比1980年增长3倍”，“相当于1980年的4倍”，都是一个意思。

有的同志问，不是反对片面追求产值吗，为什么还要用总产值这个概念？理由是，我们现行的计划、统计制度，都是以总产值作为计算生产发展速度的主要指标的，一下子改不过来。在国外，有的用净产值（即国民生产总值）、定额净产值，或销售额，但总产值的指标并不废除。用总产值，可

* 在全国宣传工作会议上的讲话。

以看出一个时期内生产的总规模及其对劳动力、原材料的需求，可以用来分析国民收入的结构。我们用总产值的目的，也是为了考察生产的总规模及其增长速度。到底用什么好，还是一个需要研究的课题。在目前情况下，还只能用总产值这一指标。为了避免片面追求产值的增长而不顾经济效益，所以中央的提法是，“在不断提高经济效益的前提下”，力争实现全国工农业总产值翻两番。这个目标，在去年全国五届人大四次会议通过的《政府工作报告》中就提出来了，这次提得更加集中、更加明确。

怎样实现翻两番？国家计委的初步计算和设想是：

第一，到2000年时，能源总产量，钢、水泥、化肥、棉纱、纸等重要生产资料的产量，比1980年增长1倍。这个要翻两番做不到。发电量的增长要与工业的增长速度同步。机械工业主要产品产量，可能增长3倍到4倍。

第二，由于技术的进步，消耗降低，产品质量和加工深度的提高，用同样数量的能源和原材料创造的价值增长1倍，或者说经济效益翻一番。比如，工业产品的单位能耗，现在是100，到2000年时降为50，1吨能源就可以顶2吨用。在原材料工业和各种加工工业方面，增加新的品种，提高加工的深度和精度，实行产品的升级换代和全面提高档次，可以较大幅度地提高产品的产值。

第三，一些新兴工业部门，如电子、信息、核能、石油化工、新型材料等等，将得到迅速发展，也将极大地推动工业产量的增加和产值的提高。一些资本主义国家能够保持现在的工业发展速度，很大程度上是靠这些新兴工业部门成长的。

大体计算了一下，我国工业主体部分的生产技术，到2000年时达到现在经济发达国家的水平，就能够实现上述第二个倍增计划，并使新兴工业部门逐步地成长起来。所说的经济发达国家的生产技术水平，也是在近20年中发展起来的。我国现在的工业生产技术，大体上相当于经济发达国家50年代或者60年代初期的水平。从现在起，我们用20年的时间赶上和在某些方面超过经济发达国家过去20年达到的水平，是应当也是有可能做到的。何况今后20年世界的科学技术还会有新的发展和新的突破，这些成果可以为我国借鉴或者吸取。对于我们自己的科技攻关能力，也应当有足够的估计。

从上述计算中可以看出，20年实现翻两番，任务是很艰巨的，并不是轻而易举。但是，可能性是存在的，只要扎扎实实地做好工作，是能够做到的。

在讨论中，不少同志表示担心，认为这个目标定高了，感到不踏实，不放心，怕实现不了。大家接受了过去高指标的教训，争取把目标定得稳妥些，留有余地，这是好现象。但是，把目标定得过低，起不到动员全党开动脑筋、努力奋斗的作用，也不好。现在群众中有两种情绪都值得注意。一种情绪，是对那种喊高口号的现象不满意。这方面，大家都吃过苦头，无疑应当注意避免。另一种情绪是，缺乏一个远大的目标，对当前的工作不积极、不热心，对党中央的部署缺乏信心。这种情绪不好，要想办法克服。党中央把力争翻两番作为二十年的奋斗目标提出来，既不是不切实际的幻想，又不是无所作为，得过且过。作为战略决策来说，这是正确的，应当坚持的。

今后20年，我国经济发展有着许多有利条件。我们已经结束了国家的多年动乱，实现了全国的安定团结，全党工作的重点已经转到现代化建设上来，这种局面必将长期地巩固和发展下去。党对经济工作的指导思想端正过来了，这个正确的指导思想必将在新的实践中继续发挥其威力。经过30多年的努力，我们已经建立了相当规模的物质技术基础，这个基础必将在今后的生产建设中发挥越来越大的作用。随着经济建设经验的积累和科学技术的发展，我们战胜困难的本领将会越来越大。国际条件，总的来说也对我们有利。在过去20年中，即1961到1980年间，尽管有十年动乱和经济指导工作上的失误，我们工农业总产值的每年递增速度还达到6.1%。今后20年，我们在上述这些有利条件下，只要真正把工作做好，取得比过去20年更大的成绩，是完全应该，也是有可能做到的。

应当承认，对今后20年的发展，有些情况我们现在还看不准，有可能把某些有利因素估计高了。但是，更有可能把有些有利因素估计低了。特别是对科学技术进步对生产发展的作用，我们现在的眼界就还比较狭窄，知识不够。这两年，一些地区农村种棉花、种花生、种水稻使用地膜复盖，仅此一项，就增产30%到40%。1亩地多产30到40斤皮棉，多产100到200斤花生，多产150到200斤水稻。这个我们就没想到。这种事例实在太多了。因此，我们一定努力，加强调查研究，并发动各个方面的力量，包括各个方面的专家，从明年起就搞20年的发展规划，即到2000年的规划，把有利和不利因素都加以恰当估计，寻找出更多的好办法。

**二、两个阶段**

中央确定了20年的战略目标，又确定了实现这个目标要划分两个阶段：前10年打好基础，积蓄力量，准备条件；后10年开创一个新的经济振兴时期。这个决策是极其重要的，既不急于求成，也不踏步不前。这里的关键是前10年准备。

这个决心下得太重要了。没有这一条，就不能稳定当前的经济，也不可能有后10年的经济振兴。

有的同志问，为什么要10年准备，短一点行不行？看来，短了不行。这主要考虑到以下一些因素：

第一，过去长期造成的国民经济比例失调和产业结构的不合理，以及企业组织结构的不合理和经济体制的不合理，需要花相当长的时间进行调整和改革。企业组织结构不合理，这是大家都看得见的，但是这个改革是相当艰巨的，既有思想阻力，也有客观困难。在没有长期规划、行业规划和区域规划的情况下，在经济体制没有确定的情况下，大改也确实困难。经济体制的改革，就更复杂得多。这要从认真总结经验，拟定整体改革方案做起，然后训练干部，分阶段地实施，工作量是相当大的。“六五”期间只能制定方案，进行试点，“七五”时期才能展开。这些事情要抓紧，但时间短了搞不完。

第二，能源、交通的落后状况，在短期内不可能有大的变化。海上石油勘探，要到“七五”后期才能见到效果。煤炭、水电建设的周期长，“六五”为“七五”准备的煤炭建井规模，大约只能保证每年增加2000万吨的生产能力，一些大型水电站的建设，要到“七五”后期才能发挥作用。这就是说，前10年能源生产将处于低速增长的阶段，交通运输的紧张局面也不可能有大的扭转，冶金矿山、化学矿山的勘探和建设也都跟不上。

第三，重大科学技术的攻关，原有企业的技术改造，由于技术力量和资金不足，只能有重点地进行，近期还不能在大范围内展开。

第四，人才的成长，技术水平和管理水平的提高，都需要有一个过程，需要相当的时间。

这就是说，用十年时间打基础，是客观形势所决定的，是我们党在领导经济建设工作中实事求是的表现。

是不是10年之内任务很轻松？不是的。这10年内的任务是相当多又相当艰巨的。

1. 要抓好调整、整顿、改革和技术改造，使前10年每年有5-6%的生产增长速度。其中，“六五”保四争五，“七五”要高于“六五”。

2. 要为后10年作以下的准备：

（1）扩大能源建设规模。煤炭，重点是开发山西、东北及内蒙、豫西、苏鲁皖煤田，以及贵州煤田。石油，在陆上要拿到较多的储量，海上到1990年要拿到一定的产量。水电，重点是开发黄河上游、长江中上游支流以及红水河的水力资源。

（2）加强交通运输建设。重点是加强晋煤外运能力，新建北京至秦皇岛电气化复线、兖州至石臼所、大同经北京至秦皇岛、朔县至石家庄4条新线，同时改造10条原有铁路，使煤炭东运能力达到2亿吨。港口吞吐能力，10年要增大1倍。长江干流运输能力，也要10年增大1倍。

（3）机械工业改组和技术改造要先走一步。争取到1990年，把机械、仪器仪表、电子工业的关键基础件、元器件和主要设备的制造，提高到工业发达国家80年代初期的水平。

（4）在农业、能源、交通、原材料、轻纺工业方面，要搞一批储备项目，提前搞好建设前期的准备工作，后10年条件具备时就可以动工兴建。

（5）制定行业发展规划、经济区域规划和国土的开发、整治规划。

（6）制定后10年科技发展规划。

（7）抓紧培养人才，扩大科技队伍，提高各级经济管理人员的水平。

这些工作做好了，后10年的振兴就可以顺理成章，水到渠成。到2000年时，国民收入和主要产品产量可以居于世界前列，国民经济在现代化进程中将取得重大进展，人民生活将达到小康水平。这个前景是令人鼓舞的，我们应当为此而努力奋斗。

## 三、三项决定性的工作

能不能实现20年的目标，前10年能不能为后10年做好准备，除了政治方面的工作之外，取决于以下三项工作：

1. **前10年调整、整顿、改革和技术改造的工作能不能取得显著成效。这些工作做好了，就可以出效益，出速度。**

2. **能不能集中必要的财力物力保证国家重点建设，特别是能源、交通的建设。**

这几年，国家财力的集中和分配的情况发生以下三个变化：

（1）国民收入是逐年增加的，而国家财政收入却逐年减少。1979到1981年，国民收入增加了870亿元，国家财政收入（不包括国外借款）减少了110亿元。新增加的国民收入哪里去了？大体是：农民收入增加了580亿元，城镇生产部门职工收入增加了200亿元，企业使用的纯收入增加了200亿元。分配额超出增加额110多亿元，因而国家财政收入减少了110多亿元。

（2）在财政收入减少的情况下，1979到1981年，除了科学文教卫生事业费增加60亿元、行政费增加23亿元之外，其他开支都减少了。其中，基本建设投资由1978年的395亿元减少为1981年的207亿元，减少了近190亿元。

（3）基本建设的总规模，1981 年国家预算内投资为 207 亿元，地方和企业自筹、银行贷款和国外贷款为 236 亿元，总计为 443 亿元。预算内投资占 47%，其他投资占 53%。由于投资减少，除了科学文教卫生、商业、城市建设投资有所增加外，其他投资都大大减少了，能源、交通投资也减少了。在全部基本建设总投资中，1978 年能源、交通投资为 200 亿元，1981 年减少为 136 亿元。其中国家预算内投资，1978 年为 187 亿元，1981 年减少为 92 亿元。在全部基本建设中，生产性建设比重，1978 年为 83%，1981 年下降为 59%；非生产性建设比重，1978 年为 17%，1981 年上升到 41%。

国家财力集中和分配情况的这些变化，起了以下的好作用：

（1）城乡居民的收入有了较大的增加，科学文教卫生和住宅、城市公用事业等的建设投资也有了较大的增加。

（2）地方、企业都有了自己的机动财力，这对于调动地方和企业的积极性起了重要作用。

（3）基本建设规模过大的情况有了改变，生产资料供应紧张的情况有所缓和。

这说明，调整的决心是大的，改革的方向是正确的。没有这种调整和改革，就没有当前的好的形势。

出现的问题，有以下几个：

（1）国家财政收入连年减少，保证不了国家重点建设和必要的军政开支。尽管对各项开支作了压缩，中央财政仍然过不去，要靠发行国库券、向地方借钱和向银行借支来勉强维持。显然，长此下去不行。

（2）由于预算外资金多，一年用于基本建设和更改措施的钱仍然有 660 多亿元，但是使用分散。一方面，国家没有财力增加能源、交通建设，另一方面地方和企业把他们拥有资金的很大部分去扩大消耗能源的加工工业能力，真正的更新改造搞得不多，能源、交通的紧张局面不但没有缓和，反而越来越加剧。

(3) 基本建设中非生产性建设占的比重过大，生产性建设占的比重过小，这也难以为继。

这就是说，过去三年的调整取得了很大的成绩，也出现了一些新的问题，需要我们适时地采取措施加以解决。解决的办法是：

第一，按照“一要吃饭，二要建设”的方针，适当控制消费的增长，适当增加国家的财政收入。具体措施，一条是通过整顿农产品收购价格和奖售办法等，适当减少国家对农民的补贴。再一条是整顿对国营企业的利润留成，控制奖金的发放，加强财政管理，堵塞“跑、冒、滴、漏”，增加国家的财政收入。再一条是调整中央、地方的包干比例。以上都是在基本政策保持稳定不变的前提下，适当调整分配比例。

第二，按照控制长线、拉长短线和“全国一盘棋”的方针，从地方和企业自筹和挖潜改造投资，以及各项预算外资金中，每年提取一部分能源、交通建设基金。这样做的好处，可以保持建设的总规模不变，一方面扩大能源、交通建设，一方面缩小消耗能源设施的建设，一举两得。

第三，固定资产投资计划，包括新建、扩建和原有企业的设备更新、技术改造计划，要由各级计委协同经委统一制定，不能各行其是，以保证国民经济各部门按比例地协调发展，使经济的地区布局保持合理。

以上这些，都是适当集中的办法。这个决心，中央已经下了。我们应当向全党说清楚，中国国家大，各地情况千差万别，过分集中不利；但是，如果过分分散，把钱都用去搞那些零零碎碎的事情，我们就办不成什么大事，后10年的经济振兴就没有希望。

有的同志说，不是要搞活吗，现在强调集中，是不是又搞死了？我们是要把经济搞活的。但是，在今后一个较长时期内，只有适当集中力量把能源、交通搞上去，全局才能活起来。如果分散力量，地方和企业按照各自需要盲目发展，那就不是把国民经济搞活，而是会把国民经济搞乱。我们讲集中，并不是走老路，把什么都统上来，搞得死死的，使地方、企业没有一点动机。在集中资金的过程中，要照顾地方、企业的合理需要，使他们能够发挥自己的积极性，办一些不宜由国家举办的事情，特别是搞好现有企业的设备更新和技术改造。

有的同志说，从各方面集中资金，这都是消极的办法，应当采取积极办法，发展生产，提高效益。解决资金问题，最根本的办法确实是要发展生产，提高效益。但是，财富生产出来之后，有个合理分配、恰当使用的问题。分配不当，使用不好，就不能促进生产、提高效益。中央提出集中资金，决不是消极的办法，而是积极的措施。只有这样，才能推进重点建设，才能真正发展生产，提高效益。能源、交通上不去，任何一个局部一时的发展生产、提高效益都是不巩固的，不能持久的。

有的同志问，集中财力，会不会引起人民不满？这个问题，一方面需要我们正确处理，集中不能搞得过分；另一方面需要把道理向群众讲清楚。过去几年，为了改善人民生活，国家尽了极大的努力，每年新增的国民收入几乎全部用于人民消费，这是必要的，但长期下去是不行的。今后人民生活还要继续改善，但是这种改善的幅度要低于生产增长和劳动生产率提高的幅度，使国家能有必要的资金积累。现在考虑的集中资金的方案，对人民生活影响不大。如果不适当集中资金，一方面国家财政年年平衡不了，就得多发票子，物价就稳不住；另一方面重点建设上不去，也不能为人民生活不断改善创造必要的物质条件，到头来会引起人民更大的不满。只要讲清楚了这个道理，措施又得当，人民是可以接受的。

我们党有一个好传统，只要中央下了决心，做好思想工作，各地是会服从中央决策的。我们的政策，符合全国人民的当前利益和长远利益，因而一定会得到全国人民的赞成和支持。

上面讲的，是能不能实现今后20年的目标，一项重要工作就是取决于我们能不能保证国家集中必要的财力和物力。

3. **还有一项决定性的工作，就是科学技术和人才培养与使用的工作能不能取得大的进展，做出切实的成绩。小平同志讲，最难的是这一条。要有一套办法，把真正的人才提起来，并且加快这个步伐。这是问题的核心，二十年规划能否实现，关键就在这里。**

现在进行的和考虑的措施有：

（1）机关改革，企业整顿，把“明白人”选出来组成领导班子。

（2）对现有干部进行轮训。

（3）解决中年知识分子的工资待遇。

（4）增加科学文教卫生事业的资金。1977年国家预算内用于这方面的资金为90亿元，1982年增加到180亿元，1985年计划安排219亿元。它占财政总支出的比重，1977年为10.6%，1982年为15.9%，1985年将上升到18.2%。这还不包括预算外用于这方面的资金。1982年比1980年，整个财政支出增加不到10%，而科学文教卫生事业支出增加40%，是增加最多的。这说明，在计划安排中是重视了科学文教卫生事业的。当然，同需要相比，还不够。在计划执行中，要根据财力的可能，尽量再增加一些。

# 全面体现建设新思路的第六个五年计划*

（1982 年 12 月 16 日）

我国国民经济和社会发展的第六个五年计划，已经第五届全国人民代表大会第五次会议审议通过了。这样，我们国家就继第一个五年计划之后，有了又一部内容比较完备、考虑比较周密、指标比较恰当的正式的五年计划。

从 1953 年实行有计划的经济建设以来，我国已经实行了五个五年计划。除了第一个五年计划有一部比较完整的计划，并且胜利完成以外，其余四个五年计划都只有一个建议数字或者计划纲要，而且由于“大跃进”运动的冲击，或者由于“文化大革命”十年内乱的破坏，再加上受“左”的指导思想的影响，有些计划急躁冒进，指标定得过高，而没有顺利实现，甚至使国民经济的发展遭受严重的挫折。第六个五年计划则以一个崭新的面貌出现在人们的面前。它的特点，不仅在于内容的完整，更在于认真地总结了过去长期社会主义建设正反两方面的经验，体现了党的十二大所确定的今后二十年经济发展的战略部署，体现了五届全国人大四次会议所确定的发展国民经济的新方针，以走上社会主义现代化建设的新路子而别具一格。

* 为《红旗》杂志 1982 年第 24 期写的文章。

国务院在五届全国人大五次会议上所作的关于第六个五年计划的报告，深刻地阐明了第六个五年计划的基本任务，总结了“六五”计划前两年的执行情况，提出了全面实现“六五”计划的主要措施。这个报告，表明了第六个五年计划是经过深思熟虑、从实际情况出发、循序前进、有所作为的计划，表明了实现这个计划所采取的措施是切合实际而又坚定有力的。这个报告，充实和丰富了过去提出的一些正确的方针，并使之大大具体化了，从而给全国人民为完成这个计划以极大的信心和力量。

那么，第六个五年计划的特点表现在哪些方面呢？

## 一、从实际情况而不是从主观愿望出发，确定计划的任务

过去的五个五年计划中，有些五年计划任务的确定是从主观愿望出发而不是从实际情况出发的。1978 年制定的“十年规划”（包括“六五”、“七五”计划），最大的失误，是把计划的任务规定错了。本来经过十年“文化大革命”的破坏，国民经济比例关系严重失调，人民生活极为困难，应该把调整经济、休养生息作为计划的主要任务，但是当时却无视这一基本情况，从主观愿望出发，要求组织新的跃进，结果加深了经济的不平衡，加剧了经济生活中的困难，从而不得不改变原定的计划。

这次第六个五年计划的重新制定，是从认真分析经济形势开始的。党中央、国务院多次指出，经过党的十一届三中全会以来的拨乱反正和 1979 年以来的经济调整，各方面取得了很大的成绩。但是，长期积累下来的问题不可能在短期内完全得到解决，国家的财政经济状况还没有根本好转。因此，

第六个五年计划的任务，是继续贯彻执行调整、改革、整顿、提高的方针，进一步解决过去遗留下来的阻碍经济发展的各种问题，取得实现财政经济状况根本好转的决定性胜利，并且为第七个五年计划期间的国民经济和社会发展奠定更好的基础，创造更好的条件。这个基本任务的确定，完全符合当前经济的实际情况，符合经济发展的趋势和客观规律。

这里所说的长期积累下来的问题没有完全得到解决，财政经济状况没有根本好转，主要是指企业的组织结构很不合理，以及经营管理混乱的状况还没有根本改变过来，产业结构和产品结构也存在着很多问题，生产、建设、流通领域的经济效益很差，浪费现象十分惊人，以致国家在改善人民生活方面的支出大量增加的情况下，财政收入由于经济效益差而增长缓慢甚至下降，从而使国家财政难以做到收支平衡。因此，要实现财政经济状况的根本好转，即不是在削减财政支出，而是在保证经济文化建设费用逐步增加和人民生活逐步改善的条件下，实现财政收支平衡，就必须认真进行现有企业的全面整顿，逐步实现产业结构、产品结构和企业组织结构的合理化，继续有步骤地改革经济管理体制，使生产、建设、流通领域的经济效益有一个显著的提高。这些工作，不可能在第六个五年计划期间全部做完，但是必须采取各项措施，在这些方面取得重大的进展，取得实现财政经济状况根本好转的决定性胜利。实践证明，搞好现有企业的调整和整顿，搞好经济管理体制的改革，消除经济中存在的各种弊端，把比例关系搞协调，把各方面的关系理顺，就可以出效益，出速度。这是为“七五”计划和以后经济发展所作的最好准备。如果我们不在这方面下功夫，经营管理面貌依然如故，想要加快经济的发展是根本做不到的。相反，财政经济中的困难还会加剧。

当然，为“七五”计划和以后经济的发展打好基础，创造条件，还必须在物质条件方面，在科学技术和人才培养方面，进行大量的工作。不抓紧这些方面的工作，要求加快经济的发展也是不可能的。

继续贯彻执行调整、改革、整顿、提高的方针，这是一个全局性的、关系到能不能在80年代为90年代经济的振兴打好基础的问题。“六五”计划以此作为基本任务确定下来，就抓住了主要矛盾，抓住了主题。在这个问题上，我们应当保持高度的自觉性和严肃性，并且聚精会神、扎扎实实地把它做好。

## 二、以提高经济效益为中心，求得经济的稳定增长

在过去长期的经济建设中，我们吃亏吃得最多最大的是不顾经济效益，片面追求产值产量的增长速度，搞高指标。1956年我们吃过亏，1958年到1960年吃了一个大亏，1970年以后很长一段时间又吃过不少亏。为了实现不切实际的任务，总是而且必然把增长速度定得很高。指标过高，一切问题就跟着来了。其结果，必然欲速不达，不但不能鼓舞和保护人民群众的劳动热情，反而严重地挫伤了人民群众的积极性。

这次制定第六个五年计划，党中央、国务院提出的一条重要方针，就是坚决不再搞高指标，指出“六五”的增长速度必须是没有水分的、有后劲的速度；必须是既积极而又留有余地的速度；必须以提高经济效益为前提，而不能相反。

这里所说的没有水分的速度，就是要求指标切实可靠，而且产品的质量要合乎标准，品种要适销对路，单位产品的物质消耗要大大降低，而不能搞浮夸，不能为了追求速度而

不讲产品质量、不计物质消耗、不顾产品销路，形成“工业报喜，商业报忧，仓库积压，财政虚收”，图虚名而受实害。

这里所说的既积极而又留有余地的计划，就是要求各部门、各地区不能迁就现状，得过且过，必须努力挖掘潜力，在提高质量、降低消耗上下功夫，从节约中求增产。计划指标一经确定，就必须保证完成，而且力争在执行中超过。没有水分和留有余地的速度，也就是有后劲的速度。只要真正做到质量提高，消耗降低，工业生产就会形成良性循环，就能做到稳步增长。

“六五”计划确定工农业生产年平均递增4%，在执行中争取达到5%，就很好地体现了上述方针。它着重于提高经济效益，追求效益高的速度，而不是不顾经济效益，片面追求产值和产量的增长。实现这个计划，必须经过很大的努力，经济技术指标必须有一个显著的提高才行。例如，“六五”计划期间能源的年平均增长速度为1.4%，而工业速度要达到4%到5%，这就要求工业的节能率每年达到2.6%到3.5%。这个计划，又是充分考虑到各种可能条件，经过努力可以实现的。1981年、1982年计划执行结果都超过了原定的要求，证明这个计划是适当的。

党的十二大要求，把全部经济工作转到以提高经济效益为中心的轨道上来。实现这个要求并不容易，需要做大量艰苦细致的工作。但是，我们必须坚决按照党中央的要求去做，首先要在指导思想上认真转变过来，并且在实际工作中严格要求。

## 三、严格控制固定资产投资规模，集中资金加强重点建设，积极推进现有企业的技术改造

历史的经验表明，高指标总是而且必然造成过大规模的

基本建设。盲目铺摊子，追求多上项目，而不计建筑成本和建设工期，这是长期以来基本建设中的最大弊端。新中国成立以来，经济建设上的几次重大挫折，从经济工作上来说，都是同盲目扩大基本建设规模密切联系在一起的。1958 年基本建设遍地开花，1970 年以后基本建设几次大干快上，曾一再重犯这个错误。

基本建设规模安排过大，建设项目上得过多，造成两个方面的恶果。一方面，许多工程由于缺乏事先准备，仓促上马，在建设过程中问题丛生，不得不边施工边修改设计，时建时停；许多工程由于材料设备供应不上，经常停工待料，从而使大量的资金和物资积压在基本建设过程中而不能及早地发挥作用。另一方面，由于许多资金，包括企业更新改造资金被挪用于基本建设，大量老企业的设备得不到更新，技术得不到改造，致使设备破损老化、劳动生产率日益低下。这种状况，就造成一种恶性循环：新建工程越多，老企业破坏就越严重，老企业生产上不去，就越想去扩大建设规模，而建设规模越大，投资效果就越差。从而造成挖肉补疮，两败俱伤。由于基本建设规模过大，破坏国民经济的平衡，在支撑不下去的时候，就不得不进行调整，造成大批工程停建下马。基建工程这种大上大下所造成的损失是惨重的。

这次制定第六个五年计划，党中央、国务院一再强调不能再重犯这方面的错误，要求坚决压缩基本建设的投资规模，使之同国力相适应；同时，增加现有企业的更新改造资金。整个固定资产的投资规模，要由国家计划委员会统一管起来，一方面保证能源、交通等的重点建设，一方面保证重点企业的技术改造，下决心把扩大一般加工工业能力的盲目建设压下来。根据这个精神，计划规定，五年内用于基本建设的投资总额为2300 亿元，其中国家预算内投资为1182 亿元，占国家财政总支出的20%。这比“五五”计划时期的35%大大降低了。五年内施工的大中型建设项目890项，也比过去大大减少了。用于现有企业设备更新和技术改造等方面的资金则比过去增加了，五年合计将有1300亿元，平均每年260亿元。它占整个固定资产投资的比重，由过去的20%左右提高到36%。

在五年基本建设投资总额中，用于能源、交通建设的投资为884亿元，占38.5%。由于这方面投资增加，煤炭、电力、石油、铁路、水运等的建设规模扩大了。例如，五年煤矿的建设总规模为2.2亿吨，除了在1985年底以前建成投产8000万吨以外，结转到“七五”期间续建的规模为1.4亿吨，这比1980年底结转到“六五”的建设规模8300万吨扩大了近70%。五年电站建设总规模为3360万千瓦，除了在1985年底以前建成投产1290万千瓦以外，结转到“七五”期间续建的规模为2370万千瓦，比1980年底结转到“六五”的建设规模1840万千瓦也扩大了。石油勘探将向西部和海上展开。交通运输方面，不仅加快了一些原有铁路的技术改造，而且将新建几条重大的运煤新干线，并增加沿海港口深水泊位的建设。所有这些，都将为“七五”计划和以后国民经济的发展准备更好的能源、交通条件。

从国家的财力、物力来看，“六五”计划的投资规模并不算小，特别是大中型项目安排已经不少。真正把这些投资管好用好，可以发挥很大的作用。我们一定要接受过去的教训，集中力量搞好计划内工程的建设，力争缩短建设周期，降低工程造价，保证工程质量，彻底改变过去那种盲目铺摊子，以致出现“投资无底洞、工期马拉松”的状况。

更新改造资金也必须管好用好，真正用于更新老设备和采用新工艺、新技术，而不能拿去搞仍然采用旧技术的一般生产能力的扩大。为了提高原有企业更新改造的能力，国务院已经决定，根据国家财力的可能，逐步提高企业的设备折旧率。

“六五”期间固定资产投资的规模能否控制在合理的水平，重点建设和重点技术改造能否得到必要的保证，关系到“六五”计划的成败，关系到国民经济能否在稳定的基础上持续增长。因此，这方面的管理一定要严格做好，不能麻痹大意，掉以轻心。千万不能形势一好，就“旧病复发”。

## 四、把科学技术和人才培养放在重要的战略地位

在过去的几个五年计划中，科学技术的发展与人才的培养没有得到应有的重视。生产的发展，主要依靠扩大生产规模，搞基本建设，而不是主要依靠技术进步；科学技术工作同经济建设也结合得不够。教育事业发展缓慢，人民受教育的程度和科技文化水平很低。这就使得我们的生产技术水平长期停滞不前，许多方面现在仍然停留在50年代的水平上。

在这次制定第六个五年计划的过程中，党中央、国务院要求把科学技术和人才培养放在战略的地位。科学技术的现代化是四个现代化的关键。不加强科学技术的研究，不促进技术的进步，我们就不可能实现到本世纪末使工农业年总产值翻两番的任务，就不可能缩短同世界经济发达国家在科学技术方面的差距。而科学技术的发展，归根到底在于人才的培养，在于把现有的科学技术力量充分地组织起来，使他们的积极性充分发挥出来。因此，必须十分重视教育工作，重视人才的培养和合理使用。

第六个五年计划，开始注意把科学技术和教育的发展放在重要的位置。计划安排，五年用于教育、科学、文化、卫

生事业方面的经费为967亿元，比第五个五年计划期间的577亿元增长68%。而在这一期间，全部财政总支出只比“五五”计划增长17%。教、科、文、卫、体部门的经费支出占财政总支出的比重，由“五五”时期的11%提高到15.9%。这就是说，第六个五年计划期间增加的财政收入，很大一部分将用于教育和科学研究方面。由于过去这方面遗留的问题很多，现在安排的资金还显得不足，随着经济的发展，这方面的经费还会逐步增加。

在科学技术方面，计划要求，把现有科技力量很好地组织起来，参加各种规划的工作，参加规划中提出的重大科技课题的攻关，参加重大建设项目的技术经济论证和勘察设计。在这些方面，要打开新的局面，取得有效的成果。与此同时，要结合企业的技术改造，有计划地从国外引进一批先进的生产技术和关键设备，并积极做好消化和吸收的工作。

在大力发展自然科学的同时，还将重视发展社会科学，要求努力阐明和解决我国社会主义现代化建设中提出的重大理论问题和重大实际问题。

在人才培养方面，计划规定要在提高质量的前提下，发展高等教育，扩大高等学校的招生人数。继续改革中等教育结构，发展各门各类的中等职业学校。到1985年，争取全国绝大部分的县普及或基本普及小学教育，城市普及初中教育，大力扫除中、青年中的文盲。为了提高广大干部、技术人员和工人的思想政治水平和现代科学文化、生产技能的水平，将普遍举办各种正规学院、正规学校和轮训班，使职工教育比较快地走向正规化。

把科学技术和人才培养放在重要战略地位，是经济指导思想的重大转变。我们必须认识这一转变的重大意义，并且努力适应这一转变，统一认识，身体力行。

## 五、将国民经济的发展和社会的发展结合起来，既注意建设物质文明又注意建设社会主义精神文明

我们过去的计划，主要是国民经济的发展计划。它虽然也包含有社会发展的内容，但很不完整，社会主义精神文明建设的内容很少。一个重要的原因，是指导思想上存在严重的片面性，即过分追求生产建设的增长，忽视人民生活的改善和社会问题的解决；重视物质生产的计划性，忽视人口增长的计划性和劳动力的合理使用；重视物质文明的建设，忽视文化建设和思想建设，以致社会问题越积越多。

在制定第六个五年计划的过程中，党中央、国务院指示，必须把社会发展纳入计划，必须改变轻视文化建设和思想建设的错误观念，必须考虑到造就良好的社会风气。经济的发展离不开社会的发展，否则就会失去目的性，失去社会的保障。物质文明的建设，是社会主义精神文明建设不可缺少的基础；社会主义精神文明的建设对物质文明的建设不但起巨大的推动作用，而且保证它的正确发展方向。在一切经济工作中，不仅要考虑生产的发展，而且要考虑到社会主义精神文明的建设，考虑到培育一代又一代的社会主义新人。社会主义制度的建立，使我们有可能而且必须有计划地发展社会生产，同时有计划地促进社会的发展，建设社会主义的精神文明。第六个五年计划，开始改变了不重视社会发展计划的倾向，这是一大转变，一个进步。

“六五”计划的社会发展部分，包括有人口计划，劳动计划，居民收入和消费计划，城乡建设和社会福利事业计划，文化事业计划，卫生、体育事业计划，环境保护计划，以及保持良好社会秩序的计划。同时，要求在各项经济建设事业中，加强思想建设，使越来越多的职工成为有理想、有道德、

有文化、守纪律的劳动者，克服各种不正之风，坚决打击经济领域中的严重犯罪活动和其它严重刑事犯罪活动，为第六个五年计划的实现创造良好的社会秩序、生产秩序和工作秩序。

从上述内容可以看出，第六个五年计划是一个继续贯彻执行调整、改革、整顿、提高的方针，使国民经济健康发展的五年计划；是一个从我国实际情况出发，走社会主义现代化建设新路子的五年计划。这是党的十一届三中全会以来拨乱反正的成果，是在经济战线上贯彻党的实事求是路线的结晶。认真地实行这个五年计划，将会大大提高我们整个经济工作的水平，使国民经济在调整中稳步发展，使现代化事业向前推进一步，使人民生活继续得到改善。只要胜利地完成第六个五年计划，我们就有把握使第七个五年的发展速度高于第六个五年。在这个基础上继续前进，第八个五年和第九个五年的发展速度肯定还会再高一些。这样，我们就有可能到本世纪末实现工农业年总产值翻两番的宏伟目标。

党的十一届三中全会以来，我国的计划工作有了很大的改进，第六个五年计划的制定在许多方面比过去有所进步。但是，这还只是一个开端。由于经济生活的复杂性和计划工作水平的限制，尽管在计划制定过程中努力进行调查研究和综合平衡，但有些地方仍然可能考虑得不周到，需要在计划的执行中根据实际情况进行必要的调整和妥善的处理。

# 我国经济建设的新格局*

（1982 年 12 月 24 日）

党的第十二次全国代表大会，总结了我国过去社会主义建设的经验，确定了到本世纪末我国经济建设的战略目标、战略重点和战略步骤。在最近召开的第五届全国人民代表大会第五次会议，又审议和批准了我国国民经济和社会发展的第六个五年计划。这样，我国的经济建设，不仅有了远景的目标，而且有了近期的具体行动纲领。经过党的十一届三中全会以来的拨乱反正，经过党的十二大的召开，我国的经济建设已经确立了一个崭新的格局，我国的国民经济已经走上稳步发展的健康轨道。这是值得全国人民庆幸的一件大事。

下面，就有关我国经济建设的几个问题，向同志们作简要的介绍和说明。

## 一、从 1981 年到本世纪末的经济建设战略部署

党的十二大确定，从1981 年到本世纪末的20 年间，要在不断提高经济效益的前提下，力争使全国工农业的年总产值翻两番，使我国国民收入总额和主要工农业产品的产量居于世界前列，使整个国民经济的现代化过程取得重大进展，使

* 在共青团第十一次全国代表大会上所作的说明。

人民的物质文化生活达到小康水平。为了实现这个目标，要分两步走，前10年主要是打好基础、积蓄力量、创造条件，后10年进入一个新的经济振兴时期。这是党中央从我国实际情况出发，对今后20年经济建设所确定的新格局。

这个格局，同1977年8月党的十一大以及随后在1978年2月召开的五届全国人大一次会议上，党中央和国务院负责同志所提出的部署是大大不同的。那个时候提出的到本世纪末的目标，是全面实现工业、农业、国防和科学技术的四个现代化。为了实现这个目标，把1976年到1985年作为关键的十年，要在这十年中实现农业、轻工业、重工业和其它经济事业的全面跃进。这些要求，脱离了中国当时的实际情况，是不可能做到的。我们国家必须实现现代化，这是肯定的。重新提出实现四个现代化的目标，是完全正确的。但是，情况已经摆明，我们不可能在本世纪内全面实现四个现代化。特别是，经过十年"文化大革命"的破坏，国民经济比例关系严重失调，人民生活问题成堆，应该提出调整国民经济和休养生息的任务，以便使国民经济和社会生活稳定下来。由于当时没有这样做，其结果加剧了国民经济的不平衡，使一些口号和目标陷于空谈。

党的十二大所确立的新格局，第一，不再要求到本世纪末全面实现四个现代化，而是要求工农业总产值翻两番，整个国民经济在现代化过程中取得重大进展，使人民的物质和文化生活达到小康水平；第二，不是要求前10年全面跃进，而是要求理顺关系，打好基础，为后10年的经济振兴做好准备。这个格局，体现了把高度的革命精神同严格的科学态度结合起来，体现了一切从实际出发的基本原则。

有的同志问，20年工农业年总产值翻两番根据什么提出来的，实现这个目标是不是有可能？应当说，提出这个目标，根据有两个：一个是需要，一个就是可能。

首先是需要。经过30多年的建设，我们已经有了一定的物质技术基础，人民生活比解放前有了很大的改善。但是，大家都知道，我们的物质基础还很薄弱，技术还很落后，人民生活还不富裕。1980年，全国的社会生产净产值，即国民收入，只有3667亿元，平均每人370元。工业的生产技术，大部分还停留在工业发达国家50年代末期或60年初期的水平。全国城乡居民的消费水平，平均每人只有227元。我们需要积极努力，在今后20年的时间里，使我国的工农业生产有一个长足的发展，使技术水平有一个较大的提高，使人民生活逐步富裕起来。

工农业年总产值的增长速度要求多少为好，这是大家关心的。有的同志说，20年翻两番高了。那么，翻一番好不好？20年翻一番，平均每年增长速度是3.5%。这两年是大调整时期，我们的工农业总产值增长速度平均每年还有5%－6%，显然翻一番速度太低了。而且工农业总产值翻一番，国民收入还翻不了一番。加上人口增长的因素，每人的消费水平大约平均每年只能增长2%多一点，还低于1953年到1980年平均每年递增2.6%的速度。显然，人民对此是不会满意的。

20年翻一番半好不好？20年翻一番半，平均每年增长速度是5.6%，这当然比翻一番好一些，但是速度仍然较低，大体上只是维持最近几年的水平。人民消费水平的增长速度，可能达到平均每年4%左右，20年增长1倍，人民仍然会觉得增长得慢了一些。

20年翻两番，平均每年的增长速度是7%稍多一点。实现这个要求，我们就有可能做到积累和消费都安排得好一些。一方面，可以使工农业主要产品的产量增长得快一些，在总产量方面进入世界先进行列，使国家的经济实力和国防实力得到增强。另一方面，使人民的消费水平能以比过去28年高1倍的速度向上增长，即20年不是增长1倍，而是有可能增长1.5倍甚至更多一些。这是全国人民盼望的，也是感到高兴的。

更重要的是有没有可能。20年工农业总产值翻两番，是在仔细地分析了我国过去30多年所走过的路程，考虑了今后经济发展的趋势和各种可能条件，也借鉴了国外经验的基础上提出来的，因此是有实现的可能性的。

第一，20年间翻两番，即增长3倍，这是我们过去曾经达到过的速度。例如，从1953年算起到1972年的20年间，中国的工农业总产值增长了将近4倍，平均每年增长8.4%。从1958年算起到1977年的20年间，工农业总产值增长了3.1倍，平均每年增长7.4%。从1962年算起到1981年的20年间，工农业总产值曾经增长了3.9倍，平均每年增长8.3%。当然，在这些时期里，经济的增长速度有些不实在的成份，经济效益比较差。但是，这些时期发生了或者发生过1958年到1960年三年“大跃进”的严重挫折，遭受到“文化大革命”的巨大破坏，使工农生产没有达到本来应该达到的水平。今后，这类大的折腾不会发生了，我们不仅可以专心致志地从事经济建设，而且也从过去的严重挫折中吸取了教训。我国的国内资源又很丰富，市场广阔，因此争取在今后20年间的工农业总产值保持每年增长7%稍多一点的速度，到本世纪末翻两番，是可能的。

第二，在今后的20年中间，由于我国农业找到了家庭联产承包责任制这样一种适合中国国情的社会主义合作经济的新形式，加上农业科学技术的推广应用、农业基本建设的逐步增加，平均每年保持5%稍高一点的速度，是有可能做到的。在工业方面，根据我国矿产资源、水力资源的状况和开发的能力，在20年间能源总产量大约可以增长1倍，主要原材料的产量也可以增长1倍或者稍多一些。接受国外工业发达国家的经验，我们将大力改善企业的经营管理，积极地引进先进技术，推动技术的进步，争取以同样数量的能源和原材料创造出高一倍的价值，即争取经济效益提高一倍。同时，争取电子工业、核能工业、石油化学工业、新型材料工业，以及大型、精密机械制造业等新工业有一个较大的发展。只要我们做到了这一些，就有可能在今后20年间，使工业总产值保持平均每年增长7－8%的速度（前10年低一些，后10年高一些）。

第三，20年间工业生产平均每年增长7－8%，也是世界上一些工业发达国家所曾经做到过的。例如，从1961年到1980年的20年间，日本工业增长了将近4.5倍，平均每年增长8.9%；苏联工业增长了3倍，平均每年增长7.2%。要说明的是，在这20年中，这两个国家都是前期增长较高，后期速度下降，近几年下降得更多一些。我国目前一些主要产品的产量，大体相当于或者超过工业发达国家60年代的水平；我国目前的主要工业生产技术，大体上相当于工业发达国家50年代末期或60年代初期的水平。我们今后用20年的时间赶上工业发达国家目前达到的技术水平，这个要求是不算高的。这不仅因为这些技术已经是现实存在的，有利于我们吸取，而且在今后的20年中，不论我们自己的科学技术攻关，或者世界上的科学技术发展，都会有新的突破，这对我国生产的发展都是有利的因素。因此，从世界上一些国家的经验来看，我国在今后20年内翻两番也是应该和有可能做到的。

这就是说，20年翻两番，任务是艰巨的，并不轻而易举。但是，可能性是存在的，并不是高不可攀。既然有可能，我们就应当力争，而不应当坐失良机。

制定远景目标，有两种情况都不好。一种是，把目标定得过高，到时候完不成，会使人民没有信心，会挫伤人民的积极性。这个方面，我们已经吃过不少苦头。另一种是，目标定得过低，起不到调动全国人民开动脑筋、努力奋斗的作用，搞了多少年，面貌变化不大，人民也会感到没有信心和奔头。党中央把力争翻两番作为20年经济建设的奋斗目标提出来，是经过深思熟虑的，既不是不切实际的幻想，又不是无所作为、得过且过。这个战略决策是正确的，妥善的。

正确地制定远景目标，是很重要的。但是，如果没有明确的步骤，不分轻重缓急，一拥而上，即使目标定得适当，也难以实现。因此，党的十二大的另一个重大决策，就是把20年划分为两个阶段：前10年和后10年。前10年，又分为两个时期：第六个五年计划时期和第七个五年计划时期。

所以划分两个阶段，把前10年作为打基础、创造条件的阶段，这是因为过去长期积累下来的问题，主要是国民经济的比例失调、产业结构不合理和企业组织结构不合理，现在还没有完全解决，经济体制改革现在才刚刚开始，生产、建设、流通领域的经济效益很差，国家财政经济状况还没有根本好转，有大量的调整、整顿和改革的工作要做。同时，能源、交通建设跟不上，人才也不够，要进行必要的准备。而这些，都需要相当的时间。这就是说，前10年的国民经济，特别是工业，还不具备大发展的条件。如果我们不首先集中力量搞好调整、整顿和改革的工作，不把各种经济关系和经济结构理顺，不搞好各项生产条件的准备，而急于要求高速度，急于扩大基本建设规模，就会增加当前财政经济的困难，加剧能源、交通的紧张状况，其结果就会延缓经济振兴时期的到来，欲速不达。相反，前10年准备好了，后10年的振兴就会水到渠成。

陈云同志最近多次讲到分两步走的重要性。他说：只要我们经过“六五”和“七五”两个五年计划的努力，把各方面的关系理顺，并且做好一些大骨干项目的前期工作，后10年的发展速度就可以搞得快一些，翻两番的奋斗目标就可以实现。如果急于求成，把本来应当放在后10年办的事也勉强拿到前10年来办，在“六五”和“七五”两个五年计划期间大上基本建设，那么，经济又可能出现混乱，翻两番的任务反而有可能完不成。

我们的任务，就是要坚决地按照党的十二大的部署去办，既不把前10年应当做的事情拖到下一个10年，也不把后10年才能做的事情勉强拉到前10年来做。

根据党的十二大的部署，前10年主要是进行以下各项工作：

1. 搞好现有企业的整顿，扭转企业管理混乱的状况。企业管理落后，无人负责，纪律松弛，这是经济效益差的一个重要原因。现在，全国有相当数量工业企业的技术经济指标还没有达到过去曾经达到过的较好记录，产品质量不好，物质消耗很高，而且生产出来的产品货不对路。全国国营工业企业每百元固定资产和流动资金所提供的税收和利润，1965年为30元，1982年预计只有24.1元。全国国营工业企业流动资金的周转天数，1965年为74.8天，1982年预计为111天。全国基本建设每百元投资交付使用的固定资产，1965年为93.6元，1982年预计为80元。不少建设工程是“投资无底洞，工期马拉松”。不用说赶超世界先进水平，就是赶上过去我国自己达到过的较好记录，一年就可以多提供200亿元的利润和税收，就可以节省几百亿元的流动资金，就可以多增加五六十亿元固定资产。因此，搞好了企业整顿，即使不增加投资也能出速度，出效益。

2. 搞好产业结构、产品结构和企业组织结构的调整，使之逐步合理化。现在产业结构和产品结构同社会需要很不适应，必须进行调整。特别是企业的组织结构问题很多，不少企业是盲目发展起来的，以落后挤先进，占用了大量燃料动力和原材料，但生产出的是不合格的和不适合社会需要的产品，并且有些企业还要靠国家补贴过日子。而大量的先进企业，却由于燃料动力和原材料被落后企业占用而不能开足马力生产。有些企业“小而全”、“大而全”，也造成了相当大的浪费。这种状况不改变，提高经济效益的要求就很难实现，国家财政经济的状况就难以根本好转。因此，对那些物质消耗高、产品质量差、经营不善而长期亏损的企业，生产供过于求、产品大量积压的企业，那些盲目发展起来的以劣挤优的企业，要坚决实行关停并转。要按照专业化协作和经济合理的原则，对现有企业进行必要的调整。这项工作搞好了，即使不增加投资也能出效益、出速度。

3. 有计划、有步骤地对经济管理体制进行改革。现在经济管理体制存在很多问题，主要还是“大锅饭”和“铁饭碗”的一套旧框框没有打破，束缚着生产单位和生产劳动者的积极性。无论是整顿企业、调整企业组织结构和产品结构，无论是推进技术改造或者是搞活商品流通，都涉及到经济体制问题，不改革就很难前进。在这方面，现在正在抓紧制定经济体制改革的总体方案和实施步骤，并且进行一些可能进行的改革。全面改革，预期可在第七个五年计划期间逐步展开。这件事情搞好了，可以大大解放生产力，意义是非常巨大的。

以上三项属于理顺关系的范围。

4. 加强能源、交通等的重点建设。能源、交通跟不上，是经济发展的一个制约因素。能源、交通建设投资大、建设周期长，前 10 年要适当扩大建设规模，为后 10 年的经济振兴准备条件。在煤炭建设方面，重点是开发山西煤田和东北及内蒙古东部煤田，同时开发豫西煤田和山东、安徽、江苏、贵州的煤田。在这些煤田中，首先要加快霍林河、伊敏河、平朔、元宝山、准格尔五大露天矿的开发。在石油建设方面，陆上除了继续在东北、华北、华东地区进行地质勘探和开发以外，重点是做好西北地区柴达木、塔里木、准噶尔盆地的地质勘探，争取拿到较多的储量；海上，与外商合作，较大面积地展开钻探和开发，争取海上油田在1987年以后拿到产量。在水电方面，重点开发黄河上游、长江中上游，以及红水河的水力资源。在交通运输方面，重点是加强铁路的晋煤外运能力，扩大沿海港口的吞吐能力和长江干流的综合运输能力。为了加强能源、交通的建设，国家已经提高了能源、交通建设投资在总投资中的比重，并且采取了征收能源交通重点建设基金的办法，以补国家投资之不足。

5. 有计划地开展现有企业的技术改造。由于过去一个较长时期偏重于搞新建，忽视已建成企业的技术进步，多数企业陷于设备老化、技术陈旧、工艺落后、产品质量不高的状况。从全国总体来看，目前工业技术装备大体可以分为以下四种情况：①技术比较先进，具有60年代到70年代水平的，大约占20%；②设备基本完好，但技术已经落后的，大约占20%－25%；③设备已经老化，只能勉强应付目前生产，已经到了更新改造期的，大约占20%－25%；④设备已经十分陈旧落后，产品难以达到要求，迫切需要改造和报废的，大约占35%。国务院已经确定，从现在起，要分行业制定企业的技术改造计划，并有步骤地加以实施。为了保证企业改造有必要的资金来源，除了在固定资产投资计划中统筹安排之外，拟随着国家财政情况的好转，逐步提高企业固定资产的折旧率。在企业的技术改造中，机械工业的技术改造要先行一步，不断增加新产品，淘汰老产品。

6. 加强科学技术研究和人才培养。在科学技术方面，主要是加强三个方面的工作：第一，重大科学技术课题的攻关；第二，新技术的引进和消化吸收；第三，行之有效的科技成果的推广应用。为了做好这些工作，国务院已经确定成立一个强有力的组织机构，打破部门封锁，把各方面的科学技术力量组织起来，发挥他们的专长，分工合作，首先是尽早地编制出全国科学技术的发展纲要，并且根据纲要中提出的重大课题，组织科技专家进行攻关。在人才培养方面，要在提高质量的前提下发展高等教育，扩大高等学校的招生数，并且继续改革中等教育结构。到1990年，在农村基本普及小学，在城市基本普及初中。要大力加强成人教育，通过普遍举办各种正规学院、正视学校和轮训班，使职工教育比较快地走上正规化。

上述六项工作，在第六个五年计划中已经作了具体规划，提出了具体要求。从明年起，国家计委将组织各部门、各地区着手制定第七个五年计划和后10年的远景设想，逐步地把今后20年的蓝图描绘出来。

按照两步走的部署和上述安排，前10年工农业增长速度可能低于7%，后10年的增长速度将会高于7%。现在，虽然后十五年的计划还没有制定出来，具体内容还不十分清晰，但是功到自然成，既然各项准备工作就绪了，后十五年的发展速度一定会快，这个趋势是肯定无疑的。对此，我们应当充满信心，并且聚精会神地做好当前的各项工作。

## 二、经济指导思想的重大转变

经济建设的新格局，来源于我们党总结了过去30多年社会主义建设的经验，在经济指导思想上实现了重大的转变，冲破了老框框、老格调，逐步地形成了一套符合我国国情的社会主义现代化建设的新路子。这是实现20年翻两番的重要保证。

所说的指导思想的转变、社会主义现代化建设的新路子，可以举出以下一些：

第一，一切经济活动，都要以提高经济效益为中心，努力求得经济的长期稳定增长。

我们过去的经济建设，是以片面追求产值产量的增长速度为中心的。虽然提出了多快好省，但是中心是强调速度。为了追求过高的速度，不顾质量的好坏，不惜付出代价的高低。其结果，一个时期速度上去了，但是由于不讲经济效益，人民得到的实惠甚少。而且由于追求过高的速度，造成比例关系严重失调，其结果是欲速不达，不得不降低速度，被迫进行调整。过去30多年中，吃高指标的亏是吃得最多的。1956年吃过亏；1958年到1960年吃了大亏，经过五年时间才使经济调整过来；1970年以后很长一段时间又吃过不少亏。搞高指标的结果，不但不能鼓舞和保护人民群众的劳动热情，反而会严重地挫伤人民群众的积极性。去年五届全国人大四次会议和今年党的十二大总结的一条重要经验，就是把全部经济工作转到以提高经济效益为中心的轨道上来。党中央多次指出，坚决不再搞高指标，经济的增长速度必须是经济效益高的，没有水分的和留有后劲的，必须是稳步增长的。事实证明，片面追求产值产量的增长速度是容易的，而实现经济效益高的增长速度是不容易的；实现一时的高速度是容易的，实现经济的长期稳定增长是不容易的。把经济工作转到以提高经济效益为中心的轨道，这是经济指导思想的一个重大转变，是经济工作的一大进步。

第二，从主要依靠扩大基本建设规模来增加生产，转到更多地依靠技术进步。把发展经济和科技紧密结合起来，把科学技术和人才的培养放在战略地位。

在过去的经济建设中存在的另一个弊端，就是发展生产主要靠新企业的基本建设。为了实现过高的生产指标，往往把基本建设规模搞得很大。基本建设规模安排过大，建设项目上得过多，造成两个方面的恶果：一方面，许多工程由于材料设备供应不足，不能按期建成投产，使大量的资金积压在基本建设过程中，不能及早地发挥作用；另一方面，由于许多资金（包括企业更新改造资金）被挪用于基本建设，而大量老企业的设备得不到更新，技术得不到改造，劳动生产率日益低下。上述这种状况，就造成一种恶性循环：新建工程越多，老企业破坏就越严重；老企业生产越上不去，就越想去扩大建设规模；而建设规模越大，投资效果就越差。有的国外学者把这种情况形容为“投资饥饿症”。这种状况，也是造成经济效益差的一个重要原因。党的十二大，明确地提出四个现代化的关键是科学技术的现代化。党中央和国务院领导同志多次提出，我们要到本世纪末实现工农业年总产值翻两番的宏伟目标，必须充分发挥科学技术的巨大作用，如果停留在目前落后的技术水平上，翻两番就会落空。我们决不能一说发展生产，就只考虑建新厂、铺新摊子，而不考虑现有企业的技术改造和技术进步。为了推动技术进步，我们必须把经济发展计划同科技发展计划有机地结合起来，按照生产发展的需要，努力发展科学技术。为了实现这个目的，就必须大力发展教育事业，加强智力的开发，把对人才的培养和提高全民族的科学文化水平作为一项重大战略任务坚持不懈地抓下去。重视科学技术和人才培养，这是经济指导思想的另一个重大转变，是经济工作的另一个重大进步。

第三，将国民经济的发展和社会的发展结合起来，既保证国家的重点建设又继续改善人民生活，既注意建设物质文明又注意建设社会主义精神文明。

我们过去的计划，主要是国民经济的发展计划，社会发展的内容和精神文明建设的内容很少。一个重要原因，是指导思想上存在严重的片面性，即过分追求生产建设的增长，忽视人民生活的改善和社会问题的解决；重视物质生产的计划性，忽视人口增长的计划性和劳动力的合理使用；重视物质文明的建设，忽视文化建设和思想建设，以致社会问题越积越多。党中央、国务院总结了过去的经验教训，指出我们的计划必须成为经济和社会发展相结合的计划，必须坚持“一要吃饭、二要建设”的方针，必须改变轻视文化建设和思想建设的错误观念，必须考虑造就良好的社会风气。实践证明，经济的发展离不开社会的发展，否则就失去目的性，失去社会的保障。物质文明的建设是社会主义精神文明建设的不可缺少的基础；社会主义精神文明的建设又推动物质文明的建设，并保证它的正确发展方向。社会主义制度的建立，使我们有可能而且必须有计划地发展社会生产，同时有计划地促进社会的发展，建设社会主义的精神文明。只要把经济发展和社会发展，物质文明建设和精神文明建设的关系处理好了，我们的社会主义建设就能进展得更顺利更协调，不仅能创造更多更好的物质产品，而且能培育一代又一代的有理想、有道德、有文化、守纪律的社会主义新人。

第四，在坚持国营经济为主导地位的前提下发展多种经济形式和经营方式，在公有制占绝对优势的基础上实行计划经济为主、市场调节为辅的原则，使国民经济既集中统一、又灵活多样地发展。

我们国家必须以国营经济为主导，必须坚持计划经济的制度，这是肯定无疑的。但是，由于我国生产力发展水平还比较低，又很不平衡，在所有制方面需要多种经济形式同时并存。即不仅要发展集体所有制的合作经济，而且要鼓励劳动者个体经济在国家规定的范围内和在工商行政管理下适当发展，作为公有制经济的必要的、有益的补充。在全民所有制经济和集体所有制经济内部，也要根据不同的具体情况，实行多种多样的经营管理方式，实行不同形式的经济责任制。只有这样，才能繁荣城乡经济，方便人民生活。

在经济管理体制方面，也应当根据不同情况采取不同的形式，即对关系国计民生的生产资料和消费资料的生产与分配，实行指令性计划；对一般的产品和经济活动，实行指导性计划；对小企业、小商品的生产和流通，实行市场调节。只有这样，才能真正做到既集中统一，又把国民经济搞活，保证国民经济按比例地协调发展。我们过去一个很长时期，不认识这样做的重要性，不仅不允许个体经济的存在，而且急于向全面的全民所有制甚至向共产主义过渡；在全民所有制、集体所有制内部采取了一套“吃大锅饭”和“铁饭碗”的制度；在一些方面计划又管得过多过死，束缚了地方、企业和劳动者的积极性。现在认识到了这个问题，并且逐步地提出了一些改革经济体制的原则和途径，这是具有极其重大的意义的。

第五，在自力更生的前提下，坚持对外开放政策，按照平等互利的原则，扩大对外经济技术交流，努力学习外国的好经验，吸收外国的长处。

要在我国实现四个现代化，必须立足于自力更生，主要靠自己艰苦奋斗，同时要积极开展国际间的经济技术交流，以取长补短。我们不能一切信赖外力、迷信外国，也不能一切闭关自守、墨守成规。这两种思想和行为都是错误的。我们过去一段时间的重要失误，是没有根据国际形势的变化采取对外开放的政策，没有积极扩大我国的对外贸易，没有利用可以利用的外国资金，没有积极引进适合我国情况的先进技术，从而严重地影响了我国经济技术的发展。党中央领导同志多次指出，我们的社会主义现代化建设，要利用两种资源，首先是国内资源，其次是国际资源；要开拓两个市场，首先是国内市场，其次是国际市场；要学会两套本领，一是管理国内经济的本领，二是开展对外经济贸易的本领。真正地做到这些，我们就能够既发挥自己的长处，又吸收外国的长处，并且通过国际间平等互利的交换，实现以人之长补己之短。这不但不会妨碍而且会增强我们自力更生的能力，会加快我国四个现代化的进程。

小平同志多次指出，我们要建设有中国特色的社会主义。党的十一届三中全会以来，在解放思想、开动机器、实事求是方针的指引下，我们对中国国情的认识，对中国社会主义建设道路的认识，正在不断地深化。党中央从实际出发，逐步地提出了一系列的指导我国现代化建设的正确方针和原则，并经过实践的检验，证明这些方针和原则是正确的。正是执行了这些正确的方针和原则，才能取得今天这样大的成绩，出现了今天这样的大好形势。我们相信，只要坚定地按照党中央指引的方向走下去，我们就会取得越来越大的成绩，并稳步地达到我们的目的地。

### 三、振奋精神，实事求是，循序前进

实现到本世纪末工农业总产值翻两番的宏伟目标，我们面前还存在很多困难。我们需要动员全国各族人民，特别是青年，发挥积极性和创造性，艰苦奋斗，开拓前进。

我们必须振奋精神，解放思想，勇于创新。在我们这样一个拥有10亿人口的国家，既不能墨守成规、停步不前，又不能照搬照抄别国的经验。现代化的中国，要靠中国人民来创造。我们有10亿人口，有优越的社会主义制度和共产党的坚强领导，有丰富的国内资源和广阔的国内市场，又有较好的国际环境，在认真总结经验的基础上，我们完全有可能把自己的事业办得更好一些，使我们的国家逐步繁荣富强起来。这里一个可贵的精神，就是要解放思想、勇于创新。毛主席曾经多次提倡要有朝气。青年要有朝气，人民要有朝气，国家要有朝气。因循守旧、迁就现状、暮气沉沉，是没有出路的。我们要提倡开动脑筋，勤于思索，不断地给自己提出新任务，争取做出新成就、新贡献。

必须把革命精神同科学态度结合起来，实事求是，脚踏实地。社会主义现代化建设，靠喊口号和单纯的热情是建设不起来的，必须有一种苦干和实干的精神，并且从实际出发，而不能主观蛮干。我们的社会主义建设几经曲折，其中一个重要原因，就在于主观主义，脱离实际。其结果，使我们吃了不少苦头。因此，坚持实事求是，是取得国家建设成功的一条重要原则。就个人来说，也是如此。凡是工作做出成绩的人，都是脚踏实地、埋头苦干的人。只唱高调、华而不实、不吃艰苦的人，成绩不会落在他们的头上。多干实事，力戒空谈，应当成为我们的座右铭。

必须按客观经济规律办事，循序前进，不能急于求成。为什么20年翻两番要分两步走？这是因为不做好前10年打基础的工作，后10年的振兴就没有希望。分两步走是循序前进。为什么建设项目必须按基本建设程序办事？这是因为要建设一个工厂，必须事先做好技术经济的论证，进行地质勘探和工厂设计。如果不做好这些工作就进行建设，在建设过程中就会问题丛生，不能顺利进行，或者建成后因为缺乏生产条件而不能正常投入生产。这方面我们遭受的损失实在太大了。有些同志总觉得按基本建设程序办事误时误事，事实恰恰相反。凡是认真做好建设前期准备工作的，建设起来都快；凡是草率决定，仓促上马的，都是停停打打，甚至中途报废。其他经济活动也是如此。多年的经验，循序前进，按程序办事，就是按客观经济规律办事。这样做，看起来慢，但实际上是快而不是慢。

党的十二大提出了全面开创社会主义现代化建设新局面的任务。在我们的经济建设中出现了大量的新情况、新问题。我们只有深入实际，深入群众，认真调查研究这些新情况，不断地总结新经验、解决新问题，才能达到开创新局面的目的。在这方面，我们的知识还不够，实际工作还做得不好，工作中还有不少缺点，需要继续努力，不断改进。

总起来说，我们今后 20 年经济建设的大格局已经确立下来了，一些大的方针政策也已经确定下来了，“六五”的计划已经制定，“七五”和后 10 年的规划也即将着手进行。只要我们坚定地按照中央的部署去做，我们就一定能够克服前进中的困难，实现 20 年翻两番的目标，把我们的国家建设得繁荣富强。

祝大会成功。祝共青团和全体青年在实现第六个五年计划和 20 年宏伟目标中，发挥突击队和突击手的作用，在各项工作和劳动中做出更大的贡献，取得更大的成就。

# 计划工作的第二个春天*

（1982 年 12 月 30 日）

国家计委机关今天召开辞旧迎新大会。我代表委党组作 1982 年计委工作总结，特别是“六五”计划编制工作总结。

第六个五年计划的重新制定，是从 1980 年开始的。这一年，我们根据党中央和国务院的部署，认真总结了建国三十年来经济建设的主要经验教训，分析研究了我国经济的基本特点和现代化建设应当遵循的方针，大体上预测了今后一个时期的国力，并对若干重大问题进行了综合研究。在这些研究的基础上，我们向中央作了汇报，提出了今后二十年工农业总产值有可能实现两个倍增的预测。1980 年 12 月中央工作会议确定了进一步调整国民经济的方针之后，我们又对“六五”计划进行了初步的研究。1981 年国家计委党组向中央政治局汇报了“六五”计划的控制数字。这个控制数字，得到了中央的原则批准。在这次政治局会议上，中央考虑了计委的提议，确定了以下方针：

第一，今后二十年国民经济发展分为两个阶段，前十年打基础，积蓄力量，后十年开创一个经济建设的振兴时期。

第二，第六个五年计划的基本任务，是继续贯彻执行调整、改革、整顿、提高的八字方针，继续念这本经，争取财

---

* 在国家计委机关辞旧迎新大会上的讲话。

政经济状况的根本好转，为“七五”发展作必要的准备。

第三，第六个五年计划的工农业生产速度，计划定为4%，争取达到5%。

第四，第六个五年计划固定资产投资，五年合计2000亿元。

从1982年开始，我们进入了“六五”计划（草案）的编制阶段。在编制的过程中，我们面临着三个突出问题：①计划4%的速度是否低了？这样定，会不会挫伤人民群众的积极性？②财政有300亿至400亿元的窟窿如何办，是削减支出还是增加收入？如果靠增加收入，又从哪些方面增加？③能源交通建设不能适应“六五”计划“保四争五”的要求，而且无法为“七五”发展作必要的准备。如果2000亿元固定资产投资的盘子不动，国家预算内的投资只有900多亿元，这办不成什么事，结转到“七五”的生产能力，煤炭、电力大体上只相当于“五五”结转到“六五”的能力，即8000万到9000万吨煤炭，那很难设想“七五”的速度会高于“六五”。如果要保“六五”的速度，并为“七五”作必要的准备，大约差200亿元投资。这些资金从哪里来？这是一个很头痛的问题。

国家计委在姚依林同志和宋平同志的领导下，对这些牵涉到“六五”计划能否站得住的重大问题，进行了深入的分析研究。经过反复测算之后，我们坚持三条原则：

1. 保四争五的速度坚持不变。计划留有余地，是30年我们付出了巨大的代价换来的经验，我们要珍惜这一宝贵经验。实际上，计划订得低一些，在执行中争取超过，只有好处，没有坏处。如果速度这一条动摇了，那么，等于整个计划要推倒重来。我们也估计到，只要各方面的工作搞得好，实际执行中是会超过的。比如，今年计划速度定为4%，实际达到

7%以上。正如有些同志所说的那样，如果今年的计划不是定为4%，而是定为7%，那么实际执行中可能达不到，而且也不会有现在这么好的形势。因为如果计划定为7%，而能源、物资没有那么多，势必又在计划中留有缺口，在执行中就会你挤我、我挤你。但是计划定4%，你要超额完成，就必须在节约中求增产，讲究品种质量、适销对路。过去，我们吃过高指标的亏，不能再压指标。30年的经验无论如何要吸取。“六五”的速度，中央已定，我们就按此不变了。

2. 财政必须基本打平，不能留有很大的赤字。财政留有很大赤字，不利于国民经济的稳定，也难以取得人民的谅解和同情。因为我国经济已初步好转，财政状况也在好转，如果留有很大赤字，那不好向人民交待。而根据国家的实际情况，我们也有可能做到财政基本平衡，有这个条件。要做到财政基本平衡，就要适当调整分配政策，碰一点既得利益。谁的利益都不碰，国家就没有办法。现在地方、企业手里有钱，就是中央手里没钱，中央财政很紧张。从我国国情出发，财政不能搞很大的窟窿，不能搞很大赤字，只能有多少钱办多少事。“六五”财政打不平，也要基本打平，要强调局部利益服从整体利益。

3. 为了加强能源交通建设，必须增加200亿元资金。因为能源交通上不去，全局活不了，局部的活也不能持久。如果“六五”我们不能把能源交通搞上去，失掉了时机，就不能为“七五”作必要的准备，后十年的振兴也没有希望。集中资金有没有办法？办法是有的，关键在于大家要统一认识。

为了解决上述问题，从今年4月到9月，国家计委几乎每个月向中央或国务院汇报一次，并在一年中召开了两次全国计划会议，讨论“六五”计划和1983年计划。计委的意见，得到了中央、国务院的支持和赞同。这三个问题解决了，

"六五"计划也就编制完成了。经过11月下旬中央政治局讨论和五届全国人大五次会议的审议批准，第六个五年计划终于诞生了。

第六个五年计划是党中央、国务院正确领导所取得的成果，也是计划部门拨乱反正、清除"左"的思想影响的积极成果。"六五"计划公布后，得到了国内外的好评。因为这个计划是实实在在的、扎扎实实的，没有什么高指标，没有唱高调。

大家感到第六个五年计划的特点和可取之处，在于：

第一点，"六五"计划的任务，坚持了从实际出发，而不是从主观愿望和既定的目标出发来制订的。"六五"计划，一开始就明确是个调整的计划，而不是一个大发展的计划。这个指导思想和方针的确定，对正确制定"六五"计划起了很重要的作用。

第二点，"六五"计划一扫高指标的恶习，明确提出要讲求经济效益，而不追求一时的高速度。"六五"工农业生产增长速度定为4%，是从我国当前的经济状况出发的，体现了中央关于把一切经济活动转到以提高经济效益为中心的轨道上来的要求。"六五"计划没有片面地追求产量、产值，而是强调了提高经济效益，它是在保证产品品种质量和适销对路的前提下，去规定速度的。

第三点，严格控制固定资产投资规模，并保证重点建设和重点企业技术改造的需要。"六五"的固定资产投资，开始是2000亿元，后来加上从国外借款、自筹资金和集中的能源交通建设基金，总规模是2300亿元。作为计划安排来说，不能说这个规模大了。在投资的分配上，突出了能源、交通建设，注意了重点行业的技术改造。当然，2300亿元的投资规模能不能巩固得住，执行中会不会又把基建摊子搞大，许多同志都很担心。我们在计划的执行中，应该十分警惕这个问题。

第四点，兼顾国家建设和人民生活。“六五”计划坚持了“一要吃饭，二要建设”两者不可偏废的方针。计划安排上，一方面集中了必要的资金进行建设，另一方面又保证人民生活有所改善。就是在基本建设中，也使非生产性的基建占了较大的比重。

第五点，注意了经济、科技、社会发展三结合。过去的几个五年计划，主要是经济的内容，对社会发展注意较少，对精神文明建设和思想、文化建设等方面注意不够。“六五”计划开始重视了这些方面，这是计划工作的一大进步。

在党中央和国务院的领导下，在各部门、各地区和全体计划工作同志的努力下，一个 10 万字的“六五”计划问世了，这是一件大喜事。《人民日报》，在发表“六五”计划摘要时的社论说，“二十年过去了，又在报纸上见到了五年计划，真有久别重逢之感”。明年创刊的《经济日报》准备刊登一篇题为“计划工作的第二个春天”的文章，其中引用了“春风又绿江南岸”的诗句，来形容人们对公布五年计划的喜悦，也代表了全国人民和广大计划工作者的心情。《人民日报》社论还说，“六五”计划的诞生，说明了我国经济生活和政治生活已经重新走上健康发展的轨道。这个概括，应该说是准确的。

今天在座的，有许多是计划工作的前辈。从第一个五年计划时期就来到国家计委，兢兢业业地从事了计划工作 30 年。在这 30 年中，我们编制了六个五年计划。这六个五年计划可以说各有千秋。

第一个五年计划是从 1951 年开始编制的，1955 年一届全国人大二次会议批准。它是一个内容比较完备的五年计划。

那个时候我们没有经验，开始编制时也冒了一下，后来头脑清醒，计划比较实在，最后超额完成了。所以，全国人民对第一个五年计划抱有好感，有着深刻的印象，形容它是计划工作的第一个春天。但这并不是说，第一个五年计划是十全十美的。然而，在那时没有经验的情况下，能够提出那样一个计划，并超额完成了，应该说是难能可贵的。

第二个五年计划，遇到了大曲折。本来，周总理总结了“一五”的经验、教训，提出了正确的方针。根据这些方针，1956年计委制订了第二个五年计划的建议数字，并经党的八大一次会议通过。但是，1958年“大跃进”一来，就把“二五”计划的建议数字吹掉了。当时的口号是打破常规，搞“大跃进”，创造奇迹，叫“心潮逐浪高”，今天一个方案，明天一个方案，计划指标随着不断翻新。当时，计委的日子很不好过，一方面要往上提指标，检讨自己的思想右倾保守，一方面还要提醒计划不要搞冒了。其结果，吃了欲速不达的苦果。“大跃进”带来了大跃退，1962年的工农总产值倒退到1957年的水平，回到了原地，人民生活也遭受了一场大灾难，至今人们仍心有余悸。

第三个五年计划，是从1964年开始编制的，1965年底大体编制完毕。“文化大革命”一起来，整个“三五”计划又被打乱了。

第四个五年计划，是从1970年开始编制的，搞出个“四五”计划纲要草案，中央没有讨论，作为庐山会议的参阅文件印发给了大会。在“文化大革命”一波未平一波又起的形势下，在阶级斗争和备战调子越来越高的情况下，也很难制订出一个好的计划来。在那些年里，指标高了不行，低了也不是。为了不给“文革”抹黑，每次都得把指标拔高。有一次，有的计划出了负数，计委因此遭到了批评。那时候，计委无法搞计划工作。

1975 年，邓小平同志出来主持工作，形势一度好转，人们都希望把经济搞上去，计委也在着手编制“五五”计划。但是，1975 年反击右倾翻案风一起来，计划就成了右倾翻案风的罪证。粉碎“四人帮”之后，1977 年重新制定“五五”计划。当时有两个估计不足：一是对“四人帮”破坏所造成的严重后果估计不足；二是对长期“左”的指导思想影响造成的后果估计不足。因此，没有很好地分析形势，没有认真地总结经验教训，就仓促地搞出一个 10 年规划，包括“五五”和“六五”计划。经过 10 年破坏，本应该进行经济调整，休养生息，结果却提出组织新的跃进，大干快上，重新犯了急躁冒进的错误。幸而被陈云同志发现了，中央作出决定，1979 年再次进行调整，同时进行了经济指导思想的大清理，也就是经济工作的拨乱反正，及时纠正了这个错误。

我们所以要回顾这段历史，而且一有机会就不厌其烦地讲这段历史，目的是想说明：

1. 计划工作的好坏，取决于整个政治形势，取决于党中央的指导思想。在“左”的思想指导下，不可能制订出实事求是的计划来。正如陈云同志所指出的那样，也不可能真正地总结经验。

2. 计划工作者也负有重大责任。并不是说过去计划工作出现的这些问题，计委没有责任。实际上，计划工作者如果没有冷静的头脑，不敢坚持原则，不仅会跟着犯错误，而且还会助长错误。所以，我们不能完全原谅自己。

3. 从这里也可以更加感到“六五”计划的可贵。这是党中央坚持正确指导思想的结果，也是计划干部、计划部门坚持正确计划原则的结果。

4. 不是说，有了中央的正确指导思想，有了“六五”计划，这些都能够毫无阻碍地得到贯彻。应当说，对于中央正确指导思想的认识，也并不是完全一致了。对于要不要调整，就有不同意见。在形势好转的情况下，一些老毛病又会冒出来。因此，经常叨念一下过去的历史，告诫人们不要“好了疤痕忘了疼”，提醒“风起于青萍之末”，可能并不是多余之举。

当然，“六五”计划还有很多不足之处，计划工作还有许多缺点甚至错误。这主要是：我们对一些重大问题，调查研究不够深透。比如，我国的产业结构、投资结构、利用外资等问题，我们还没有研究清楚；在“六五”计划中，地区计划、技术改造计划、综合财政计划、专门人才培养计划，都很笼统、很抽象。

在 1982 年这一年中，大家忙于编制“六五”计划方案，下去调查研究少，发挥条条块块的作用也不够。我们工作中还有不少疏漏，工作效率不高。这些都需我们今后努力改进。

我们即将送走 1982 年，迎来 1983 年。党中央要求我们，在新的一年里，无论哪条战线、哪个单位、哪级干部，都要给自己提出新任务，在新的一年里，要有新气象，新成就，新贡献。我们计委的全体同志，要努力开创计划工作的新局面。

1983 年，计划工作面临的任务是艰巨的。我们要着手进行“七五”计划和后十年的预测，并在这个基础上制订第七个五年计划和后 10 年规划。我们还要进一步落实“六五”和 1983 年的计划，制订 1984 年的计划。同时我们还要研究改革计划体制和计划方法，以加强计划工作的基础建设。我们计委的同志，都要有这样一种思想准备：现代化建设越前进，对计划工作要求越高，而我们的知识和经验却很不够，必将碰到大量的难题。面对这种新形势，我们怎么办？

第一条，要振奋精神，解放思想，勇于探索，不拘泥于一切陈规陋习，敢于创新。

第二条，要深入实际，深入群众，搞好调查研究。目前农村出现了巨大的变化，我们要到农村去调查，了解农业生产和农民的新情况、新要求。当然，我们还要到企业，到基本建设单位，到文教、交通、财经单位去做调查研究。

第三条，要继续坚持实事求是和循序前进的原则。懂的就说懂，能办的就办。不懂的就说不懂，办不到的事情要敢于说办不到，绝不要不懂装懂，人云亦云。在计委工作的人员，应该具备特有的素质。宋平同志最近在计划研究班讲话中说得好，作为计划部门的干部，第一条，必须有全局观点。没有全局观点、重情面，是搞不好计划工作的。第二条，不能做老好人，谁都不得罪，谁提出的什么要求都给以满足，这样也是搞不好计划的。

第四条，不能看风驶舵，随风转。看风驶舵的人，不适合做计划工作。我们在计委工作，一定要考虑国家的整体利益，不能脱离实际，看风驶舵，要什么给什么。

想到这些，深感我们肩上的担子很重，而我们的水平又有限，经验不足，力不从心。因此，我们要兢兢业业地工作，要努力学习，尽可能地把工作搞好些。

# 随时警惕旧病复发*

（1983 年 2 月 9 日）

## 一、当前经济形势很好

农业形势很好，工业形势也很好。去年工业产值增长 7.4%。今年 1 月，工业的日产水平比去年同期增长 6.1%，能源、原材料生产基本上都超过了计划的进度，这是多年来少有的。

## 二、有两个苗头值得引起注意

第一个苗头，就是片面追求速度的苗头。去年 2 月工交会议上，国务院领导同志就提出了不要片面追求产值，要把经济效益摆在第一位。去年工业生产超过计划较多，但是经济效益并不理想。除了劳动生产率计划提高 2%、实际提高 3.1%，超额完成了计划以外，其他经济指标，如降低消耗、提高质量、降低成本、扭转亏损、上交利润等都没有完成计划。工业可比成本，计划降低 1% -3%，实际下降不到 1%。计划减少亏损额 30%，实际减少不到 1%，一年亏损企业的

* 在国家计委组织的经济形势座谈会上的发言。

亏损额还有近42亿元。工业企业上交利润，计划增加5.2%，实际仅维持上年水平。

今年工业增长速度定为4%，除了考虑到能源交通的可能之外，就是为了不过分突出速度，而突出经济效益，同时不使计划绷得太紧，以便于进行调整、整顿和改革。但现在不少地方还是奔速度的劲头大。有些地方为了追求增长速度不低于去年，生产任务安排过大，超过了能源和原材料供应的可能，以致使稍微缓和了的供应紧张情况又紧张起来。今年1月份工业生产全面超产，能源、交通、原材料也全面告急。1月份，发电量比计划多发20亿度，但不少城市还经常拉闸限电，华中电网有几天周波降到47.9%，处于危险状态。煤炭到处告急，上海、天津煤炭库存减少到只够两三天的周转量；水电部由于电力超发，三大电网煤炭库存都下降；铁路机车用煤库存也下降。钢材、生铁、铁合金、铜、铝，1981年供应已经缓和，现在又趋于紧张。交通运输的紧张状况更为突出。看来，如不采取相应措施，这种紧张趋势还会发展。这就可能带来以下不良后果：①“萝卜快了不洗泥”，提高经济效益的要求要被冲淡。②物资紧张，就会发生相互挤的情况，重工业挤轻工业，计划外挤计划内，一般挤重点，从物资紧张导致市场供应紧张。③调整、整顿、改革工作要受到影响。④东西紧，互相抢，物价可能稳不住。

赞成国家经委的意见，今年工交会议仍要强调经济效益问题。去年的情况说明：第一，强调效益并没有也不会影响速度；第二，那样强调经济效益，也并没有完全得到重视，如果不再继续强调，我们的经济建设就很容易走老路，旧病复发。现在体制改革的速度要加快，实行承包，担心的可能不是速度，而是大家都抢活干，会使经济效益降低，使关停并转受到阻碍。我们应当争取一定的速度，但这种速度必须以提高经济效益为前提，并且考虑到综合平衡。为此，应当采取以下一些有效措施：

1. 能源供应不能由国家包下来，应坚持按国家分配计划办事。未按计划供应，是计委、经委的责任。计划以外的只能靠自已节约能源和增产能源。烧油要严格控制，超计划用油要用高价买。有经济效益你就买。能源只有超产才能多分配，不能预支。实行能源供应包干，交通紧张的状况也可以缓和。

2. 所有产品都必须适销对路。流动资金要卡住，有的给以贷款，有的可以不贷或给以高利贷。

第二个苗头，就是过多地扩大固定资产投资。这个苗头，去年就出现了。1982 年固定资产投资计划 695 亿元，实际完成 831 亿元，超过计划 136 亿元。其中：更新改造资金计划 250 亿元，实际 286 亿元，超过 36 亿元；企业、地方、部门自筹投资计划 118 亿元，实际 178 亿元，超过 60 亿元；银行贷款投资计划 36 亿元，实际 68 亿元，超过 32 亿元；国家预算内安排的投资计划 196 亿元，实际 194 亿元，差 2 亿元没有完成计划。固定资产投资增加过多，主要是更新改造资金超过计划较多，自筹投资超过计划较多，银行贷款投资超过计划较多。今年，国家预算内投资计划增加了 65 亿元，现在各部门、各地区还要求加，弄得不好会三箭齐发。一是更新改造资金往上冒，二是自筹投资控制不住，三是预算内投资往上涨。据统计，去年施工的 10 万元以上项目 7. 5 万个，其中当年新开的 3. 4 万个。这种苗头如果不注意，固定资产投资规模控制不住，可能带来以下不良后果：

1. “三材”进一步紧张，使缓和下来的材料供应紧张的状况又重新出现。

2. 材料不足互相挤，重复建设控制不住，重点工程保证不了，投资效益难以提高。

3. 固定资产投资项目大量采用的仍然是旧技术、旧工艺、旧设备。这给技术进步带来新的障碍。

现在有些担心，搞不好过一两年还得再来一次调整。因此要严肃、认真地执行国务院的决定，对固定资产投资规模必须严加控制。多年的经验，在固定资产投资规模的问题上，管死一点没什么危险，太活了会出纰漏。

控制投资规模，要解决五个问题：

（1）整个投资规模要控制。现在提出的控制固定资产投资的办法是管用的。问题是要坚持贯彻执行，领导上不要乱开口子。去年国务院规定，超过自筹投资计划的建设，征收30%的费用，各地方就很注意。

（2）每个建设项目的投资要控制。现在许多项目是敞开口子花钱，实报实销，要搞投资大包干。

（3）要调整投资结构，压一般建设，扩大重点建设。否则，能源交通的落后状态会越来越尖锐。

（4）大项目的前期工作要列入计划，抓紧进行。现在能源交通的投资不够，但有了投资，可能由于建设项目的前期工作没做好而花不出去。东北三大露天煤矿中，有的项目就因前期工作没有做好而浪费很大。

（5）从机械制造到工厂设计，都要定出技术装备政策。明确什么样的设备允许生产、采用，什么样的设备必须淘汰，不能采用。

## 三、纠正上面的两种倾向，防止旧病复发，归根结底是要坚持执行党的十二大决议和五届全国人大五次会议决议

现在形势的发展，完全证明了党的十二大和五届全国人

大五次会议决议的正确性。要实现二十年经济建设的奋斗目标，在战略部署上必须分为两个阶段，前十年打好基础、积蓄力量、创造条件，后十年实现经济振兴。整个经济工作必须转到以提高经济效益为中心的轨道上来。这是客观形势所决定的，是合乎经济发展规律的。在前十年中，“六五”重点是调整、改革、整顿、提高，为“七五”发展作准备。陈云同志说得好：只要我们经过“六五”和“七五”两个五年计划的努力，把各方面的关系理顺，并且做好一些大型骨干的前期工作，后十年的发展速度就可以搞得快一些，翻两番的奋斗目标就可以实现。如果急于求成，把本来应当放在后十年办的事情也勉强拿到前十年来办，在“六五”和“七五”两个五年计划期间乱上基本建设，那么，经济生活又可能出现混乱，翻两番的任务反而有可能完不成。邓小平同志最近也再次强调，要重视提高经济效益，不要片面追求产值、产量的增长。这些意见都是非常重要的。

# 坚持稳步前进的建设方针*

（1983 年 6 月 16 日）

国务院在六届全国人大一次会议上所作的政府工作报告，总结了过去五年的工作，提出了今后五年的主要任务。贯穿在报告中的一个重要指导思想，就是要保持清醒的头脑，坚持稳步前进的建设方针。报告说："过去我们在经济建设上发生的几次比较大的曲折，除了其他方面的原因以外，都是由于脱离我国实际，在指导方针上要求过高过急所造成的。牢牢记住历史的经验，时刻保持清醒的头脑，始终不渝地坚持实事求是的原则和稳步前进的建设方针，是保证当前好形势继续发展而不至于重蹈覆辙的首要条件。"

这一讲话的精神，体现了党的十二大所确定的建设路线和方针政策。我国社会主义经济的发展历史和现实，证明了稳步前进方针的正确性和极端重要性。

## 一、历史的回顾

解放以来，我国经济建设取得巨大成就，显示了社会主义制度的优越性。这是有目共睹的。由于指导思想的失误，我们在实践中也发生过几次大的曲折，因而没有能够取得本

* 为《红旗》杂志 1983 年第 12 期写的专文。

来应该取得的更大成就。

第一次大曲折是1958年到1960年。从1953年到1957年实行的第一个五年计划，总的来说，进行得比较顺利。那时候，基本上坚持了实事求是、循序前进的原则，注意了基本建设规模同国力相适应，几个重要的比例关系和平衡掌握得比较好，生产持续发展，人民生活得到很大改善。由于第一个五年计划的顺利完成，以及三大改造运动的快速进展，在指导思想上产生了一个很大的错觉，以为社会主义现代化也不需要原来设想的那么长时间，只要反掉右倾保守，大搞群众运动，就可以创造出奇迹。这样，从1958年春天开始，就轻率地发动了"大跃进"运动，提出了苦战三年基本改变面貌，用几年时间在钢铁和其他主要工业产品产量方面赶上工业发达国家的口号。当时，在全国范围掀起了批判"右倾保守"的高潮，规定了一系列高指标要求人们去完成。"大跃进"运动加上一轰而起的人民公社化运动，使得以高指标、瞎指挥、浮夸风和"共产风"为主要标志的"左"倾错误严重地泛滥开来。1958年底发现有问题，提出了"压缩空气"，但主导思想没有变。1959年庐山会议期间，又转向大反右倾。"大跃进"固然使生产速度一时上去了，但经济建设的正常秩序遭到了严重破坏，国民经济比例关系出现严重失调，人民生活下降，终于造成经济大衰退。到1962年工农业总产值又退回到1957年的水平，已经上了马的大批工程不得不被迫停下来，大量的设备积压或报废，损失难以计算。急于求成的结果是"欲速不达"，连正常的速度都没有保持住。1958年曾经批判"稳妥可靠"的口号，认为中国这样大，稳会出大祸。事实证明，不是稳出大祸，而是急于求成闯了大祸。

严峻的事实，使人们头脑逐渐清醒，认识到这样搞下去不行。1960年冬提出了"调整、巩固、充实、提高"的八字方针。经过1961、1962两年的大幅度调整，形势迅速好转，到1965年重新出现了雨过天晴、欣欣向荣的好局面。

更大一次曲折是1966年到1976年。1966年发动了“文化大革命”，把刚刚恢复过来、重新走上轨道的国民经济搞得大乱，1967、1968两年大批工程停顿，生产下降。1970年编制第四个五年计划，抓生产建设，这是完全正确的。但是，当时“文化大革命”在继续，而1958年“大跃进”的经验教训并没有深入的总结，“左”的错误没有得到清理。因此，就经济工作的指导思想来说，仍然是急于求成。当时批判的仍然是所谓右的修正主义路线，提倡的仍然是大搞群众运动，实现新的跃进。由于提出了一系列不切实际的高指标，以致1970年的工业生产比上年增长30%，基本建设总规模比上年增长59%，又超过了国力的可能。1971年感到搞冒了，准备把基本建设投资加以压缩，但是由于当时决心不大，而在“文化大革命”中又指挥不灵，实际上并没有压缩下来，使已膨胀了的建设规模一直延续到1976年。经济建设指导思想上的这种失误，特别是林彪、江青反革命集团的蓄意破坏，使国民经济又出现严重的比例失调，人民生活水平下降。

再一次曲折，是1978年。1976年粉碎“四人帮”，人民兴高采烈。针对当时的情况，本来应该立即实行调整国民经济的方针，使人民得以休养生息，但是在当时的指导思想上并没有清醒地认识到这一点，即对林彪、“四人帮”长期破坏给国民经济所造成的困难估计不足，又对长期以来经济建设正反两方面的经济教训缺乏认真的总结，在1977年控制了一下建设规模之后，1978年又提出了要加快速度、组织新的跃进的口号。当时提出，1978年到1985年，工农业生产要有一个大幅度的增长，基础工业方面要展开大规模的建设，以便在本世纪内实现四个现代化的任务。在这样的指导思想下面，

1978年的基本建设投资又比上年增长了31.6%；积累占国民收入的比重上升到36.5%，财政收入占国民收入的比重上升到37.2%，使十年内乱造成的严重比例失调和经济困难又进一步加剧。

以上几次曲折，在持续时间的长短上和造成后果的严重程度上，显然是不同的。1978年经济工作中的失误，党中央在1978年底和1979年初就发现了，及时地提出了以调整为中心的“调整、改革、整顿、提高”八字方针，使这次错误较快地得到了纠正。1980年12月召开的中央工作会议，对经济建设中的“左”的指导思想进行了认真的清理，决定对国民经济实行进一步调整。在那次会议上，中央几位主要领导同志的讲话，明确指出开国以来经济建设方面的主要错误是“左”的错误，提出今后必须克服急于求成、坚持稳步前进的建设方针。这是一次真正的拨乱反正。在1982年9月召开的党的第十二次全国代表大会上，党中央所作的报告坚持了这条方针，并且正确地确定了实现今后二十年的宏伟战略目标必须分为两个阶段：前十年主要是打好基础，积蓄力量，创造条件，后十年实现经济的振兴。同年11月底召开的第五届全国人民代表大会第五次会议，通过了符合我国国情的、实事求是的第六个五年计划。

这几次曲折给我们一个深刻的教训：经济建设吃大亏就吃在急于求成上，一急就出毛病，就折腾。小急小折腾，大急大折腾；转变得早短折腾，转变得晚长折腾。急于求成不但不能加快速度，最后算总账，反而会延缓经济的发展进程。历史上的个别年份在某个局部的建设上也吃过搞慢了的亏，但那比较好解决，第一年搞慢了，第二年快一点就行了，调整比较容易，损失并不大。历史上还没有发生过连续两年因搞慢了而吃大亏的情况。

为什么经济建设必须稳步前进而不能急于求成，一急就吃大亏？第一，这是由中国的国情所决定的；第二，这是由经济发展的客观规律所决定的。

中国国家大，有资源，有优越的社会主义制度，人民勤劳勇敢，这是实现社会主义现代化的有利条件。在党的正确领导下，充分发挥全国人民群众的积极性，就可以达到我们的目的。对我国四个现代化的事业，采取悲观的看法是没有根据的。但是，我们的底子薄，经济基础薄弱，人民生活还不富裕，这些年每年新增加的国民收入不过200亿到300亿元，按10亿人口平均每人只有20元到30元。建设规模的扩大要靠这些，人民生活的改善也要靠这些。我国人口多，但科学、文化落后，对于实现现代化还缺乏经验。这种情况，就决定了我国社会主义建设的长期性，必须经过长期的努力奋斗，才能使中国达到繁荣富强。因此，我们的经济建设必须量力而行、稳步前进，而不能贸然行事，不能企图在短期内创造出什么奇迹，出现什么“大跃进”。就一个单位、一个局部地区来说，有可能利用一些特殊条件在短期内改变面貌，但整个国家不行。我们已经组织过三次“大跃进”，最后不都是由于超过国力的可能去追求过快的增长，而遭到挫折吗？

国民经济是一个复杂的整体，有它固有的发展规律。各个经济部门之间密切联系，相互依存，必须按比例地发展，而不能孤立地突出某一个部门而忽视其他部门。各个经济部门的增长速度，不仅要以自己拥有的生产能力为依据，而且要以相互联系的部门供产销的紧密衔接为条件。无论生产和建设，都需要事先经过周密的调查研究，进行细致的准备，逐步地创造条件，而不能想干什么就干什么，想什么时候干就什么时候干；都不仅要考虑数量，而且要考虑质量、考虑物质消耗和成本；而在时间上又必须瞻前顾后，不仅要考虑一年，而且要考虑长一点，以免中途脱节或难以为继。国民经济发展的这种联系性、连续性，以及生产建设条件变化的渐进性，决定了经济建设必须循序前进，而不能人为地制造什么“一马当先、万马奔腾”。过去多次组织的生产“大跃进”所以遭到挫折，也就是因为它违反了国民经济按比例发展和循序前进的客观规律而不能不受到惩罚。

为什么在我国的经济建设中容易产生急于求成，而在急于求成吃了大亏之后又容易旧病复发呢？主要原因可能是三个：

一个是，我们的经济太落后了，生产、建设和生活方面存在大量问题，迫切要求我们去解决，总想快一点摆脱被动局面，因而往往容易急躁。科学知识不足，把复杂的经济建设看得太简单，也容易产生冒进。在克服困难之后形势好转的时候，容易头脑发热，夸大主观意志的作用，提出不切实际的目标，作出脱离实际的决策。

另一个是，我们对急于求成所造成的损害以及导致急于求成的一些错误思想，长时期内没有进行透彻地总结和剖析，因此不足以教育人们深刻认识和克服急于求成的毛病。1958年“大跃进”之所以发生，固然有它的社会根源，也是由于当时有很多表面上是革命的鼓舞人心的然而内容却是十分错误的思想和理论，把人们引入迷途。这些错误思想由于没有澄清，就还有市场，还在起作用。

再一个，就是我们缺乏法制。没有一套健全的经济法，往往少数人心血来潮就干起来，而造成损失则无人负责任。随意定出不切实际的产值指标，仓促决定大项目上马，或者抛开已定的方针和国家计划另来一套，就是缺乏法制或不遵守法制的表现。

1978年12月党的十一届三中全会，特别是1980年12月的中央工作会议，纠正了过去“左”的错误指导思想，这是我国经济建设工作的伟大转折点。从那时以来，我们的经济建设工作进行得基本上是顺利的。但这不是说经济建设工作就不要防止急于求成了。深入分析过去几次曲折的经验教训，特别是1958年“大跃进”的经验教训，包括它的发生、发展的过程，以及社会的、政治的和思想上的根源，仍然有着十分重要的现实意义。

历史的实践证明，稳步前进的方针是积极的而不是消极的方针。社会主义建设是科学，来不得半点主观随意性。只有坚持实事求是的原则，脚踏实地，站稳脚跟，一步一步前进，才能不断地取得胜利。中国是一个10亿人口的大国，求得长时期的稳步前进，必须付出极大的努力，解决一系列难题。我们必须动员群众，振奋人民的革命精神，努力进取，这是毫无疑义的。实践证明，也只有坚持稳步前进的方针，才能使人民的积极性持久，才能有后劲；如果超越实际可能，提出不切实际的目标，在执行中发生反复和折腾，则不但不能振奋人们的革命精神，相反会使积极性受到挫伤，使人民失去信心。稳步前进的方针，符合我国的国情，符合经济发展的客观规律，也符合全国人民的愿望和要求，因而是正确的，并且已经经受了实践的考验。

## 二、当前经济中的问题

遵照1980年12月中央工作会议确定的关于进一步调整国民经济的方针，两年多来进行了大量的工作，取得了很大的成就。农业、轻工业的生产继续以较快的速度增长，重工业的生产经过调整也开始回升，市场商品供应比较充裕，财政、信贷实现了基本平衡，物价基本稳定，整个经济出现了欣欣向荣的大好局面。这是令人高兴和鼓舞的。

这里要说的，是在经济发展的前进过程中，在一片大好形势下，也出现了一些值得注意的问题。

第一，1982 年以来固定资产投资增加过多。1980 年固定资产投资为 746 亿元，其中基本建设投资为 559 亿元，是历史上最高的一年。由于投资规模过大，超过了国力负担的可能，1981 年不得不实行进一步调整，把固定资产投资总额压缩到了 668 亿元，其中基本建设投资减少到 443 亿元，迫使大量工程停了下来。但是，1982 年固定资产投资又猛然增加上来，投资总额达到 845 亿元，超过历史最高的 1980 年，其中基本建设投资 555 亿元，超过计划 110 亿元，比上年增长 25.4%。基本建设投资中，主要是自筹投资和银行贷款超过计划较多，国家预算内投资基本上是按计划执行的。1983 年采取了控制固定资产投资的措施，整个固定资产投资计划安排 747 亿元，其中基本建设投资 507 亿元，比上年有所减少。但从 1 至 5 月份的情况来看，投资规模并没有得到有效的控制，许多地区和部门依然上了不少计划外的工程和增加了投资额。现在看得很明显，固定资产投资的规模又搞大了。建筑材料供应严重不足，大量工程不能按计划进度施工，固定资产交付使用率下降，就是规模过大的表现。

第二，重工业生产回升过猛。1981 年由于进行了调整，重工业生产比上年下降了 4.7%。1982 年重工业适当回升是正常的。但是由于固定资产投资增长过多，以及对某些机械产品的生产控制不严，1982 年整个重工业比上年增长了 9.9%。1983 年以来，这种趋势还有发展。1 至 4 月份，轻工业增长了 3.7%，而重工业则增长了 11.7%。由于重工业增长过快，使稍微缓和了的能源和原材料供应紧张的情况又紧张起来，运输能力更显得不足，并出现了重工业挤轻工业、挤市场的情况。

第三，生产增长速度较快，但经济效益不高。1982 年，国家规定的降低成本、扭转亏损和国营企业的上缴利润计划都没有完成，有些工业产品的质量还有所下降，物质消耗有所升高。1983 年以来，情况并没有好转。这说明，许多单位仍然存在片面追求产值增长速度的现象。

以上这些问题说明，在形势好转的情况下，一些老毛病、老问题又逐渐冒了出来。当然，现在的问题与过去不同。过去的毛病主要出在全局的指导思想和整个国民经济的计划上，现在的毛病则主要在于中央的方针没有得到普遍地贯彻执行，国家计划没有得到共同遵守，生产建设的发展在一定程度上失去了控制。但是，如果不纠正，同样会造成经济生活的混乱。党中央、国务院提醒全国注意已经发生的问题，提出时刻保持清醒的头脑，始终不渝地坚持实事求是的原则和稳步前进和方针，是非常及时、非常重要的。在问题刚出现的时候就加以纠正，可以使经济的发展不偏离正确轨道，使大好形势得到继续发展。

为了实现稳步前进的方针，避免重蹈已往的覆辙，必须注意和掌握哪些原则呢?

（一）保持年度之间生产发展速度的相对稳定

经济发展不可能做到每年的速度都一样，而没有一点起伏，但要尽可能避免大的起伏。历史上的几次折腾，首先都是从高指标闹起来的。一搞高指标，势必造成大的波动。农业生产由于受气候条件的影响很大，丰年和歉年之间产量和速度有高有低，这是难以避免的；而工业生产的条件，除了农业原料供应会随农业的丰歉有较大变化以外，不可能有什么突然变化，因而也不可能使这一年的生产能比上一年猛然上升。要求生产企业采取积极的态度，挖掘潜力，增加市场急需产品的生产，并努力提高质量、降低消耗，是完全必要的。但是，不能给下面的企业硬压产值指标，即要求它们必须完成多高的产值增长速度。这是因为，企业不仅要安排好当年的生产，还要为下一年作准备，硬压产值指标往往使正常生产秩序遭到破坏。压产值指标，还往往迫使企业不顾销路盲目生产，造成积压浪费。还有，每个单位的生产都是受能源、原材料供应和交通运输条件制约的，在不是依靠内部节约的条件下要求其生产大幅度上升，势必破坏整个经济的供需平衡，破坏国民经济各部门按比例的发展。这里还有一个值得注意的问题：现在使用的总产值指标有严重缺陷。它把物质消耗的数量也包括在内，物质消耗越高，产值就越大。总产值是以工厂为单位计算的，重复计算的比重很大。一个企业生产出来的产品，不管质量好坏、能否销售出去，都计算产值。因此，它不能反映产品的质量、品种的情况和是否符合社会的现实需要。国家已有规定，考核企业生产好坏，要根据数量、质量、品种、物质消耗等一系列指标，而不以产值作为考核标准。但是按照目前的计划方法，计算全社会的经济增长速度，还只能使用总产值，因此，为了追求速度，人们就极其重视总产值，往往容易忽略其他指标。历史的教训就是这样：一强调速度就压产值，一压产值就毛病百出。在注重经济效益的观念还不牢固、各种管理制度还不健全的情况下，尤其不宜强调产值的增长速度。对于这一点，要心中有数，要有清醒的认识，不要以为产值高就一定是好事。

（二）保持年度之间基本建设投资增长幅度的相对稳定

基本建设投资与生产的增长是相互制约、相互促进的。生产上搞高指标，必然同时要求基本建设大上。而基本建设规模搞大了，又助长重工业生产的过分增长。当着工业生产由于比例失调、支撑不住而走向高速度的反面的时候，基本建设也就必然由大上变成大下。历史的经验说明，经济建设中以基本建设的大上大下造成的危害为最烈。既然工业生产不可能突然上升，以工业税收利润为主要来源的国家财政收入也不可能突然上升，因此也就不应当使基本建设投资在年度之间猛然大幅度增加。经验表明，基本建设投资的年增长速度，大体上以相当于国民收入的年增长速度为宜。超过了这个限度，就容易发生积累挤消费、基本建设投资挤生产和挤维修的现象。因此，当年度之间投资发生猛然上升的时候，那就要从计划上找原因，或者从控制失灵上找原因，并且采取果断有效的措施，及早制止和纠正。这就是说，要保证经济的稳步前进，必须保持基本建设投资的稳定增长，既不能不增长，也不能过快增长。既然 1982 年的基本建设投资增长快了，就应当在今后几年的计划安排中把 1982 年超过的速度减下来，恢复基本建设投资的正常增长。在投资的内部结构上，应该是压一般性建设，保证重点建设。

现在，经常发生年度计划确定下来之后，不断地追加投资和增加项目的情况。这是很不正常的。这说明计划没有严肃性。对于基本建设投资，除非遇到十分不得已的情况，不能在计划执行中追加，必要的可以在下一年度再安排。否则，容易鼓励一些单位把重要项目的投资留在计划外或在计划上不打足，逼迫上级在计划执行过程中追加。

基本建设中还有一个很大弊端，是不按建设程序办事。为了抢进度，建设项目没有做好建设前期的准备工作就仓促上马，在建设中发现问题再把工程停下来进行论证、修改设计，既拖长了工期，又增加了工程造价，有的甚至使工程报废。有些人总觉得按建设程序办事会丧失时间，越是大项目越急于上马。实践早已证明，按建设程序办事，就是按科学办事，这样做看起来慢，但方案搞正确了，建设前期工作准备好了，建设起来反而会快，而且投产后的效果也好。不按建设程序办事，实际上是按主观意志办事，其结果没有不出乱子的。

（三）保持年度之间人民收入增加幅度的相对稳定

在生产发展的基础上不断地改善人民生活，是社会主义建设的一条重要方针。在过去一个较长时间内，人民生活改善不大，这几年较大幅度地增加人民收入是必要的。但是，今后人民生活的改善要转入正常。农民收入的增加，主要靠农业生产的增长。农业生产增长快就多增加一些，农业生产增长慢就少增加一些。职工收入的增加，不仅要看企业生产经营的好坏，还要看国家财政收入的多少。由于工业生产只能稳步上升，而企业新增加的收入又必须保证国家得大头，因此就总体来说，职工的收入也只能稳步增加，并且不能超过劳动生产率提高的幅度。我们既不能使基本建设投资的增长失去控制，也不能使消费基金的增长失去控制。过分强调人民生活的改善，使国民收入的分配中用于建设的资金太少，会使人民生活的持续改善失去物质保证，损害人民的整体利益和长远利益。

（四）重视综合平衡，特别是财政、信贷、物资、外汇四大平衡

市场供求平衡，可以归纳到物资平衡里面。过去的经济建设不能稳步前进，任意违反或者摒弃综合平衡的原则是一个重要原因。生产指标想定多高就定多高，建设规模想搞多大就搞多大，不认真进行各种条件的综合平衡，不进行供产销的综合平衡，不进行全国和全社会的综合平衡，不瞻前顾后进行当前和以后年份的综合平衡。因此，常常顾此失彼，相互冲突，难以为继。许多事情，就一个局部来说，有很多

理由需要早上、快上，而从全局来说，就不一定要早上、快上。因此，从全局出发，坚持综合平衡的原则，应该作为战略决策和制订计划的重要原则。就全国来说是如此，就一个部门、一个地区来说也是如此。

（五）统一认识，严格财经纪律

为了保持经济的稳步前进，避免重犯过去的错误，党中央、国务院曾经作出了一系列的规定，1982 年以来又多次重申了这些规定。所以要重申，是因为这些规定在许多地方和部门并没有得到认真地贯彻执行。其原因，一是在认识上还不完全一致，二是财经纪律松弛，中央的方针政策不能严格做到令行禁止。为了改变这种状况，首先要加强思想政治工作，使大家透彻了解和全面掌握正确的经济建设思想。我们要坚定不移地实行对外开放和对内搞活的方针，继续执行近几年为搞活经济所采取的正确政策和措施。同时坚持“计划经济为主、市场调节为辅”的原则，坚持“全国一盘棋”的思想，正确处理全局与局部、集中与分散的关系。不能只讲下放、分散，不讲必要的集中；不能只讲局部搞活，不讲全国的统一性。要加强经济监督，严格财经纪律。凡是中央规定的，全国都要执行，不能自行其是。对于违反国家规定的行为，必须按照有关的规定和法律给以惩处。

经过三十多年的实践，使我们认识到稳步前进的必要性。党中央、国务院已经把稳步前进作为我国长期建设的指导方针。只要我们真正脚踏实地、按部就班地做下去，我们就一定能够取得扎扎实实的成就，取得现代化建设的伟大胜利。

# 第七个五年计划是个好计划*

(1985 年 10 月 12 日)

1985 年 9 月 23 日中国共产党全国代表会议通过了《中共中央关于制定国民经济和社会发展第七个五年计划的建议》，第七个五年计划（1986～1990 年）的框架就这样确定下来了。

"七五"计划建议公布后，国内外反映很好。集中反映这是一个改革创新的计划，是一个实事求是的计划，既雄心勃勃，又相当有节制，揭示了一种"谨慎的战略"。普遍认为，依据这个建议制定的第七个五年计划，将是继第六个五年计划之后的又一个好计划。

下面对"七五"计划建议的主要内容作一些说明。

## 一、制定"七五"计划的依据

"七五"计划建议全面分析了我国当前的经济形势，作出了"争取我国财政经济状况根本好转的任务已经基本实现，国民经济开始出现了持续、稳定、协调发展的新局面，展现了良性循环的前景"的论断，同时也指出了当前国民经济中还存在不少问题和困难，经济生活中出现了某些新的不稳定

* 在中国人民大学所作的辅导报告。

的因素。

"建议"作出这种分析是实事求是的。

争取财政经济状况根本好转的任务，是1980年底提出的。当时财政收入连续下降，1978年国内财政收入1121亿元，1979年降到1067亿元，1980年降到1042亿元，两年下降了80亿元。1979年出现了170亿元的财政赤字，1980年出现了127亿元的财政赤字。为了解决当时出现的危险，不得不对国民经济实行进一步调整，主要是大幅度地压缩基本建设投资，总投资由1980年的558亿元减少到1981年的442亿元，其中预算内投资由349亿元减少到251亿元，一大批工程停建或缓建。经过调整，1982年财政收入转为上升，1983年财政收入比上年增加127亿元，1984年比上年增加219亿元，1985年预计比上年增加270亿元，并且有可能作到收支平衡。

"建议"列举了1981年以来经济面貌的五大变化，即：农业全面高涨，能源持续增加，市场繁荣，财政收入上升，人民生活改善。这些都是实实在在的客观事实。说财政经济状况已经基本好转，是有根据的。

但是，1984年第四季度以来，国民经济中确实出现了一些新问题，突出地表现在：固定资产投资规模过大，消费基金增加过猛，部分商品价格上涨过多。之所以出现这些问题，并不是因为财政经济状况还没有好转，而恰恰是因为好转了，许多方面又出现了片面追求经济增长速度、盲目扩大建设规模、过多地增加消费基金，使需求超过了供给的可能。而我们在改革中，微观搞活了，宏观的有效控制手段还没有形成，使这种情况得以发展。我们往往在困难的时候比较慎重，情况一好转就大手大脚起来。在我们国力还有限的情况下，一大手大脚就会出现纰漏。扩大建设规模，增加消费基金，主观都是好的，但搞过了头，好事就变成坏事，造成物价上涨，引起人民不满。如果不有效地纠正，好形势还有可能逆转。

“建议”指出：我们既要充分认识当前良好的经济形势，又要足够估计面临的困难和问题。只有这样，才能使“七五”计划的制定立足于实事求是的基础之上。

为了巩固和发展当前的大好形势，并为以后发展准备条件，“建议”提出了“七五”期间经济和社会发展必须遵循以下四条基本指导原则：

第一，坚持把改革放在首位，使改革和建设互相适应，互相促进。不改革，经济就没有活力；为了改革，就需要有一个宽松的经济环境。经济生活绷得很紧，改革就难以顺利进行。而改革的各项措施要相互配套，既有利于微观搞活，又有利于宏观控制，保证经济稳定增长。

第二，坚持社会总需求与社会总供给基本平衡，使积累和消费保持恰当的比例。主要是控制建设规模，同时防止消费基金过分膨胀。能不能巩固和发展当前的好形势，关键看投资规模能不能控制住。如果控制不住，物价就稳不住，各种不正之风也难以纠正，而且与提高经济效益、增强企业活力的要求背道而驰。

第三，把提高效益、特别是提高质量放到突出位置。

第四，两个文明一起抓。加强思想政治工作，健全社会主义法制，进行“四有”教育，鼓励人们发扬奋发图强、致力四化的献身精神。

“建议”还有一个重要之处，是把“七五”划分两个阶段：前两年和后三年。前两年着重控制总需求，固定资产投资规模大体维持 1985 年的水平；后三年再根据情况适当增加建设投资。改革也大体上参照这两个阶段来安排。

这些原则和安排是非常重要的，也是对症下药的。说明我们党是清醒的、讲求实际的。认真地分析经济形势，全面总结经验教训，提出正确的指导原则，并划分两个阶段，这就使“建议”的思想性更强了，阶段性也明确了，使“七五”计划的制定有了明确的方向和依据。

## 二、“七五”计划的奋斗目标

“建议”确定的“七五”目标，包括三个方面的内容：

（1）在改革方面，基本上奠定新的经济体制的基础。不是完成，也不是建立起雏形，而是奠定基础，即基本上进入新的轨道。

（2）在生产建设方面，在技术进步和提高效益的前提下，经济增长率年均7%，前十年翻一番，并为90年代继续发展准备后续能力。

（3）在人民生活方面，城乡居民消费水平年均增长4%－5%，使人民的生活质量、生活环境和居住条件有进一步的改善。

经济增长率为什么定为7%？这是对各种经济条件综合预测后作出的。这两年增长率都在13%－15%之间，有正常因素，也有不正常因素。预计“七五”电力增长速度有可能保持在6%－7%左右的速度，运输量也有可能达到6%－7%左右的速度，建设条件也能配合得上。因此，定为7%的增长速度是有可能实现的。能不能高一点？可以高一点。但定低一点，打稳妥一点有好处。一是有利于克服当前经济生活中存在的不稳定因素；二是有利于推进改革；三是有利于把注意力转到提高质量、效益上来。在正常情况下，7%的速度不算低了。如果质量好、效益高，那比带水分的10%以上的速度好得多。

人民消费水平年均增长4%－5%，是剔除物价上涨因素以后的增长率。这个速度与人均国民收入的增长速度大体同步。这也就是说，“七五”积累率只能保持目前水平，不再提高，积累与消费同步增长。

“七五”建议指标不多。过去计划以指标为主，这次计划以制定发展战略和方针政策为主，这本身就是一大改革。为什么要这么改？体制不同了，经济情况也发生了变化。过去以指令性计划为主，中央计划的主要任务是定指标定项目，然后把指标层层分解到企业。企业则以完成国家计划为主要目的，很少有主动权、有适应市场变化的能力。这种计划不能不是僵化的，缺乏弹性和活力。随着改革的推进，企业的权力扩大了，什么都由国家规定死死的不行了。同时，居民消费日益多样化，生产必须适应消费的变化。因此，规定更多的指标已失去意义，研究和正确制定政策则提到了重要的地位。

## 三、经济建设的战略布局和建设方针

归纳七点，这里有很多新的构思，新的内容。

（1）适应人民消费水平的提高和消费结构的变化，调整产业结构。过去的计划是先定生产建设后定消费，这次是先研究消费结构，然后研究产业结构的调整，使生产与消费达到结合。从消费研究起，不是单纯地生产适应消费，而还有一个适当引导消费的问题。2000 年只能达到小康水平，因此要研究中国的消费模式，不可能向西方攀比。

（2）搞能源、交通、原材料重点建设。这个不搞，经济发展没有后劲。而搞重点建设，就要集中必要的资金，并且要发挥各方面的力量。

（3）加快第三产业发展，改善第三产业与第一产业、第二产业比例不相协调的状况。世界银行说，你们对第三产业需要的迫切性并不小于第一、第二产业。交通不畅，信息不灵，产前产后服务不发达，商业、金融落后，资金效益、经济效益怎么会高。注重第三产业，这是认识上的重大进步。

（4）依靠现有基础，以改造和改建扩建为主，这个来得快。

（5）正确处理东、中、西部三个地带的关系，发挥各自优势，建立横向联系，相互支持，互相促进。

（6）经济、科技、社会相结合。重视科技教育的发展，加强智力开发，重视文化事业和社会保障事业的发展。

（7）坚持对外开放，更多地引进外资和新技术。关键是增加出口创汇。只有多出口，才能多引进。这就要研究出口商品构成、国际市场开拓和出口商品生产布局。同时，引进技术首先要把出口商品和能替代进口商品的生产技术搞上去。

有人说，引进技术是打击民族工业。这恰恰是把问题颠倒了。我们引进技术的目的正是为了发展民族工业。我们的彩电工业，最能说明问题。“文化大革命”中，江青搞了一个“蜗牛事件”，就使我国彩电生产耽误了几年的时间。如果我们不在1978年引进彩电技术，那到现在为止恐怕我们还没有自己的彩电生产。先是全部进口元器件，然后逐步提高国产化的水平，现在除少数元器件外，我们已经能够自己配套了。

## 四、体制改革

“建议”中有以下一些要点：

1. 三个方面的目标

有活力的企业，自主经营、自负盈亏；活跃的商品市场，完善的市场体系；有效的宏观控制，特别是间接控制。

三者必须互相配套。企业没有活力就死了。活了就要有市场体系。没有宏观控制又乱了。微观搞活与宏观控制要有机结合。

2. 三个步骤

第一步，前两年重点是围绕稳定经济的要求，在搞活企业的同时，从宏观上完善和加强间接控制体系。

第二步，围绕发展商品市场的要求，逐步缩小指令性计划的范围，搞好生产资料价格体系和价格管理制度的改革，完善税制，改革金融体制。

第三步，逐步建立同新体制相适应的组织机构，解决企业隶属关系和条块分割，最终实现政企职责分开。

实现这三个步骤，我国的经济体制就基本上进入了新轨道。

3. 四条经验

（1）微观搞活的范围、程度和步骤，要同宏观控制能力的加强相适应。

（2）行政手段不可缺少。正是为了将来减少行政手段，在新旧体制交替过程中还要加强必要的行政手段。

（3）加强经济立法，把更多的经济关系和经济活动准则用法律形式固定下来。

（4）认识改革的艰巨性和复杂性，认识改革中可能出现某些问题和风险，做好克服困难的思想准备。

这些认识和规定都是非常正确的。我们应当很好地领会和贯彻执行。

## 五、要有所作为，积极进取，团结奋斗

现在，全世界都在讨论未来的十年和下一个世纪。有的

国外经济学家曾经指出，在各国经济日趋国际化和新的世界技术革命蓬勃兴起的情况下，未来的十年是决定一个国家在下一个世纪的地位的十年。我们大家都要清醒，都要努力。

“七五”时期是我国经济和社会发展的极为关键的时期。小平同志在党代会上说：“七五”这五年很重要。如果经过这五年，使改革基本就绪，经济又能持续、稳定、协调地发展，我们实现党的十二大提出的本世纪末的目标，就有了充分的把握。

要取得“七五”计划的胜利，并缩小而不是扩大同世界发达国家之间经济技术上的差距，我们需要以改革和开拓前进的精神，扎扎实实地做好工作，把各项事业稳步推向前进。

我们必须时时记住，我国人口多、底子薄这样一个国情。要取得经济建设的胜利，必须长期坚持艰苦奋斗、勤俭建国的方针。什么时候脱离这个国情，我们就要犯错误。

日本一个经济学家总结日本振兴的经验，曾经说过这样的意思：一个经济技术落后的国家要赶上发达的国家，需要有三个条件：

（1）能忍受较低的生活水平，并且是相当长时期的忍受；

（2）在这样的条件下，还要好好干；

（3）把别人的长处拿过来。

有一个时期美国人骂日本是奴隶劳动。但他们又很怕日本的这种精神。

别人能这样艰苦创业，我们更应当如此。

“七五”计划是一个充分体现改革创新、开拓前进的计划，也是一个实事求是、稳步前进的计划。一个是改，一个是稳。不改革，就没有出路；不稳步前进，就要走弯路。我们力争在改革和发展中少走弯路，不走大弯路。我们要把握住这两点，并以此来要求自己，使自己具有开拓而又稳重这样两种品质。

# 国民经济的综合平衡工作不能放松*

（1987年3月21日）

今天我想讲一个问题，就是怎样看我们的计划工作，怎样看我们计委的工作。对这个问题，我们要有一个基本认识。

现在，我们的经济体制、计划体制都在进行改革。改革的目标是，把国家对企业的管理逐步由直接控制为主转向间接控制为主。从我们计划工作来说，就是要逐步缩小指令性计划的范围，扩大指导性计划和市场调节的范围，主要运用经济手段和法律手段，并采取必要的行政手段，调控经济的运行。我们正在按照党中央、国务院的部署进行这项改革工作。有些方面我们做得还很不够，要继续努力。

但是，在改革中有一个任务不能放松，这就是对整个国民经济的综合平衡，包括总量的平衡和结构的平衡，包括财政、信贷、外汇、物资四者各自内部的平衡和相互间的平衡衔接。不仅是当前的平衡，而且包括瞻前顾后的综合平衡。有人说四个平衡是绳索，是棍子，这个说法不对。要保证国民经济长期稳定地发展，没有这种综合平衡不行；要保证改革、开放的顺利进行，没有这种综合平衡也不行。国民经济严重不平衡，比例失调，建设搞不下去，改革也搞不下去。至于综合平衡的内容和方法，可以讨论，但综合

* 在国家计委机关第七次党代会上的讲话。

平衡必不可少。

我们实行计划经济，即有计划的商品经济，这既不是过去那种有计划的产品经济，也不是无计划的市场经济。计划和市场相结合，是我们经济体制改革的基本要求和重要的指导思想。怎样结合，现在议论很多，认识上差距很大。但有一条必须坚持，就是决不能偏到一个方面去。正如不能夸大计划的作用一样，也不能夸大市场的作用。

这几年，在党中央、国务院的领导下，计委的全体同志是努力工作的，大家勤勤恳恳，想方设法把工作搞好。在经济建设上，我们是注意稳步发展的；在计划体制改革上，我们是注意稳步前进的。计委是一个综合部门，要各方面都说好，不一定是件好事。对于来自各方面的批评，我们都采取欢迎的态度。有些问题我们诚恳接受，认真改正，有些方面该坚持的还要坚持。当前，我们工作中有些什么缺点？应该说，有些该管的大的方面还管得不好。例如，产业政策我们就研究得不深。有一些我们可以不管的事，还拖住我们，牵扯很多的精力。我们有些措施还不过硬。这些问题都要在改革中求得解决。

为什么要讲这个问题？是希望大家树立起对计划工作的责任心。既然计委的综合平衡工作在整个国民经济中处于如此重要的地位，我们应该有高度的责任感，对我们所从事的计划工作要充满信心。同时也要看到我们的工作难度很大，搞好综合平衡谈何容易。在这个问题上，来不得骄傲自满，应该谦虚谨慎，努力进取。计委需要一大批能力强、造诣深的经济专家和工程技术专家，大家应该向这方面努力。

这次党委的报告中提出了一个要求，要使计委机关成为贯彻中央方针政策态度坚决，改革意识强，办事效率高，反应灵敏，解决问题及时，敢于坚持实事求是的原则，宏观管理得力的综合部门。这个要求提得好。建议最后加上一句综合平衡。把各方面的努力最后落脚到搞好综合平衡和有效进行宏观管理上面。因为这是我们计委的主要任务。党委提出的这个要求，应当成为我们全委同志共同的奋斗目标。希望我们全体党员、全体同志为实现这个目标贡献自己的力量。

# 必须正视财政、信贷、物价的形势*

（1987 年 3 月 24 日）

一、今年工业生产将是持续增长的形势。农业生产有不利因素，也有有利因素，完成全年计划的可能性是存在的。对经济全局影响大的是财政、信贷、外汇和物价。“过渡性症状”能否解除，取决于今年省长会议确定的措施能否完全落实，明后年的后续措施能否跟得上去。两种可能性同时存在。力争今年能缓解过来，但也要作缓解不过来的准备。

二、对于财政、信贷、物价的形势，不能只看今年，要联系分析明年、后年、大后年。连续看几年，问题可能看得深一些。我们粗略地算了一下，今年财政赤字 80 亿元打不住，增发票子 230 亿元也打不住。明年国库券还本付息、物价补贴、企业亏损都要比今年多，许多开支都有自然增长，赤字仍然不会少。这样，票子要少发难以做到，物价也难以平稳下来。到 1990 年，当年内外债还本付息将达到 200 亿元（未包括今年发的重点债券到期还本付息 65 亿元）。如果物价再动，财政补贴、亏损还得加；行政事业费再加，中央财政将更加债台高筑。最后只能被迫砍预算内基本建设拨款。重点建设规模保不住，经济发展后劲和后续财源也就随之萎缩。往前推着走，只能是这个结局。如果不改变这个局面，那我

* 在中央财经领导小组办公会上的发言。

们搞来搞去，忙活了几年，到底搞了些什么呢？钱都用来吃饭，丢掉重点建设，不应该是我们的财政政策和经济政策。

三、现在中央财政困难，但社会上资金不少。1986 年全国预算外资金预计为 1670 亿元，1987 年可能达到 1900 亿元，1988 年还会增加。现在不能把预算外资金，包括企业留利再收回来。解决中央财政困难的办法，只能是向地方借款，向企业发行债券。可否考虑，趁这个机会，把财政体制改革推进一步，在划分中央地方事权的基础上实行分税制，明确地方的收入来源，也明确地方的建设任务。中央建立国税局，恢复中央财政的主动权。这样做，可以制止地方向企业乱摊派，也可以杜绝地方挤重点建设和乱上一般项目的盲目性。

四、生产结构、投资结构必须调整，现在调整的政策不够有力。我们的产业政策虽然还不够完善明确，但是大的产业政策已经有了。投资向能源、交通、原材料倾斜，这就是一个大政策。问题是现在决策太多，面面俱到，相互打架，大家思想行动不统一，你往这边倾，他往那边倾。

办法：

1. 根据国家确定的产业政策，协调金融、财政、税收、价格、汇率等的改革设想和手段运用，大家都朝着一个方向走。这是最大的宏观效益。要在实现经济目标的前提下搞活企业。

2. 改革投资体制。现在投资体制三大问题：一是投资没有稳定来源，今年不知明年有多少钱；二是各级行政干预太多，重复建设多，投资效益差，出了问题无人负责；三是投资结构不合理，引导手段不健全、不得力，谁有钱想干什么就干什么。看来，出路在于建立投资基金制，成立国家建设投资公司和投资开发银行。资金由投资公司管理，把现在建设中的行政关系改为经济合同关系，减少和逐步摆脱行政机构干预，促使政企分开。重点建设有了稳定的资金来源，可以真正实行包干责任制。这样做，从长远看，对财政是有利的。

3. 根据国家确定的产业政策，制定立法。从当前的实际问题出发，应当规定：生产能力多余的产品，不准再搞新建扩建；不达到一定经济规模的，不准新建；国内已经引进了的新技术项目，不准重复引进。一种产品引进几个国家的型号，极不经济，应有统一规定。银行贷款要严格执行国家的产业政策。

五、当前对经济威胁大的是消费膨胀。通过农产品的调价，农民今年可能多得 100 多亿元。企业 1985 年规定的调资指标，都陆续进了成本，钱腾了出来，不少单位就大发奖金。1、2 月全民所有制单位奖金发了 28 亿元，比上年同期增长 41.4%。现在到处都在为本单位职工谋福利，挖国家的钱。

工资总额与经济效益挂钩，有的效果好，有的并不好。下面是北京市劳动局 1986 年 1 至 9 月的统计材料：

| 项目 | 202 个试点企业 | 面上企业 |
|---|---|---|
| 总产值增长速度 | 4.3% | 1.17% |
| 劳动生产率增长幅度 | 3.9% | 0.9% |
| 实现利税增长幅度 | 7.4% | 1.33% |
| 上交利税增长幅度 | -2.9% | -10.13% |
| 工资总额增长幅度 | 11.5% | 12.8% |

上交利税减少，工资总额上升，这个钩是怎么挂的？

消费要有立法。企业自我约束，完全靠企业自己不行，需要有国家立法和社会监督。企业基金要建立预算制度，银行监督执行。

今年1、2月份，社会集团购置消费品支出增长过快，应当下决心压缩。

六、现在两个担心：一个是生产萎缩，一个是通货膨胀。危害大的还是通货膨胀。通货膨胀会把整个经济秩序搞乱。生产萎缩，要看哪些萎缩。能源、原材料生产不会萎缩。有些加工工业萎缩，可能是好事情。

七、今年要筑几条防线，防止下半年出问题。

1. 压缩空气的口号不能松动，省长会议确定的措施要坚决执行。

2. 除少数能源交通项目外，上半年新项目一律不开工，甚至下半年也不开工。

3. 财政不开新的减收增支口子。15亿元总预备费上半年不动用。

4. 稳定物价的措施要坚决。

# 稳定经济、稳定物价*

（1987 年 10 月 10 日）

最近召开的全国计划会议，分析了当前的经济形势，确定了 1988 年的经济工作指导方针。

## 一、当前经济形势

当前总的经济形势是好的，但不稳定的因素在增加。形势好的方面，表现在：农业情况比较好，除糖料、肉类产量有些减少以外，粮食、棉花、油料、水产品的产量都比去年增加。粮食总产量估计接近 8000 亿斤，也可能接近大丰收的 1984 年的水平，比上年增产 200 多亿斤。工业增长速度可能达到 12% 以上，轻重工业比例大体协调，不少方面经济效益有所进步。外贸出口情况比原来预计的要好，全年出口总额有可能超过 300 亿美元，进口得到控制，年末国家外汇结存可能回升到 25 亿美元左右。当前国民经济中存在的突出问题是物价不稳，上半年许多生产资料和消费品价格出现了大幅度上涨。生产资料价格上涨是从原材料开始的，然后推动了加工工业的涨价。消费品价格的上涨，是从粮食、肉食、蔬菜开始的，引起了整个生活指数的上升。物价上涨，影响了

* 在全国宣传工作会议上的讲话。

整个经济的稳定，影响了人民生活的安定。群众对物价的反映从来没有像现在这样强烈。城市、农村、机关、事业单位，反映都比较强烈。农民最有意见的是农业生产资料价格的上涨，城市居民最有意见的是副食品价格的上涨。这样涨价，经济承受不了，群众也承受不了。同时，今年物价与过去不同，往年主要是国家调价，带来价格上涨；今年国家调价的措施基本没出台，物价却自发地涨了起来。这个问题不解决，国家必须进行的物价改革就无法出台，就会阻碍经济体制改革的顺利进行。

推动物价上涨，主要是三个原因：一是票子发多了一些；二是供给不足；三是一些垄断性行业和国营企业哄抬物价，层层盘剥。三者相互助长。票子多了，给哄抬物价提供了机会。票子不多发，要抬也抬不上去。两下一夹击，更显得供应不足。

针对物价上涨，应该得出什么结论？

第一，要控制票子的发行。要明确一条原则，中国一定要避免或基本避免通货膨胀，不能靠通货膨胀来发展经济。

第二，搞好工农业生产，增加蔬菜、副食品和工业消费品的供应。农业要有大措施。除了改革以外，要增加投入，增加生产资料供应，主要是良种、化肥、薄膜。2000 年前主要靠这三个东西。要认真抓“菜篮子”。蔬菜完全放开不行，大路菜基本上还是要实行计划生产，安排播种面积，签订合同，保证上市，价格稳定。在这个前提下，把精菜、细菜放开，自由议价。

第三，坚决同垄断性企业扰乱市场、哄抬物价的违法行为进行斗争。对不同的商品，国家应当有不同的价格政策。对人民生活关系重大的粮食、副食品和日用工业品，要明确规定销售价格，亏损由国家补贴。其他商品的价格则可以逐步放开，有些利润大的商品要通过税收把一部分收入收归国家。消费品的市场价格，全部由国家管起来是不可能的，但是一部分关系国计民生的重要商品，目前必须由国家管住。在生产资料价格方面，重要的不能同一般商品一样，国家要管，即实行国家管理、领导下的生产资料市场。一种是国家定价，包括限价；一种是“发粮票”；一种是确实供求缓和的，可以议价。而不是采取一般自由议价的那种市场办法去搞。国家要管住上游商品价格。上游商品价格经常处在动荡之中，中游、下游商品的价格就不可能稳定。

第四，物价必须改，不改不行。明年不出台大的改革措施，但以后还要出台。改革措施出台，总要有一部分商品价格上涨，这虽是结构性的价格调整，与通货膨胀不同，但总要上涨一些。因此，要找出一种生活指数与工资挂钩的办法，物价上涨给以补偿，使绝大多数人的生活水平不致降低。怎样挂法需要研究，但总得找出一种办法。不然，改革步子走不下去。这就是说，对工资要有一个章法。

## 二、1988 年经济工作的指导方针

从上述形势分析出发，1988 年经济工作的指导方针是：经济要进一步稳定，改革要进一步深入。

保证经济稳定发展，这是长期的方针。1988 年要稳定经济，首先是稳定物价。物价稳了，经济才能稳定；物价稳不住，经济也稳不住。各种稳定经济的措施，要围绕稳定物价进行。改革也必须有利于稳定物价。把稳定物价作为稳定经济的重点。

根据这样一个方针，计划会议确定了 1988 年宏观控制的六个具体目标：

(1) 控制货币发行，货币供应量的增长速度低于经济增长率与计划的物价上涨率之和。

(2) 控制财政支出，财政赤字低于1987年80亿元的水平。

(3) 市场零售物价指数低于1987年的水平。

(4) 国家外汇结存略高于1987年末达到的水平。

(5) 工农业生产要高于1987年的水平，保持适度的增长。

(6) 城乡人民的平均实际收入略高于1987年的水平。

这六条目标，体现了控制需求、改善供给这两方面的内容。

三低三高，相辅相成，相互制约。核心是物价。两头努力，不致出大的偏差。

1988年要实行两个从紧、两个控制：

第一，信贷从紧。1987年票子发多了，1988年要少发。在有计划商品经济的条件下，银行在经济发展中起着十分重要的作用。实行正确的货币政策，保持合理的信贷规模，是保证物价基本稳定和整个经济稳定的关键所在。现在信贷投放失之过宽，必须从紧。固定资产投资贷款，流动资金贷款，乡镇企业贷款，都必须执行国家的信贷政策。要保预算内的基本建设和技术改造贷款，保必需的流动资金和农副产品的收购；压缩预算外的投资贷款，压缩积压物资和长线商品生产占用的流动资金。不是所有的都支持，也不是所有的都紧缩。支持乡镇企业发展是必要的，但现在贷款过多，乡镇企业发展过快，要适当压缩和控制。信贷盘子定下来之后，授权人民银行执行，各级政府不得强令银行发放计划外贷款。人民银行要对货币发行承担责任，超计划发行要事先报国务院批准。

第二，财政从紧。1988 年除了调整职工工资、物价补贴和国内外债务还本付息等需要增加的支出外，基本建设拨款、各项事业费支出、行政费支出，必须低于和大体维持今年水平。支出安排以后，执行中一般不再追加。应当看到，前几年大手大脚，铺张浪费，不少开支都花过头了，从现在起必须紧缩。不仅 1988 年要紧，以后也只能量入为出，准备连续过几年紧日子。艰苦奋斗、勤俭建国的方针要长期坚持下去。

第三，控制建设规模。当前建设上存在三个问题：一个是规模大，一个是投资结构不合理，第三个就是浪费严重。对策：①1988 年投资规模维持 1987 年水平不增。②财政基建拨款实行基金制，银行贷款也按一定比例提供长期资金，使重点建设有稳定的资金来源，并建立起有效的约束机制。③投资减少，要清理在建项目，基本上不开新项目。“七五”计划要调整，有些建设任务要转给地方，一大批工程要停建缓建。不准用预算内投资新建楼堂馆所。缩小城市建设规模。④改革投资体制，成立投资公司，实行招标投标。

第四，控制消费基金，制止消费膨胀，杜绝消费超前。我们已连续几年工资奖金增长超过生产增长。长此下去难以为继。1987 年零售商品增长 15%，城乡居民储蓄还新增 800 亿元，加上手存现金将达到 1000 亿元。国家财政没什么增加，连年赤字。这种状况不能不引起注意。控制消费基金，要有一套办法。消费需求与消费结构需要引导，不能盲目向西方看齐。中国只能按照小康水平来设计我们的生活方式和消费结构。对个体户、私营企业主要收税。

这次计划会议，已经讲明，实现上述目标，必须采取一些根本性措施，有一个连续三年的考虑，而且坚定不移地推行下去。经过几年的努力，把物价基本稳定下来，消除通货膨胀，保持经济稳定增长，加快改革步伐。

同时，也给大家讲明，信贷、财政、投资采取从紧政策，可能会发生一些问题。这些都可能引起一些波动，发生一些困难，许多方面都会出来叫。但总体上来说，这些都是小手术，不是大手术，不会伤筋动骨。而这样做，可以取得好的效果。现在不动小手术，将来会发生大问题。

经济工作现在遇到的问题很多，任务很艰巨，存在着很大的危险性。1988 年的指导方针是好的，就怕贯彻不下去。这些情况，希望得到宣传部门的理解、协助、支持和指导。希望舆论界千万不要再推波助澜。

# 国民经济已经到了不调整就过不去的时候*

（1989 年 7 月 29 日）

这几年生产发展了，人民生活提高了，这是事实。但是必须说明，这种发展和提高，有一部分是靠财政打赤字、靠借债、靠银行发票子和动用外汇结存支撑起来的。也就是说靠寅吃卯粮。现在，财政已到了偿债高峰，通货已陷于相当严重的膨胀，外汇结存已降到了最低点，经济已到了不调整就过不去的时候了。

有的领导同志同意说总需求大于总供给，但反对说国民收入超分配。1987 年 4 月一次会上他大发雷霆，说超分配之说甚嚣尘上，目的是什么？不外是说现在的问题是多年失误的爆发，而不是前进中的问题，不外是说我们在吃老本；国务院、财经小组必须同这种思想划清界限，统一认识。但是，超分配的事实是掩盖不住的。超分配的结果就是通货膨胀，物价上涨。不然通货膨胀是从哪里来的。

经济早就该调整了，经济部门拉过警报，但有的领导同志听不进去，下不了决心，欲行且止。1984 年下半年经济出现过热，通货膨胀，1985 年就要进行调整。这一年开了四次省长会议，没有解决问题。本来可以经过小调整解决的问题，

* 在国家计委举办的第十三期计划工作研究班上的讲话。

被所谓的“用轻松的办法解决紧急的问题”和所谓的“软着陆”，把问题给拖延下来了，以致问题越积越多。

既然是国民收入超分配，通货膨胀，调整自然首先是控制总量，实行紧缩财政、紧缩信贷的政策。其次是调整分配结构。不紧缩行不行？不紧缩过不去。从1984年到1988年，信贷是松的，财政也是松的，连续松了5年。中间喊了几次紧缩，但都没有紧缩下去。一紧就叫，一叫就松。1984年货币流通量全年增长49.5%，以后下来一些，1988年又达到46.7%。1984年到1988年，货币发行量从530亿元增加到2134亿元，增长了3倍，平均每年增长32.1%。今年还要发600多亿元，这怎么承受得了。现在应当把控制总需求放在第一位，在控制总需求的前提下调整结构。调整结构，增强农业、能源、交通和原材料的生产能力是对的，但要有个限度。财政、银行如果决口了，什么也保不住。保农业、能源、交通、原材料也不简单。如果真保，其他基本上要停两三年。这要准备面临许多新问题，要有应付对策。不付出一些代价，作出一些牺牲，经济是调整不过来的。这个问题应当向人民讲清楚，不能躲躲闪闪。不然，人民会问，你们一直讲形势大好，怎么突然冒出了这么些问题。这是一个全局性的问题，不是哪几个局部的问题，局部只能服从全局。

调整，会不会造成经济一蹶不振？这种担心是可以理解的，需要把工作做好。必须说明，我们是调整，不是溃退。只要保一定的基础产业和基础设施的建设，不会出现一蹶不振。1962年的调整没有造成一蹶不振，1981年的调整也没有造成一蹶不振。现在调整还来得及，不要等到问题像波兰、匈牙利那样严重再调整就迟了，那真会出现一蹶不振。我们要有两年左右工业低速度增长的准备，不是滑坡而是低速度增长。1981年我们提保四争五，结果除1981年为4.5%以外，其他年份都在7%以上。以后几年如果保持平稳上升，不会出现现在的问题。里根治理美国通货膨胀，忍受了19个月的工业停滞，成为里根的一大政绩。可见，紧缩是任何国家治理通货膨胀所必要的。

“速度下来了，财政也就下来了。”这两者有相互联带的关系。但是，我们现在两者的关系是不正常的。有些地区有6%的工业增长速度，而财政收入却一点也不增加，这显然是我们要解决的一个大问题。讲了多年经济效益型，实际上许多企业还处在粗放经营。有1%的速度，就应当有1%的效益。调整可能是一个转机，置之死地而后生，使企业真正实现转轨。调整决不是消极的，而是有极大的积极意义。

有些地方财政过不去，怎么办？精兵简政，先把人减下来。邓小平同志讲的艰苦创业，是要真正付诸实施的，是要动真格的。

包括今年在内，三年能不能调整过来？工作做得好，有这种可能。今年除客票外，如果不出台新的调价措施，明年物价翘尾巴部分可能只剩下5%，加上自然增长5%左右，整个物价指数可能降到10%或多一点，1991年就可能降到10%以内。明年财政如果不打赤字，后年对银行的压力就可以减轻。因此，关键在于下不下决心，措施是不是得当。

几个包干怎么办？这要作为专题来研究。有些变动是为了调整的需要，有些变动是因为原来的办法就不对。比如财政包干，外国人都说这是中世纪的办法。实行财政包干本来是为了更好地改革开放，但结果造成了地区封锁，成了改革开放的障碍。

价格双轨制要改。这是造成经济混乱的一个重要因素。从哪里改起，也要专门研究。

这些意见是否对，请大家研究。计划会议还要讨论，最后按中央、国务院的决策办。

小平同志说，“我们要继续坚持计划经济与市场调节相结合，这个不能改。实际工作中，在调整时期，我们可以加强或者多一点计划性，而在另一个时候多一点市场调节，搞得更灵活一些。”这是我们工作的重要指针。

计委的作用是什么？我想，第一位的是正确分析形势，作出接近实际的规划。第二是，提出实现规划的有力措施和过硬办法。这两项工作做好了，为领导所采纳，就会起大作用。这是最重要的宏观调控。现在我们工作不过硬，主要是这两方面的工作没有做好。怎样控制计划外投资，怎样控制消费膨胀，现在还基本是讲原则，得力的办法不多。我们要朝这方面努力。这两方面的权是各级计委都有的，不是争的问题，而是如何恪尽职守的问题。提高计划部门工作人员的素质是个重要任务。

国家计委与省市计委要加强联系，我们向此方面努力。大家可以督促和提积极建议。

现在是困难时期，极其需要大家同心协力。要交流思想，取长补短。

# 拟定三年治理整顿计划设想需要研究的几个问题*

（1989 年 8 月 29 日）

国务院决定，由国家计委牵头，拟定三年治理整顿计划的轮廓设想。这次会议，主要是听大家对这项工作的想法和意见。为了便于讨论，我先就几个问题讲些个人的看法。

## 一、我们面临一些什么问题和困难，非进行治理整顿和调整不可

十年经济建设和改革开放，我国的经济实力有了很大增强，人民生活有了显著改善。这都是确确实实的，是人们都感受到的。经济生活中也存在许多矛盾和问题。突出的是，近几年通货膨胀明显加剧，物价大幅度上涨，整个国民经济处于严重的不稳定状态。一年来的治理整顿，取得了一些成效，但是经济运行中一些深层次的问题并没有得到解决，一些潜伏着的矛盾还在继续暴露。这些深层次的问题是：

1. 我国现在的国力和社会生产能力，支撑不了已经铺开与正在铺开的庞大的建设规模和几年哄抬起来的过高的社会消费需求。

---

* 在全国计委主任会议上的发言。

从1984年到1988年，国民收入平均每年增长12%（按现价计算是19.9%）；全社会固定资产投资平均每年增长25.7%；城镇居民货币收入平均每年增长24%。投资需求和消费需求双膨胀，在很大程度上是靠吃老本，靠打赤字和大量发票子，靠举借内债和外债支持的。而从明年起，我们将先后进入内债和外债的还债高峰。如果说，前几年还可以勉强支撑一下，今后几年无论如何也支持不下去了。

2. 我国现有的农业、基础产业和基础设施的供给能力，支撑不了已经形成起来的过大的工业生产摊子。

由于加工工业的盲目发展，全国到处是缺粮、缺棉花、缺煤、缺电、缺油、缺水、缺运力。这反映出工业和农业、加工工业与基础产业、生产与运输之间的比例关系严重失调。

3. 现在拉开的生产和建设架子，不仅国内的财力、物力承受不住，靠多借外债、靠增加进口的回旋余地也小了。

到1989年底我国外债余额预计达到460亿美元。从1990年起，每年还本付息将从70多亿美元逐年增加到100亿美元。债务净流入额将大幅度减少，甚至会变成净流出。

从外汇收支看，我国进口总额占国民生产总值的比重，现在已达到15%左右，对国外的依附程度已相当高。国家现汇结存预计年底将降到20多亿美元，到了极限。偿还外债，可以搞一点借新债还旧债，但主要还是靠贸易顺差来解决。而在出口收汇难以较多增加的情况下，又只能大幅度压缩进口用汇。这必将影响到国内的生产和建设。

对于当前西方国家对我采取经济制裁的影响，要有足够的估计，准备有些政府贷款和世界银行贷款拿不到。我们的有些建设项目必须作必要的调整。

4. 经济结构的矛盾十分突出，而想调又调不动。

现在每年固定资产投资4000多亿元，规模很大。但是重点建设保不了，农业、能源、原材料、交通上不去。

全国流动资金1万亿元，但效益好的大中型骨干企业需要的合理资金供应不上；农产品收购资金也保不了。

这两年，全国的物价上升20%左右。不该涨价的商品价格自发地涨上去了，而价格明显偏低的粮食、棉花、煤炭、原油等的价格和运价调不上去。

越是薄弱环节，越是得不到加强。哪里是重点，哪里的困难越大。重点产品，重点企业，都岌岌可危。

5. 上述这些情况，都导致经济活动的社会效益恶化。而高消耗、低效益又是经济生活中困难重重的症结所在。

产生上述诸种问题，归结起来，主要是由于连续多年的国民收入超分配，社会总需求大大超过社会总供给。超分配必然导致通货膨胀。

据国家统计局计算，社会总需求和社会总供给的差额，1983年为265亿元，1988年扩大到2243亿元，当年供需差率由4.6%扩大到16.2%。今年社会总需求仍然超过社会总供给。1983年底，全国货币流通量530亿元，1988年增加到2134亿元，5年增加了3倍。这几年估计多发了近1000亿元的票子，被物价上涨吸纳之后，还多余600亿元左右。

"不调整，日子也能过去。"看来，是过不去的。

## 二、三年治理整顿主要解决什么问题

通货膨胀是当前经济中诸种问题的集中反映。通货膨胀不治理，发展到一定程度就会加快加重，治理越难，最后导致国民经济不可收拾。我们必须采取坚决果断措施，尽快摆脱通货膨胀的困扰，不能长期陷于这个泥潭。否则，经济稳定不了，人心稳定不了，社会也安定不下来。三年治理整顿，中心是治理通货膨胀。是否可以说，三年治理整顿计划，实质是反通货膨胀的计划。

治理通货膨胀，首先是压缩总需求，解决国民收入超分配。现在建设摊子这么大，生产战线这么长，消费需求这么旺，各项事业都拉开那么大的架子，不釜底抽薪，撤销一些摊子，拆掉一些架子，压掉一些需求，超分配的问题就解决不了。而要做到经济总量平衡，就必须少发票子，少打赤字或不打赤字，缩小外贸逆差。不发那么多票子，不打那么多赤字，总需求就管住了。

在压缩总需求的前提下，必须大力调整结构，包括产品结构、产业结构、企业组织结构、投资结构、消费结构、分配结构，使经济保持适当的增长速度。这项工作，这几年已着手做了，但决心不大，力度不够，收效甚微。这也是总需求压不下来的一个重要原因。调整结构，就要有上有下，有进有退，有活有死。把现有生产格局和建设格局都保住是不可能的，也是毫无希望的。只有保住重点产业、重点产品、重点项目和骨干企业，才能更好地增加有效供给，保持经济发展的后劲，我们的经济才有前途。资金、物资、外汇、运力的分配和各项经济调节政策，都应向这些重点倾斜，真正实现资源的优化配置。乡镇企业也要按照产业政策的要求，按照效益的标准，进行调整。这样做，必然有一批消耗大、质量坏、效益低的企业，要关停并转，一批人员转入待业，一批生产能力闲置，这也会出现一些新的经济问题和社会问题。对此，要有思想准备。但是，这是走出困境必须付出的代价。

充分挖掘潜力，全面提高效益，增产节约，增收节支，是抑制通货膨胀，渡过经济难关的根本性措施。这里的关键，是要把人的积极性充分调动起来，把管理抓上去，把经济建设切实转到依靠科技进步和提高劳动者素质的轨道上来，真正树立艰苦奋斗、勤俭办一切事业的思想，真正做到精兵简政，同一切铺张浪费现象作斗争。这几年，“一切向钱看”的思想对人的思想腐蚀甚大。应当告诉干部和老百姓，过去搞一些寅吃卯粮，现在要还账，收入不能像过去增加得那样快。要真正过紧日子，而且要苦干实干。这是我们的希望所在。

治理通货膨胀的基本标志，是把物价上涨幅度大大降低下来。控制总量、调整结构、提高效益，最终都要体现在降低物价上涨幅度上面。明年全国零售物价上涨幅度下降到多少，后年降到多少，财政、信贷、外贸、外汇、经济增长率、投资、消费、待业率等方面的目标如何与之相适应，都应在过细研究和综合平衡之后加以确定。

三年治理整顿，究竟要解决一些什么样的关键问题，理顺哪些基本经济关系，才能使整个国民经济逐步走上良性循环，三年的具体目标怎样提才算合适，请大家讨论。

## 三、治理整顿应当采取什么样的对策

小平同志指出，“要坚定不移地执行党的十一届三中全会以来制定的一系列路线方针政策，要认真总结经验，对的要继续坚持，失误的要纠正，不足的要加一点劲”；“在调整时期，我们可以加强或者多一点计划性”；“应该解决的问题要加快解决，要用快刀斩乱麻的办法解决，不能拖。当断不断，要误事。”这是我们制定治理整顿对策的依据。

十一届三中全会以来，我们党制定了一条正确的建设方针，这就是真正从我国国情出发，量力而行，实事求是，注重效益，坚持长期稳定发展。过去几年那种不顾国力可能，搞国民收入超分配、投资和消费双膨胀，盲目追求高速度、表面繁荣的错误做法，不能再继续，必须坚决扭转过来。自力更生、艰苦奋斗的传统决不能丢掉。

要治理整顿，克服全局困难，控制局势，就得适当集中，加强中央的宏观调控能力。现在财力、外汇、物力这样分散，国家宏观调控乏力，不适当集中，不对现存的利益格局进行必要的调整，治理整顿就搞不下去，我们所定的目标就实现不了。这里所说的集中，是在发挥中央、地方、企业正当积极性基础上的适度集中，不是说要回到以前过度集中的老路。担子还是要大家挑。

要支持改革开放的总方针。对现行的经济政策，既要注意保持相对稳定，又要对某些非调整不可的进行必要的调整。积极研究几大包干制的改进和到达期限的后续政策与实施方案。不立不破，先立后破。

企业承包制要改进，并根据不同企业的情况，研究实行新的企业经营机制。农村联产承包制要继续实行，努力完善。

财政包干制，有利有弊。利在能调动省、地、市、县的积极性。弊在助长地区封锁，盲目建设，重复建设。怎样做，比如实行分税制，要过细研究。但有一点必须明确，要通过合理调整分配格局，提高国家财政收入在国民收入中的比重，提高中央财政收入在整个财政收入中的比重。不论中央财政还是地方财政，都必须节减开支，清理各项补贴，甩掉一些包袱。

金融体系，不集中统一管理不行。“谁都管不住票子”，这是一种错误的舆论。中央银行必须加强宏观调控职能，管住票子。在治理整顿期间，专业银行不能强调企业化经营，必须执行国家的产业政策。

外贸外汇，许多方面反映，现行的包干办法已经包不下去，财政补贴太大，中央补不起，地方也补不起。外汇过于分散，中央掌握的外汇越来越少，谁也办不成什么事情。怎样才能既调动各方面增加出口的积极性，增加外汇收入，又能够减轻国家财政负担，提高外汇使用效益，需要研究和找到一个好的办法。要研究控制进口和搞好进口替代、加速国产化的有效途径。

在投资方面，怎样把投资规模控制住，特别是把预算外投资控制住，又能合理调整投资结构，是否需要对现行投资体制进行必要的调整和改进。

在消费方面，要研究控制消费需求过快增长和缓解社会分配不公的问题。

在流通领域，要解决多环节、乱收费的问题，也要解决发挥主渠道作用的问题。

在农村经济方面，要考虑如何在农民经济状况已经有了很大改善，并继续保持农民收入增长的同时，让农民适当多积累一些资金，用于发展农业和农用工业。还要考虑农村经济内部比较利益的协调问题。

在物价方面，既要逐步降低物价上涨幅度，又要对突出不合理的产品价格进行适当调整。对突出不合理的产品价格，要研究先调哪些，后调哪些，调多大幅度。“上游产品”调价后，怎么控制“下游产品”的轮番涨价。生产资料价格“双轨制”弊端极大，如何解决？

物资体制怎样改进，以保证国家重点建设项目、重点生产企业和出口创汇企业生产的需要。要强制推行节约能源和原材料的政策和措施。

对治理整顿时期待业率上升趋势，以及可能带来的社会问题，如何估计，应采取哪些相应对策。

搞三年治理整顿计划，首先要把经济全局的情况搞清楚，把总的思路理清楚。希望大家在这些方面多发表意见，多出主意。

# 为什么要过紧日子和怎样过紧日子*

（1989 年 10 月 31 日）

进一步进行治理整顿和深化改革，是克服当前经济困难、实现国民经济持续、稳定、协调发展的根本途径。中央为此作出决定，是完全必要的。

决定草稿第十条中间，提出了一个很重要的论点，即“从根本上说，国民经济中存在的困难和问题，是多年来社会总需求超过总供给，国民收入超额分配引发出来的。不下决心紧缩需求，过几年紧日子，其他诸如改善结构，整顿秩序，提高效益等等问题都难以解决，国民经济也就不可能出现基础牢靠的真正转机。对于这一点，全党必须有一个清醒的、坚定的认识。”

下面我对此介绍一些情况，讲几点看法。

## 一、国民收入超分配的情况

1981 年到 1983 年，由于认真贯彻党中央、国务院当时提出的调整、改革、整顿、提高的方针，社会总需求与社会总供给大体平衡，物价基本平稳，整个国民经济情况是比较好的。

问题出在 1984 年第四季度以后，经济生活中出现了过热

* 在中央工作会议华北小组会上的发言。

的现象，投资需求和消费需求急剧膨胀，国民收入连年超分配。根据国家统计局测算，这几年国民收入超分配的情况是：

1984 年超分配 320 亿元，差率 6%；

1985 年超分配 1090 亿元，差率 17%；

1986 年超分配 910 亿元，差率 12%；

1987 年超分配 930 亿元，差率 10.7%；

1988 年超分配 1670 亿元，差率 16%。

这些测算数字不一定准确，但可以看出超分配的趋势。

这几年投资规模这样大，消费需求这样高，有相当一部分是靠发票子、打赤字、吃老本、举借内债外债和动用结存外汇支撑的。这五年间，全国大约超经济发行货币 1000 亿元；财政累计赤字和举借内债 600 亿元；1984 年下半年到 1986 年底两年半时间，共动用外汇结存 110 亿美元。到 1988 年底，外债余额达到 400 亿美元。这几年固定资产折旧没有随着物价上涨而得到相应的补偿，每年有四五百亿元作为积累和消费消耗掉了。

超分配固然能一时把生产速度搞得很高，表面很繁荣，但不能持久，到一定程度就支撑不下去了。超分配的主要后果是三个：一是通货膨胀，物价上涨。需求大于供给这么多，怎么能不出通货膨胀。二是债台高筑，寅吃卯粮。三是借外债是要还的，借多了国际收支平衡将出现恶化。明年内外债都进入了还债高峰。要把物价上涨幅度降下来，偿还到期的债务，必须压缩需求，过紧日子。同时，必须提高效益，增加生产，增加有效供给。除此，没有别的出路。

对于连续这么多年超分配，不是没有不同意见的。1985 年提出过要解决这个问题，1987 年又提出要收紧财政信贷，控制需求，准备连续过几年紧日子，但是都没引起真正的重视，没有得到认真贯彻执行。

## 二、国民收入分配过分向个人倾斜

1979年以后，为了改变国家集中过多、个人收入增长过慢的情况，对分配关系作了调整，提高了居民个人所得在国民收入中的比重，这是必要的。但是，在片面强调“还欠账”和脱离国情的“高消费”的鼓噪下，加上分配机制和政策上的问题，使国民收入分配通过各种渠道过分向个人倾斜。

——1978年到1988年，国民收入分配总额由3000亿元增加到1.06万亿元，10年增长2.6倍。其中，国家所得部分，由1200亿元增加到2000亿元，增长不到70%；而个人所得部分由1500亿元增加到7500亿元，增长4倍。国家所得部分的比重由40%降为不到20%；个人所得部分的比重由50%上升到70%。

——同一时期，全社会消费品零售总额（主要是居民个人实现的购买力），由1260亿元增加到6500亿元，增长4.2倍，平均每年增长18%。

——同一时期，居民个人结余购买力中存入银行的储蓄总额，由210亿元增加到3800亿元，增长17倍。预计到今年底将达到5000亿元。此外，居民个人还有手持现金1700亿元，持有各种债券近400亿元。

——同一时期，农民人均纯收入由133元增加到545元，增长3倍，超过同期农业总产值增长1.6倍的水平。全民职工平均货币工资由644元增加到1853元，增长1.9倍，超过同期全员劳动生产率增长60%的水平。

——从银行存款构成来看，1983年到1988年，财政性存款由622亿元增加到692亿元，5年增长11.2%；城乡居民储蓄存款由892亿元增加到3800亿元，增长3.3倍。在全部存款中，财政性存款所占的比重由21.4%降为8.4%；居民储蓄存款由31%上升到46%。这种趋势还在发展。这就是说，银行发放的贷款来源于财政的资金越来越少，依赖于居民存款的资金越来越多。

国民收入分配过分向个人倾斜所造成的后果：一是国家财力增长缓慢，入不敷出，靠打赤字和借债过日子；二是消费需求过旺，助长了通货膨胀和物价上涨；三是助长了高消费和超前消费，造成社会分配不公；四是拉动了产业结构和投资结构向消费性的生产建设倾斜，一般加工工业急剧扩张，楼堂馆所林立，而基础产业和基础设施，由于国家资金不足，发展缓慢，形成工业内部比例严重失调，经济发展后劲不足。农民收入明显增加了，但对农业的投入减少了，农业基础设施不但没有加强，反而严重削弱。要克服国家财政经济困难，治理通货膨胀，调整产业结构，必须控制个人收入的增长，全国人民都要过几年紧日子。除此，也没有别的出路。超分配的大部分钱流入了个人手中，在治理整顿期间，要求城乡居民过几年紧日子也是应该的。

## 三、需要总结和吸取的经验教训

1. 坚持实事求是，量力而行，稳步前进的建设方针，纠正近几年来那种不顾国情国力，急功近利，用通货膨胀刺激经济繁荣的错误思想和做法。思想不转变过来，还想在经济过热、需求过旺的基础上往前走，那就会与治理整顿的方针格格不入。

2. 坚持社会总需求与社会总供给基本平衡的方针，不再搞超分配。在治理整顿期间，还要努力做到总供给略大于总需求，以解决多年超分配积累下来的问题。在控制总需求的前提下，努力调整结构。

3. 适当调整国民收入分配的格局，逐步提高国家财政收入占国民收入的比重，并逐步提高中央财政收入占国家财政收入的比重。在控制投资总规模的前提下，努力调整投资结构，逐步提高基础产业和基础设施的投资比重。

4. 严格控制城乡居民个人收入的增长，扭转消费增长超过生产增长的现象。在治理整顿期间，从总体来说，只能保持大多数居民实际生活水平不降低；有一部分高收入的人，实际收入要比现在下降。农民收入的增长，主要靠农业生产的增长和经济效益的提高。提高某些农副产品的收购价格，必须同时通过税收等手段从其他获利较高的农业生产的收入中拿一部分回来，以协调农村经济中的比较利益，避免农副产品轮番涨价。明年不能再出台新的调整职工工资的措施，要改进奖金发放办法。严格控制工资奖金以外的非工资性收入的增长，强化对个体户、私营经济税收的征管工作，缓解社会分配不公的矛盾。

5. 不仅要过紧日子，还要艰苦奋斗，苦干实干，真正在提高效益、提高效率、增产节约、增收节支上做出成效。这要靠坚强的思想政治工作和严格的管理。

6. 促进供需总量平衡，调整分配结构和产业结构，保持国民经济持续、稳定、协调发展，必须坚持计划经济与市场调节相结合，不能过分强调市场调节，要加强综合平衡和宏观调控。在治理整顿期间，要多一点计划性。

## 四、1990 年计划安排中面临的主要矛盾和工作难度

1990 年计划正在拟定中，国务院还没有讨论。从我们这一段的工作情况来看，国民经济综合平衡的矛盾很多，难度

很大。主要问题是：

1. 财政平衡是一大难关。1990年到期的内债还本付息额和财政承担的外债还本付息额，将比今年增加310多亿元。今年四季度调整职工工资，明年翘尾巴部分增加支出七八十亿元。现在拟议中的明年调价措施，按最低方案，财政要增支减收一二百亿元。今年国家财政赤字100亿元左右，明年也要采取措施弥补。解决这样大的差额，办法只能是开源节流。明年的各项经常性开支，除国防、重点建设之外，都不能增加，有的还要减少。过紧日子，首先体现在紧缩财政支出上，各方面都要为此承担义务。

2. 物价也是个大难题。按照治理通货膨胀的要求，应当较多地降低物价上涨幅度，而要保持基础产业的稳定发展，又需要对某些产品价格进行调整。这就需要在降低物价上涨幅度与调整某些产品价格之间，寻找一个适当的结合点。根据《决定》提出的，全国零售物价上涨幅度逐步降到两位数以下的要求，明年物价上涨幅度必须比今年有所降低。物价的调整，只能在这个大框子里选择方案。

3. 重点建设资金严重不足。明年全社会的固定资产投资大体维持今年预计水平。其中，全民所有制基本建设投资，即使重点建设基金按原来规定的原则增长，拟新开征的投资方向调节税用于重点建设，总规模也要比今年预计减少。为了保持经济的稳定增长和必要的后劲，能源、交通和农业投资又非增加不可。否则，石油的新增生产能力弥补不了衰减的生产能力，煤炭、铁路都不能上新项目，有的续建工程也要停下来。要果断地压非重点建设，多集中一点资金，用于重点工程。

4. 国内市场，从当前来看，暂时出现了销售疲软现象。但是由于明年社会购买力增长幅度仍然比较大，加上有大量结余购买力，社会商品货源还有不少缺口。市场不稳定，银行存款会重新冲击市场。对明年的市场问题不能掉以轻心。要采取有力措施，抓好农产品和人民生活必需的工业消费品的生产和供应。

5. 外汇平衡，明年出口收汇不可能有较大增加，而偿债用汇还要比今年增多，解决办法只能是较大幅度地压缩进口。各地区都必须拿出一部分外汇，建立偿债基金。

6. 由于压缩投资规模，调整产业结构，会多出一部分劳动力来。如何妥善解决城镇待业率上升，也是一个重要问题。

综观起来，明年计划不可能面面照顾到，只能有压有保，保也不能多保。

上面说的这些问题，都是明年治理整顿中必须解决的问题。尽管难度很大，但必须下决心解决。只要按照中央决定的精神去办，全国上下统一思想、统一行动，把困难告诉人民群众，取得他们的理解和支持，这些困难是能够克服的。

# 必须长期坚持持续、稳定、协调发展国民经济的方针*

（1989 年 11 月 13 日）

党的十三届三中全会以来，治理整顿工作取得了初步成绩，但是，很多深层次的经济问题并没有得到解决。随着治理整顿工作的展开和深入，潜伏着的矛盾还在继续暴露，在解决原有问题的过程中又出现了一些新的问题。最近召开的中央工作会议，对上述经济问题进行了认真的研究。十三届五中全会通过的《中共中央关于进一步治理整顿和深化改革的决定》，是一个非常重要的文件。我们要以此统一全党全国人民的思想和行动，提高贯彻执行党中央进一步治理整顿和深化改革方针的自觉性。

## 一、必须坚持持续、稳定、协调发展经济的指导思想

在中央工作会议和五中全会上，大家统一了这样一个认识，即无论是治理整顿期间还是治理整顿任务完成之后，都必须始终坚持长期持续、稳定、协调发展经济的方针。这是总结我国四十年经济建设工作得出的最重要的经验教训。这

* 在全国地方报刊总编会议上的讲话。

个认识非常重要，应当认真深入地领会。

四十年来，特别是改革开放十年来，我国的经济建设取得了举世瞩目的成就。这四十年间，也有相当长时间不稳定，出现了比较严重的问题。大的波动有三次。

第一次是1958年，搞“大跃进”，速度搞得很高，一年百分之几十的增长速度，没过两三年就持续不下去了。从1961年往下掉，1962年工业总产值掉到1957年的水平，折腾了一阵子又掉回原地。这次大波动，全国遭受严重损失。有的钢铁厂正在施工，一下子就扔下，人撤了出来。有几条铁路修到一半便停了。那次波动，本来从1959年问题就开始暴露了，但是没有认真纠正，一直拖到1962年才作了认真调整。经过1963年到1965年的三年调整，经济恢复了过来。

以后，又出现了“文化大革命”，这对经济的发展以及各个领域的工作都造成了极严重的后果。这是第二次波动。

为了解决“文化大革命”所造成的国民经济比例关系失调，1979年中央决定要对国民经济进行调整，而且确定的时间是三年。但是，这个决定在党内没有统一思想，一部分同志不同意调整。因此1979、1980年又拖了两年。到1980年12月，中央召开工作会议，才对不调整不行了这一点统一了认识。当时主要问题是全国财政出现较大赤字，1979年是170亿元，1980年是127亿元，经济承受不住了。那次中央工作会议确定了对国民经济实行进一步调整的方针。经过1981—1983年的调整，经济发展比较稳定了，每年物价上涨幅度只有2%－3%。当时工业计划叫“保四争五”，即工业平均每年计划增长4%，争取5%。实际上这三年平均增长了7%－8%。这三年比较平稳，日子比较好过。那时市场上东西比较多，工业在局部方面出现了买方市场。譬如钢厂的钢材多了，卖不出去，厂长亲自到机械制造厂去推销。

但是，到了1984年下半年，特别是第四季度，工业又出现了过热增长，投资规模增长过快，消费也增长得过快。1984年12月一个月就发了92亿元票子，相当于1983年全年增发的票子，造成了物价上涨，市场供应紧张。到了1985年，中央提出要适当紧缩信贷，控制物价上涨。这一年开了四次省长会议，研究解决增长速度过高、投资规模过大、票子发行过多、物价上涨过快的问题。但是，问题没有能够得到解决。因为当时的主要领导人有一句话，叫“用轻松的办法来解决紧急的问题”。大家本来就不愿意调整，这一“轻松”把调整轻松掉了。结果1985年增长速度还是过高，达到了21.4%。到了1986年，还是得控制速度，压缩投资，银行缩紧了银根。可是银根一抽紧，工业速度下来了，人们又一片惊慌，说生产滑坡了，这样下去不行。于是又逼着银行增加货币投放，结果“软着落”没有着下来又起飞了。1987年8月份北戴河会议，认为经济问题严重，确定了紧缩信贷、紧缩财政的双紧方针，提出了要准备过几年紧日子。这个双紧方针，经过了国务院常务会议讨论，经过了书记处会议讨论，可最后却没有得到有效的执行，1987年还是出现了过快的增长。1988年本应总结经验，抑制生产过热，但有的人头脑冷不下来，并且对1987年的工业增长作了不恰当的过高评价，说那种速度是适当的，是好的，为今后的高速度发展奠定了基础。所以1988年经济并没有紧缩，而是继续膨胀，工业增长速度达到20%以上，一年增发了680亿元票子，物价上涨了18.5%，城乡居民发生了提款抢购。1988年9月，中央召开十三届三中全会，确定要搞治理整顿，才把这场波动制止下来。这是第三次波动。

上述这些情况可以说明两个问题：

一是，经济建设的实践证明，这几年的经济是在相当不稳定的情况下增长，发现了问题又没有得到足够的重视，提出的一些政策没有得到认真贯彻落实，因此问题越拖越严重。正如邓小平同志所讲，这些问题前几年已经出现了苗头，如果当时解决，比现在解决好得多。现在回过头来看，我们没有把问题解决在前面。如果1985年那时就下决心调整，就不会有现在这样的困难，也不会这么费事。正是由于1985年以来不肯下决心，总想以一些应急措施把问题抗过去，问题才越拖越严重。

二是说明，每当经济情况一好，就出现头脑发热现象，就想“大干快上”；而一“大干快上”，就必然造成经济形势紧张，紧张到一定程度就持续不下去了，于是就得下。这种经济的大起大落，给整个经济生活带来的损失很大，我们在这上面吃的亏实在太多了。关于这个问题，江泽民总书记在中央工作会议开始时和在五中全会结束时的讲话中，都作了很重要的阐述。他说：“要保持国民经济持续稳定协调发展，已经提出来多年了，但是并没有真正为全党同志共同接受和认真贯彻执行。因此，必须进一步明确和强调这个指导思想，从上到下都要牢固树立起来，而且在整个现代化建设过程中都要始终坚持，不能动摇。”持续，就是要长期保持正常的发展速度；稳定，就是不能大起大落；协调，就是重大经济关系比较合理。只有经济稳定，才能够持续发展，而经济要稳定，就必须协调，不协调就稳定不了。我们要记住历史教训，走长期持续、稳定、协调发展经济的道路。整治过去以后，也不要再头脑发热，再出现反复。

这么多年来，由于经济工作不稳，也给新闻、舆论、宣传工作带来很大困难。我们深切地感到，在经济宣传方面也需要有个判断标准，就如同在政治上要求体现两个基本点的统一一样。现在，在总结以往经验的基础上，应该说我们已经可以确立这个标准，这就是江泽民同志提出的，保持国民经济的持续、稳定、协调发展，避免大的波动。这是我们必须长期坚持的一个基本方针，也是衡量我们经济工作做得好不好和改革成效大小的一个基本标准。有了这个标准，经济宣传工作也就有了依据。

中国为什么发生急于求成，这个问题很值得深入研究。可以说，既有主观上的原因，又有客观上的原因。客观上的原因就是中国太落后了，谁也不愿安于现状，总想把我们国家建设得快一点，而一追求快就容易急于求成。从主观上说，则是对中国国情的认识还不深刻，过高地夸大了我们的国力，老是把中国的国力看得很强。中国是个有11亿人口的大国，底子比较薄，许多事情应当积极进取，但只能循序渐进，不可能期望在短时期内就创造出什么奇迹。

我们总的战略目标，是到本世纪末实现国民生产总值翻两番。第一番1988年已经实现了。如果以1988年为基数，从1989年起每年增长5.5%，到本世纪末就可以再翻一番。因此，我们工作的重点不要放在追求过高的速度上。我们要的是实实在在的速度，效益好的速度，可靠的速度。这样的速度，物质消耗少，而创造的实际价值多。

## 二、认真贯彻治理整顿、深化改革的方针

五中全会决定，包括今年在内，用三年或者更长一点的时间，基本完成治理整顿的任务。通过治理整顿实现以下六个目标：第一，逐步降低通货膨胀率，使全国零售物价上涨幅度逐步下降到10%以下；第二，扭转货币超经济发行的状况，逐步做到当年货币发行量与经济增长的合理需求相适应；第三，努力实现财政收支平衡，逐步消灭财政赤字；第四，

在着力提高经济效益、经济素质和科技水平的基础上，保持适度的经济增长率，争取国民生产总值平均每年增长5%－6%；第五，改善产业结构不合理状况，力争主要农产品生产逐步增长，能源、原材料供应紧张和运力不足的矛盾逐步缓解；第六，进一步深化和完善各项改革措施，逐步建立符合计划经济与市场调节相结合原则的，经济、行政、法律手段综合运用的宏观调控体系。

上述六个目标既是针对现在问题提出来的，也充分考虑到了在治理整顿期间实现这些目标的可能性。实现这些目标的过程，就是使国民经济逐步走上持续、稳定、协调发展轨道的过程。中央决定包括1989年在内，用三年或者更长一点的时间进行治理整顿，这个时间是经过认真研究的。因为问题是多年积累下来的，时间太短治理不过来；但时间拖长了也不利，许多事情一拖就拖疲塌了。因此，这个时间和目标都是比较适当的，充分考虑到了治理整顿中间需要解决的问题和可能出现的一些新问题。比如，我们提出了把零售物价指数逐步降到10%以下的目标，明年就要求降到10%行不行？如果单纯考虑降物价指数，也不是不可能。但是，我们还要考虑在控制物价总水平的同时，必须进行物价结构的调整，这样才能更好地促进治理整顿中的结构调整。单纯靠行政的手段把物价堵住不是长久之计。因此，我们提的目标是逐步把物价指数降下来。可见，关于治理整顿目标的表述，充分考虑了需要与可能两个方面的因素，而且具有一定的弹性。

要贯彻好治理整顿的方针，从国民经济计划的角度来说，当前特别需要做好以下几项工作：

第一，不再搞国民收入超分配。就是有多少国民收入就分配多少使用，使经济建设和社会消费需求与国力和生产能力相适应。这是根本的一条。如果只有1万亿元的国民收入，却搞1.2万亿元的分配，那2000亿元是空的，没有物质基础的，结果必然造成物价上涨。我们不能靠通货膨胀来提高人民的生活水平。通货膨胀到头来只能造成经济表面繁荣，造成经济肌体的浮肿，而社会财富并没有增加。通货膨胀是经济发展的祸害，要下决心除掉。这次中央工作会议期间，有些省、市的同志说，治理整顿不完全是从中央来看需要，从地方来看也需要，这几年许多方面确实搞得过快了，不治理整顿不行。

第二，国家的财政、信贷、物资、外汇四者都要平衡而且要相互平衡。财政预算要逐步减少以至取消赤字，有多少收入就安排多少支出；信贷不能再搞超经济发放；物资分配也要争取平衡；外汇要根据实际情况安排使用，做到收支平衡，量入为出。如果财政年年出赤字，银行年年超发票子，物资供需又不平衡，外汇也短缺，那我们的经济就稳定不了。今年计划安排中的一个突出困难就是财政如何平衡。今年是内债的还本付息高峰，外债的还本付息中财政承担的部分也要比去年多。因为需要调整一部分农产品的收购价格，财政补贴也要比去年多。克服这些困难的办法，一个是尽可能地增加收入，再一个是大力节减支出。

第三，要合理地调整经济结构，保证比例关系的协调。这几年我们工业的增长速度过快，工业战线过长。而五年来粮食生产却一直在徘徊，产量没有增加，人口却增加了7000多万。棉花的产量这几年也一直上不去。农业人口大量向城市转移，农村的劳动力削弱了。农业基础设施也年久失修，大量地遭到破坏，灌溉面积减少了几百万亩。农业的这种状态怎么能支撑得了过长的工业战线呢？所以必须调整好经济结构，使其真正“有计划按比例”地发展。

第四，控制消费需求的过快增长。这几年，“高消费”、“超前消费”等等讲得太多了，包括我们有一些广告，都是宣传高消费的。一个国家如果消费搞过头了，这个国家就没有前途。任何国家都需要从国民收入中间积累一部分用于扩大再生产，不能都把它全部消费掉。日本这个国家发展很快，但据日本的经济学家讲，在一个相当长的时期，他们也是勒紧腰带的，在勒紧腰带的情况下还得好好干。现在我们是既搞超前消费，劳动纪律又非常松弛，劳动效率不高。这种状况同不适当地宣传高消费是分不开的。消费需求膨胀，不仅经济上承受不了，而且助长了奢侈豪华、铺张浪费的不良风气。前几年有一个时期，我们说居民收入过低，要“还欠账”。这个“还欠账”的声音也高了。1978 年三中全会以后，随着生产的增长，比较大幅度地增加城乡居民收入，这是完全必要的。但是，“还欠账”这个提法不妥当，没有限制，“还”到什么时候是头呢？这几年在国民收入分配上一个最大的问题，不仅仅是超分配，而且是过多地向个人倾斜。1978 年至 1988 年这 10 年间，全国的国民收入从 3000 亿元增加到 1.1 万多亿元，增长了不到 3 倍。可是，个人消费却从 1500 亿元增加到 7500 亿元，10 年间增长了 4 倍。很明显这是个人收入增长快于国民收入的增长。1983 年全国城乡居民储蓄余额是 300 多亿元，而去年底达到近 5000 亿元，增长了 16 倍。今年，居民手头还有现金 1700 亿元。除此之外，个人购买的国库券、债券还有 400 亿元。可见，居民收入增加是很快的。当然，很不平衡，有些人增加很快，有些人慢一些。今后城乡居民的收入，只能在生产增长的基础上逐步增加，不能超过生产的增长和劳动生产率的提高。这一点，应该向群众讲清楚，做好工作。

对这次治理整顿，中央的决心很大，决不半途而废。我们对中国的经济是有信心的。中国国家大、地域辽阔，大有潜力可挖。每个人都浪费一点，一年几十亿、几百亿元就没有了。而每个人都节约一点，几百亿元就省出来了。比如，1个人1天节省1角钱，1年是36元钱；全国11亿人口，就是400多亿元。所以说，中国经济潜力方面的弹性很大。只要大家都艰苦一点，我们就能克服前进道路上的困难。我们的资源是有的，许多矿产资源还有待于开发。尽管投资压缩了，但每年的固定资产投资还不会少于4000亿元。其中全民所有制的占2500亿元，这些投资可以办不少事情。我们还有一个庞大的市场，有6000亿到7000亿元结余购买力在居民手里。只要产品是适销对路的，质量是好的，就不怕没有市场。我们既要看到困难，也要看到克服困难的有利条件，埋头苦干，扎扎实实地工作，争取胜利完成治理整顿和深化改革的任务。

# 中国的十年规划和第八个五年计划*

（1991 年 5 月 18 日）

一个月以前，在我国七届人大四次会议上，审议批准了《中华人民共和国国民经济和社会发展十年规划（1991—2000 年）和第八个五年计划（1991—1995 年）纲要》。这个《纲要》，对中国实现本世纪末的第二步战略目标作了全面部署，是我国社会主义现代化建设进入新的发展阶段的行动纲领。

我国的十年规划和“八五”计划，包含着相当丰富的思想和内容，而贯穿其中的一条基本指导方针，是保持国民经济的持续稳定协调发展。

贯彻执行国民经济持续稳定协调发展的指导方针，是我国长期正反两个方面历史经验的深刻总结，是实现今后十年奋斗目标的重要保证。建国以来，我国经济建设取得了很大的成绩，但是经历的道路并不平坦，经济发展几次出现大起大落，造成很多损失。今后能不能避免这样的曲折，从而使经济建设取得更好的成效？这是全国人民普遍关注的问题，也是我们必须认真解决的一个重大课题。过去的经济发展之所以一再发生大起大落，除了其它原因之外，主要是经济建设的指导思想偏离了中国国情，犯了急于求成的毛病。我国人口多、增长快，经济底子薄，要妥善处理种种社会经济矛

* 在中日经济知识交流会第十一次年会上的发言。

盾，不断改善人民生活，逐步实现现代化，经济没有一定增长速度是不行的。同时，我们也有不少有利条件，可以实现一定的发展速度。不充分利用各种资源和有利因素，去争取可以达到的速度，是不对的。但是，我国人口多、底子薄的基本国情，又客观地决定着现代化建设的艰巨性和复杂性，实现现代化必须经过长期持久的积极奋斗。正是基于这些情况，这次制定的十年规划和“八五”计划，坚持既积极进取，又稳扎稳打，努力避免经济生活中再次发生大的波折。

根据贯彻执行国民经济持续稳定协调发展方针的要求，结合今后十年经济社会发展的目标和任务，十年规划和“八五”计划中注意了以下几点：

第一，合理安排经济增长率。经济增长率确定得是否适当，是国民经济能否持续稳定协调发展的重要前提。对速度要求过高，往往容易造成经济的不稳定。我国社会主义现代化建设大体分三步走的战略部署，正确反映了我们这样一个经济文化不发达国家实现现代化的客观进程。实现到本世纪末第二步战略目标，要求国民生产总值按不变价格计算，比1980年翻两番。前十年，国民生产总值累计增长了1.36倍，后十年平均每年增长5.5%，即可实现既定的翻两番目标。现在《纲要》规定，今后十年国民生产总值平均每年增长6%；农业总产值平均每年增长3.5%，工业总产值平均每年增长6.8%。这个经济增长率的确定，既考虑了经济建设和改善人民生活水平的需要，也考虑了资金、能源、原材料和运力增长的可能；既考虑了持续稳定增长，也考虑了各产业、各部门的按比例发展。这个经济增长率，虽然低于前十年国民生产总值、农业总产值、工业总产值平均每年增长的速度，但实现这个安排，任务还是相当艰巨的。它不仅因为经济的基数大了，每增长一个百分点的含量，后十年要比前十年大得多，而且因为后十年的经济增长中，要求农业、能源、原材料和运力等基础产品产量有较多的增长。例如，从1991年到2000年，粮食产量要由4.35亿吨增加到5亿吨，原煤产量由10.8亿吨增加到14亿吨，发电量由6180亿千瓦小时增加到1.1万亿千瓦小时。实现这些任务，需要付出很大的努力。

第二，努力保持经济总量的供需平衡。理论和实践都告诉我们，要保持国民经济的持续稳定发展，必须保持社会总需求与总供给的基本平衡，防止国民收入超分配和通货膨胀。为此，十年规划和“八五”计划在经济建设和人民生活的安排上，都力求量力而行，使固定资产投资的总规模同国力的可能相适应，使生活消费的增长同生产的发展相适应，并注意搞好财政、信贷、外汇、物资的各自平衡以及它们之间的相互平衡。计划安排，不包括涨价因素，“八五”期间全社会固定资产投资总规模为2.6万亿元，平均每年增长5.7%；其中全民所有制单位的投资为1.7万亿元，平均每年增长5.5%，与国民生产总值平均每年增长6%的速度大体衔接。五年内，全国居民消费水平平均每年增长3%，也与同期国民生产总值的增长速度大体相适应。当然，我们注意到，经过两年多来的治理整顿，经济总量严重失衡的矛盾虽然已经缓解，但是总量平衡方面遗留的问题还不少，今后发展过程中也还会遇到一些新的矛盾，对此不能掉以轻心。特别是由于多种原因，财政收入在短期内难以增加较多，而有些开支又必须适当增加。因此，财政的收支平衡难度很大，“八五”期间每年都还将有一定数量的财政赤字。我们准备在编制和执行年度计划中，努力增产增收，节约开支，把财政收支差额缩小到最低限度，并积极创造条件逐步实现财政收支平衡。

第三，积极调整经济结构。我国的产业结构、地区布局结构和企业组织结构不合理，既是当前经济生活中的突出矛盾，也是今后经济持续稳定协调发展的重要障碍。因此，十年规划和“八五”计划把合理调整经济结构作为一个重大任务放在突出位置。要按照国民经济逐步现代化的要求和居民消费结构的变化，大力调整产业结构，促进产业结构的合理化并逐步走向现代化。主要任务是：继续加强和发展农业，改变农业基础脆弱、后劲不足的局面，保持粮食、棉花等主要农产品稳定增产，并促进农村经济全面发展；加强能源、交通、通信、重要原材料和水利等基础设施的建设，同时积极改组改造和提高加工工业，使基础产业与加工工业长期失调的状况基本得到扭转；把发展电子工业放在突出位置，使之成为促进产业结构和整个国民经济现代化的带头产业；积极发展建筑业和第三产业，更好地适应经济建设和改善人民生活的需要。在调整产业结构的同时，要正确处理发挥地区优势与全国统筹规划的关系、资源富集地区与加工工业集中地区的关系、经济发达地区与较不发达地区的关系，促进地区经济的合理分工和协调发展。我们还将按照国家的产业政策，进一步认真调整产品结构、企业组织结构和行业结构。

第四，大力提高经济素质和效益。这既是实现第二步战略目标的基本要求和必由之路，又是实现国民经济持续稳定协调发展的重要条件。经济效益差，投入多、产出少，是我国经济发生较大波动的深层原因，而经济效益差，又与经济整体素质不高密切相关。同时，只有大力提高国民经济整体素质和经济效益，才能有实实在在的和有后劲的速度，也才能不断地提高国民经济的现代化水平。因此，十年规划和“八五”计划的一个重要指导思想，是把进一步提高经济效益作为全部经济工作的中心，明确要求把国民经济的整体素质提高到新水平。今后十年和“八五”期间年均经济增长率之所以安排为6%，一个重要出发点，就是要把各个方面的主要注意力引导到提高经济素质和经济效益上来。与此同时，在规划和计划中突出了以下三个方面：一是加速企业技术改造，努力提高现有企业的生产技术和装备现代化水平。“八五”期间，技术改造投资平均每年增长9.8%，大大高于基本建设投资平均每年增长2.1%的速度，并对技术改造投资使用方向和重点规定了明确的要求。二是加强和改进经济管理，既要努力提高宏观经济决策和组织管理水平，又要强化企业生产经营管理，整顿和健全各项基础工作。三是继续把发展科学技术和教育事业放在重要的战略地位，促使经济增长真正转到依靠科技进步和提高劳动者素质的轨道。

第五，继续深化经济体制改革。无论是有效地解决现实经济中的诸多矛盾，还是从根本上实现国民经济长期稳定的发展，都在很大程度上有赖于经济体制改革的不断深化，逐步理顺基本经济关系，建立合理的经济体制和运行机制。十多年来，我国经济体制的改革虽然取得了很大进展，但是改革的任务仍然相当繁重。不仅原有体制中不适应生产力发展的一些弊端还没有完全消除，而且近些年又出现了一些新的矛盾和问题，这是经济难以顺畅运行、经济结构调整和经济效益提高缓慢的重要深层原因。鉴于这种情况，十年规划和“八五”计划把继续推进经济体制改革作为一个重大课题，并作了全面部署。深化经济体制改革的基本方向，是按照发展社会主义有计划商品经济的要求，建立计划经济与市场调节相结合的经济运行机制，既发挥计划经济的优越性，又同时发挥市场调节的积极作用。今后，我们将坚定不移地按照这个基本原则，有领导、有步骤地搞好企业、计划、投资、流通、价格、财政、税收、金融、外贸、劳动工资、住房、医疗、社会保障和经济调控体系等方面的改革。总结十多年的经验，在实际工作中，必须使各方面的改革相互配套地推进，并充分考虑国家、企业和居民的承受能力，避免引起过大的社会震动。既要坚持实践证明了的好的经验和传统，又要积极进取，努力探索，敢于有新的创造和突破。检验改革得失成败的标准，要看它是否有利于促进社会生产力的持续稳定发展，是否有利于社会的安定和进步。

第六，进一步扩大对外开放。实践证明，实行对外开放，不断发展对外贸易和经济技术交流与合作，是增强我国自力更生能力，促进社会主义现代化建设持续稳定发展的重大战略决策。十年规划和“八五”计划把推进对外开放作为一个重要内容，要求把对外贸易、利用外资、引进技术和智力等方面的工作提高到一个新的水平。经过十多年的努力，我国对外开放已经全面铺开，基本格局已经形成。今后扩大对外贸易和经济技术交流，是要在保持数量稳步增长的同时，更加注重质量和效益的提高，使之更好地为改善经济结构、提高经济素质和效益服务。在增加出口创汇的同时，保持适度的进口规模。继续积极稳妥地利用外资，进一步完善法律法规，改善投资环境，欢迎更多的外商到中国投资。要继续充分发挥沿海地区在对外开放中的优势，发展外向型经济；同时，准备选择一些内陆边境城市和地区作为对外开放的窗口，促进这些地区的对外贸易和经济技术交流。

根据社会主义有计划商品经济发展的要求，并总结长期以来计划工作的经验，这次编制的十年规划和“八五”计划，除了确定一些重要指标和建设项目外，重点放在规定经济和社会发展的方向、任务、政策以及改革开放的总体部署上，比较详细和具体的安排将在年度计划中制定。这样做，有利于提高计划工作的科学性和有效性，更好地指导国民经济持续稳定协调地向前发展。

# 大力支持浦东和以浦东为龙头的长江三角洲的开发和开放*

（1992年4月21日）

这次国家计委调研组来上海，主要是了解上海市对加快浦东开发开放的设想，同时了解如何以浦东为龙头，加快长江三角洲地区经济发展和改革开放的步伐。国家计委还派了另外四个调研组，到广东研究珠江三角洲，到山东、河北、天津、大连研究环渤海区，到西南、华南地区研究西南几省利用云南、广西和湛江、海南这样一些沿边口岸和海港的有利条件进行联合开发，到黑龙江、内蒙、新疆研究北部沿边省区加快改革开放和发展的设想。在上述调研的基础上，国家计委将进一步研究全国的经济规划和调整结构与区域布局的思路和设想，并对这几个地区内的发展进行一些协调和服务的工作。

到上海市以后，听取了上海市计委关于90年代进一步扩大改革开放若干问题以及浦东新区十年规划和“八五”计划纲要的情况汇报，并到实地看了浦东新区开发的进展情况，到金山石化总厂、宝山钢铁总厂听取了他们今后发展的规划设想，到上海证券交易所参观和听取了上海证券市场的

* 在上海浦东开发座谈会上的讲话。

情况介绍。

在听取上海市情况介绍的同时，还请来江苏、浙江两省计委同志，听取了他们如何配合和参与浦东开发，通过浦东开发把长江三角洲的经济带动起来，达到优势互补、共同发展目的的一些设想。

经过了解情况和实地考察，我们有这样一些认识。

**一、我国的对外开放，总体局势是由南向北推进和由东向西推进的**

80年代走在前面的是毗临港澳的深圳、广州乃至整个珠江三角洲，这一地区的改革开放对全国起了示范的作用。90年代，在继续加快这一地区发展的同时，浦东将成为我国开发开放的重点。上海经济基础雄厚，技术力量强，辐射面宽，开发浦东、振兴上海可以带动长江三角洲的进一步开发开放，以及加速发展。长江三角洲的发展将对我国现代化的进程起重大的甚至决定性的作用。环渤海湾地区的经济发展也会加快。这就是上海所说的沿海“五东”齐发，从广东、闽东一直到浦东、山东和辽东。在20世纪内成大气候的，是浦东以及浦东为龙头的长江三角洲。随着沿海的开发开放，其效益将逐步由东向西推移，即由广东、广西通过南昆线向西南几省推移，由长江三角洲向长江沿江地带推移，沿第二大陆桥从东向西推移。东部地区将以高新技术产业和技术密集产业发展为基础，从海外进口资源让出一部分传统产业，使中部地区的资源得以开发和利用，并使传统产业得到一个大的发展，使东、中、西部地区经济的发展形成一个良性循环。

听了浦东和上海今后十年改革开放和发展的设想，使我们受到很大启发。这些设想既有雄心壮志，又从实际出发，稳步推进。浦东规划体现了起点要高，既有远期目标，也有近期的要求。对指导方针、发展布局、基础设施建设、投资结构与资金平衡都有很好的设想。虽然这些还都是初步的，可能还要不断补充完善，但大的思路是有了。建设一个什么样的浦东，重新塑造一个什么样的上海，这是一个大课题。二十年后上海将走向国际化，要研究国内大背景，也要研究国际大背景。它的认识不是一步能够完成的，需要继续开一些研讨会，而且要开一些国际性的讨论会，把视野拓宽，使规划更加切合实际。

上海开发浦东，是从全局出发的。上海同长江三角洲的发展提出“四共”方针，即共同协商，共同建设，共享利益，共同繁荣。江苏、浙江也提出了积极参加浦东开发的方针。江苏的提法是：“政策接轨，参与开发，分层推进，统筹规划”，以浦东为龙头，以南通、张家港、镇江、南京四大港口群体为支撑点，构成苏、锡、常、宁、镇、扬对外开放的长江工业走廊。浙江的提法是：“积极呼应，主动配合，优势互补，共同发展”，进一步以北仑港为支撑点，搞好宁波、温州两个沿海开放城市和杭、嘉、湖、绍、舟等开放地区，通过沪杭甬高速公路，实现“两港连线（浦东和宁波）”，沿线定点，以点带面，连片开发。这样，上海浦东为头，南北两翼都具备了。江苏、浙江两省的设想，希望上海市进一步参酌。这里确有一个共同协商、共同建设、统筹规划、优势互补、分层推进、共同繁荣的问题。长江三角洲应当是一个整体，江苏、浙江有了的，上海就不一定再去单独建设；上海浦东有了的，江苏、浙江就不一定再重新去搞。浦东一定要树立大浦东的思想，上海也一定要形成大上海的思想。

## 二、必须把转变增长方式摆在重要的地位

80年代工业上一个新台阶，在一定意义上说，是以解决人民吃穿用的轻工业和家电工业带头的，当时的约束主要是资源约束。90年代有一个很大的不同，即除了资源约束之外，市场约束日益突出。因此，90年代上新台阶，必须从国内和国际市场的需求出发，不单纯在数量上，更重要的是在质量上、在技术水平上上一个新台阶，把增长方式从大量消耗资源的粗放型增长转到以技术进步、结构转换为中心的集约型增长。不然，经济就增长不上去，增长上去了也不能持久。速度定多高，要看结构转换和技术水平提高的进程，看产品适应国际国内市场的拓宽程度，从产供销转到销、供、产。上海提出“稳定提高第一产业，积极调整第二产业，大力发展第三产业”，并与之相适应地提出了一些产业的内容，思路都是很好的。

## 三、改革、开放、发展三位一体。要从改革开放中找出路

我们必须从改革开放中寻找经济发展的动力，解决前进中遇到的资金、资源、市场等等问题。上海讲得很好，解决资金问题有三条路：一靠自己有多少钱搞多少建设；二是借钱搞建设；三是利用外资少借外债、利用内资少借内债。第三条思路是一个好的思路。我们的思想要解放，敢于试点。要及时总结新经验，制定章程，然后推广。

## 四、尽量满足上海、浦东提出的要求

1. 浦东开发，政策都给了，要用足用好。

2. 需要国家计委办的事，来一件办一件，不积压，不拖延。条件具备的马上办；条件不具备的，帮助创造条件。具体说，符合产业政策，资金属实的，没有笼子给笼子。需要进行工程评估的，中国国际工程咨询公司可以派常驻小组，及时沟通。经评估后要立项、批可研的，尽量提高办事效率，缩短审批时间。需要国家计委出面协调的，计委积极协调。

# 加强宏观调控，抑制通货膨胀*

（1993年6月8日）

## 一、当前我国通货膨胀已经明显暴露，中央决策机关对此应做出明确的判断和采取有力的措施

据有关部门提供的材料，1992年增发货币1158亿元，比上年增长36.4%，险象已经出现。每年春节后应当是货币回笼，去年到5月31日止净回笼66亿元，今年同期却净投放468亿元。今年5月末，市场货币流通量比去年同期增长54.4%，说明通货膨胀的速度在加快。

票子多了多少，不容易算清，但可以从物价上涨幅度中反映出来。今年1至4月，全国零售物价指数比去年同期上涨9.6%，其中3月和4月都超过10%；居民生活费价格指数比去年同期上升11.5%，其中35个大中城市为16%。4月份，农村零售物价指数上升幅度超过城市。许多居民尤其是机关干部、离退休人员对市场物价大幅度上涨已感到难以承受，反应比较强烈。

生产资料价格上涨幅度更明显地高于零售物价上涨幅度。今年以来，重要原材料和燃料的供应价格，在去年较高水平

---

* 为全国政协经济委员会起草的向中央、国务院的建议。

的基础上进一步上扬。1至4月，生产资料价格指数比去年同期上升40.8%。这说明整个固定资产投资规模过大。生产资料价格的上涨，也推动了消费品价格的上涨。

财政支大于收，增加了向银行的借款，也给通货膨胀火上加油。

通货膨胀，使人民币的信誉极大地下降。这对改革开放和经济的正常增长带来极为不利的影响，消极作用很大。现在问题已经很明显，不能再犹豫观望。

整个经济增长速度是否过快，投资规模是否过大，货币供应量是否过多，这不是局部能够判断清楚的问题，而是必须从全局上、宏观上作出正确的判断。就一个局部、一个地区来说，有大量的事情要办，只要银行给贷款，只要允许发更多的债券、股票，就可以上更多的项目，把经济搞得更快。省市之间相互攀比，谁都怕吃亏。这种心理和认识，很难说他不对。但就全局来说，就要从宏观上作出判断，能不能供应那么多的票子、支持那么大的建设规模，而不能受地方认识和要求的干扰。全局把握不好，出了问题，很难要地方承担责任。中央该做出决断的就要做出决断，拿出宏观调控方案，以此去统一全国的认识，指导全国的行动。大家都要以稳定宏观形势为重。

我们支持中共中央、国务院抓紧时机，采取有力措施。主要是采取经济手段、法律手段以及必要的行政手段，抑制物价大幅度上涨，防止严重通货膨胀。国务院已经发了一些文件，还需要采取进一步的措施。关键是抓住6、7、8、9这四个月。这四个月措施得力，今年第四季度和明年就会松动一些。如果这四个月措施不得力，就会贻误时机，到第四季度想采取措施也来不及了，严重通货膨胀就难以避免。一旦出现这种情况，宏观经济环境就会进一步趋紧，不仅经济会被迫大下，而且改革的深化也将遇到很大困难。能否避免出现严重的通货膨胀，目前正是关键时刻。

## 二、抑制通货膨胀，必须整顿金融秩序，严格财经纪律

今年以来，全社会固定资产投资增长很快，出现膨胀的趋势。但是计划内项目、国家重点建设项目的资金远远没有到位。

有两件事情，支持了计划外一般项目和房地产投资的大膨胀，导致了货币供应量的失控。第一，银行之间相互拆借，或者一些单位通过财政担保向银行拆借，绕过银行贷款规模搞投资。第二，银行通过自己所设立的信托部、信托投资公司、房地产公司和其他经济实体，以高利率把大量的资金投入房地产、股票和一般加工工业。

上述这些做法，其危害是严重的。一是银行控制贷款总规模这个有效手段被冲掉了，大量资金转为体外循环，使固定资产投资更加失去控制。二是大量资金流向一般项目，重点项目所需资金保证不了，投资结构不合理的状况进一步加剧。三是在社会集资、股票等高利率、高回报率的诱惑下，相当一部分居民不愿意把钱存到银行，造成银行储蓄存款增长速度下降，减少了银行的资金来源。四是许多地方的银行备付金率下降，支付发生困难。五是拆借出去的钱不能按期收回，银行只能靠增发票子来应付正常的贷款需要。

如果不是上述这些情况，就很难解释为什么票子发了那么多，而资金还那么紧张，许多银行支付那么困难。

建议国务院和中国人民银行采取坚决果断的措施，进一步整顿金融秩序，严格财经纪律。这样做，可以有效地抑制

通货膨胀，可以对房地产热、开发区热、股票热起到釜底抽薪的作用，有利于保证银行的正常支付，保证经济效益好、产品有市场的大中型企业流动资金的需要和重点建设项目贷款的需要。财税管理要加强，财政秩序的整顿也要认真地进行。

只有控制住金融，控制住通货膨胀，才能保证改革和建设有序地进行，使我们真正达到抓住机遇、加快发展的目的。

## 三、稳住和扩大居民储蓄，在我国现阶段有极为重要的意义

目前，我国的金融结构，是以间接金融为主。在国营企业流动资金中，银行贷款占70%以上。银行资金的主要来源是城乡居民储蓄，在银行存款中居民储蓄占50%以上。可以说，居民储蓄是推动经济高速增长的重要力量。

一般城乡居民、机关干部，没有机会也不善于经营房地产或买卖股票，他们只能把钱存到银行。银行必须善于保护这些储户，保证他们的利益不受损害。今年以来，居民储蓄存款增幅下降，有直接融资与银行争资金的一面，也有银行本身工作的缺陷。今年3月开始实施的新的储蓄管理条例，就影响了居民储蓄的积极性。新的条例规定，定期储蓄提前支取，一律按活期储蓄利率计息；定期储蓄逾期部分，按支取日的活期储蓄利率计息；定期储蓄在存期内遇到利率调整，不再实行分段计息。这些做法，并不完全符合中国国情。再加上目前的储蓄利率已低于物价上涨幅度，因此造成了储蓄存款增幅的下降。

为了稳住和扩大城乡居民储蓄，把居民手中的现金更多地吸引到银行里来，除了对股票、债券进行规范化和加强管

理以外，建议：

1. 储蓄管理条例是否再做些修改。

2. 目前出台的提高利率措施力度不够，可以考虑根据物价的走势，必要时恢复保值储蓄。

在吸引居民储蓄的工作上，要造一点声势。现在居民手存现金较多，许多人在观望。工作做得好，多增加几百亿元储蓄是完全可能的。这样，就可以增加银行资金来源，少发票子。

## 四、解决经济中存在的问题，根本出路在于深化体制改革

有两大问题必须解决：

1. 搞社会主义市场经济，就要让市场在资源配置中发挥基础性作用，逐步使企业成为竞争性行业投资的主体。现在很多项目的上马都是政府行为，既没有约束机制，也没有风险机制。

2. 在市场经济的条件下，政府必须建立起有效的宏观调控体系，现在这个体系还远远没有建立起来。

建议中共中央、国务院在研究社会主义市场经济体制的总体框架中，重点研究解决好这两个问题，在金融、财政、投资体制上动一点大手术。

# "九五"计划必须实行增长方式转变和经济体制转变*

（1995年6月7日）

制定"九五"计划和2010年远景目标有着极为重要的意义。从历史发展阶段来看，这15年应当分成两个时期，即前5年和后10年。前五年经济的发展，既要考虑为后10年打好基础，更要考虑有效地解决当前经济生活中存在的问题，而解决好这些问题也是为长远发展打下好的基础。对后10年经济的发展，可以看得远一些，但最终取决于前5年搞得好坏。因此，制定好"九五"计划更为关键。

下面，仅对"九五"计划的思路提出一些看法和建议。

## 一、1991年到1995年，我们的经济发展实现了一个跳跃，上了一个新台阶

"八五"期间，经济增长率年均将达到11%以上，国民生产总值将提前五年实现翻两番的目标。钢产量，1990年为6635万吨，1995年计划为9600万吨，5年间增加3000万吨。发电量，1990年为6212亿千瓦时，1995年计划为9900亿千瓦时，5年间增加3700亿千瓦时。5年内建成了一批重大的

* 为全国政协经济委员会起草的向中央、国务院的建议。

现代化的工程项目。对外贸易有了成倍的增长，外汇储备大幅度增加。科学技术领域取得了不少新的成果。中国已经成为国际投资的热点，在国际上的地位日益提高。这些成绩是举世瞩目的。

**二、在经济的高速增长中出现了一些问题，需要高度重视并急待加以解决**

1. 建设规模过大，摊子铺得过多过散，导致严重通货膨胀和投资的严重浪费。

1991 年到 1994 年，国有单位固定资产投资从 1990 年的 2918 亿元增加到 1. 13 多万亿元，4 年间增长 2. 89 倍；如果按照 1995 年计划投资 1. 16 万亿元计算，则 5 年间投资增长 3 倍（扣除价格因素增长 1 倍多）。

为了维持这样大的投资规模，银行不得不多发票子。1991 年到 1994 年平均每年增发 1160 亿元，使货币流通量从 1990 年的 2644 亿元增加到 1994 年的 7289 亿元，4 年间增长 1. 76 倍。如果按照 1995 年计划货币流通量 8789 亿元计算，则 5 年间增长 2. 3 倍。这成为物价大幅度上涨的重要原因。投资规模与物价上涨互相推动，但首先是投资规模过大推动物价上涨。

与之相反，固定资产交付使用率则呈逐年下降趋势，1990 年为 82. 5%，1994 年下降为 58. 4%。许多新建成的企业，由于缺乏铺底流动资金而不能正常生产。大量的投资拖欠款，成为严重的三角债的重要成因。这说明，尽管投资有了令人吃惊的大幅度上升，还远远满足不了已经铺开的建设摊子的需要。大量资金在那里沉淀了，投资效益之差可想而知。

"八五"期间的国有固定资产投资，除已完成的外，预计结转到"九五"的剩余工作量有2.5万亿元，加上超概算因素，可能要超过3.5万亿元。

截止到1995年初的统计，已批准立项和批准可行性研究报告，要求在"九五"期间开工的基本建设大中型项目550个，投资总规模超过1万亿元。

1993年下半年实行的宏观调控有成效，但没有从根本上解决固定资产投资大干快上的倾向。1994年在连续两年国有固定资产投资增长45%的基础上，又增长了48%。1995年1至4月，全国新开工的国有单位投资项目8325个，其投资规模比上年同期增长53.5%。现在各部门、各地区都在考虑"九五"计划，投资的期望值超过10万亿元。

这样搞下去，永远无法缓解经济的全面紧张状态，永远无法摆脱严重通货膨胀的困境。

由于固定资产投资过于分散，地区间竞相攀比，大量地搞低水平的重复建设，不少产品超过市场需求，有些项目建成了即陷入停产，或者投产后即亏损，使大量投资浪费了。由于投资分散，在全国形不成拳头，形不成现代化的规模经济，也造成投资效益下降。这样搞法，我们难以进入现代化的工业强国行列。

据统计，国有经济占用的固定资产投资和银行流动资金贷款占全国的70%，而新增加的国民生产总值只占全国的20%。增加1元的国民生产总值的产出，要付出2元甚至更多的投入。这说明，我们经济的增长速度是靠过高的投入支撑的。投入的太多，而产出的太少。

2. 重视新建，忽视原有企业更新改造，致使大量原有企业技术落后，设备陈旧，产品质量低，物质消耗高，经济效益低下，生产处于困境。

在“八五”期间国有固定资产投资总额中，更新改造所占比重，1990年为28%，1994年为25%，呈下降趋势。而在这些更新改造投资中，有相当一部分又是搞了名为改造实为新建的工程。这同我们已经宣布的方针背道而驰。

“八五”期间，我国许多工业产品数量增长很快，但质量上进步不大，有的甚至下滑。1994年我国产钢9153万吨，堪称钢铁大国，但优质钢比、合金钢比、板管比并没有比1985年有多大变化。在质量上同世界上发达国家的水平相比差得很远。在全部钢材产量中，达到世界主要产钢国同类产品实物质量的只占14%，不少关键性的钢材品种还依赖于进口。1993年进口机电产品495亿美元，相当于国内市场的32%，其中金属切削、锻压机床占国内市场的56%。我国生产的动力煤，灰分为28%，入洗率只有6%，入洗后的灰分还有18%－20%，而工业发达国家动力煤一般全部入洗，入洗后的灰分为10%－15%。

物质消耗太高，资源远没有得到充分利用。目前，我国能源利用率仅为30%，世界发达国家一般为40%－50%。火电、水泥、合成氨和钢等主要耗能产品的单位能耗比国外先进水平高出30%－80%。

由于片面追求新建，致使大批老企业欠账。首先是技术改造欠账，其次是铺底流动资金欠账，再是社会保障基金欠账，包袱沉重，难以保持青春活力。许多新建企业，也由于缺乏资本金和铺底流动资金，投产后处于困难重重的境地。大量企业经营亏损，发不出工资的企业越来越多。原有企业的资金处于这种状态，怎么能有力量去支持那么多的新建项目呢？

3. 工业和其他产业投资增长过快，农业投资总量虽然有所增加，但比重逐年下降。农业基建投资在全国国有基建投资中的比重，1991年占4%，1994年下降为2.5%。农业投入不足，是造成农业基础脆弱的原因之一。1994年物价大幅度上涨，在很大程度上是由于粮食减产，棉花、油料、食糖供应不足。重工轻农的结果，造成农业增长缓慢，农村购买力水平下降，反过来又使大量工业品滞销，企业开工不足，使工业经济持续发展失去有力支撑。

4. 科技教育投入不足。“研究与开发”投入占国民生产总值的比重，1991年到1994年由0.7%下降为0.5%。

5. 国家财政收入增长缓慢，占国民生产总值的比重逐年下降。1991年到1994年，国家财政收入增长76.4%，远远低于按现价计算的国民生产总值的增长速度。财政收入占国民生产总值的比重，1990年为16.6%，1994年降为11.8%。国家财政支出则增长很快，以致国家财政负债累累，捉襟见肘。

6. 由于通货膨胀严重，相当数量的城乡居民收入增长不多，有的甚至下降，居民间的收入差距扩大了。1991年到1995年间，零售物价大约上涨71.8%。这是居民难以忍受的。

上述这些问题说明，我们走的依然是粗放经营的路子，以外延扩大再生产为主，盲目铺新摊子，从而导致了通货膨胀、农业滞后、国有企业不活和社会的不安定。而这又同我们没有摆脱传统的体制有关。投资扩张的主要推动者依然是各级政府，企业没有真正成为基本的投资主体和积累主体，投资的约束机制和风险机制没有真正建立起来。在大量的企业中，现代化的企业制度没有建立起来，管理严重落后，企业的经营管理者和劳动者的素质差。许多要素市场还不发育，市场调节的力量弱；宏观调控的政策又不够有力，在许多方面失去了控制。粗放经营和政企不分的老路不能再走，也走不下去了。

## 三、对“九五”计划指导思想的几点建议

一切从实际出发，按客观经济规律办事，这是制定长期规划的基本原则。

当前各方面的经济关系绷得很紧，应当努力创造一个比较宽松、协调有序的环境。这是广大干部和人民群众的要求。“九五”计划应当适应这个要求。

具体建议是：

1. “九五”计划的主要任务，应当是有效地解决当前经济生活中存在的问题，而不使问题拖延下去，越拖越重，从而以健康的经济状态跨入21世纪。

具体目标是：

——实现经济的健康、稳定和持续的增长，即低通货膨胀状态下的增长、可持续的增长；

——居民生活基本上达到小康水平，特别是使低收入居民生活得到保障；

——重视社会的发展和社会的安定；

——政企分开，使企业真正成为自主经营、自负盈亏、自我发展、自我约束的经济实体。

——积极参加国际分工，分享国际分工的果实。

2. 认认真真地转变经济的增长方式，把提高质量、效益和整体素质作为首要的追求目标，积极推进科技进步和产业结构升级，靠内涵效益来提高增长速度，靠内涵效益的积累来扩大再生产。转变经济增长方式，党的十三大、十四大都明确提了出来，现在到了认真实行的时候了。而越往后看，实行这一转变越显得至关重要。“九五”不应当再去追求增加多少钢的名义数量，再增加多少煤炭的名义数量，而是要在

提高质量上下功夫，在增加品种上下功夫，在节约资源上下功夫。只生产大路货，关键的东西自己不能生产，长期靠进口，是实现不了现代化的。要加快科技发展，积极把科技成果转化为生产力。

3. 规定适度的经济增长率，能够提供有效供给的增长率，主要靠提高劳动效率、降低物质消耗和发挥现有固定资产存量的作用，而不是靠过多投入的增长率。如果“九五”期间能够达到讲质量、讲效益的7－8%的增长速度，90年代平均增长速度有可能仍在9%以上，超过党的十四大所要求的90年代平均每年增长8%－9%的速度。

4. 通货膨胀率低于上述经济增长率。

5. 固定资产投资率不超过30%。“六五”是25%，支持了年均10.2%的增长率；“七五”是29%，支持了年均7.8%的增长率。在整个投资中，根据“以农业为基础”和“科教兴国”的原则，提高农业、科技教育投资的比重，降低工业和其他产业投资的比重。在工业投资中，重点用于现有企业的更新改造、充实提高，特别是老工业基地的改造和提高。能不搞新建就不搞新的。只有严格控制新的，才能有力量去改造老的。“九五”的最大危险，是再铺一大批新摊子，造成老的搞不活，新的也搞不下去，自己把自己拖入陷阱。

“九五”把农业搞上去，把科教搞上去，把原有国有企业搞活，就是了不起的成绩。这当然不能单纯靠增加投资，还要采取多方面的措施。

6. 根据规模效益的原则调整资产存量，对现有企业进行改组、改造、改革并与加强管理相结合。不是所有企业都要改造，有的要兼并，有的要破产。

7. 所有建设项目都必须明确投资主体。新建的生产性项目和在建的生产性项目，都要配备和补充必要的资本金、铺底流动资金，并按合理工期使资金到位。这要作为一条铁的原则。否则，不能建设。贷款要按期偿还，不能偿还的要追究责任。

8. 居民收入水平有所提高，但不宜也不可能提得太多，重点解决分配不公和扶贫的问题。维持简单再生产，使工人和公务员的工资能按月发出，这是起码的要求。

9. 地区经济的发展，一定要从实际出发，发挥本地区的优势，并在地区间实行优势互补。积极支持少数民族地区经济的发展。

10. 逐年提高财政收入占国民生产总值的比重，提高中央财政收入占全部财政收入的比重。严格控制财政支出，减少财政赤字。

11. 打破经济的条块分割，建立国内统一市场。

12. 积极推进经济体制改革，加快步伐，实行政企分开。在此基础上，划清中央与地方的事权，该分散的分散，该集中的就要集中。中央要有权威。

13. 重视社会发展，提高全民族的科学文化素质，培养跨世纪人才。

14. 继续地更好地实行对外开放政策。审慎地处理引进外资的范围和引进外资的“度”。

15. 按市场经济规律和新的增长方式，转变计划思想和改进计划方法。

16. 对一些重大方针，如增长方式，要展开讨论，统一思想。不能说归说，做归做。

17. 好好总结一下我们的自己的经验，也认真借鉴一下国外的好经验。

# 制定计划要先研究思路*

（1995 年 6 月 20 日）

1. 制定计划，首先要研究思路，研究方针政策，然后再去定计划指标。有了好的思路，才能有好的计划。这已为过去长期经验所证明。现在，注意了计划思路的讨论，注意了指导方针和政策的研究，是一个好现象。

要思想挂帅，不要指标挂帅。这是制定“九五”计划要遵循的科学的计划方法。

2. 毛主席讲过三句话：情况明，决心大，方法对。首先是情况明。情况明了，就要下决心。当然，要讲究方法。

陈云同志讲过，一切从实际出发。从实际出发，就要把实际看完全，把情况弄清楚。只要弄清了情况，不难决定政策。我们应该用 90% 以上的时间去弄清情况，用不到 10% 的时间来决定政策。这样决定的政策，才有基础。

现在，不能说情况已经很清楚了，已经把全面情况弄清楚了。弄清全面情况，对于制定“九五”计划，依然至关重要。

3. 不要怕揭露矛盾。经济生活中存在那样大量的问题，不认真分析怎么行。矛盾是客观存在的，只有揭露矛盾，才能找到解决矛盾的方法，才能继续前进。矛盾揭露得不够，

* 在计委老同志“九五”计划座谈会上的发言。

认识不清，可能要出大问题。

当前经济生活中的主要矛盾、主要问题是什么？

（1）通货膨胀率太高，人民受不了，经济受不了。

（2）建设规模太大、太分散，“八五”承受不了，“九五”也难以消化。

（3）农业基础脆弱，农民种粮的积极性不高，增产难度很大。

（4）工业问题成堆，质量下滑，效益低下，相当多的企业难以为继。

（5）财政金融处于危机状态。

（6）社会分配不公，社会不安定。

这些问题，相互联系、相互推动。主要是工业和城市建设的摊子铺大了。

深层次的原因是什么？一个是增长方式，沿袭传统的模式，以外延为主，粗放经营，盲目铺新摊子，追求数量，不顾质量和效益。二是体制上的原因，沿袭传统的模式，政企不分，以政代企。投资扩张的主要推动者是各级政府，企业没有成为基本的投资主体和积累主体。政府定项目，然后找资金，找不到就到处挤，几乎每个项目都遗留下一堆问题。

转变经济增长方式不是新提出来的，党的十三大、十四大就提出来了，甚至十二大就提出“把全部经济工作转到以提高经济效益为中心的轨道上来”。为什么贯彻不下去，很值得总结一下。

4. 不要怕调整、整顿、治理。经济中这么多的问题，不调整行不行？不治理整顿行不行？显然不行。

“九五”计划应当带有调整的性质。速度不能太高，8% -9%高了，7% -8%就不错。关键是真正做到讲质量、讲效益。7% -8%的速度不违反十四大的要求。十四大要求，

90年代实现8%－9%，前五年已经达到11%，后五年实现7%，十年平均起来还是9%。

通货膨胀率要有明显下降。7%－8%高了，应当降到5%－6%。

投资率不超过30%。“六五”投资率25%，保了10.2%的经济增长率；“七五”投资率29%，保了7.8%的经济增长率。不是投资率高，投资效益就好。事实是：投资率越高，固定资产交付使用率越差。

投资的分配顺序，第一是农业，第二是科技教育，第三是工业。工业主要是搞改组、改造、改革与改善管理相结合。真正转变增长方式，把质量、效益摆在第一位。

为什么不要怕调整？历史上的经验，下决心调整，两三年就过来了。调整、治理当然要付出一些代价。但通货膨胀不治理，要付出更大的代价。

改变增长方式和改变传统的政企不分的经济体制，不是作一个决定就能解决了的，要通过认真的讨论，统一上上下下的思想。思想统一了，才能有统一的行动。现在思想极不统一，各有各的打算。这个问题不解决，即使中央通过了，仍将流于空谈。

# 把宏观经济管理研究引向深入*

(1995 年 12 月 14 日)

我同意王春正副会长代表宏观经济学会第二届理事会所作的工作报告。完全同意陈锦华主任所作的重要讲话，同意马洪、安志文顾问和柳随年、桂世镛副会长的发言。

正如王春正副会长在工作报告中所说的，学会几年来做了一些工作，取得了一定的成绩，但同形势的要求和我们可能发挥的潜力相比，还做得很不够，今后需作更大的努力。现在新一届理事会已经产生，我们的任务就是更好地组织起来，把宏观经济管理研究引向深入。

这次会议提出的今后三个方面的重点选题，我认为很重要，应当组织力量深入攻关。

## 一、深入研究转变经济体制和转变经济增长方式中的问题

实行“两个转变”，是党的十四届五中全会作出的具有历史意义的战略决策。我们要深刻认识这两个转变的必要性和紧迫性，也要认识这两个转变的复杂性、艰巨性和长期性。

---

* 在中国宏观经济学会第三次代表大会上的讲话。

实行“两个转变”，首先必须在思想观念上有一个大的转变。不求一步到位，但要有所触动。多少年来习惯于粗放经营，片面追求上数量和上新项目；习惯于以政代企，而且决策者不承担责任和风险。这已经形成了一种传统观念，形成了一种习惯势力，可以说是根深蒂固。把这种思想观念和习惯势力转变过来，把思想打通，并不是一件容易的事情。在抽象的原则上通了，遇到了具体问题就可能不通。在这些问题上通了，在另外一些问题上就可能不通。战役、战术上的部署常常和战略上的部署相矛盾，小道理往往占据了大道理的上风，说明树立正确的观念并把这一观念一以贯之的艰巨性。回想起来，从1982年党的十二大到1992年党的十四大都提出过经济工作的重心转移到讲求经济效益的轨道上和经济增长方式转换的要求。其所以没有见效，甚至背道而驰，头一条就是因为缺乏深入细致的思想工作和教育工作，没有触动思想。口号变了，但思想观念没有真正转变过来。这次要转得好，必须认真联系实际，总结经验，真正从思想深处认识到粗放经营和政企不分的弊端，认识到“两个转变”的必要性，并且在制订“九五”计划和2010年远景目标时，重新审查原来的一套设想，重新考虑各方面的建设部署。

五中全会以后，各个地区都在传达学习和贯彻落实五中全会精神。许多地区提出了2000年比1980年“翻三番”和建成“经济强省”的口号。这当然很鼓舞人。但是，靠什么“翻三番”和建成“经济强省”，以内涵集约为主，还是以外延粗放为主，“强省”的标准是什么？这就很值得推敲。不少地区依然寄希望于“加大投资力度”、“扩大开发建设步伐”，这就同五中全会精神不相符合。思想观念不转变，“两个转变”就实现不了。这要靠各个方面的努力。宏观经济管理研究工作者，要深刻领会中央的精神，在转变社会的思想观念上发挥自己的力量。

无论是转变经济增长方式还是转变经济体制，重点都是国有经济。国有经济可以说是问题成堆。实行两个转变，除了转变思想观念之外，还有大量的实际问题和难题需要解决。具体的政策措施跟不上，实际问题解决不了，转变也只能流于空谈。比如国有企业的结构问题，包括改组、改造、改革的任务早已经提出来了，但怎么样改组、改造就是一个大问题。上十万个国有企业，分割为几十个行业、几十个地区，改组、改造的规划也就是结构优化的规划由谁来做，企业自己做，以地区为主来做，以行业为主来做，还是以宏观经济管理部门牵头来做，都有难处。当然，应当分层次来做，谁也包揽不了。但是，在当前条块分割的情况下，又不能听任各搞各的，需要冲破条条块块的限制，提出全国产业结构和企业组织结构调整和改组的目标与框架，用以指导地区和企业的改组、改造，使企业、地区规划与全国的规划相互协调。只有这样，才能实现社会资源的合理配置。全国重点抓一千家大企业，是个好的思路。但怎样抓法，有很大的文章，而这并不能代替宏观的结构改组规划。过去长期规划中，薄弱的环节是地区规划，以省为单位各搞各的，齐头并进，造成大量的低水平的重复生产和重复建设。要研究出解决这一问题的办法。再一个难点是国有经济欠账太多，现有企业的资本金和铺底流动资金欠账，技术改造资金欠账，社会保障基金欠账，相互拖欠严重，而国家财政又处于十分困难的境地，通货膨胀率仍然很高，这又加大了结构改组和改造的困难。处理好这些关系，提出结构改组、改造的好的思路和建议，为企业改革创造好的宏观环境，并进而构筑新的适应两个转变的宏观政策体系，十分重要。

## 二、深入研究国民收入分配格局和理顺分配关系问题

当前国民经济中一个严重现象，就是国民收入分配过分向个人倾斜，而且倾斜度越来越大。据对1994年统计资料的初步分析，在国内生产总值中，国家所得只占11%左右，企业所得占19%左右，个人所得占70%。而在当年新增的国内生产总值中，国家所得不到8%，企业所得不到16%，个人所得占76%以上。带来的问题是：

（1）国家财政收入占国内生产总值的比重逐年下降，1978年占31.2%，1985年占20.8%，1990年占16.6%，1993年占13%，1994年占11.8%。这造成国家财政拮据，入不抵出，靠举债过日子，严重地削弱国家的宏观调控能力。

（2）企业成本提高，留利减少，甚至发生严重亏损，不得不负债经营，难以为继。

（3）银行信贷资金质量下降，风险加大（存款要付以高息，贷款又收不回来）。

（4）加剧了通货膨胀。

（5）收入分配严重不公，助长贫富悬殊，增加社会不安定的因素。国民收入分配中有很多问题现在还弄不清楚，而这个问题又事关重大，不能不引起宏观经济研究工作者的注意。

## 三、宏观经济形势的跟踪分析

许多长远问题我们研究分析得不透，当前经济中有很多问题也并没有研究透。我们为每年经济增长10%而高兴，但也为经济中已经暴露的和潜藏着的诸多问题而困扰。追求上

新项目的倾向仍然强劲。“所有建设项目都必须确保应有的资本金包括铺底流动资金，打足投资，不留缺口”的决定已经作出，能否贯彻落实，仍然不能令人放心。这一条落实不了，等于继续建一批建成后无法投产或者投产即亏损的企业，或者建成了一些新企业又挤垮了一批老企业，使国民经济的包袱越来越重。这几年宏观调控有很大成绩，证明宏观调控是可以有所作为的。但是国民经济运行中漏洞很多，宏观调控体系还没有建立起来，经济增长还有很多不确定和不稳定的因素，加强宏观经济形势的跟踪分析和宏观监测，有很重要的意义。

上面讲了三方面的研究课题，当然不限于这三个课题。例如，财政金融问题可以单独作为一个课题来研究，搞不好，要出大问题。研究这些问题，靠少数人不行，要组织更多的研究力量，并与经济学界人士一道，进行研究和探索。经济学界也应当提倡联合，联合出优势。

邓小平同志建设有中国特色的社会主义理论，应当成为我们宏观经济研究的指导思想。建立社会主义市场经济体制，需要熟悉和借鉴西方经济学的研究成果，但绝不能盲目照抄照搬，特别要警惕西方新自由主义经济思潮的传播和影响。我们应当提高鉴别力，走建设有中国特色的社会主义之路。

# 对各省区市实行“两个转变”的动态分析*

（1996 年 1 月 4 日）

全国政协经济委员会于 1995 年 12 月 19 日至 21 日在海口市召开了全国地方政协经济委员会第三次工作会议。参加会议的有各省、自治区、直辖市政协经济委员会负责人，有六位省、自治区政协副主席莅会。会议的主题是：贯彻中共十四届五中全会精神，更好地为实行“两个转变”献计献策。会议提倡联系实际，不尚空谈。大家畅所欲言，会议开得活跃、求实。现将会议讨论提出的主要问题、意见和建议综述如下。

## 一、各方面贯彻五中全会关于“两个转变”决策的动态分析

各方面传达学习和贯彻五中全会精神，总的说是认真的。从各地提出和准备提出的“九五”奋斗目标来年看，可以分为三种情况：

（1）思路清楚。总结了本地区过去的经验教训，重新审查了五中全会之前所制定的本地区的“九五”计划和 2010 年设想，确定了新的发展方针，调整了原定的目标，符合五中

* 全国地方政协经济委员会第三次工作会议综述。

全会的精神。

（2）思路有转变。对五中全会前制定的“九五”计划，速度略有调低，项目略有减少。

（3）还是老思路。五中全会后与五中全会前提出的“九五”计划目标没有什么改变，主要还是搞外延，追求上速度、上项目。已经实现了“翻两番”的地区提出要“翻三番”，甚至是“人均翻三番”，建成“经济大省”和“经济强省”，把一些省会市建成特大城市甚至国际城市；强调“跳跃式发展”、“赶超战略”；强调“加大投资力度”、“加快开发建设步伐”、“把资产增量扩张放到重要地位”，建成多少个大工程、大工业带、大工业区、大工业走廊。一个地区五年要求安排的投资总规模高的达几千亿元甚至上万亿元。许多县、市更热，依然是大干快上的架势。

各占多大比例，还说不清楚。因为是动态，可能会起变化。但从当前来看，第一种情况为数并不多。

## 二、对经济形势的认识

五中全会对全国经济形势作了全面的分析，有些地区能够正确认识，有的则对有利因素看得多，对不利因素看得少，对可能出现的问题缺乏思想准备。讨论中认为，应当提醒大家注意到以下一些情况：

（1）当前通货膨胀率仍在高位运行，抑制通货膨胀是“九五”宏观调控的首要任务，首先要把物价上涨率大大地降低下来。这就不能不继续采取适度从紧的财政政策和货币政策。对放松银根寄予过高的期望，将是不现实的。

（2）农业、特别是粮食增产任务艰巨，要花大的力气，加大水利和农田建设的投入，加大农业科技的投入。提高农业投资的比重，就要降低工业和其他产业投资的比重，这是不言自明的。要从口头上“千言万语讲农业”转到行动上“千方百计搞农业”。

(3) 国有企业困难的缓解要有一个过程。国有企业对增加技术改造资金、补充铺底流动资金、减轻债务和利率的要求将会越来越强烈。

(4) 社会事业的发展严重落后，欠账很多，危及到经济的发展。提高整个社会的素质，并且采取有力的措施发展社会事业，已经提到突出的位置。

(5) 由于企业状况不能很快改变，财政的困难将难以缓解，对增加财政支出不能寄予过高的期望。“地方采取赤字性的财政政策”将是危险的。

(6) 投资仍将保持一定的规模，但投资增长速度要大大低于“八五”，投资需求与资金供应不足的矛盾将更加尖锐。对增加投资，特别是增加工业投资期望值过高将会落空。中央已经确定，国家对中西部不发达地区的支持将会逐步增加，但“九五”能做到或努力做到的是缓解差距扩大的趋势，还难以缩小这个差距。这也应当从实际出发，实事求是。“加大投资力度”等等提法，都需要斟酌和慎重，因而依靠加大投资实现翻番的规划也需要重新审视。

(7) 国民收入分配过分向个人倾斜，加剧了国家财政拮据、企业成本升高、银行信贷资产质量下降。如果没有有力措施加以扭转，分配不公引起的社会矛盾将成为社会稳定的严重威胁。

(8) 严肃财经纪律，整顿经济秩序，势在必行。钻空子、违法乱纪将会受到社会抵制和法纪制裁。

(9) 经济体制、政治体制改革的推进，要同时考虑稳定目标的实现和社会矛盾的缓解。

(10) 国际市场的竞争将更趋激烈。由于政策的调整，进出口将会受到一定的制约。

(11) 人民群众对政府的信任，不是听再翻几番的豪言壮语，更多地要看对当前经济生活、社会生活以及党风政风中存在的重大问题的解决程度。

认真地分析并重视上述这些情况，符合五中全会的精神。五中全会提出到2000年“实现人均国民生产总值比1980年翻两番”，并不需要很高的速度就能达到，这是积极的，也是留有余地的。确定发展目标，一定要实事求是。全国的宏观调控目标一经确定，各级政府就必须也只能按这一目标行事，局部必须服务全局。依靠“两个转变”促进经济的增长，这是历史发展的必然。形势在发展，我们的认识必须跟上形势。

**三、实现“两个转变”，首要的是转变思想观念，特别是领导层的思想观念，这要做大量细致的、深入的思想教育工作**

转变思想的第一个难点是，多年来习惯于粗放经营，片面追求上数量和上新项目，习惯于以政代企，而且决策者不承担责任和风险，考核干部也主要看搞多少大项目、速度上去没上去。这已经成为一种传统观念和习惯势力。把这种思想观念和习惯势力转变过来，把思想打通，从粗放转向集约，并非易事。不能设想，中央决策一经作出，大家的思想就跟上来了。转变观念，要触动思想，用大量成功和失败的事实，剖析自己，教育干部。要把自己摆进去，要联系实际，总结经验教训。不这样做，那就像有的同志说的：“讲转变，中央讲了省里讲，省里讲了县里讲，最后不知谁来转。”大家都在期待国家“九五”计划能起一个好的引导作用。

转变思想的第二个难点是，有一些思想疙瘩没解开，都面临一些两难的选择。例如，明明知道财政困难，资金不足，但不多上些新项目，多上些新工业，又怕财政上不来，最后只好硬着头皮上。再如，经济比较发达的地区，要求更大发展，吸引更多的投资到本地区来建大项目；经济不发达地区强调自己地区基础差，"八五"投资比发达地区低，"九五"应当压发达地区的投资，增加自己地区的投资。地区间的投资当然要有所区别，但必须看到全国除部分省（区）外，"八五"的投资增幅都很大，很多地区都铺开了一个很大的摊子，难以收拾。"九五"期间把已经铺开的摊子建设好，把已形成的生产能力好好改组改造一下，就会出很大的潜力。新项目搞多了，未必就能真正增加财政收入。

转变思想还有一个难点，这就是要顶住社会舆论的压力、前后左右相互攀比的压力、政绩考核的压力。现在最重要的是不要再宣扬那些盲目上数量、上项目的典型，不再搞那些只讲数量不讲效益的评比和排名榜了。不要给中西部地区的党政领导施加再多的压力，也不要作更多的不切实际的承诺。

## 四、经济体制改革，至关重要的是转变政府职能，推进政企职责分开，打破条块分割，实现统一市场

改革开放以来，政企不分的现象有一些改进。但从根本上来说，这个问题并没有解决。政府机构的设置和这些机构的职能，基本上仍然是计划体制下的一套，行业垄断，地区分割。政府与企业的职能错位，追求的目标混乱，该政府管的事没有管理好，该企业管的事情又多由政府部门分兵把口。专业部门的设置过于分散，职责不清，经常相互打架。上面的过度分散，导致下面的分散。部门利益、地区利益高于全

局利益。这种状况，使企业无法成为自主经营的实体，致使市场机制难以发挥作用，也使国家的宏观调控遇到重重阻力。上层建筑不适应经济基础，已经成为改革与发展的严重障碍。这种体制不转变，增长方式也转变不了，建立现代企业制度将无从谈起，建立全国统一市场将是纸上谈兵。

## 五、要调整经济发展的布局和规划

现在经济的地区布局和产业结构很不合理。以省为单位进行规划，大量地搞低水平的重复建设和重复生产，效益低下，浪费严重。要转变经济增长方式，必须改变经济的发展规划和布局。这项工作非常复杂，操作起来很难。例如，对原有企业的改组改造，实行结构优化，上十万个国有企业分割为几十个行业，分散在几十个省市，谁来指挥，从哪里做起。哪些交给市场，哪些由政府干预，这是宏观调控要研究的问题。为解决好这些问题，应当组织各方面的力量，进行认真的讨论，提出多种方案相互比较，找出切实可行的办法。

有些问题还可以慢慢去理。但有一条必须做到也可能做到的，就是严格控制新开工项目，能不上新的就不上新的。只有这样，才能有力量去改组和改造原有的。已经开工的项目，也要好好清理一下。为了控制新上项目，中央已经作出决定："所有建设项目，都必须确保应有的资本金包括铺底流动资金，打足投资，不留缺口"。这要动真格的，不能打折扣。没有钱做资本金和铺底流动资金，投资打不足怎么办？这很简单，没有钱就不要办。没有资金，全部靠银行贷款，建起来也不能开工，或者开了工就亏损，这种项目搞它干什么。

相对来说，上新项目、上数量比改造原有企业、上质量、上档次要简单得多，而后者需要更大的本事。

## 六、改变干部考核的标准，转变干部工作作风

考核干部的标准，应当随着“两个转变”而转变。干部政绩的考核标准不转变，“两个转变”也实现不了。“数字出干部，干部出数字”的现象，不能继续下去了。

转变干部工作作风，应当作为一件大事来抓。现在说大话、说空话、说套话成风，虚报浮夸盛行，形式主义、主观主义、官僚主义严重，理论联系实际、密切联系群众、批评与自我批评的作风淡薄了。转变领导干部工作作风，对实现“两个转变”是大有好处的。

大家认为，中央提出的实行经济体制和经济增长方式“两个转变”，是建设社会主义现代化强国的必由之路。要增强实行“两个转变”的紧迫感和自觉性。各个方面都应当为深入实行“两个转变”进行研究和讨论，出主意、出实招、出办法，解决前进中存在的疑点和难点。

# 中国经济发展的展望*

（1997 年 4 月 12 日）

本世纪末下世纪初，中国经济正处于转型时期：一是经济增长方式从粗放型向集约型转变；一是经济体制从计划经济体制向社会主义市场经济体制转变。

这两个转变进展得快慢、好坏，决定中国第三步战略目标即到下世纪中叶达到中等发达国家的水平能否顺利实现，以及 21 世纪中国在亚洲及世界的地位。

其所以确定“两个转变”，是基于以下的考虑：

第一，提高生产要素的使用效率，解决经济增长中的资源制约。迄今为止，中国经济得到了较快的增长。从 1979 到 1995 年间，经济增长率平均每年 9%，其中 1991 到 1995 年达到年均增长 12%。1995 年，中国的钢产量达到近 9300 万吨，原煤产量达到 13 亿吨，居于世界前列。但是，这种高增长是以高投入、高消耗来换取的。中国产品的质量、物质消耗、经济效益，远远落后于经济发达国家，也落后于许多发展中国家。中国人口众多，资源相对不足，现在已感到资源紧缺的压力。只有从粗放转向集约，走资源节约型发展的道路，才有可能实现我们的宏伟目标。可以推测，即使我国能源和若干主要原材料的生产总量大体维持现在的水平，靠提高质

* 在全国政协举办的《二十一世纪论坛》上的发言。

量、降低消耗的集约化，国民生产总值就可以成倍甚至几倍地增加。

第二，实现可持续的发展。粗放经营的弊端，就是既造成资源的浪费，又造成环境的污染和生态的恶化。据有关资料，中国水污染1991年以来每年以12%的数量增加，城市污水处理率仅有20%左右。全国五百多个设市的城市中，大气环境质量全面符合一级标准的不到1%。水土流失严重，沙化面积增加。生态环境破坏，已给当代人构成严重威胁。客观的现实，已迫切要求经济和社会的发展限定在资源和环境的承载能力之内，要求经济和社会的发展与资源、环境相协调。转变经济增长方式，实行集约化经营，是实现可持续发展战略的必由之路。中国人口的高限可能达到16亿，在未来拥有16亿人的中国，实现经济、社会与资源、环境的协调发展，无疑是一项具有巨大国际意义的大事。

第三，发挥科技是第一生产力的作用，提高科技进步在经济增长中的含量。科技革命正在向新的领域拓展，科技进步日新月异。在科技作用越来越大的情况下，发达国家与发展中国家经济的差距更突出地表现在科技的差距上。目前发达国家的研究开发经费已占国民生产总值的2.5%－3%，到2000可能达到3%以上。一些发展中国家，特别是中国，这一比重只有0.5%上下。偏重于生产，忽视科技教育，现在已吃到苦头。越往后看，这个问题就越严重。教育与科技投入不足和粗放经营互为因果。改变粗放经营，必须实现“科教兴国”的战略。依靠科技进步，提高人的素质，是集约化经营的应有之义。

第四，实现增长方式的转变，必须有体制上的保证，即由传统的计划经济体制转变为社会主义市场经济体制。改革开放以来，经济体制发生了很大变化，但在政企职责不分、条块分割这一根本结构上，仍然没有摆脱计划经济体制下所形成的框架。这是粗放经营难以转变的体制上的根源。实行社会主义市场经济的一个重要内容，就是转变政府职能，实行政企职责分开，打破条块分割，形成统一市场。在国家宏观调控下，使企业真正成为自主经营、自负盈亏的法人实体，使市场真正发挥资源配置的基础性作用。实践证明，实现经济增长方式转变，要靠经济体制改革，形成有利于节约资源、降低消耗、增加效益的企业经营机制，有利于自主创新的技术进步机制，有利于市场公平竞争和资源优化配置的经济运行机制。

放眼未来，对于两个根本性转变的实行，看得越远，其意义就更加重大。需要更加深刻地对粗放经营和政企不分的体制进行总结，从而增强实行两个转变的紧迫性和自觉性。

中国的“九五”计划（1996－2000）和2010年远景目标纲要，就是根据这一思路制定的。

计划纲要确定，1996－2000年经济增长率年均为8%左右，2001—2010年年均为7%左右。这主要考虑到，中国的投资需求和消费需求量很大，生产有很大潜力，在一个较长的时期内，可以持续保持一个较高的增长速度。但是，中国的产业结构和产品结构需要进行调整，产品质量和经济效益急待提高。因此，生产增长速度不宜要求过高。

在未来十五年中，要继续加强基础产业和基础设施的建设，重点加强农业、水利、能源、交通、通讯、科技、教育。中国人口多，农业生产具有十分重大的意义。解决中国的粮食问题，只能靠中国自己的努力。过去如此，今后也如此。中国劳动力充足，随着科技的进步和农业投入的增加，靠提高粮食单产、开发宜农荒地和提高复种指数等项措施，中国的粮食生产就能得到适当的增长，基本满足人口增长的需要。

我们要努力发展机械、电子、石油化工、汽车等支柱产业，同时努力调整提高轻纺工业。对于这些产业的发展，将采取择优扶持、集中突破、注重提高的方针，加强自主开发能力和创新能力，形成经济规模，避免搞低水平的重复建设。

科学技术事业方面，我们将重点强化技术开发和推广，加速科技成果商品化、产业化进程，积极发展高技术及其产业，加强基础性科学研究。在教育事业方面，我们将大力普及义务教育，积极发展职业教育，高等教育重在优化教育结构、提高教育质量。

建立和完善社会主义市场经济体制是今后十五年的战略任务。我们的目标是：坚持以公有制为主体，多种经济成份共同发展的方针，深化国有企业改革、建立现代企业制度；积极发展和完善市场体系，充分发挥市场机制的作用；转变政府职能，形成以间接方式为主的宏观调控体系；加强法制建设，建立和完善与新体制相适应的法律体系。

今后十五年将继续采取扩大对外开放的方针。“九五”期间，要适应我国社会主义市场经济发展的需要和国际经济通行的规则，初步建立统一规范的对外经济体制。要以促进我国经济增长和提高质量为目标，扩大对外经济技术交流与合作。积极参与和维护全球多边贸易体系，发展双边和多边贸易，相互促进，实现市场多元化。积极参与和发展区域经济合作，特别是亚太地区的经济合作。在这方面已经有了一个好的基础，要使这种合作更加扩大和更有成效。

中国实行“两个转变”能不能取得成功？对此，可以作以下的概述：

第一，中国有条件实行“两个转变”。这是因为，从1979年开始，中国已经实行了十七年的改革开放，市场经济在整个经济运行的许多领域已经处于基础性的地位，这是不可逆转的。经过长期的努力，特别是改革开放以来的努力，我们的经济在总量上已经有了很大的发展，现在有可能把整个经济工作的重心转到以提高经济效益为中心的轨道上来。在长期的实践中，我们已经积累了正反两方面的经验，同时有国外的一些好的经验可以借鉴。因此，有可能把工作做得更好，使“两个转变”取得成功。

第二，中国是个幅员辽阔、人口众多，经济、科技、文化还比较落后的国家，要实现“两个转变”有许多新问题需要探索和研究，特别是一些习惯势力不是一下子能打破的。因此，在转变过程中出现一些困难甚至走一些弯路是难以避免的。最大的难点是，国有企业的改革和结构的调整。企业领导人的思想观念和企业的经营机制不适应市场的变化；政府职能政企不分直接制约着企业机制的转换；国有企业历史上遗留下来的人员过多和债务沉重的包袱严重制约着企业的改革和企业的结构调整。由于条块分割，中国还没有形成真正统一的市场。在这种情况下，市场不能充分地体现出它对资源配置的基础性作用，国家的宏观调控也受到诸多制约。这些问题是转型过程中自然出现的，随着“两个转变”的推进，是能够得到解决的。但这都需要时间，需要一个过程，不可能一蹴而就。有鉴于此，实行“两个转变”，既要积极努力，又要循序渐进。要不断地实践，不断地总结经验。对的坚持，不对的及时纠正，避免出现大的失误。

中国的政局是稳定的。在推进经济体制改革的同时，也在稳健地推行政治体制改革。中国正在加快法制建设和法制观念的普及，努力使中国成为以法治国的国家。

我们希望再经过二三十年的努力，在各方面形成一套更加成熟、更加定型的制度。我们希望在进入21世纪以后，再经过五十年的努力，在经济上达到一个中等发达国家的水平。

中国是一个有希望的国家，需要头脑清醒、富有远见、不屈不挠和埋头苦干。要恰如其分地估计中国，既不能估计过低，也不宜估计过高。中等发达国家水平，不只是一个经济概念，而是一个经济、社会、科技、文化的综合概念，不能单纯以国民生产总值作为衡量标准。

中国的改革开放和实现现代化，无论从哪个角度来说，对世界都是个积极力量，都会给国际带来益处。

# 机构改革是政府一项最紧迫的任务*

（1997年9月8日）

赞成党的十五大报告讨论稿，赞成高举邓小平理论伟大旗帜。我就政府行政机构改革讲一点意见。

打破政企不分、条块分割，从1984年中央作出第一个体制改革决定算起，到现在已经讲了14年，年年讲，年年没有打破。1984年党的十二届三中全会通过的决定就指出：原有经济体制的主要弊端是政企职责不分、条块分割，中央和地方政府包揽了许多本来不应由它们管的事，而许多必须由它们管的事又未能管好。加上条块分割，互相扯皮，使企业工作更加困难。按照政企职责分开、简政放权的原则进行改革，是搞活企业和整个国民经济的迫切需要。1987年党的十三大报告，讲了政企分开；1992年党的十四大报告又讲了加快政府职能的转变，实行政企分开；这次十五大报告，又讲了这个问题亟待解决。为什么讲了14年打破政企不分，到现在还分不开呢？其原因：一是传统观念、习惯势力没有打破。文件上写了，但是没有好好讨论：政府职能到底是什么，什么事情该管，什么事情不该管，该管的事情又通过什么方式去管，设立什么机构来管政府应当管的事。不讨论清楚这些问题，政府职能怎么能转变。二是政府机构改革方案，不能关

* 在中共十四届七中全会小组会上的发言。

起门来制定，不能靠少数人来制定。1988、1993 年两次机构改革走了过场，就足以说明问题。机构改革是一场权力和利益的再分配，自己改革自己很难。日本行政机构改革，在首相领导下，成立了一个以民间人士为主的行政改革委员会，现在已经公开了把 22 个省厅改为 1 府 12 个省厅的中间报告，不搞得那么神秘。三是党代表大会报告通过之后，没有立法，没人操作，没有监督，执行不执行都行。四是政府机关人员多，不好安排，这是改不动的一个重要原因。有一个办法，就是多余的人员先养起来，工资照发，但不要他管事。人员慢慢消化、疏散。宁肯发 5 年工资，也不能让改革再拖 5 年。政府领导人员很忙，但不把机构改革搞好，再增加人员也忙不过来。机构改革是政府的一项最紧迫的任务。希望十五大之后能动真格的，希望十六大不要再重复提这个问题。

# 关于行政体制和政府机构改革的建议*

（1997年10月26日）

中国宏观经济学会于1997年10月12日至15日，在湖北召开研讨会。根据党的十五大精神，专题讨论了行政体制主要是政府机构改革问题。参加讨论的，有宏观经济学会的会长、副会长和计划系统的工作者，也有大型企业集团的工作者。讨论认为，现行行政机构已经成为改革深入和经济发展的严重阻碍，但也到了物极必反、瓜熟蒂落的时候。最高决策机关应当采取果断措施，大刀阔斧地对之进行改革。机不可失，时不再来。只要决心大、方法对，改革一定成功。1998年3月政府换届，新政府机构应以一个崭新的面貌出现。这是历史赋予中央政府的责任，也是众望所归。现将讨论的主要内容和提出的建议纪要如下：

## 一、现行行政机构的弊端

现在的行政机构有它的演变过程，曾经发挥过积极的作用。但是，随着经济体制改革的推进，市场化进程的加快，经济的基础已经发生了变化，而行政机构改革则相对滞后，基本上沿袭原来计划经济的框架，同实行社会主义市场经济

* 为中国宏观经济学会起草的向中央、国务院的建议。

的要求发生越来越尖锐的矛盾。1984 年 10 月，党的十二届三中全会关于经济体制改革的决定中就明确提出，按照政企职责分开、简政放权的原则进行改革。14 年过去了，尽管这中间进行了三次机构改革，但政府的职能并没有从根本上触动。行政机构改革的滞后和它的危害表现在：

第一，企业的产品已经商品化，市场对商品的供求起了决定性的作用，而我们的行政部门却仍然直接掌握国有企业的生产经营权，按照粗放型的增长方式，片面追求数量的扩张，从而造成了生产力极大盲目性，造成产供销脱节。

第二，投资的资金来源已经多元化，银行贷款成为投资资金的主要来源。随着各项事业的发展和国民收入分配结构的变化，国家已经拿不出多少钱来搞建设。在这种情况下，行政部门本应缩短战线，调整投资结构和投资主体，但却仍然掌握投资的决策权，盲目地追求国有新建项目的扩张，限定银行给国有新建项目贷款，从而使建设规模不断扩大，战线越拉越长，大量企业成为无本经营。这种状况，不仅造成许多原有企业设备老化、生产停滞，也造成大量新建企业建成即停产和投产即亏损。

第三，我们的银行是国有的，但银行的存款主要来自居民储蓄，而居民储蓄是必须偿还的，且必须付之以利息。我们的行政部门和国有企业却常常无视这一现实和常识，认为它是国有的，就任意借用银行的资金，而没有考虑是否能够偿还，甚至根本就没有想还。这种状况的日积月累，就造成当前国有银行不良贷款达到令人担忧的地步，金融风险的压力在加大。

第四，市场经济要求全国形成统一的市场，而由于政企不分所形成的条块分割的局面却长期没有打破，甚至有变本加厉的倾向。简政放权，没有把权力放给企业，而放给了地方政府，更加强化了块块分割。每个地区都有规划制定权、企业管理权和项目审批权，这就使“大而全”、“小而全”、盲目重复建设愈演愈烈。许多企业只有一墙之隔、一水之隔，就是由于管辖权不同而各立门户。由于条块分割，一条江、一条河都难以统一治理。不解决政企不分，条块分割永远也打不破。

第五，国有企业改革的目标已经明确，就是要使企业最终成为自主经营、自负盈亏、自我约束、自我发展的法人实体，要建立“产权清晰、权责明确、政企分开、管理科学”的现代企业制度。企业做不到自主经营和建立不起来现代企业制度，关键在政府，而不在企业。

第六，政府和企业职能错位，政府该管的许多宏观大事没有集中精力管好，却管了许多本来应当由企业自己管理的微观事情。行政机构的设置和人员编制又没有严格的法律监督，以致行政机构越来越庞大，人员越来越臃肿，官僚主义越来越严重。中央国家机关部委的数量，1993 年改革后仍然有 40 个；有的不叫部的总会，仍然有行政管理的权力，依然是带有国徽的图章。本来已经撤销了的各种局级巡视员、处级调研员又冒了出来。副秘书长无限制地配置，一个首长就配一个副秘书长，以至省市以上机关的副秘书长竟达十几人之多。政府的直属部门打报告给上级，不仅不能直接报给上级首长，甚至不能报给秘书长或副秘书长，而要先过秘书局的关。地方一个项目报到主管部委，主管部委要由几个司局会签画圈，而每个司局又从科员、处长画起，画到司长再报给主管副部长、副主任，再到部委办公会，部委通过了还要报给国务院，国务院又通过复杂的程序提交常务会。再加上反反复复和横向会签那就更不得了。这么多的环节，这么长的路程，一个项目最后得到批准少则一两年，多则七八年。

为了“跑部前进”，现在不仅省、区、市在北京设立办事处，地、市、州、县都在北京设有办事处和联络处。有的省市为了一个项目派人几个月地在北京各个环节疏通等待，甚至由他们出面协调部委之间的关系。有一部电视剧叫《北京人在纽约》，有的省市想写一部他们的人在北京，诉说他们的苦衷。

归结起来，现有政企不分的行政体制的弊端，一是政府还在很大程度上对社会资源的配置起基础性作用，由于条块分割，市场信息不足，以及非经济因素在起作用，造成社会资源的巨大浪费，并造成经济和社会的不稳定；二是对经济中出现的问题，谁都不负直接责任，谁都不承担风险，最后的风险只能落到国家的头上，落到老百姓的头上；三是产生腐败的一个重要根源。

行政机构改革为什么滞后，为什么改不动？有个权力和利益再分配问题，也有个习惯势力问题。微观事情管惯了，乐此不疲。对企业的苦衷无切肤之痛。

转变行政机构改革滞后，必须从根本上转变观念。行政机构改革是一场革命，它关系到十五大提出的两大课题能不能实现，即中国社会主义市场经济体制能不能建立，中国的经济能不能长期保持持续、快速、健康地发展。是下大决心的时候了。

## 二、现在是政府机构改革的有利时机

(1) 问题到了不能再拖的地步，也就到了有条件解决的时候。大家都认为非改不可，对“改”已经在不同程度上形成共识，并且已经有多少年正反两方面的经验可供借鉴，改革有成功的把握。改则得人心，不改则不得人心；改则有希望，不改则没有希望。

(2) 刚刚闭幕的十五大是最好的“东风”。学习是为了弄通思想，干则是实际行动。

(3) 1998 年 3 月中央政府换届是一个好的机遇。

转变政府职能，让企业自主经营，会不会出乱子？现在的乱子出在政企不分，企业没有自主权。让企业有自主权，这是治乱之道，而不是惹乱子。何况宏观调控权在政府手里，政府对企业还可以进行间接管理。在农村实行联产承包的时候，就有过担心，怕包下去城市没有粮吃。结果恰恰相反，农民有了自主权，有了积极性，粮食就多了起来。国有企业也同样是这个道理。政府管就放心，企业自主经营就不放心，这是长期在计划经济体制下造成的一种错觉。这种错觉必须更正。

## 三、如何划分政府与企业的职能

(1) 以下一些事情应当是企业的职能，是政府可以不管和不该管的事：

企业自身的生产经营。这是企业的权力，政府不应当干预。事实证明，国有企业不活，主要原因是政府管得过多；让企业自主经营，就会产生自负盈亏、自我约束、自我发展的机制，企业就能搞活。

投资决策权，除国家垄断项目和特大型工程外，政府也不应当干预，由企业和业主自行负责、自担风险。政府逐个审批项目的制度弊病很多，事实证明它并不能避免盲目的重复建设。由企业自行决策、自担风险，它可能更加慎重。因为它必须紧紧盯住市场，必须把效益摆在第一位，必须通过真正的协约、合同把建设条件落实，必须抓紧时间把项目建成投产，必须竭尽全力节约资源，必须千方百计尽早还债。否则，它将承担其建设的后果。

商业银行对企业和业主的贷款，政府不应当干预，由银行自主决定、自担风险。银行的职能应当加强，不是政府与企业“一对一”，而是银行与企业“一对一”。

企业的人事任免、劳动用工、工资、奖励由企业决策层自主决定，政府不应当干预。应当明确，企业管理人员与政府机关公务员不同。按照公司法，国有独资公司，政府只应委派董事长，其它人员由董事会聘任，政府不能越俎代庖。否则，企业既看市场，又要看市长，管人的不管事，管事的又无权管人，企业的责任制永远建立不起来。在企业内部，能不能调动经营者和劳动者的积极性，分配制度极为重要。现行的大型国有企业的分配制度要改。

过渡期有几件事情政府还要管和协助企业管：下岗人员的分流；历史积累下来的债务包袱；企业办社会的负担；大企业集团的资产重组（不要搞“拉郎配”）。

政府不该管的事情不管了，市场才能对资源的配置起基础性作用。简单地说，企业与政府的关系是，国有独资公司，董事长由政府委派，国家按投入企业的资本额享有所有者权益，其余就是“依法经营，照章纳税，履行合约”。

(2) 在经济运行方面，以下一些事是政府该管的：

立法，确定企业运行的准则；

商品标准的制定，质量的检查和监督，名牌的注册，专利的认定和保护；

管理国有资产；

保证政府公职人员和军队的开支，废除这些部门的创收制度，促使他们为纳税人服务；

制定有效的宏观经济政策，主要是产业政策、财政政策和货币金融政策，制定指导性的而不是指令性的中长期规划，及时公布信息，实现经济的稳定增长；

运用宏观调控手段，主要是运用财政、货币杠杆，保持经济总量平衡，防止和抑制通货膨胀；

保护矿产资源、水资源、森林资源、土地资源的合理运用，保护生态平衡；

建立有效的社会保障制度，保证社会分配的公正和公平；

……

通过这些，发挥政府的宏观调控作用。

简要说，政府的基本职能，是建立一个平等的竞争环境和宏观稳定的经济环境，让企业在这一环境中运行。政府不干预企业内部事务。这样政府才能超脱，才能真正精简。

## 四、关于政府机构的设置

——宏观调控部门只能有一个，“几龙治水”不行。

——专业经济部门中，工业专业部门都可以撤销。撤销的部不能改为控股公司或者国有资产管理部门，因为这都不能打破行业界限，不能打破条块分割，不利于资金流动。

——国有资产管理，大型国有企业以授权经营为好。

——执法监管部门，按条条立法，按条条建立执法大队，弊端太大，企业受不了，应当是综合执法监管。

——协会，最怕官办，把政府的一套管企业的做法搬到协会。

——中介组织要培育和发展，但要有严格的法律约束，要同政府部门脱钩。

政府机构改革重在“消肿”，重在精简。现在太繁，压得人喘不过气来，应当删繁就简，给人以清新之感。从繁到简，这是政府有所作为的表现。先拆庙，人员逐步分流。一时分流不出去的，工资照发，不再管事，进行再就业培训。政府分流出来的公务员出路很多，不是没有出路。国有资产运营、银行对项目贷款的评估、政策咨询、法律监督、多种中介事务所都需要人才。

改革方案定了，要立法。有法可依，依法监督。

# “十五”计划必须体现体制创新*

（2000 年 5 月 25 日）

一、“八五”、“九五”计划的执行取得巨大成绩，也发生了严重的重复生产和重复建设，加深了经济结构不合理，造成大量生产能力闲置，工人下岗、失业人员增多。其主要根源在于原有经济体制中政企不分、条块分割的弊端没有根本消除。“十五”计划要保证国民经济健康发展，必须解决这一体制上的问题，把体制创新作为带动发展和调整经济结构的推动力，避免同样的问题再次发生。

历史的经验值得记取。过去在历史上发生过“一统就死，一放就乱”的现象，根子在于政企合一的经济管理体制。在强调集权时，把经济管得过死，缺乏活力；在放权时，又把权力放给了地方政府，而没有放给企业。地方政府对企业仍然是政企不分，而且条块分割、自成体系。这就在调动地方政府积极性的同时助长了盲目性。改革开放以来，对原有的计划经济体制进行了很多的改革，取得比较明显的成效。但是，政府机构改革滞后，1998 年国务院机构进行了改革，而地方政府的机构改革才刚刚起步。政府的职能还没有完全转变过来，政企不分、条块分割的局面还没有从根本上打破，企业的发展很多事情仍然听命于政府，块块之间仍然追求各

* 经过集体讨论，为全国政协经济委员会起草的给中央、国务院的建议。

自的利益，争上项目，竞相攀比速度。当前，大量的生产能力过剩，大批工人下岗，并不是由于增长速度不快，也不是由于投资太少，而是由于现行体制造成资源配置不合理，生产脱离市场，投资效率下降。很显然，如果不解决体制问题，单是追逐发展速度，其结果将不能很好地达到发展的目的，也不能很好地解决当前的问题。解决体制转轨的问题，是发展国民经济的迫切需要，是调整结构的迫切需要，也是加入世贸组织、进一步扩大对外开放的迫切需要。

二、政企分开，是体制转轨的核心。让企业成为经济活动的主体，让市场在资源配置中起基础性作用，政府则承担必须由政府承担的事情，这是社会主义市场经济体制与计划经济体制的根本不同点。政企大体分开了，社会主义市场经济体制的框架才能形成。政府指挥企业已经成为一种习惯势力，转变体制首先要转变思想观念。“十五”计划必须促进这一转变，体现这一转变。

当前，政府与企业之间存在职能“错位”的问题，也有政府职能“不到位”的问题。在政府的行政行为中，很多还是靠审批，这不仅影响经济活动的正常进行，而且为腐败造成空隙。这些都应当在政府机构改革和职能转变中进一步解决。

根据在宏观调控下市场对资源配置起基础性作用的原则，在长期计划中，政府部门的责任应当是正确地估量形势，提出经济发展的任务和实现这些任务的途径，制定经济的运行准则，除了由政府出资建设的基础设施和公共公益性事业外，主要通过政策导向、法律法规、信息发布来体现政府意志，而不再硬性地规定各种数量指标，直接调动社会资源和指挥企业来贯彻政府的意图。生产什么，生产多少，建设什么项目，在哪里建设，除了国家直接控制的涉及国家安全、自然垄断和提供公共产品及服务的行业外，都应当由企业根据自身的状况和市场的需求作出决策，其成败由企业自身负责。这些，都不应由国家计划规定。

对于社会主义市场经济条件下计划的功能和内容与计划经济条件下有什么不同，应当进行专门研究，并结合“十五”的实际进行必要的改革。

三、在经济结构调整中，应当重视所有制结构的调整。在公有制为主体的前提下，让多种所有制经济共同发挥作用，各显身手，使经济活起来。这是“十五”和今后时期能否进一步解放和发展社会生产力的决定条件。

浙江的经验值得重视。其可贵之处，就在于他们发展经济的自然禀赋并不理想，国家投资很少，但依靠公有制为主体、多种所有制经济共同发展，特别是非国有经济的发展，使经济增长得很快，而且产业结构比较合理，人民生活得到了实惠，当前面临的困难也比其他地区小得的多。

非国有经济其实质是民营经济，民有民营，谁投资谁受益。发展民营经济，有利于在更广泛的范围内调动人民群众的积极性，充分利用我国人力资源优势，把人力资本转化为物资资本，并使人力资本和物资资本相互转化，实现良性循环。这种民营经济有不断开拓和创新的原动力，有很强的市场适应能力和资本增殖能力，因而有可能带动大量人员就业，增加城乡人民的收入，并有效地增加国家的财政收入。

“十五”计划期间，应当把中央制定的“以公有制为主体、多种所有制经济共同发展”的方针落到实处。大力实施国有经济布局的战略性调整和国有企业的改革。坚持有进有退的方针，该进的进，该退的坚决退，并要解决能退得出的问题。改为股份制的国有企业，必须严格实行规范的法人治理结构，保护股东的权益，让股东放心，这对于对外开放极为重要。扩大对民间资本开放的领域，废除现行政策法规中对民营经济的歧视性和排斥性条款，解决民营经济市场准入的障碍。对于入世谈判中承诺对外商的国民待遇和开放领域，首先应对内资、特别是对民营企业开放。银行、保险等要向民间资本开放。政府要为多种所有制经济服务，对各种经济成分一视同仁。

四、产业结构调整的主体是企业，动力在市场。企业既是产业优化升级的主体，也是技术创新和管理创新的主体。政府的关键作用是制定规则，保证平等竞争，为企业活动创造良好的制度环境，并通过适当的政策，激活企业的活力和创造力，而不能代替企业作决策。

鉴于以往的教训，在产业结构调整中，政府应当引导，指出方向，但不要越俎代庖，不要揠苗助长。让多种经济成分的企业和生产者在结构调整中充当主角，发挥他们的自主创新能力。这样做，对于结构调整来说，看来慢，但副作用小，不会重复过去走过的弯路，其结果是快而不是慢。应当把产业结构调整与所有制结构调整结合起来。

五、为了调动地方的积极性，避免其盲目性，防止结构升级中再次发生重复建设和热点集中，形成结构雷同的问题，必须认真重视和克服计划体制上条块分割、自成体系的弊端，找出其中的体制创新之路。

全国按31个省、区、市建制，各有各自的计划制定权。各省区市为了追求本地区的政绩，都把经济增长速度作为主要目标，相互攀比，竞相赶超，从而造成大量的重复生产和重复建设，而且总是“你长我不长”。这种以行政区为界、画地为牢的计划模式，既破坏了市场的统一性，也违背了资源合理化布局的原则，造成极大的浪费。

从各地已经提出的“十五”计划基本思路看，其主要倾向是：计划内容依然无所不包；在速度上仍然是地区与地区之间相互攀比、相互竞争的态势，并且以此作为计划的出发点；结构调整的目标大体相同，特别是在高新技术的发展中，都把电子信息、机电一体化、生物技术及制药、新材料、新能源作为新的增长点；计划方法依然以算账为主。这种计划思想、计划方法不改，“十五”计划可能老问题没解决，又产生许多新的问题出来。依靠行政力量，到处搞同样的高新技术，到处搞硅谷，势必分散人力和物力，相互封锁，到头来可能谁都搞不成。

在社会主义市场经济条件下，地区的规划只能按照它自身的财力和中央转移支付的财力，安排本地区的基础设施和公共公益性事业的建设，解决当地人民关心的问题。同时，积极创造良好的环境，吸引更多的企业来进行投资。企业的生产建设活动，不必纳入计划。省区的规划，不宜再画地为牢，追求自成体系，应当注重区域间甚至国际的经济交流与合作，允许和鼓励资本流动。“全国一盘棋”仍然是一个重要思想，这几年丢掉了应当再拿起来。联系到经济全球化的趋势，更应当把规划的眼界放开，首先做到经济全国化，做到全国是一体化的大市场。

地区之间在经济总量的增长速度上进行竞争，在经济总量居全国的位次上进行比赛，从过去的情况看，容易造成盲目追求数量、争上项目，并造成地区分割、自成体系，甚至造成对企业的粗暴干涉，逼迫下面弄虚作假。应当提倡地区与地区之间相互学习，取长补短。但是，到底能增长多快，则应从省情出发，不宜相互攀比。同时，对速度要作分析。要看它的质量，看它的效益。不讲质量、不讲效益的速度，是没有好处的。速度的指标，应当淡化。

六、在农业中，“公司 + 基地 + 农户”的产业化经营模式，以及其他类型的模式，已经在各地兴起。大的龙头企业，可以带动上万个甚至一二十万个农户，管几万亩以至几十万亩农田，做到了区域化布局、专业化生产、社会化服务，实现了产加销一条龙、农工贸一体化。实践证明，它是调整农业产业结构、增加农民收入的有效途径，也是改变城乡二元结构、实现农业现代化的有效组织形式。

各地在进行农业结构调整中，都提出以市场为导向、以效益为中心，发展优质、高产、高效农业的口号。这无疑是正确的。但必须解决一个由谁来进行农业结构调整的问题。在市场经济条件下，政府不能再成为农业结构调整的主体，一家一户的个体农民也不可能都面对市场。而作为产业化经营的龙头企业，一头连接市场，一头连接农民，按照市场需求组织农民发展专业化生产，很好地解决了小生产、大市场的矛盾，同由农民自愿组织和自我管理的合作组织以及其他形式的农业产业化组织一样，成为促进农业产业结构调整的主力军。

在传统农业向现代农业过渡过程中，必须增加农业投入，促使资本、技术和人才等资源向农业聚集。在农民自我积累不强、政府又没有足够资金投入的情况下，鼓励更多的工商企业、特别是民营工商企业投资农业，形成国家引导、企业投入、农民补充的投入机制，是解决农业资金乃至人才、技术不足的一条重要渠道。

实施农业产业化经营，打破了工农界限和城乡界限。它的发展，推动了农村经济组织创新和经营体制创新，为促进工农业协调发展、推动企业与农民形成利益共同体、进而实现城乡一体化提供了范例。基本形式是“公司＋农户”。放大了的形式是“公司＋基地＋农户”，有基地才能形成产业化。一些地区在建立农产品基地中，加入了集体组织或专业合作经济组织作为中介，形成“公司＋集体中介组织＋基地＋农户”。这些都是建立在家庭承包经营的基础之上的。少数地方在自愿的基础上将农民的土地使用权作为股份纳入公司的生产基地，农民变成股东和产业工人。可以说，多种形式的农业产业化经营是继家庭承包经营之后农村经济的又一重大改革。它的发展，为我们探索现代农业发展机制、实现农村第二次飞跃提供了重要阵地。

政府的任务，是为农业产业化经营的扩展，使之在各地更加茁壮地成长，创造良好的环境，提供更有力的政策支持。

七、发展第三产业与加快城市化进程，是“十五”计划的一项重要任务。它有利于结构调整，也有利于增加就业、增加城乡人民的收入。加快发展第三产业，关键是通过体制改革和政策调整，大力推进第三产业的市场化和产业化，同时按照市场经济发展的要求实施我国的城市化战略。

大量事实证明，第三产业的规模与城市规模成正比。1997年我国668个城市中，第三产业就业人员占城市全部从业人员的37.3%，比全国第三产业平均的就业比重高11.2个百分点。其中超大城市是45.8%，特大城市是41.6%，大城市是35.8%，中小城市是30.8%。

城市化必须有序地进行，当前的重点是发展中小城市，有利于农民就地转化。为避免城市化过程中一哄而起、一拥而进，对不同层次的城市设置不同的“门槛”或不同高度的“门槛”，是必要的。其中有些“门槛”是共同的，如进城的农民必须有固定的住所，必须有稳定的收入来源。有些“门槛”对于不同层次的城市应有所区别，如制定具有特定教育水平的要求。

八、西部大开发要有新思路。政府要努力营造环境，首先扭转“孔雀东南飞”，留住人才，留住资金；逐步吸引更多的东部和国外资本到西部来投资。要调整好国有经济布局，大力发展非国有经济，对现有经济结构进行有效的调整。基础设施建设、环境治理、教育振兴，是西部开发三个先决条件，地方政府财力薄弱，中央政府要给以大力支持，还要积极地调动社会力量和社会资本。和东部地区的改革开放一样，要有点大政策。没有大政策难以做到大开发。

西部地区要留住人才，最有力的措施是提高公教人员的工资待遇。地方财政和中央财政的支付转移，首先要用到这方面。企业则要对经营人才和专门人才实行与业绩挂钩的年薪制和期权制。

吸引东部和国外资本到西部来投资，必须有比东部更优惠的条件。否则，它就不会来。税收条件还可以再放宽。即使几年内实行零税率，税收虽然没收到，但可以增加就业，带进来知识和科学文化，并有利于调整产业结构。这比外部资本不来、税收仍然等于零要好得多。开发西部资源，必须照顾西部地区人民的利益，必要时给以适当的税利返还。这对于增进民族团结也十分重要。

西部开发应当破除以行政区划为界的计划模式，更多地考虑区域化的合理布局。应当突出重点，由点到面，逐步推进，而不能全面开花。一定要计算开发成本，项目建成后能有效利用，而不造成浪费。更加重视网络经济和信息化，通过网络获取更多的信息和知识。发展高新技术产业，则应量力而行。

森林覆盖率低，水土流失严重，沙化、荒漠化直接威胁人民的生存，这是西部地区普遍而又急迫解决的问题。在一个相当长的时期内，西部应当把重点放在生态环境的治理上，包括水资源的开发，水土流失和沙化的治理，退耕还林还草，封山造林。西部大开发，第一步应当是西部生态环境的大治理，尽快做到停止环境恶化并有所改善。切忌急于求成的短视观点，极力避免经济发展导致环境恶化，最后不得不放弃经济发展阵地的恶果。先发展、后治理的路子，在西部地区是万万不可行的。这已经是沉痛的教训，应当痛定思痛，切切不可重犯。

是否可以仿照美国西部开发初期所采取的一些政策，以最低的土地费用吸引东部资本来西部治沙造林种草，搞农业产业化经营，开办牧场和从事农副产品加工。可以带一些劳动力进来，更主要的是吸纳当地的劳动力。兴办这些事业，包括基础设施建设和兴办教育，也可以以民间资本为主，国家给以适当的补助。

西部开发是一个循序渐近、长期的艰巨任务，缩小东西部差距不是短期能够实现的。在西部的开发中，政府有无作为，不在于是否提出什么“鼓舞人心”的口号和过急地追赶东部的目标，而在于脚踏实地地领导西部人民一步一个脚印地前进，使人民得到看得见的利益。指标过高、要求过急，对西部开发有百害而无一利。

九、解决资金问题的关键是通过体制创新，动员社会资本。只有带动民间投资，才能形成可持续增长的局面。

当前国家资本有限，不可能更多地投入经济建设，而居民储蓄金额已超过6万亿元，国内储蓄率已达到42%。全国私营企业注册资本已超过1万亿元。

动员社会资本资源，促进经济建设的主要办法是：

对内开放投资领域，把政府投资的项目划出一部分效益好的，采取招标的办法，吸收社会资金投入基础设施建设；

降低竞争领域上市公司国有股比重，出售一部分现有的国有股，并允许上市公司的部分国有股、法人股入市流通；

扩大上市资源，对经营好的证券公司、保险公司、商业银行等金融机构，允许发行股票直接融资；

大力发展机构投资者，增强证券市场的稳定力量；

建立统一的国债市场和企业债券市场，完善证券市场体系；

建立创业板股票交易系统，健全和发展中小金融机构，完善信用合作体系，组建存款保险公司和担保公司，支持中小企业和个体经济的发展；

放松利率管制，逐步使金融机构存贷款利率及其他各种利率由供求关系决定；

稳步推进金融领域的对外开放。

十、解决人才问题的关键，是为人力资本创造性的发挥建立起必要的组织制度和相关的社会文化条件。

高技术发展的三大要素：高素质的人才队伍，宽松的创业环境，充裕的资本支持。中国人才固然缺乏，但更缺乏的是鼓励人才脱颖而出、各展其才的体制和机制。专家是一种稀缺资源，知识是一种稀缺商品。我们早就提出尊重知识、尊重人才的方针，但还需要制定出一套具体的政策与制度，包括明晰的产权和产权保护，健全的人才市场，收入分配的激励机制，创新的企业文化和民间投资为主体的风险投资体系。

此外，面对经济全球化、信息化和网络经济迅猛发展的现实，必须转变传统的观念，采用开放的思维方式，制定与之相适合的相关战略和对策。

# 关于“十五”计划几个问题的思考*

（2000年6月5日）

2000年5月下旬，中国宏观经济学会在青岛召开了2000年常务理事会暨学术研讨会，就“十五”计划的思路进行了研讨。大家认为，为了有效地解决当前经济中面临的诸多实际问题，应对加入WTO后广泛参与经济全球化的新形势，“十五”计划的制定必须跳出过去的传统模式，要有新思路。归纳会议讨论的意见，对“十五”计划几个带有根本性的问题有以下一些思考：

## 一、计划以什么为出发点

我们的计划从来就是为人民谋福利的计划。经过几十年的努力，特别是近二十年的努力，我们已经解决了人民的温饱问题，并向小康生活迈进。但是，在经济增长和生活水平提高的关系上，人们渐渐地产生了一种错觉，以为经济增长了，人民的收入自然而然地会随之增加，人民生活水平自然而然地会随之提高，从而更多地注重于经济的增长，直至把经济增长作为计划的出发点，把GDP的增长速度摆到了工作的首位。把经济增长速度作为计划的出发点，同把提高人

* 为中国宏观经济学会起草的2000年学术研讨会纪要。

民物质文化生活水平作为计划的出发点，两者的差别在于：前者是以速度作为主要考核标准，后者是以人民生活水平提高作为主要考核标准。标准不同，结果也就不同。这些年我们的经济增长速度不能说不快，但人民生活的改善速度与经济增长的速度并不完全相称，甚至在一部分人民中间还有所下降；在更多的地区生态环境恶化，人的生存受到了威胁；社会保障体系没有建立，第三产业发展缓慢。这都表示，经济增长了，老百姓应当得到的实惠却没有完全得到，生产与生活在相当程度上发生了脱节。过去老百姓关心经济增长速度，关心多少年翻一番，现在他们更关心生活中的问题什么时候能解决，生态环境什么时候能改善。制定第十个五年计划，应当想到老百姓，想到他们对第十个五年计划有什么期待，有什么愿望，拿出一个什么样的计划才能使老百姓满意。

当前经济中突出问题是内需不足，而解决内需不足的主要办法是增加居民的收入，特别是广大农村居民的收入，还有公教人员和部队的收入。收入增加了，他们对衣着、食品、家电、住房的需求亦会随之增加，这些产业的生产能力会得到发挥，从而带动能源、原材料、运输等现有生产能力的发挥，推动整个经济持续稳定增长。生产与消费、生产与生活是相互推动的。在生产相对过剩、内需不足的情况下，只有推动消费才能推动生产。相反，还像以前那样地推动生产，没有消费的增长作支撑，生产很难搞上去。

市场导向，就是需求导向。这是社会主义市场经济的一条重要标准。社会需求，除了出口外，就是投资需求和消费需求。而投资需求最终是为消费需求服务的。不然，投资需求就会走向自我循环，是会萎缩的。过去我们就有过重工业过重，陷于自我循环的教训。因此，“十五”期间经济的发展和经济结构的调整，都必须遵循市场导向的原则，紧紧围绕扩大人民需求和改善人民生活这一目标，以此作为制定计划的出发点，并在计划的形式和内容上加以鲜明地体现。

## 二、按照什么体制制定“十五”计划

经济体制改革从1984年转向以城市为重点，到现在已经进行了16年，市场机制已经在相当广泛的领域发挥作用。企业的生产已经基本上市场化。政府机构改革正在逐步推进，职能转变已经提上日程。加入WTO，体制改革只能义无反顾地向深层次推进。在当前的形势下，改革不仅是不进则退，而且不进也得进，因为对外开放的时间表已经确定了。进，就能取得成功，取得主动。解决好体制问题，从根本上建立社会主义市场经济体制，经济就能更好地发展，结构调整的目标就能更好地达到，人民生活中存在的诸多问题就能较好地得到解决或者缓解，社会就会更加稳定。可以说，加快经济体制的根本转变，是发展国民经济的迫切需要，是保证社会稳定的迫切需要，也是加入WTO、进一步参与经济全球化的迫切需要。

政企职能分开，是体制转轨的核心。计划要体现社会主义市场经济体制的原则，就必须体现企业是经济活动的主体，市场在资源配置中起基础性作用，而政府则应承担起必须由政府承担的职责，做好必须由政府做的事。

按照政企职能分开的原则，政府的规划应当包括以下内容：

1. 宏观发展的预测和政策导向；

2. 政府对自己掌握的公共资源进行合理配置，做好必需的基础设施建设和公用事业建设；

3. 通过法律法规，制定必要的公共规则，保证公平竞争，并通过适当的体制安排和有效的宏观调控，为企业自主经营和发挥市场积极作用、为多种经济成分的共同发展创造良好的环境。

政府对公共资源的配置，也可以采取市场化和半市场化的运作方式。

除此之外的其他经济活动，则应由各类经济主体自己作出规划，并自行对规划负责，政府不再干预。

制定“十五”计划，就应当按照社会主义市场经济体制的要求来制定，从根本上摆脱计划经济体制的模式。

## 三、有些什么权要放给企业

加入 WTO，企业面临的最大挑战，是国外大企业机制灵活，产品更新快，竞争力强。只有建立起快速反应、快速决策的机制，才能应对得了。

许多企业都在积极进行网络建设，逐步打掉垂直的组织结构，实行扁平化管理。都在研究适应经济全球化的企业发展战略，引进和采用先进技术，寻求和有效地利用社会资本和国际资本。

他们期待“十五”计划能有所创新，在宏观上为他们指明经济发展方向，为企业作用的发挥创造良好的环境，并在结构调整和资产重组上给以明确的政策引导。同时，把属于企业的决策权放给企业，让企业放手地去应对市场。

制定第十个五年计划，应当了解企业的期待和愿望，回答他们关心的问题。

民营企业最关心的是什么？他们最关心的是市场准入的

问题，并在生产要素方面享受到与国有经济一视同仁的待遇。

国有企业关心的是什么？国有独资企业关心的是政府不要管得太死，在国家规定的方针政策下，让企业有更多的自主权。国有控股和参股的股份制企业，则关心建立规范的法人治理结构，让股东大会和董事会行使法定的决策权。政府应当加强监督，但绝对不要干预企业的生产经营活动。

现在地方政府每年还给国有企业下达生产指标、效益指标、利用外资指标、技术改造指标等等。这些指标有没有必要下达，应当作出明确规定。

所有企业都关心项目审批权。现在大一点的项目审批权还在政府，企业希望把这个权放给他们。

投融资体制改革，已经到了非改不可的时候。这是因为：

就企业来说，生产经营已基本市场化了，投融资体制不改，企业仍然受制于政府，不能成为经济活动的主体，生产经营的自主权也不能完全实现，特别是不能及时适应市场变化，对投资的需求作出快速反应、快速决策。政府管项目审批，不仅环节多，而且费时长，各个环节之间经常相互扯皮，等项目批下来已经时过境迁。

就政府来说，政府机构改革已经推进到省区市一级。精简机构首先是精简任务。职能不转变，任务不精简，即使机构精简了，人员还难以真正减下去。而项目审批，工作量最大，牵扯的精力最多，产生的问题也最多。不对投融资体制进行改革，就不能杜绝地方政府和企业的人员“跑部前进”，也就不能杜绝由此而产生的腐败。

投融资体制改革，已经酝酿了多年，条件已经成熟，应该出台了。改革的原则是明确的：“谁投资谁决策”。政府投资自然由政府决策。非政府投资，自然由非政府的投资主体决策。这样，就把计划部门和领导机关从繁琐的项目审批事务中解放出来，真正集中力量研究一些大事。

不是政府对企业投资什么都不管。为了保持经济总量平衡、促进结构优化和保护公众利益，制定一些标准和规则是必要的。

总之，凡是应当交给企业的权和交给中介机构的权，都应当放给企业和中介机构。政府审批的事项减到越少越好。

## 四、怎样打破条块分割、自成体系

条块分割、自成体系弊端甚多。最大的弊端是以行政区为界，画地为牢，造成严重的重复生产和重复建设，既破坏了市场的统一性，也违背了资源合理化布局的原则，造成极大的浪费。

条块分割、自成体系的根子是政企不分。政府硬性地规定各种数量指标，直接调动社会资源和指挥企业来贯彻政府的意图。实行政企分开，可以从根本上解决这个问题。

但是，为了改变长期形成的习惯，也还需要做大量细致的工作。按照全国是一个统一的大市场的原则，鼓励地方拆除篱笆，打开大门，允许和鼓励生产要素在地区间流动，鼓励地区间优势互补、联合开发。

政府的各项体制，都要有利于打破条块分割。现行的财税体制，按企业的所在地缴纳所得税的原则，应当加以改革。

此外，行业垄断，到处可见，严重阻碍生产力的发展。有关部门应当对之进行清理，该保留的保留，不该保留的坚决扫除。

政府的各个行政部门和业务部门，应当转变立场，从管企业、卡企业转到为企业服务的轨道上来。

## 五、2000 年应当成为初步建立社会主义市场经济体制年

1984 年 10 月 20 日《中共中央关于经济体制改革的决定》中指出："我国建国三十五年来所发生的深刻变化，已经初步显示出社会主义制度的优越性。但是必须指出，这种优越性还没有得到应有的发挥。其所以如此，除了历史的、政治的、思想的原因之外，就经济方面来说，一个重要的原因，就是在经济体制上形成了一种同社会生产力发展要求不相适应的僵化的模式。这种模式的主要弊端是：政企职责不分，条块分割，国家对企业统得过多过死，忽视商品生产、价值规律和市场的作用，分配中平均主义严重。这就造成了企业缺乏应有的自主权，企业吃国家"大锅饭"、职工吃企业"大锅饭"的局面，严重压抑了企业和广大职工群众的积极性、主动性、创造性，使本来应该生机盎然的社会主义经济在很大程度上失去了活力。"

1995 年 9 月 28 日《中共中央关于制定国民经济和社会发展"九五"计划和 2010 年远景目标的建议》中确定：2000 年，"初步建立社会主义市场经济体制"。

从 1984 年提出打破政企职责不分、条块分割到现在已经将近 16 年。而只有基本完成这一任务，才能称得起基本摆脱计划经济体制，初步建立社会主义市场经济体制。

2000 年应当成为从根本上打破政企职责不分、条块分割，基本摆脱计划经济体制，初步建立社会主义市场经济体制年。

# 关于中国经济走势*

(2001 年 12 月 9 日)

## 一、中国的经济情况，这几年总体说不错，但问题不少

现在经济界经常辩论的问题，是对中国经济走势如何判断。明显有两种不同的观点：

一是遵循所说的“周期性波动规律”的观点。从对历史数据的统计来看，改革开放以来，每5 到6 年或者7 到8 年是一个周期。最近一个周期从1992 年开始，到1999 年经济增长达到谷底，增长率从14.1%开始，到7.1%结束，1 年降1 个百分点，7 年降了7 个百分点。2000 年经济增长出现转机，经济增长率止跌回升，从7%升到8%，从而认为中国经济今后将进入一个新的上升期。

另一种观点，中国经济增长出现了几次波动，并不能认为是一种客观规律，是一种正常现象，在一定程度上可以说恰恰是违反客观经济规律造成的，是不正常的。如果说是规律，那应当说是政府对经济不适当干预的结果。

现在，从中国经济的导向来说，已经开始发生两个转变：

* 在中日经济知识交流会第二十一届年会上的发言。

1. 增长方式的转变。从重速度转到重质量、效益。不讲效益的盲目生产和盲目建设已经没有多大活动空间了。

2. 经济体制的转变。企业成为生产的主体，政府已经不能随意干预企业的生产活动了。再由政府发动跳跃式发展，已经很困难了。计划经济体制下患的“投资饥饿症”，投资需求总是压不下来，现在情况不同了。有效益才投资，没效益，让他投他也不投。

看来，中国有可能避免过去的“周期性波动”的困扰，而走上波动较小的相对稳定增长的轨道。一点波动没有是不可能的，但大起大落对经济危害太大，应当也有可能避免。

当然，也不是说一点问题没有了。许多地方政企还没有完全分开，还在那里鼓吹高指标，提出一些不切实际的口号，片面追求高速度。因此，避免传统体制的“周期性波动”，也并不轻而易举，不可以高枕无忧。

## 二、怎样保持经济的稳定增长

我们当然希望经济能快速增长。但是，首先应当是稳定增长。这要考虑国内形势，也要考虑国际形势。

第十个五年计划规定，GDP 的年均增长率是7%。不少人认为定低了，其实7%不能说低。

为了保持经济的稳定增长，政府已经制定了一系列的政策，包括：

1. 采取积极的财政政策，增发长期国债，进行基础设施的建设。

2. 进行经济结构的调整，包括地区结构的调整。

3. 把扩大就业和增加农民收入，作为计划的重点，并采取了一系列的政策。

4. 继续调整和完善所有制结构。

5. 扩大对外开放。

这些都是正确的，应当坚持不懈地实行。

当前要防止的是急于求成。有些人总想找到一个灵丹妙药，能够立竿见影。他们把问题看得简单了。经济结构的调整，城市就业的扩大，农民收入的增加，这都要有时间，要水到渠成。急了，病急乱投医，会把经济搞乱，想要快反而慢。政府要积极为企业创造好的宏观环境，但绝不能拔苗助长。

## 三、要保持谦虚谨慎，坚持勤俭建国、艰苦奋斗的作风

这几年经济情况好，但也滋长了盲目乐观、铺张浪费之风。花钱如流水，大手大脚，讲排场，摆阔气，到处搞形象工程，搞大广场，搞豪华建筑，脱离国情。必须敲起警钟，使人们了解：

1. 中国人均 GDP 只有 800 美元多一点，仍然是属于发展中国家。而且在 GDP 中，不少来之国外投资，采用国外的技术，本国的技术创新能力很差。

2. 现在主要是靠赤字搞建设，赤字来之于对老百姓的借款和对外借款。

3. 现在城市还有大量的失业人员，农村还有大量的贫困人口。

这次中央经济工作会议上，朱镕基总理再次提出要坚持勤俭建国、艰苦奋斗的方针，发人深省。

满招损，谦受益，骄兵必败，应当永远作为座右铭。

# 在《李富春传》出版座谈会上的讲话

（2001年12月25日）

《李富春传》的撰写工作，开始决定由国家计委负责，国家计委决定由我负责组织。由于我组织工作没有做好，前期准备工作不充分，史料不足，给前两稿的写作增加了困难，也拖延了全书的出版时间。1999年底，中央文献研究室接受了第三稿的撰写任务之后，由于他们掌握的史料丰富，对党的历史和富春同志的历史把握得深刻，既加快了进度，也提高了撰写的质量。因此，富春传的出版，除了感谢前两稿的作者以外，要特别感谢中央文献研究室，感谢逄先知、金冲及同志和廖心文、曹应旺同志。

1952年我调到国家计委，较长时期在富春同志领导下工作。他给我最深刻的印象，是蓬勃向上的革命朝气，谦虚谨慎、任劳任怨的工作作风，爱护干部、爱护青年的长者风度。在1954年至1965年他兼任国家计委主任的10多年间，我国的经济建设经过了“大跃进”的3年和“调整、巩固、充实、提高”的5年。他同老一辈革命家一样，总是满腔热情地希望把国家的经济建设搞得快一些，搞得好一些。当经济发展出现问题的时候，他从不推卸责任，也从不泄气，总是积极地想办法克服困难，并且在当时的情况下，尽力地去分析问题，总结经验教训。富春同志经常说，学费是要付的，但付了学费一定要取得经验教训，不然学费就白付了。当时，我给梅行同志作助手，为计委和富春同志起草文件，这一点，我们感受得最深刻。

富春同志反复总结的“大跃进”中急于求成的教训，以及由此而提出的切实做好综合平衡，认真贯彻以农业为基础，工业必须重视质量和品种，基本建设必须量力而行、集中力量打歼灭战，计划要留有余地，要艰苦奋斗、勤俭建国，要实事求是、防止形而上学等一系列的计划原则，是给我们计划工作留下的宝贵财富。每当我们重述这些方针和原则的时候，我们眼前就浮现出“大跃进”和随后进行的大调整的情景，感到它是何等来之不易，何等重如金石。“大跃进”之后，富春同志经常讲的一句话，就是要当冷静的促进派。记得他最深刻的一次讲话，是1964年春季，当经济形势逐步好转时，再一次告诫：“我们做领导工作的同志，要当冷静的促进派。头脑要冷静，要看清情况，要采取切实可靠的措施，真正把我们的社会主义建设事业向前促进。”他又一次讲到了自己，说“1958年和1959年搞“大跃进”的时候，以我来说，头脑就热了一些，没有当冷静的促进派”。现在好形势又来了，“我们一定要接受过去的经验教训，当冷静的促进派，冷静地看问题，了解情况，摸清情况”。富春同志这样不厌其烦地劝说，就是不要忘记我们付出沉重代价换来的宝贵的经验教训。

我们党对于社会主义建设客观规律的认识，就是这样对成功和失败的经验教训的不断总结而逐步深入的。富春同志在这方面所作出的贡献，他对我们的告诫，我们要牢记不忘。

# 我所知道的1975年《工业二十条》起草始末*

(2004年8月5日)

《关于加快工业发展的若干问题》(简称《工业二十条》),是1975年根据邓小平的指示起草的一个工业条例。当时,《工业二十条》是射向"四人帮"的一发"重型炮弹",曾引起一场重大的政治风波。这件事情离现在快30年了,但许多情节未见历史记载,因此鲜为人知。现在,我仅根据手头存有的资料和我的记忆,对我所知道的1975年根据邓小平指示起草《工业二十条》的情况,追述如下。

## 一、为什么要起草《工业二十条》

"文化大革命"以前,邓小平主持制定并经中央批准正式颁发了一部《国营工业企业工作条例》(简称《工业七十条》)。《工业七十条》规定了国营工业企业的根本任务,是全面完成和超额完成国家计划,增加产品,扩大积累,努力赶上和超过国内外先进的技术水平。《工业七十条》具体规定了"党的领导"、"企业的生产指挥"、"计划管理"、"技术管理"、"劳动管理"、"财务管理"等规章制度。"文化大革命"

* 载《中共党史资料》2004年第三期。

爆发后，《工业七十条》被诬蔑为修正主义路线的产物，其规定的规章制度被扣上了“唯生产力论”、“物质刺激”、“管、卡、压”、“利润挂帅”、“条条专政”等等帽子，统统作为“修正主义的黑货”加以批判，公然提出砸烂《工业七十条》，以致造成无政府主义盛行，工业企业管理处于极端混乱状态。

1971 年林彪反党集团被粉碎之后，1972 年、1973 年周恩来总理提出批判林彪煽动无政府主义、破坏国家计划、破坏企业管理的罪行，国家计委起草了《关于坚持统一计划、加强经济管理的通知》（简称《十条》），提交 1973 年全国计划会议讨论，但遭到“四人帮”反党集团的抵制。他们硬说批无政府主义就是“批群众”，“批‘文化大革命’”，抓企业管理就是“修正主义路线回潮”。特别是在 1974 年，“四人帮”借毛泽东主席发动“批林批孔”运动的时机，搞“放虎归山”、“第二次夺权”，指使他们的爪牙打着“反潮流”和“反复辟”的旗帜，拉山头，搞串连，成立战斗队和民办批林批孔办公室，到处揪斗党政军负责人和企业领导干部，搞打砸抢，把一些地方和企业组织搞瘫痪了。他们制造了“法家造反、儒家生产”、“不为错误路线生产”等谬论，公然煽动停工停产。哪里是国民经济的要害，他们就把哪里搞乱。他们强占铁路枢纽，中断铁路交通，给中央施加压力。不少“老大难”单位，经过中央和国务院领导同志进行大量细致的耐心工作，本来情况已经好转，这时又乱了起来。1974 年，全国工业生产急剧下降，许多企业处于停产半停产状态。

1975 年邓小平重新主持中央和国务院工作，以毛主席 1974 年下半年发出的学习理论防修反修、安定团结和把国民经济搞上去的“三项指示”作为旗帜（或纲领），借 1975 年 1 月四届全国人大周总理重新宣布毛主席提出的发展国民经济

“两步设想”的东风，在全国开展了整顿的工作，向无政府主义、向“资产阶级派性”宣战。先是抓铁路整顿，以后又抓钢铁工业整顿，迅速收到了效果。1975 年 6 月，邓小平说，前一段解决铁路问题、钢铁问题，都是一个一个解决，光这样不行，要通盘研究，提议国务院召开计划工作务虚会。根据邓小平的指示，国务院从 6 月 16 日到 8 月 11 日召开了将近两个月的务虚会，一是拟定了《1976—1985 年发展国民经济十年规划纲要》（草案）；一是拟定了《关于加快工业发展的若干问题》（简称《工业二十条》）草案，期望以这个文件来代替实际上被废除了的《工业七十条》。

## 二、《工业二十条》的起草过程

### （一）第一次提交国务院讨论的 8 月 17 日稿

根据邓小平的指示，国务院由李先念、纪登奎、谷牧负责（当时余秋里因病休息），在国家计委成立了一个起草小组，由我牵头，王忍之、桂世镛、陈斐章等同志参加。

起草小组成立后，迅速动作，于 7 月 25 日写出第一稿，在国家计委内部由谷牧主持进行了讨论。经过几次修改，8 月 17 日将第二稿报送李先念。8 月 17 日稿共 14 条，内容是：①工作总纲；②奋斗目标；③主攻方向；④挖潜、革新、改造；⑤基本建设要打歼灭战；⑥采用先进技术；⑦又红又专；⑧整顿企业管理；⑨两个积极性；⑩统一计划；⑪纪律；⑫关心职工生活；⑬工作方法和工作作风；⑭思想方法。这些内容都是原则性的，并没有展开写。

8 月 18 日，邓小平亲自主持国务院会议讨论 8 月 17 日稿。在汇报过程中和汇报后，邓小平发表了以下意见：

有些问题，恐怕不是提出的时机。党也要整顿，“双突”

（指“突击入党”、“突击提干”）不解决行吗？科学院也有。武钢上不去，今年不在乎多100万吨、200万吨，各方面要调整好，宁肯少一点，要把设备维修好，秩序搞好。鞍钢掉轨，杂乱无章。

文件基本上写得好的。有些问题没提出，如按劳分配问题，现在还提不出来，但在社会主义建设中始终是一个很大的问题。上海有没有物质刺激，新老工人都有附加工资。不能说上海办法不对。要研究一下上海积极性高，是否与此有关。所谓物质刺激，过去并不多。人的贡献不同，是否应当有些差别，在待遇上。同样的工人，他的技术发展得快，要不要提高他的级别、待遇，否则就没有是非了。看来平等，实际掩盖着另一种不平等。高温、高空、井下、有毒的，待遇应当不同。这个文件要不要提出来？炉前工出汗就多。

针对文件内容，邓小平提出了几点建议：

（1）加一段反映以农业为基础的思想。工业的重大任务是促进农业的现代化。还是农轻重的次序。工业越发展，农业落后不行。我跟四川说，四川工业越发展，农业越要排在第一位。没有菜吃，没有肉吃，工业怎么能搞得好。要加一段，反映农业为基础的思想，反映工农联盟的思想。

（2）采用新技术，要加一段。拿更多的东西去换取外国最新最好的设备。所有国家都是这样。外国展览的产品，好东西一破开，里面好多部件都是别的国家的。出口，第一是石油，要更多地发展，尽可能出口，这是最可靠的。还要考虑煤炭出口，从政策上考虑，这是个大政策。要单独写一段，附在这一段显不出政策来。进口设备，同他订长期协定，我用煤换。

（3）又红又专。要强调企业的科学研究。科学技术越发展，企业里科技人员比例越大，用得越多。大型企业，应有自己独立的研究机构。小型的，由部里搞综合的科研机构。现在很多知识分子学非所用。

(4) 要单独写一条质量第一，这是个大政策。包括品种、规格、质量、花色品种。这是最大的节约，也能打开出口的通路。

(5) 专门写一段责任制。规章制度的关键是一个责任制。无人负责，突出的是这个问题。现在积重难返，矫枉要过正一点。不过正不能矫枉。

邓小平对文件本身进行了评价。他说：文件解决了相当多的问题。需要有这样一个文件，代替《工业七十条》。毛主席历来讲要有章程。讲《工业七十条》也是修改，不是废除。南京一个军工厂的劳动模范周阿庆发言讲得好，主张建立严格的规章制度。

邓小平对按劳分配问题的写法，也谈了看法。他说：按劳分配问题，大家都动动脑筋。工资政策要琢磨一条，不用，放在文件外。总题目叫按劳分配。不管贡献大小、能力强弱、劳动轻重，都是四五十元钱，能不能调动积极性？《七十条》讲计时工资和计件工资相结合，现在计件工资有的地方还在搞，但不敢讲，不合法。这个文件可以先写出来讨论。搞长远规划，可以出政策。

(二) 根据邓小平意见修改而成的8月22日稿

根据邓小平8月18日所提出的意见，起草小组于8月22日改出了第三稿。8月22日稿内容增加为20条：

1. 工作总纲。强调毛主席的“三项指示”，是各项工作的总纲，必须抓住这个总纲。指出有些人还在那里公开地或隐蔽地搞资产阶级派性活动。一部分企业，领导权不在真正的马克思主义者和工人群众手里。这些问题，必须引起我们足够的重视。当前要特别注意抓好工业的整顿工作，解决工业管理和企业管理中存在的某些乱和散的问题。决不能把在革命统帅下搞好生产当作“唯生产力论”和“业务挂帅”来批判。革命和生产必须两不误。

2. 奋斗目标。强调第五个五年计划期间必须建成全国的独立的比较完整的工业体系，再经过五年或者更长一些时间的努力，基本建成六个协作区的工业体系。

3. 以农业为基础。

4. 大打矿山之仗。

5. 挖潜、革新、改造。

6. 把质量、品种、规格放在第一位。

7. 节约。

8. 协作。

9. 基本建设要打歼灭战。

10. 采用先进技术。

11. 增加工矿产品出口。

12. 整顿企业管理。

13. 两个积极性。

14. 统一计划。

15. 纪律。

16. 各尽所能，按劳分配。

17. 关心职工生活。

18. 又红又专。

19. 工作方法和工作作风。

20. 思想方法。

（三）纪登奎的讲话和 9 月 2 日稿

8 月 31 日，国务院副总理李先念、纪登奎、谷牧、孙健和国家计委几位负责同志一起讨论 8 月 22 日稿，国务院政治研究室邓力群、于光远以及王维澄也应邀参加。

纪登奎根据他刚到外地考察得出的认识，认为文件的政治部分不行，没提起纲来。他说：

中间工作部分，有些讲得好的。政治部分不行，不能解决问题。5000个大中型企业，有多少有问题的？谈企业问题，不能老找计委的同志，要找企业党委书记来谈。

纲没提起来，关键在党。有的党委权被夺了，坏人掌权，他要那套规章制度干什么？洛阳大企业，5个出了问题，电厂书记是贪污盗窃分子，盗出3吨铜。规章制度对他有什么用？不用说一长制，你发言权都没有。不能回避这个问题。对企业要作分析，把纲提起来，非整顿不行。然后，下面提的那些任务才有人去做。矿山机械厂党委副书记，我骂了几句，半夜带姘头跑了，昨天抓了起来。贪污盗窃，投机倒把，我就整，不管什么造反派、反潮流。他们是在这些东西下面掩盖一个事实，就是搞资本主义。

头一条，企业的主要矛盾是什么？30%的企业，在一个相当时期内完全脱离基本路线。他们所说的斗争，根本不是整资本主义。什么叫路线？浙江无非是山上、山下派，新生势力、老生势力的矛盾。在混乱中，让那些坏人捞了一把，篡夺了领导权。这一头，贪污盗窃分子上了台；那一头，把先进人物打下了台。借“反复旧”的名搞复旧，借“反复辟”之名搞复辟。

依靠谁？有的靠反潮流分子。鉴于这样，对这些不加分析，一概承认、支持，等于解除武装。党处于极端软弱的状态。多数职工一直处于压抑，心情不舒畅。

这个问题不解决，30%那些企业，这篇文章完全无用。

矿山厂姑娘组，轴承厂信得过小组，铁路三八乘务组，都受打击。反过来，贪污盗窃、投机倒把分子当权。

中央文件为什么贯彻不下去，就是因为这些人当权。他怎么能反自己？

从生产反映政治。哪有政治好，生产搞得那样糟的？亏损面，除了主观条件不具备外，都是政治上有问题。

军队要整顿，企业要整顿，整顿的基本方针，是从党整起。

我们这些人忘本。我们的帽子脱了，老工人的帽子还戴着。几个钢铁厂，全是这个问题。这是基本路线？同主席讲的全不沾边。

干部政策，要从最先进的企业领导者选择。不是一下子把普通工人提到领导岗位上，片面性太大。

两类：一类是贪污盗窃、投机倒把掌了权；一类是形而上学，没有团结愿望，就是一味整人，“不斗则修，不斗则退，不斗则垮”，类似土改中的“勇敢分子”。

不是说老工人不分左中右，而是说相当一部分老工人，他们热爱社会主义，而权在所说的那一部分反潮流分子手中。

不是靠两派，而是靠一派，不是靠工人阶级。左中右，不是人家都是右，你这一派也有左中右。成天在那里争，在那里吵，结果让贪污盗窃、投机倒把分子捞了一把。

一批没有改造好的知识分子加上某些“勇敢分子”当权。

现在还是讲《二十三条》的第一条，什么山上派、山下派的交叉，什么经验主义是主要危险，而把主要矛盾放在一边。

要把问题讲透彻。

一年多来，局面稳定住了，有利于解决这个问题了。

过去混乱，他们捞了一把。他们不怕疾风暴雨，怕和风细雨。

辉县反潮流的性质，是反社会主义的，是右派造反。

许昌“一百零八将”，带头的是高中毕业生，说干部在九天之上，农民在九地之下。这个人是右派。

纪登奎的这篇讲话讲得很好。他为什么能讲出这样一篇话？直接来源于他奉邓小平之命，同王洪文一起到浙江解决“双突”问题以及他对浙江、湖南、河南等省的调查得到的认识。

1975年7月初，经毛主席、党中央批准，王洪文、纪登奎到浙江调查，帮助浙江省委解决浙江的问题。浙江杭州丝绸厂有个造反派头头叫翁森鹤，是个头上长角、身上长刺的人物，同党唱对台戏。他当选中共十大代表，丝绸厂95%的党员不同意，工厂的10名常委都不同意，省委说服大家选他。翁森鹤开会回来后，更加猖狂，拉一帮人上三台山，成立了一个山头，于是在浙江出现了山上派、山下派。他们以反潮流为名，拉山头，搞分裂，到处夺权。以我划线，同他一派的都可以入党，一下子在杭州丝绸厂突击入党95名，16个支部书记换了14个，书记、副书记被赶了出来。省里推广他的“双突”经验，有二三十万人到杭州丝绸厂参观。一股逆流顶不住，顶他的就压。翁森鹤私设牢房，关了二十几个人。搞“砸破庙”，夜里一帮人戴上帽子口罩，一直把人家的东西砸光为止。翁森鹤和另一个造反派头头给杭州市委发了一份紧急通牒性文件，一开头大骂市委抵制老中青结合，接着限市委3天内给他们60个官。市里的领导竟屈服于这种压力，给人家签了字，盖了图章。这样，在1974年“批林批孔”的风潮中，浙江普遍出现了“双突”的问题，引起了中央的重视。

王洪文、纪登奎到浙江，先是参加浙江省委工作会议并到工厂作调查，撤掉了三台山山头。7月14日，王洪文、纪登奎又同浙江省委书记谭启龙、铁瑛到北京向中央汇报。7月15日，中央政治局召开会议，听取浙江省委工作会议情况的汇报和关于处理“双突”问题的请示，并进行了讨论。7月

16日，根据中央政治局讨论、修改的浙江省委关于正确处理“双突”问题报告和中央对这个请示报告的批语，呈报给毛主席。当天，毛主席批阅了解决浙江“双突”问题的报告和中央批示。7月17日，浙江省委《关于处理突击发展的党员和突击提拔的干部的请示报告》加了《中央对浙江省委报告的批示》，以中共中央文件发布，这就是中共中央1975年16号文件。随后，纪登奎、谭启龙、铁瑛回到浙江，7月19日向省委工作会议传达了中央16号文件。中央这份文件的主要精神就是不要怕那些顽固坚持搞资产阶级派性的头头，要同他们的错误思想作斗争。

浙江问题的解决，增加了纪登奎关于整党、关于同“资产阶级派性”作斗争的信心和勇气。而纪登奎的讲话，又增加了我们起草小组的勇气和信心。

根据纪登奎的意见和各地反映的情况，起草小组用2天时间于9月2日修改出了一个稿子。

9月2日稿在8月22日稿的基础上，增加了“党的领导”、“依靠工人阶级”两章，合并去掉了“奋斗目标”、“把质量、品种、规格放在第一位”、“节约”、“协作”四章，其余各章保留，共18条。

9月2日稿的内容很锋利。其锋利之处在于：

（1）在“工作总纲”一章中，点明了有些人口头上也讲党的基本路线，实际上把两个阶级、两条道路的斗争放在一边，不抓这个主要矛盾，而是成天闹这一派同那一派的矛盾，新干部和老干部的矛盾，你攻过来，我攻过去，没完没了。少数搞资产阶级派性的头头，争权夺利，拉山头，搞分裂，闹得企业不得安宁，地方不得安宁，党不得安宁。阶级敌人趁机混水摸鱼，大捞一把，有的甚至篡夺了领导权。他们打着“反复辟”的旗号搞复辟，破坏革命，破坏生产，把党的好干部，把先进模范人物和先进集体打下了台，坏人当道，好人受气。这些地方、这些企业，管理混乱，生产长期上不去，有的已经变了质。

（2）增加了“党的领导”一章。提出目前企业党的领导大体有四种状况：一是坚持执行党的路线、方针、政策，敢于领导，敢于负责，革命和生产都抓得好。二是领导班子程度不同地存在着“软、散、懒”的问题。这些单位的领导，有的怕字当头，不敢坚持原则，好的不敢表扬，坏的不敢批评，使党的组织处于软弱无力的地位。有的闹不团结，搞资产阶级派性，各吹各的号，各唱各的调，形不成核心。三是没有得到改造的小知识分子和“勇敢分子”当权。这些人政治上一窍不通，生产上毫无经验，却指手画脚，一味整人，只唱高调，不干实事，动不动就给人扣上“复旧”、“倒退”、“保守势力”、“只拉车、不看路”一类的帽子，压制广大干部和群众的积极性。四是坏人掌权。有的是贪污盗窃、投机倒把分子，有的是反党反社会主义的右派。他们利用职权，胡作非为，一方面拉拢、腐蚀一部分人，培植自己的势力；另一方面打击、陷害好的革命干部和工人，搞资产阶级专政，搞复辟倒退。第三种、第四种是少数，但危害甚大。这些单位的严重情况长期得不到改变，是因为背后有人支持。整顿企业，首先是整顿党的领导。经过整顿，要改变那些“软、散、懒”的领导班子，调整那些没有得到改造的小知识分子和“勇敢分子”当权的领导班子，把坏人篡夺了的权力夺回来。

（3）增加了“依靠工人阶级”一章。指出现在有些地方、有些单位不是依靠工人阶级，而是依靠这个山头、那个山头，他们不作阶级分析，盲目地跟着“造反派”和“反潮流分子”跑。结果，分裂了工人阶级队伍，脱离了广大工人群众。

9月2日稿指出：对于“造反”，对于“反潮流”，都应当进行具体分析。要看造哪个阶级的反，看反什么性质的潮流。正确的要支持，错误的要批评，反动的要坚决顶住，然后加以考察，进行批判。要特别警惕少数坏人利用“造反”和“反潮流”的名义，搞破坏活动。领导干部任何时候都要坚持原则，决不可随风倒，决不能为漂亮的词句所迷惑，为吓人的帽子所压倒，解除思想武装，甚至把权让给人家。

9月2日稿指出，要划分造反派、反潮流分子和工人阶级先进分子的界限。不能说参加过反潮流、参加过造反的人，都是工人阶级的先进分子。凡是以“造反”和“反潮流”作为资本，向党伸手，要当党员，要作官的，一律不给；不但不给，还要批评。

9月2日稿指出，要坚决同资产阶级派性作斗争，针锋相对，寸步不让。现在还支持资产阶级派性，就是搞修正主义，搞资本主义，屡教不改的，要严肃处理。党员决不允许搞派别活动，坚持不改的，要开除党籍。

9月2日稿指出，要落实党的政策。工人、技术员、一般干部，凡是戴上“保守派”、“站错队”等帽子的，一律摘掉，有关档案要退还给本人或者予以销毁。

### （四）20个企业党委书记座谈会讨论8月22日稿

9月2日当天，起草小组将9月2日稿送给了李先念、纪登奎和谷牧。9月3日，纪登奎同起草小组同志说，18条太厉害，有些提法还要推敲，邀请的企业党委书记已经到了，同企业党委书记座谈还是拿8月22日的20条，9月2日的18条不要拿出去。

9月4日到12日，国家计委邀请20个企业负责同志（主要是党委书记）召开座谈会，讨论《工业二十条》（讨论稿）。9月4日到10日由国家计委副主任林乎加主持，9月11

日、12 日由纪登奎主持，李先念、陈锡联、谷牧参加。

9 月 4 日座谈会开始，林乎加说明了为什么要起草这个文件，请大家看看是不是这些问题，还有哪些问题要加上去。比如，党的领导，浙江那里是搞整党，河南也提出加强党的建设问题，现在写得不够。依靠工人阶级，调动广大职工的积极性，也要写一条。座谈会的任务，就是讨论修改文件。林乎加还宣布了一条纪律，文件不要抄，不要传。

与会者对《工业二十条》进行了讨论。大家讨论得很认真，劲头很大。普遍讲到，现在速度不快，真急人。作为企业的党委书记，压力很大。迫切希望中央发一个文件，总结各企业的经验，针对当前的问题，作出一些规定，统一思想，统一行动，把工业生产搞上去。

大家认为，文件的基本内容是可以的，这些条都很必要，一些规定是符合基本情况的。不少同志提出，要把整顿党的组织问题突出写出来。

一些同志提出，党的领导要单写一条。他们认为，企业党的领导班子有问题，党的方针政策、中央的指示，就贯彻不下去，革命和生产就搞不好。不解决这个问题，有多少条都没有用。浙江一些单位搞“突击入党”、“突击提干”，河南、湖南的一些单位也在一派中搞“纳新提干”。他们的说法是“9 次冲杀，10 次受压，路线觉悟最高”。这些人可以三个优先：优先平反，优先入党，优先提干。湖南 770 厂有些人在平反会上戴两朵大红花，一个是平反，一个是入党。纳新，提干，派民兵，选拔工宣队、理论骨干，完全以派为标准。这样，就把资产阶级派性带进了党内，带进了各种组织，带进了领导核心。或者把党委分成了两半，形不成决议，办不成事；或者被坏人篡夺了领导权。有的领导班子怕字当头，不敢斗争，软弱无力，甚至“拱手让权”。整顿企业，解决当前存在的“乱”和“散”的问题，首先要整顿党的领导，搞好党的思想建设和组织建设。要从党委一直整顿到支部，从厂、分厂一直整顿到车间、工段、班组。不这样，不能解决问题。

一些同志提出，文件要写一条全心全意依靠工人阶级的问题。现在有些企业，不是依靠工人阶级，而是依靠派。不少老工人、先进模范人物，至今还带着“保守派”、“站错队”、“为刘少奇路线卖命”等帽子，精神枷锁没有解除，心情不舒畅，积极性受到压抑。文件应当充分揭露资产阶级派性的反动性、危害性；强调必须同资产阶级派性作坚决的斗争，哪里冒出来就在哪里斗，把它搞臭。要讲落实政策，做细致的思想工作，团结两个95%，加强整个工人阶级的团结。文件应当明确指出，当前工业战线上的主要矛盾还是两个阶级、两条道路的斗争。有些同志口口声声讲党的基本路线，但是却忘记了这个主要矛盾，纠缠于这一派同那一派的矛盾、新干部和老干部的矛盾等等，实际上是违背了党的基本路线。

一些同志提出，文件要把一些重要问题的是非界限划清楚。如什么是单纯技术观点，什么是单纯生产观点，一提钻研技术、业务，一提搞生产，就不对吗？什么是“管、卡、压”，对歪风邪气就不能管、不能卡、不能压吗？什么叫物质刺激？反对物质刺激，就一定要不分劳动好坏，到年头一律长工资吗？1972年提工资，“不论贡献论年头”，老工人很有意见，伤害了积极性，今年不能这样搞了。还有，什么叫“洋奴哲学”、“爬行主义”，外国先进技术为什么不能学习？现在有些领导，所以怕字当头，不敢干，重要原因就是分不清是非。中央文件把这类问题讲清楚，纠正形而上学、片面性，企业里的干部就敢干了。

（五）10 月 8 日稿和 12 个省委书记座谈会

20 个企业党委书记座谈会以后，李先念主持搞《十年规划纲要》，委托纪登奎抓《工业二十条》的修改，修改的基础是 9 月 2 日最锋利的 18 条，而不是 8 月 22 日的 20 条。纪登奎与谷牧分工，纪登奎主持修改前三条，谷牧主持修改后面的一些条。10 月 8 日，起草小组拿出了一个稿子。

10 月 8 日稿仍然是 20 条。9 月 2 日稿中被合并了的“把质量、品种、规格放在第一位”、“节约”、“协作”部分又独立成章，重新构成 20 条。

10 月 8 日稿在许多提法上作了斟酌，把最尖锐的话，也就是明显针对“四人帮”的话删掉了，或者把棱角磨掉了。特别是因为当时只能提阶级斗争为纲，把“三项指示”并列会被攻击为篡改党的基本路线，所以不得不把 9 月 2 日稿的第一条“工作总纲”改为“坚持党的基本路线”。

尽管如此，10 月 8 日稿仍留下了一些关键的话，旗帜鲜明，矛头指向明确。例如：留下了“少数企业被坏人篡夺了领导权，他们打着反复辟的旗号搞复辟，把坚持党的路线政策的好干部和先进人物打下了台，实行资产阶级专政，各种坏分子和刑事犯罪分子乘机大肆活动，为非作歹”；留下了“极少数顽固坚持资产阶级派性的头头，拉山头，搞宗派，分裂工人阶级队伍，破坏了安定团结，扰乱了革命和生产秩序”；留下了“有的同志对‘造反’、‘反潮流’和‘四大’，至今还不懂得要作阶级分析，不懂得正确的要支持，错误的要批评教育，反动的要坚决加以批判，甚至对有的人利用什么‘矛头向上都对’之类的口号来反对党的正确领导，也不敢进行斗争。这样，就给了阶级敌人和资本主义势力的进攻以可乘之机”；留下了“对企业的党组织，必须从思想上组织上进行一次整顿。好的要总结提高、有问题的要限期解决；

被坏人篡夺了领导权的，要把被篡夺的那部分权力夺回来”；留下了“无产阶级文化大革命已经9年了，有的地方、有的单位还在那里闹资本主义派性，不是全心全意依靠工人阶级，而是依靠这个山头，那个山头，这一派，那一派，至今还在工人队伍中搞什么‘划线站队’，分裂工人阶级队伍，破坏工人阶级团结，这是完全错误的”；留下了“对极少数顽固坚持资产阶级派性的领导干部和头头，屡教不改的，要严肃处理。党员决不允许搞派别活动，坚持不改的，要给予党纪处分”。

10月5日，国务院讨论关于十年规划的汇报，邓小平问：“二十条不知搞得怎么样？实际上比这个汇报还重要，基本上是代替过去的《工业七十条》的。”

这时，正好国务院请了12个省委书记来北京讨论农业问题，国务院决定把纪登奎、谷牧主持修改的《工业二十条》10月8日稿印发给在京开会的这些书记，听取他们的意见。

12个省委书记座谈会于10月9日开始，开到11日。座谈会由李先念主持，纪登奎、谷牧参加。会议发言时可以插话，开得生动活泼，劲头十足。从会议的发言中可见一斑：

李先念：稿子看了没有？看了，就开腔。

纪登奎：小平同志说过了，可以不算数。

李先念：可以算，可以不算。

李井泉（四川省委第一书记）：看了两遍，这家伙，过瘾，有点高屋建瓴的姿态，敢于批判错误的东西。印象，好的，比较好，上等货。赞成这个文件。有了这个文件，可以回答很多问题。工业没个准则，下面辩论谁是谁非，没有标准。四川打徐驰，没个标准，工业书记不好当。赞成现在的写法，把小平同志几次讲话的精神都写进去了，不要求再多写什么。

李先念：可以说每一条都针锋相对。

廖志高（福建省委第一书记）：文件很好，非常必要。现在组织混乱，思想混乱，有这样一个文件，搞下去，一两年就可以发挥很大的威力。

纪登奎：给计划会议准备的。

江渭清（江西省委第一书记）：工业生产，现在是无章可循。没有章程，各行其是。党委很难讲话，你算老几？皮定均在军区讲话，有人问他算老几？他说，毛主席没撤我职，在这里我算老大。现在企业里，什么劳动管理、技术管理、财务管理、计划管理都不要了。你学习国外技术，就是“洋奴哲学”。你抓生产，就是“唯生产力论”。你搞点规章制度，就叫“管、卡、压”。你批评他利润太少，他就说你“利润挂帅”。……赞成这个东西，有这个好。

刘子厚（河北省委第一书记）：文件很好，很有针对性，把问题集中了，贯彻下去，会加快工业发展。双手赞成，动员力大，很鼓舞人心。

李井泉：准备有人说你“复旧”、“复辟”、“暗流”、“还乡团”。

刘建勋（河南省委第一书记）：赞成文件，举手赞成。前三条非常重要。轴承厂“四大金刚”进了党委，拿到了党委图章，唱“朝思暮想”，然后哥儿们喝酒。党委主要班子要搞好。

赵紫阳（广东省委第一书记）：坚持搞资产阶级派性的，就是搞分裂活动，就是反党，这个定性好。批派性，机不可失。闹了几年，闹惯了。文件非常有力，击中要害。领导班子“软、散、懒”，首先是“软”，基层干部的最大顾虑，是没有人保护。搞得不好，整你一下，“打不倒你，搞臭你；搞不臭你，赶跑你。”对基层干部要支持。

彭冲（江苏省委第一书记）：蛮好，很有针对性，能起作用。计划会议第一阶段就讨论这个问题，先务虚，然后再闹计划。对企业领导班子要好好估计。

李井泉：文件说“一部分领导班子程度不同地存在着‘软、散、懒’的问题。这种情况往往是和资产阶级派性的干扰和坏人的捣乱相联系着的”。“软”的占多数，为什么软？主要是怕。你整了他，他当然害怕。打死了人，也没有人管，他当然软。年轻人还可以顶一顶，有些老头子，半天也顶不住。

李葆华（贵州省委第二书记）：文件很有必要，有了前三条好办。“软、散、懒”，省委有责任。

谭启龙（浙江省委第一书记）：文件是好的，总结了“文化大革命”以来的经验。现在无章可循，思想乱了，组织乱了，制度也乱了。什么叫正确，什么叫错误，搞不清。今天批这个，明天批那个，把思想搞糊涂了。'

韦国清（广西自治区党委第一书记）：文件写得好，好文稿，把9号、13号、17号文件中精彩的东西都集中起来了，把许多搞乱了的思想澄清了。什么“矛头向上都对”，什么“反潮流”，把这些讲清楚，党的理论水平就提高了。

赵辛初（湖北省委第一书记）：文件好，抓住了要害，把小平同志讲话精神都集中到这里了，是有力的武器。

段君毅（四川省委书记）：发这样一个文件，十分必要。这些东西能实现就好了，不要丧失时机。

（六）胡乔木主持修改的10月25日稿和11月3日稿（最后一稿）

在省委书记一片叫好声中，国务院一些领导同志感到了问题的严重性。那就是《工业二十条》写得越过瘾，就会越加引起“四人帮”的仇恨，搞不好，会带来一场灾难，像李井泉说的，真的会被人攻之为“复旧”和“复辟”了。因此，国务院领导同志采取了两个措施，第一，省委书记座谈会结束时，李先念、纪登奎声明这个文件不算数，要根据大家意见修改，会后将文件收回。第二，请胡乔木上手，把文字从头到尾修改一遍，让文件在理论和实际上都能站得住。

10月17日，李先念、纪登奎、华国锋、谷牧请胡乔木修改《工业二十条》。胡乔木谈了以下意见：①工业现代化，应当有所描绘，使大家看到远景，为此而奋斗，这样就有了纲。②前三条是迫切需要解决的，大家高兴的，观点要摆出来，话要说得更全面一些。③要把毛主席关于工业的路线写出来，然后讲阶级斗争，讲党的领导，讲依靠工人阶级。④工业学大庆，要有几条标准，什么叫大庆式企业。⑤整顿企业管理。要反对无政府主义状态，我们的计划性、纪律性应比资本主义更高。⑥统一计划。破坏计划是不能容忍的。⑦两个积极性，非有不可。⑧质量、节约，要提到适当的程度，使人惊心动魄，非解决不可。胡乔木认为这个文件相当艰巨，如果在当前不解决这些问题，那就是犯罪。李先念、纪登奎同意胡乔木的意见。

10月25日，胡乔木主持改出了一稿，20条，3万多字，篇幅扩大了一倍。第一章是“全面地贯彻执行毛主席的办工业路线”，一共引了毛主席与工业发展有关的18组语录。最后一章是：“全党动员，为加快工业发展速度而奋斗”。其他章节、内容基本与10月8日稿相同。

10月25日稿送给李先念、纪登奎、谷牧。他们经过商量，认为10月25日稿太长，引用毛主席语录多是“文化大革命”以前的，不一定通得过。于是，由胡乔木动手，对稿子做了大大压缩，去掉了头尾两章，把导语变成第一章“加快工业发展是全党全国人民的迫切任务”。其余各章与10月8日稿基本相同，文字减少了一半，但增加了两个新内容，一是写上了毛主席说的:“看来，无产阶级文化大革命不搞是不行的”。一是写上了批《水浒》的字样。这是《工业二十条》的11月3日稿，也是最后一稿。

这个时候已经是“山雨欲来风满楼”，气候发生了变化。李先念、纪登奎决定《工业二十条》不提交全国计划会议讨论。而且在全国计划会议结束时，李先念再次声明，9月间征求20个企业负责同志意见的稿子，“调查研究不够，有错误，后来做了多次较大的修改，但还不满意，不能用，所以没拿出来讨论。原来的稿子不要再传了”。《工业二十条》就这样神龙见首不见尾地被收藏了起来。

## 三、《工业二十条》外传引起的政治风波

当时，尽管国务院领导同志一再声明《工业二十条》不许传不许抄，但8月22日稿和10月8日稿，还是不胫而走，在许多地方传开了。而且骂“四人帮”最厉害的9月2日稿，竟在一个偶然的机会传到福建，被王洪文拿到了，由此引起了一场大的政治风波。

1976年1月，“批邓、反击右倾翻案风”搞得正厉害的时候，我们起草小组的几个人在北京没有事，跑到广州参观，之后正准备去海南岛，突然接到谷牧的电话，让我马上回北京，交代9月2日稿的十八条是怎样传出去的。我矢口否认，说十八条没有往外拿，绝不会传出去。谷牧说，王洪文已经拿到了原稿，叫纪登奎追查，快回来交代吧！海南岛去不了啦，我立即返回北京。当我们知道十八条是从福建传到王洪文那里的，大家就回忆十八条是怎样传到福建的？最后，陈斐章想起来了，是从国家计委调到福建省计委的张瑞尧，有一天找他看《工业二十条》。他打开铁柜糊里糊涂拿出一本，

没有看是哪一天的稿子就交给了张瑞尧。神差鬼使，这一本正是秘而不宣的十八条。

后来，张瑞尧写了一份材料给我，回忆了9月2日稿的十八条传到福建的经过：

1975年9月上旬，福建省委书记廖志高同志对当时福建省副省长兼计委主任王炎同志说，最近邓小平同志主持由国家计委起草的《工业十八条》非常好，这几天在北京前门饭店召集全国大型企业厂长、经理座谈会，要想办法把它搞一份回来看看。王炎同志接受这个任务后，就带当时省计委副主任胡平同志和我去北京，胡平同志和我住在北京饭店，王炎同志住在中央组织部招待所。1975年9月18日，我到国家计委找房维中同志，房维中同志是我1960年到国家计委政策研究室工作时的处长，他为人平易近人，又是一个学者型的领导干部，我对他非常尊敬，所以我大胆地到国家计委找他。这一天，到国家计委正好在走廊上碰到了房维中同志，我说明来意后，房维中同志很爽快地说，“你明天再来，等前门饭店会议结束时把文件收回来给你一份”。我9月19日再次到国家计委时没有见到房维中同志，而碰到了陈斐章同志，当时我跟陈斐章同志讲明我们省领导要看《工业十八条》时，陈斐章同志很快从保险柜中取出一份给我，并交代我“千万别抄，看完就拿回来”。我拿到文件后就交给了胡平同志，当晚胡平同志叫我把文件抄下来，第二天订好送还。他还对我说，送给省委看不会出问题的。当晚我加班抄完，并按原来位置装订好，一早就送还给陈斐章同志。这一天9月20日正好是农历八月十五，陈斐章同志还邀请我到他家吃饭，在席间陈斐章还不放心地问我，文件有没有抄，我骗他没有抄，他就放心了。胡平同志拿到我的抄件后即送到中央组织部招待所给王炎同志。王炎同志很快就返回福州送到廖志高书记手中，廖志高同志当时如获至宝，马上在抄本上签字“送打印，国庆节期间常委不放假，集中讨论学习《工业十八条》”。就在这时候，省委内部“四人帮”分子、原省委常委×××偷了一份《工业十八条》，叫他的马前卒×××马上送到上海给王洪文。据后来他们交代，当时王洪文拿到这份材料时，大叫起来说，“这是攻击邓小平的重型炮弹”。与此同时，福建省原计委副主任×××炮制了一份《工业十八条的来龙去脉》亲自寄给王洪文，以表示效忠“四人帮”。这份材料是在粉碎“四人帮”后在上海王洪文专案组查到的。

张瑞尧的回忆，有一点可能记错了，当时很多人知道国家计委正在起草《工业二十条》，20个企业座谈会讨论的也是《工业二十条》，没有人知道有个9月2日稿的十八条。

1976年2月29日下午，国务院开会讨论国务院副总理分工和燃料供应紧张问题。谷牧在会上对燃料供应紧张有一个报告。张春桥对这个报告大批特批起来。张春桥说，报告是就事论事的报告，没有抓住问题的关键。关键是邓小平的路线，你计委能承担得了。什么近几年来“五小”没有平衡好，好像邓小平路线对你们一点影响没有。一会儿改烧油为烧煤，一会儿出口。上海、辽宁燃料紧张，这是破坏性的。路线一句不提，邓小平一句不批。不从路线上讲，群众是动员不起来的。过去是邓小平破坏的，现在要反击右倾翻案风，大家节约。运输问题，也是路线问题，邓小平路线造成的恶果。

当问到《工业二十条》，谷牧说，向外拿的两个稿子，20个企业座谈会，京西宾馆12个省委书记座谈会，错误很多，我主持，也有很多错误，将作检查。

张春桥说，什么批判自己？批判邓小平！看你揭发批判怎样。

华国锋在总结时说，二十条，究竟什么是十八条，什么是二十条，今晚就写个报告送给我。

张春桥穷追不舍：你光批二十条不行，批自己不行。二十条要狠批邓小平在经济工作方面的一系列错误路线、错误的指导思想。

根据华国锋的指示，当晚谷牧就写了一个报告，大致内容是：

1975年下半年，我们起草了一个《关于加快工业发展的若干问题》的稿子。其中许多内容是根据邓小平同志的意图写的……邓小平同志对这个稿子催促过几次，说这个东西重要，基本上是代替过去的《工业七十条》的。

先送上《关于加快工业发展的若干问题》的稿子4份：

一、8月22日讨论稿，即二十条。在9月4日到12日拿出来征求过20个企业负责同志的意见。

二、10月8日讨论稿。10月9日拿到在京开会的12个省委书记会上征求过意见。

三、9月2日稿，即十八条。写出后，我看了认为不行，错误多，当时就否定了，没有向外拿。9月10日前后，福建省计委的一个同志到国家计委来联系工作，知道我们有一个二十条，正在征求20个企业负责同志的意见，要借一份看。管文件的同志错拿了一份十八条的稿子给他看。今年1月知道，福建省的同志把这个十八条的稿子抄下来，回去传了。

四、10月25日稿。10月下旬，我们曾要胡乔木等同志在文字上帮助修改一下。胡乔木主持改了一个稿子。我们看后，认为问题更多，当着胡乔木等同志的面给否定了。这个稿子也没有向外拿。

在征求20个企业负责同志和12个省委书记意见后，我们曾对这个稿子作过多次较大的修改。但是，基调基本上没什么变化。所以，现在只把上述4个稿子送上。

在“批邓、反击右倾翻案风”的过程中，谷牧不断地作检讨，承担责任。当时，谷牧的检查是敷衍塞责的，但勇于承担责任的精神是令人敬佩的。

1976年7月6日到7月30日，国务院召开计划工作座谈会，“四人帮”重炮轰国务院。他们指使上海市委常委黄涛、辽宁省委书记杨春甫发难，搞突然袭击。7月12日，在东北组的会议上，辽宁、吉林出席会议的有些人，要求各部委揭1975年召开的国务院务虚会和全国计划会议的内幕。他们批判说，国务院务虚会是邓小平右倾翻案风的大发作，是围绕着“三项指示为纲”转的。国务院务虚会就是务邓小平的虚，要扭到邓小平的路线上去。国务院计划会议是邓小平右倾翻案风的高潮，邓小平的影响，在经济界比在其他界厉害。邓小平的一套东西，在高级干部中是有市场的。这个问题在批邓中应加以解决。不解决，毛主席的革命路线就贯彻不下去。7月13日下午，黄涛作长篇发言，批判《工业二十条》是邓小平重搞“条条专政”。黄涛说，建国以来，在企业管理和工业、经济管理问题上，两条路线斗争一直是非常激烈的。刘少奇竭力推行“条条专政”，林彪强化“条条专政”，邓小平重搞“条条专政”，更是卷土重来，铺天盖地。邓小平亲自授意炮制的《工业二十条》，是对毛主席为首的党中央1973年否定的那一个《十条》的反攻倒算，是邓小平在经济领域全面复辟资本主义的一面黑旗，是邓小平在管理问题上一贯推行修正主义货色的集大成。《工业二十条》的核心是否定阶级斗争为纲，要恢复资本主义生产关系，这是我们和邓小平的根本分歧所在。邓小平搞的“条条专政”，是要专党中央的政，专地方的政，专群众的政，也专了相当多的一部分部委的政。

7月19日，杨春甫作了长篇发言，在攻击邓小平的同时，还说走资派就要在国家高级领导干部中间找，计划会议是千方百计掩护邓小平打退却战。他还质问，为什么让邓小平在周总理追悼会上致悼词？是不是受邓小平影响的人搞的？可见，“四人帮”及其爪牙所要攻击的，不仅仅是邓小平，而且还有台上的一些人，暴露了他们要篡权的野心。

对这样一股逆流，华国锋、李先念顶住了。7 月 15 日，纪登奎让国务院写出三份材料：①1975 年务虚会情况；②八大组活动情况；③十年纲要起草过程。华国锋的意见是，务虚会情况，看完材料后，由国务院评价报中央政治局；十年纲要，政治局讨论过两次，由政治局评价。

7 月 24 日，谷牧向中央政治局汇报了计划工作座谈会的情况，华国锋、王洪文、张春桥、江青、吴德、陈永贵、陈锡联、姚文元、吴桂贤、倪志福听取了汇报。这次会议讨论的情况，谷牧传达了提纲，大致内容是：政治局同志说，这次会议上提到务虚会、计划会议的问题。有错误允许批，但不在这次会上展开。这次会议仍按原计划进行。关于务虚会的问题。务虚会主要是讨论计划工作的，从 6 月 16 日到 8 月上旬，一共开了 18 次会，国务院的成员除了张春桥、陈永贵、余秋里没参加，邓小平没到会，其他副总理都参加了一部分或大部分会议。工商财贸各部的二十几个同志参加了会议。12 个部委的负责同志发言，后来分成了 8 个大组，另外有文教、科学两个小组，进行专题研究，7 月下旬有 6 个大组把讨论的情况向国务院作了汇报。政治局同志说，务虚会是在铁路、钢铁工业会议后开的，有邓小平的东西，要集中力量批邓小平。主席说了，这一段错了的，中央负责，中央负责主要是邓小平负责。会后各部委回去，要联系实际批邓小平，自己有错误自己向中央作检讨。会议不赞成开长，拖长对下面工作有影响。

7月28日，唐山发生大地震，把计划工作座谈会也震散了。7月30日，中央政治局接见参加座谈会的全体代表，华国锋作总结，会议就这样收场了。

## 四、“四人帮”对《工业二十条》的批判

“四人帮”一直阻挠《工业二十条》的出台，但是1976年7月他们大闹计划工作座谈会、炮轰国务院的阴谋没有得逞。这时毛主席更加病重，他们迫不及待地要篡夺党和国家的领导权，竟利令智昏，把《论总纲》、《汇报提纲》、《工业二十条》当作“三株大毒草”，在全国大量地印发，连篇累牍地发表文章进行批判。

他们给《工业二十条》扣上了种种大帽子，什么“反党、反马克思主义的大毒草”，“工业战线上复辟资本主义的黑纲领”，“修正主义路线的活标本”，“有计划、有预谋、有组织地向无产阶级进攻的铁证”。他们这样做的目的，不仅是打倒邓小平，而是要造成一个既成事实，把支持、炮制“三株大毒草”的罪名强加在中央其他领导人的身上，从而把他们统统打倒，由他们取而代之。“四人帮”在上海的一个亲信说得很清楚，批《工业二十条》是为了攻“台上的人”。

“四人帮”之所以这样咬牙切齿地痛恨《工业二十条》，尤其是9月2日稿的十八条，就是因为《十八条》揭了他们的疮疤，戳了他们的痛处。他们的嗅觉是很灵的，他们知道《十八条》里的一些话是对他们说的，而他们自己也自认不讳。

他们说，“《条例》好厉害”，“《十八条》的字里行间，刀光剑影，杀气腾腾，要翻无产阶级文化大革命的案”。

他们说，“批判打着‘反复辟’的旗号搞复辟，是矛头指

向坚决执行毛主席革命路线的革命干部”。

他们说，“要整没有得到改造的小知识分子和‘勇敢分子’，是把矛头指向无产阶级革命派”，“要对造反和反潮流进行阶级分析，是妄图把那些敢于造反、敢于反潮流的先进分子从工人阶级队伍中划分出去”。

他们说，“《十八条》中讲的有些人所以能闹得企业、地方和党三个不得安宁，是因为背后有人支持，这些话，是丧心病狂地把矛头直指党中央领导同志”。

他们的这些说法，就完全承认了他们是“打着‘反复辟’的旗号搞复辟”，他们是“没有得到改造的小知识分子和‘勇敢分子’”，他们“闹得企业不得安宁、地方不得安宁，党不得安宁”，他们“背后有人支持”。只不过自己给自己戴上什么“革命干部”、“无产阶级革命派”、“党中央领导同志”的高帽。

没有“四人帮”散发《工业二十条》，没有“四人帮”对《工业二十条》的批判，人们还不知道《工业二十条》是怎么回事，还看不清“四人帮”的嘴脸。“四人帮”把《工业二十条》公诸于世，而且大加谩骂，人们一下子看清了《工业二十条》不是什么“大毒草”，而是“香花”，说出了革命干部、工人想说的话，“四人帮”及其追随的“造反派”不是什么“革命领导干部”、什么“无产阶级革命派”，而是一群祸国殃民的反革命野心家、阴谋家。“四人帮”想借此彻底打倒邓小平和一些中央领导同志，但却由此激发了广大干部和群众对“四人帮”的痛恨。“四人帮”倒行逆施，最终把自己送进了监狱。

最后讲一个插曲。最初把《工业二十条》9月2日稿拿给张瑞尧而被“四人帮”抓到把柄的陈斐章，一度被批评给国务院闯了大祸，自己也屡屡检讨自己犯了一个大错误。当看到《工业二十条》由“四人帮”公之于众，见诸天日，人人皆知，其中的一些炮弹把“四人帮”打得鼻青脸肿，自认不讳，最后“四人帮”自己搬起石头砸了自己的脚的时候，他大笑了起来，说他立了一个大功。

# 20 世纪 80 年代中国经济的发展历程和陈云的经济指导思想*

（2004 年 12 月 21 日）

20 世纪 80 年代是我们党在粉碎“四人帮”之后，探寻发展与改革新路的具有关键性的 10 年，也是经历了调整、高涨、再调整在风浪中前进的 10 年。陈云在这 10 年中发挥了举足轻重的作用。他对国民经济的发展所提出的一些基本原则，是他几十年经验的结晶，至今仍然闪烁着光芒，对现实具有重要的指导意义。

## 一

1976 年粉碎“四人帮”，到 1978 年 12 月十一届三中全会以前，经过拨乱反正，党的经济建设指导思想在有些方面有了重大进步，而在有些方面却一仍旧章。

在对外开放方面，确立了引进国外先进技术、利用国外资金和引进国外技术人才的方针。这在中央，在邓小平极力倡导下，主要领导人思想是一致的。这是一个巨大的进步。

在对内搞活方面，1978 年提出了不仅要扩大地方的权利，发挥中央、地方两个积极性，更要扩大企业的权利，发挥企

* 在当代中国研究所国史讲座上的讲稿。

业的积极性，给企业以必要的独立地位。同时，强调尊重农业生产队的自主权，贯彻多劳多得和等价交换的原则。这在中央，思想也是一致的。这也是一个重大的进步。

但是在经济发展的目标、经济发展的方针方面，当时的中央没有分析经过林彪、“四人帮”10年破坏、国民经济比例关系严重失调的情况，并据此作出新的部署，而是继续沿袭过去的一些老口号，并且加了码，最后导致了1978年的冒进。

1977年2月，国家计委向国务院汇报时有调整经济部署的提法，中央领导人不同意提调整，说今年经过努力，要前进一步，而且为今后3年更好完成五年计划打基础。接着，提出了抓纲治国，今年初见成效、3年内大见成效的目标。

同年4、5月间，召开全国工业学大庆会议。中央领导人认为，只要把工业学大庆、农业学大寨的群众运动发动起来，完全有可能在今后23年时间内实现四个现代化。同时提出，石油部不能只有一个大庆，要有十来个大庆。5月1日，中央领导人发表文章，引用了毛主席1956年说过的话，再搞五六十年还不能超过美国，那就要开除球籍。1963年时，毛主席已经认为20世纪末赶不上美国，改为走在世界的前列。这时重提超过美国，就把20世纪末实现四个现代化的目标又提高了。

1978年6月，赴日本、赴欧洲两个代表团访问归来，向政治局汇报。中央领导人说，日本实现现代化只有13年，德国、丹麦也是十几年，今年我们起步是3000万吨钢，日本起步时只有2200万吨钢，我们有优越的社会主义制度，有9亿人口，资源丰富，只要路线、方针、政策正确，安定团结，调动积极因素，可以赶上去。7月国务院召开务虚会，提出了“思想再解放一点，胆子再大一点，办法再多一点，步子再快一点”。9 月务虚会总结，根据中央常委的意见，提出“组织新的大跃进”，提出“要比原来的设想更快的速度实现现代化，要在本世纪末实现更高程度的现代化”。引进规模从年初定的 8 年 180 亿美元增加到 10 年 800 亿美元，最近三四年先安排三四百亿美元。务虚会后，在没有相应的外汇和借到外资的条件下，突击签订引进合同。两次追加基本建设投资，建设规模又搞大了。9、10 月间召开全国计划会议，安排 1979、1980 两年计划。由于追求高指标和过大的建设规模，物资、财政平衡不下来，留下很大的缺口。

1977、1978 两年就是这样热起来的。真正搞冒了的是 1978 年。

粉碎“四人帮”后，我们面临的是一种什么情况？一是粮食产量已经几年徘徊不前，粮食供应严重不足，库存已到警戒线。二是煤矿采掘失调，掘进严重欠账，产量稳定不住；电力供应紧张，保了新厂就保不了老厂，保了老厂就保不了新厂。三是财政拮据，捉襟见肘。四是人民生活 10 年来没有什么改善，农民从集体分得的收入几乎没有增加，职工平均工资还有所下降。在这种情况下，本应休养生息，控制建设规模和调整投资结构，却来了个大跃进，加剧了国民经济比例关系的失调。

随后的 1979、1980 两年，发生了要不要调整的争论。

首先发现和提出问题的是陈云。

1978 年 12 月 10 日，陈云在中央工作会议上就经济问题发表了五点意见。他说：

“我们要坚持实事求是，就是要根据现状，找出解决问题的办法。首先弄清楚事实，这是关键的问题。

“建国快 30 年了，现在还有讨饭的，怎么行呢？在三五年内，每年进口粮食可以达到 2000 万吨。我们不能到处紧张，先把农民这一头安稳下来。摆稳了这一头，就是摆稳了大多数，7 亿多人口稳定了，天下就大定了。

“我们的起点，是 3000 万吨钢。但是，不能光看钢铁这个指标。我们同日、德、英、法不同，工业基础不如他们，技术力量不如他们，这两点是很重要的。

“对于生产和基本建设都不能有材料的缺口。各方面都要上，样样有缺口，表面上好看，挤来挤去，胖子挤了瘦子，实际上挤了农业、轻工业和城市建设。

“材料有缺口的，不论是中央的和地方的，都不能安排。”

1979 年 1 月陈云再次批示：“国务院通知中‘1979 年有些物资还有缺口’，我认为不要留缺口，宁可降低指标，宁可减建某些项目”，“我认为有物资缺口的不是真正可靠的计划”。

3 月 14 日，陈云以他和李先念的名义给中央写了一封信，对目前和今后的财经工作提出以下原则意见：

（1）前进的步子要稳。不要再折腾，必须避免反复和出现大的“马鞍形”。

（2）从长期看，国民经济能做到按比例发展就是最快的速度。

（3）现在的国民经济是没有综合平衡的。比例失调的情况是相当严重的。

（4）要有两三年的调整时期，才能把各方面的比例失调情况大体上调整过来。

（5）钢的指标必须可靠。钢的发展速度，要照顾到各个行业发展的比例关系。

（6）借外债必须充分考虑还本付息的支付能力，考虑国内的投资能力，做到基本上循序进行。

1979 年 3 月 21 至 23 日，政治局听取和讨论国家计委关于修改 1979 年计划的汇报。汇报指出：1978 年建设规模搞大了，引进搞急了，钢搞多了，加剧了国民经济比例的失调。要下决心，进行调整，加强农业和轻工业，缩短基本建设战线，工业增长速度由 12% 降为 8%。在这次会上，陈云进一步讲了他的意见。他说：

“我们搞四个现代化，建设社会主义强国，是在什么情况下进行的。讲实事求是，先要把‘实事’搞清楚。这个问题不搞清楚，什么事情也搞不好。

“9 亿多人民，80% 在农村，革命胜利 30 年了还有要饭的，需要改善生活。我们是在这种情况下搞四个现代化的。

“单纯突出钢，这一点，我们犯过错误，证明不能持久。

“要有两三年调整时间，最好 3 年。

“现在比例失调的情况相当严重。基本建设项目大的 1700 多个，小的几万个。赶快下决心，搞不了的，丢掉一批就是了。搞起来，没有燃料、动力，没有原料、材料，还不是白搞。”

这次政治局会议批准了国家计委提出的调整计划，并且确定了调整国民经济的方针。接着，中央召开工作会议，明确了用 3 年时间对国民经济实行以调整为中心的“调整、改革、整顿、提高”的方针。

在中央工作会议的讨论中，一部分省市和部门的领导人思想通了，认为不调整不行。一部分人思想并没有通，说刚刚提出组织“大跃进”，要 3 年大见成效，怎么一下又来了个调整，接受不了。经济发达的地区要求允许继续前进，经济不发达的地区要求不要一刀切。对于一些大项目，都提出这也不能下那也不能下。

中央领导层的认识也并不一致。在中央工作会议之后，有的中央领导同志不讲 3 年调整，大讲三五年内要打一个比较大的翻身仗，提出如果今后5年每年以12%到15%的速度前进，5年后我们的工业总产值就将近翻了一番。

9月，国务院财经委员会召开会议，讨论国家计委关于1980、1981年计划安排的汇报。汇报提出，1980年财力上不去，基建还要下，工业速度要减到6%。9月18日陈云再次讲话，指出：

“经济的调整，即实行调整、改革、整顿、提高的方针是必要的，并不是多此一举。

“我们的基建投资，必须是没有赤字的。就是在财政平衡的基础上，看能够拨出多少钱用于基本建设投资，以这个数字来制定基本建设计划。

“目前人民向往四个现代化，要求经济有较快的发展。但他们又要求不要再折腾，在不再折腾的条件下有较快的发展速度。我们应当探索这种条件下的发展速度。”

10月，中央召开省、市、区第一书记座谈会，统一思想认识。在这次会上，有的中央领导同志仍然坚持自己的意见，说去冬今春刮了一股失调风，担心今冬明春再来一股风，把气泄下来，主张搞一个加快工业发展的决定。

由于认识不一致，调整工作阻力重重，该下的项目没有下，地方又盲目上了一些重复建设项目。1980年春又提出搞十年规划，大家的心思又用到经济翻番上去了，更分散了调整的精力。一直到1980年10月，经济中的问题暴露得更加明显，农业减产，能源减产，财政赤字增大，物价上涨较多。11月11日财政部紧急报告，11月份基建拨款30亿元分文未拨，国防费还有10多亿元未拨出去，中央财政库存仅剩下10亿元，要求再次向银行透支。中央财经领导小组开会，感到问题严重，提出在形势好的情况下，要看到潜伏着的危险，搞不好，要爆发经济危机。经过几个月的讨论，最后决定一步退够。

1980 年 11 月 28 日在中央常委和中央书记处会议上，陈云讲话，他说：

“我脑子里有一条，基本建设搞“铁公鸡”，一毛不拔。有人说耽误了时间，从鸦片战争以来，耽误了多少时间，现在耽误 3 年时间有什么了不得？就是一毛不拔，置之死地而后生。历史上我是机会主义，让我再机会主义一次。讲要上的理由有的是，这种话听了几十年了，最后说不搞，还不就是不搞了。3 年不搞，一毛不拔，还是中华人民共和国。天塌不下来，事情反而更好办一些。”

邓小平完全同意陈云的意见。于是决定召开中央工作会议，在中央工作会议上，陈云再次讲话。他说：

“必须指出，开国以来经济建设方面主要错误是‘左’的错误。1957 年以前一般情况比较好些，1958 年以后‘左’的错误就严重起来了。这是主体方面的错误。代价是重大的。错误的主要来源是‘左’的指导思想。在‘左’的错误领导下，也不可能总结经验。

“调整意味着某些方面的后退，而且要退够。不要害怕这个清醒的健康的调整。可能有些议论，‘这会耽误三几年’。不怕。鸦片战争以来，中国经济建设已经耽误了 100 多年。而且这次调整不是耽误，如不调整才会造成更大的耽误。因为我们这次调整是清醒的健康的调整。我们会站稳脚跟，继续稳步前进。”

这样，经过 1979、1980 两年的实践，经过 1980 年 10 至 12 月三个月翻过来掉过去的讨论，由于陈云的果敢决断、邓小平下了决心，进一步调整的大方针最后确定了下来，并付诸实施。事实说明，这一次调整不仅是国民经济的调整，而且是国民经济指导思想的调整，后者的意义远远大于前者。

这期间，还有一个大的改变，就是邓小平在1979年对20世纪末的目标作了新的解释和新的规定，把原来的标准放低了，把目标定为实现小康，人均国民生产总值达到800~1000美元。长期以来，我们党固守的信条是在20世纪末实现四个现代化，尽管在为这一目标奋斗的过程中，发起了多次强行军和猛攻而遭受挫折，但是没有人能改变它。邓小平把目标放低，避免了很多的盲目性和很多无谓的挫折和损失。这是思想的一大解放。陈云在这期间所发表的一系列言论，对邓小平的这一改变有着极大的影响。

## 二

1980年12月，中央下决心进行调整，把1981年工业增长速度降为3%，基本建设投资砍掉了40%，下力量加强农业，情况迅速好转。农业生产，1980年增长1.4%，1981年增长6.5%，1982年增长11.3%，1983年增长7.8%。工业生产，除1981年增长4.1%以外，1982年上升到7.8%，1983年又上升到11.2%。

这个时候又发生了20年翻两番要不要划分两个阶段的争论。

1981年3月重新着手制定贯彻调整、改革、整顿、提高方针的“六五”计划。10月，中央政治局讨论国家计委提出的“六五”计划控制数字，确定了把提高经济效益作为经济工作的中心任务，确定了今后20年分为两个阶段，前十年打基础，后十年振兴；确定了“六五”期间保四争五的计划速度。这是一个重大的战略部署。对于政治局的这一决定，在领导层思想并不一致。1982年3月到5月，在制定“六五”计划和起草党的十二大报告的过程中，有的中央领导同志多次讲话，不同意保四争五的“六五”计划，指责计划低就是对社会主义信心不足；不同意20年划分两个阶段，指责前十年慢些、后十年快些就是把困难留给后人，说四化起飞此其时矣；提出不要用效益压指标，借效益来收缩；不要强调储蓄，现在要转到适当刺激消费；说财政部年年讲有赤字，是吓唬人的，这几年吓唬我们太厉害了。

5月，国家计委负责人写信给中央常委，陈述自己的意见，坚持20年要分为两个阶段，坚持“六五”保四争五的计划速度，坚持适当集中资金保证重点建设，坚持国民经济要搞好综合平衡。

7月，国家计委把《二十年设想和“六五”计划》正式报给中央政治局常委，得到中央的同意。9月，党的十二大通过20年翻两番和前十年打基础、后十年振兴的战略部署。

11月，陈云听取国家计委负责人汇报时讲，经济建设要分清前十年和后十年，要抓住这两个十年的区别；前十年是打基础的，要把各种关系理顺，不能搞快了，如果在前十年乱上基本建设，经济仍会出现混乱；今后各地要求开口子，计委要顶住。

12月2日，陈云与出席五届全国人大五次会议的上海代表团部分代表座谈时阐述了他的这一观点。他说：

党的十二大提出，今后20年要在不断提高经济效益的前提下，力争使全国工农业的年总产值翻两番。同时又指出，为了实现这个奋斗目标，要分两步走，前十年主要是打好基础，为后十年经济振兴创造条件。“六五”是前十年的第一个五年，发展速度不能搞得太快。只要我们经过“六五”和“七五”两个五年计划的努力，把各方面的关系理顺，并且做好一些大骨干项目的前期工作，后十年的发展速度就可以搞得快一些，翻两番的奋斗目标就可以实现。如果急于求成，把本来应该放在后十年办的事也勉强拿到前十年来办，在“六五”和“七五”期间乱上基本建设项目，那末，经济出现混乱，翻两番的任务反而有可能完不成。

但是，争论并没有至此为止。1983 年初，有的中央领导同志在一些会议上继续批评经济工作前松后紧，是把麻烦留给后人，示意“六五”计划要修改；到处鼓动翻番，每到一个地方，一张口就给地方开了一张总产值要达到几百几十亿元的单子。还说，翻番要一个省市一个省市落实，要计委把翻番的任务给各省分下去。

3 月，国家计委、国家经委党组向中央政治局常委汇报，坚持原定的“六五”保四争五的指标不能修改，超额完成计划比完不成计划好；20 年分两步走也不能修改，不宜对速度要求过急。这次会议，中央常委、书记处作出了决定：一致通过国家计委、国家经委党组的汇报，认为这是正确的，全党应该予以坚决执行。

6 月，中央召开工作会议，确定了集中资金加强重点建设的方针。陈云讲：

还是那句话，一要吃饭，二要建设。吃光用光，国家没有希望；吃了之后，还有余力搞建设，国家才有希望。这几年，有些地方和部门打乱仗，乱上基本建设项目，乱涨价，乱摊派，乱发奖金，把资金分散了。像现在这样下去，四化没有希望。翻两番只能翻好，不能翻乱。这 20 年时间必须分两步走，前十年只能打基础，速度不能搞得太快。而且要边走边看，走一步看一步。否则就会翻乱。

邓小平在这次会上说：

原来要求“六五”计划保四争五，去年我说要看两年，现在看，指标定得低些没有危险，不会妨碍积极性。“六五”计划还是维持原来的指标，不要再高了，如果实际比这高，那就皆大欢喜嘛。

就是这样，党内的思想仍然是不统一的。1984 年 3 月，国家计委向书记处汇报，当前生产形势很好，但是财政困难，由于国民收入超分配，国民经济面临一个逐步扩大的通货膨胀的威胁，要妥善解决克服财政困难、加强重点建设和推进体制改革三者之间的关系，量力而行，千万不能发生失控。有的中央领导同志不同意这个观点，提出“七五”的总目标是向翻一番的目标前进，要准备 3 年后使我国成为农产品出口大国；地下资源开采实行有水快流；坚决上一大批重点项目，反对任何动摇，批评计委在这个问题上不坚决。

由于各地区为了争取翻番和放权让利，固定资产投资和消费需求增长过猛，加上银行信贷改革和工资奖金制度改革宣布以 1984 年为基数，导致了 1984 年第四季度银行信贷发放和工资奖金发放出现了严重失控，全年货币流通量比上年增加了 49.4%，全国发放的奖金比上年增长 48.1%，从而造成经济关系全面紧张，改革和发展的部署被迫进行重新调整。

实践证明了陈云的预言，由于没有坚持划分两个阶段，“六五”期间乱上基本建设，盲目追求翻番，速度搞得太快，结果把已经出现的国民经济新高涨的好形势又搞乱了。

## 三

为了解决 1984 年经济过热问题，1985 年连续开了 4 次省长会议，想把经济增长速度降下来，把基本建设规模压下来，但是收效甚微。

1985 年 2 月召开第一次省长会议，讨论如何既要改革，又不出现通货膨胀。2 月 18 日陈云在政治局扩大会议上说：“现在有点乱，我主张有些东西要搞得死一点，叫先死后活，置之死地而后生”，“这是中国的一句老话，合乎辩证法，死是为了活”。陈云的话，许多人没有听进去。

4月召开第二次省长会议，统一对形势的认识，特别是对外汇、货币投放、追求高速度的认识。会议指出，千方百计把好形势保持下去，搞得好，可能保持；搞不好，可能出现大起大落。再搞超高速，物价、票子问题都难解决。会议提出不搞急刹车。这次省长会议没有解决问题。

6月又开第三次省长会议，重点研究调整基本建设规模。但基本建设规模还是控制不住。

9月中央召开全国党代表会议，通过“七五”计划建议，把“七五”分成两个阶段，前两年着重控制总需求，解决增长速度过快、固定资产投资规模过大和消费基金增长过猛的问题；固定资产投资维持1985年的水平，基本踏步。后三年，再根据情况，适当增加建设投资。这就是又出现了一次调整。在这次会上，陈云讲话指出：

“1984年工业总产值比上年增长14%，今年1至7月又比去年同期增长22.8%。这样高的速度，不可能搞下去，因为目前能源、交通、原材料等都很难适应这样高速度的需要。说到底，还是要有计划按比例地稳步前进。这样做，才是最快的速度。否则，造成种种紧张和失控，难免出现反复，结果反而会慢，‘欲速则不达’。”

党代会后，接着召开第四次省长会议，着重研究控制固定资产投资问题，指出这是巩固和发展当前大好形势的关键所在。

1986年1月，全国计划会议讨论“七五”基本建设规模安排多少合适。陈云批示：“要多搞是爱国，但是，实事求是地搞才是真爱国。同志们！头脑要清醒些。”

问题恰恰是出在追求高速度控制不住，扩大固定资产投资控制不住。1986 年“软着陆”还没着下来，1987 年又起飞了。1986 年工业总产值增长 11.7%，1987 年又上升到 17.7%，1988 年上升到 20.8%；1986 年固定资产投资仍然比上年增加 22.7%，1988 年又上升到 25.4%。与此同时，财政赤字逐步上升，货币发行迅速增加，物价不断上涨。

1986 年以后的争论，集中表现在承认不承认国民收入超分配和怎样解决国民收入超分配。

1986 年 12 月，中央财经领导小组办公室起草了一份准备提交中央书记处和中央常委的请示报告。报告中指出：连续三年来一直存在着社会总需求超过总供给的矛盾，国民收入超分配的问题还没有根本解决，必须下决心把超常规的支出，特别是把过度膨胀的非生产性开支坚决压下来。如果不这样做，到明年下半年财政赤字进一步增大和货币发行控制不住的时候，就有可能发生更加严重的物价上涨，因此就可能要被迫作更大的调整，这对国民经济的发展是十分不利的，我们一定要努力避免出现这样的局面。中央财经领导小组讨论这份报告的时候，当时主持中央财经领导小组工作的负责同志不同意说连续三年超分配，说如果那样，就要大调整。因此，在控制需求方面下的决心不大。

1987 年 4 月初，中央财经领导小组讨论当前经济形势。国务院发展研究中心负责人在汇报中说：据国家统计局资料，1982 - 1986 年，连续出现国民收入超分配，尤其是 1984 - 1986 年增势很猛，数量很大。其原因是积累和消费双膨胀，货币发行过多，财政赤字增大。中央财经领导小组负责同志不同意这个汇报，责问超分配甚嚣尘上，是为了一个什么目的？经济中存在的问题，是前进中的问题，还是多年失误的集中爆发？如果是多年失误的集中暴露，那就得改弦更张，不能继续走下去嘛。中央负责人的这种态度，阻碍了对国民收入超分配的深入分析和认真解决。

8月，国务院常务会议讨论国家计委提出的1988年国民经济计划。计委在汇报中说，当前的主要问题是物价不稳，货币发行量过多，国家财政赤字扩大，必须下决心，采取大一点的措施，防止通货膨胀，保持物价稳定，使全国的经济环境出现从紧张到比较平稳的转变。国务院领导同志当时同意国家计委的汇报，赞成搞稳一点，收紧一点。根据国务院的讨论，9月，国家计委向中央书记处提出了关于1988年计划的总体安排意见，提出“收紧财政和信贷，控制需求，稳定物价，保持经济的平衡和稳定发展，是安排1988年计划的总方针”。书记处会议经过讨论，通过国家计委提出的意见。其后在全国计划会议和11月召开的中央工作会议上作了具体部署。

但是，没过多久，情况发生了变化。1988年1月，国务院开会分析经济形势，几个综合部门都强烈地提出稳定物价和稳定经济的问题，认为把物价上涨幅度控制在6%已不可能，如果所有涨价因素都出台，物价上涨要达到12%，各方面都承受不了。在向中央汇报时，遭到了批评。中央主要领导同志连续几次讲话，批评综合部门满脑子物价，只见树木不见森林，批评有些同志去年对经济形势悲观，说是“险象丛生”，今年又说“非常严峻”，都缺乏科学分析。2月，在中央领导同志主持起草并发给全党的《中共中央政治局第四次全体会议纪要》中，说物价上涨主要是食品价格上涨，稳定经济不是消极的方针，必须用改革的办法稳定经济；1988年除了解决好食品问题外，要着力抓好三件大事：组织实施沿海地区经济发展战略，推进企业承包经营责任制和控制社会集团购买力。1987年下半年确定的收紧财政、收紧信贷、稳定经济、稳定物价的方针，到这时全变了。

在物价已经大幅度上涨、通货膨胀预期已经形成的情况下，中央突然提出要搞物价、工资改革闯关。结果，8 月 17 日政治局会议通过物价、工资改革方案，第二天公报一发表，立即引起城市居民恐慌，掀起了全国性的挤提存款抢购商品风潮，物价大幅度上涨，被迫进行治理整顿，不得不再次对国民经济进行大的调整。

1988、1989 年陈云还有两次谈话。一次是 1988 年 10 月，陈云同中央负责同志谈话。陈云说：在我们这样一个社会主义国家里，学习西方市场经济的办法，看来困难不少。你们正在摸索，摸索过程中碰到一些问题是难免的，还可以继续摸索，并随时总结经验；在经济活动中，中央应该集中必须的权力；我们需要改革，但在改革中，不能丢掉有计划按比例发展经济这一条，否则整个国民经济就会乱套。再一次是 1989 年 3 月，陈云同经贸部负责同志谈话。陈云说：压基本建设，必须下大项目才行，要伤筋动骨。80 年代初搞调整，要压缩 22 个大项目，开始有人说得不偿失，后来说利弊各半，最后说利大于弊。那次若不下大项目，调整肯定搞不好。

1989 年 11 月 6 日至 9 日，党的十三届五中全会审议并通过了《中共中央关于进一步治理整顿和深化改革的决定》，对十一届三中全会以来的 10 年工作作了总结。

决定指出：党的十一届三中全会以来的 10 年中，我们以经济建设为中心，坚持四项基本原则，坚持改革开放，国民经济持续发展，国家经济实力显著增强，城乡居民生活明显改善，各项事业都取得了巨大的成就，整个国家面貌发生了深刻的变化。这是中国历史发展的主流。同时，我国经济在前进中也存在着许多的问题和困难。必须充分认识当前困难的严重性，弄清产生困难的原因，进一步提高治理整顿的自觉性和坚定性。

决定指出：当前的经济困难是多年积累下来的，只有看清楚这一点才能深刻理解治理整顿的必要性和艰巨性。我们现在面临的经济困难，突出地表现在通货膨胀明显加剧，总量不平衡，结构不合理，经济秩序混乱。这种困难决不是这一两年突然出现的，而是多年积累的一些深层次问题的集中反映。

决定指出：党中央、国务院对我国经济中出现的困难和问题负有重要责任，应当从中吸取深刻的经验教训。十一届三中全会以来，党中央、国务院在执行正确路线、方针、政策的过程中，对经济建设和改革开放的具体指导也有失误。从1984年下半年开始，我国就出现了经济过热、货币发行过多、国民收入超额分配等现象，但党中央、国务院未能及时采取果断措施加以解决。1987年虽然提出了财政信贷双紧方针，但又没有坚决加以贯彻，以致问题越积越多。这些年来，对农村形势的估计一度过于乐观，对加工工业的盲目发展纠正不力；在改革统得过多、管得过死的经济体制过程中，忽视了综合平衡和加强宏观调控。由于对国情缺乏全面深刻的认识，对国力缺乏清醒的估计，在建设和改革两方面都存在急于求成的偏向。经济工作中的问题，同党的领导和思想政治工作的削弱也是分不开的。出现这些问题的责任不在下面。党中央和国务院要认真总结经验教训，多作调查研究，多走群众路线，努力提高决策的正确性和科学性。

决定指出：在我国经济发展过程中，脱离国情，超越国力，急于求成，大起大落，是40年来最重要的教训。这种指导上的失误，严重挫伤群众积极性，往往造成巨大损失，是经济工作中的要害问题。因此，治理整顿期间也好，治理整顿任务完成之后也好，都必须深刻记取这个教训，任何时间都坚持从我国的基本国情出发，牢固树立持续、稳定、协调发展的指导思想，坚决防止片面追求过高的发展速度，始终把不断提高经济效益放到经济工作的首要位置上来。

这就是说，经过了10年，走了一大圈，在发展的方针上又回到了1979年3月陈云、李先念的一封信中提出的稳步前进的真知灼见上来。

现在回过头来看，如果前10年听取陈云的意见，不是那样地催速度、乱上基本建设项目，而是扎扎实实地打基础，理顺关系，就不会翻乱；而当发现问题的时候，及时采取果断措施加以解决，也不会出现1989年的大调整。

## 四

陈云在1979—1989年10年中关于国民经济发展的方针方面有哪些重要思想值得我们牢牢记取？

第一，我们搞四个现代化，建设社会主义强国，先要把“实事”搞清楚。这个问题不搞清楚，什么事情也搞不好。

1977、1978年错在什么地方？就是错在没有把“实事”搞清楚。经过了“文化大革命”10年的破坏，已经不可能在20世纪末实现四个现代化。考察了日本、欧洲，只看到了他们战后用了十几年的时间成为发达的国家，没有看到他们的工业基础比我们好，他们的技术力量比我们强，更重要的没有看到他们没有8亿农民，革命胜利30年了还有要饭的这样一个情况，从而不适当地坚持了在20世纪末实现四个现代化，并且错误地提出要以比原来的设想更快的速度、要在20世纪末实现更高程度的现代化。结果犯了“急于求成”、“欲速不达”的错误。

1983年以后错在什么地方？就是错在没有坚持20年翻两番的前10年打基础、后十年振兴的两步走的发展战略，同样错在没有把“实事”搞清楚。当时的“实事”是什么？首先，国民经济比例关系严重失调的情况还没有得到根本解决，国家财政经济状况还没有根本好转，经济体制有待在经济环境比较宽松的情况下进行系统的改革。在这种情况下，前十年只能着重于打基础、理顺关系，速度不能搞得太快，而且边走边看，走一步看一步。由于没有这样做，一些领导人天天在那里鼓动翻番，鼓动大上基本建设项目，鼓动加快经济的发展速度，结果出现了 1984 年第四季度的严重失控，1987、1988 年又没有正视经济中存在的国民收入超分配的问题，“软着陆”没有着下来又再度起飞，最后导致国民经济的再度大调整，重犯了“急于求成”、“欲速不达”的错误。

我们的问题，不出之于不分析“实事”。我们每一个大的报告都是从形势分析讲起，而且用的篇幅不短。问题在于是不是把“实事”搞清楚了。回过头来看，在许多情况下，我们并没有把“实事”搞清楚，不然为什么会出现那么多的差错。

什么东西妨碍我们把“实事”搞清楚？

先定目标，然后去“分析”实事。1978 年提出 23 年实现现代化，以及随后一些部门和地区提出的翻番计划，都分析了有利条件和不利条件，但这种分析都是为了论证当时提出的目标是积极的和可靠的。定什么目标，应当是分析的结果，而不应当是分析的出发点。先定下目标再去找根据，是无法把“实事”搞清楚的。

“长官意志”在起作用。在许多情况下，发展目标都是长官意志断定的。而长官的意志又是不受约束的，不承担责任的。做经济工作的人，扭不过长官意志，只能只唯上、不唯实。而在有些情况下，尽管经济部门唯实了，但长官意志可以轻易否定掉经济部门制定的计划方案。第一个五年计划，

1955年7月全国人大会通过，12月中央领导人就发动要批判生产和建设方面的右倾保守思想。第二个五年计划建议数字，1956年9月党的八大会议通过，1957年11月中央领导人就发动“大跃进”，把第二个五年计划建议全面推翻了。1982年人大会通过的“保四争五”的第六个五年计划，1986年人大会通过的划分两个阶段的第七个五年计划，以及其后的第八个五年计划，还不是按长官意志说变就变了。提高党的执政能力，怎样改进党对经济工作的领导，是一个值得认真研究的课题。

愿意讲有利条件，不愿意讲不利条件；愿意讲成绩，不愿意讲缺点，这是党内的一个陋习。尽管有的时候讲“宁可把困难估计得多些，也不要估计不足”，但把困难估计足的时候不多。80年代只有两次，一次是1980年12月中央工作会议，一次是1989年11月党的十三届五中全会，这已经到了迫不得已的时候了。如果能早点把问题揭开，那该多好啊。

党内还有一个毛病，宁肯拿很多时间去讨论具体业务问题，不愿意拿出时间讨论一下经济的总体工作，更不愿意开门见山地仔细分析经济中的实际问题。每年开了不少的会议，都是由上往下贯，层层照转，根本讨论不了什么问题。

这里还有一个顾虑的问题，怕把问题说多了、讲了实话，被打成右倾和被视为右倾，被说成是不尊重领导。现在说大话、说空话甚至说假话成风，而说实话的人却总是顾虑重重、胆战心惊，这不能不使人深思。

第二，前进的步子要稳，不要折腾，必须避免反复和出现大的马鞍形。从长期看，国民经济能做到按比例发展就是最快的速度。脚踏实地、按部就班地搞下去就快，急于求成反而慢。

1978年提出组织新的“大跃进”，就是违背了稳步前进和按比例发展的方针。单纯突出钢，追求1985年产钢6000万吨，造成煤、油、电、运全面紧张，比例关系严重失调。大上基本建设，突击签订引进合同，使财政出现巨额赤字和外汇债务。由于追求数量、追求速度，不顾质量、不顾消耗、不讲经济效果，最后是图虚名遭实祸。

1982年以后，追求产值翻番，同样是违背了稳步前进和按比例发展的方针。1982—1984年片面追求产值，盲目扩大建设规模，致使稍为缓和了的能源、交通、原材料供应紧张的情况又紧张起来。1986年略为收缩了一下，1987、1988年又大干快上，国民经济进一步出现了严重的比例关系失调，又来了一次大折腾，出现了一次反复和大的“马鞍形”。

什么叫折腾？形势一好就想加快，就想大干快上。而一大干快上，就必然造成经济关系紧张，支撑不下去时就必然调整，把速度降下来。而一旦形势好转，就又旧病复发，又想大干快上。这种不断地反复就是折腾。经济规律是无情的。你违反它，它就马上给你个脸色看。第一年闹腾，第二年就日子难过。觉悟得早，调整及时，损失就小；反之，损失就大。

稳步前进，按比例发展，持续、稳定、协调，每当出现一次问题，就重念一次这本经。而在有的时候，一边念这本经，一边在违反这本经。这是什么原因？是什么东西在抵触这一方针的贯彻实施？

“要抓住机遇，机不可失，时不再来。”不要丧失机遇是对的。但是，正是不丧失机遇，就必须积极准备和创造条件，循序前进，而不能冒然行事。凡是盲目冒进的，出现折腾和反复，都不是抓住机遇，而是丧失机遇。

“要打破常规”。有些常规是要打破的，而有的常规就不能打破。比如，按比例发展，这个常规就是不能违反的。为什么一搞“大跃进”、一搞大干快上，就出问题？就是因为一搞“大跃进”，就必然破坏按比例发展这一条规律。不信你数数，哪一次“大跃进”没有破坏国民经济按比例发展。现在说“大跃进”的少了，“跨跃式发展”成了时髦语。其实，“跨跃式发展”都是追求超越常规的速度，都是追求“大跃进”。经济有经济的规律，不是你号召跨越就能跨跃的。历史阶段是不能跨越的。“按部就班地搞就快”，除了陈云外，没有人敢讲。但违反了它，就都受了惩罚。

“胆子要大一些，不要怕冒风险”。这讲的是一种精神，但真的用它来指挥经济工作不行。打仗还要讲究不打无准备之仗，不打无把握之仗。经济工作牵动国家的利益、老百姓的利益，为什么要去冒风险呢！经济工作应当强调循序前进，水到渠成。没有把握的事情先搞试点，摸着石头过河。不能勉强去做那些条件不具备的冒风险的事情。

“发展是硬道理”。这是讲发展的重要性，不发展不行。但不是说，不论什么样的发展都是硬道理。浪费资源、破坏环境的发展就不是硬道理。不稳步发展，不协调发展，造成经济大起大落，这种发展就不是硬道理。现在提出科学发展观，这就限定了什么样的发展才是硬道理。

我们的党吃急于求成的亏太多了。1981 年 9 月 2 日，李先念在中央政治局会议上说：“我曾经讲过，32 年来，在发展经济上，究竟我们是低速度吃亏多，还是高速度吃亏多？经验证明，还是高速度吃亏多。我这样讲，并不是否定切合实际的高速度，更不是主张低速度。安排速度总是要合情合理，实事求是，能够达到的速度而不去争取是不对的。但是，脱离实际，片面追求高指标、高速度，危害更大。”

陈云讲得很准确：“目前人民向往四个现代化，要求经济有较快的发展。但他们又要求不要再折腾，在不再折腾的条件下有较快的发展速度。我们应该探索这种条件下的发展速度。”这是1979年9月18日陈云讲的话，离开现在已经25年了。但这个探索我们现在并没有完成。

人们自然地会提出这样一个问题，为什么总是讲稳步前进，而总是犯急于求成的毛病？为什么老说控制基本建设规模，而总是控制不住？现在应该总结一下经验，找一找病根在哪里。光讲空道理是没用的。病根还在于体制，政府主导经济增长。追求政绩，大搞建设，中央政府强劲，地方政府更强劲。现在说是政企分开了，实际上大干快上还是政府起主导作用。从根本上考虑转变政府和党的职能，是时候了。

2004年中央经济工作会议上胡锦涛总书记讲话中讲了这样一段话：“体制机制不完善、改革不到位，是经济社会发展中诸多矛盾和问题产生的重要根源。如不加快体制改革和制度创新，国民经济持续快速协调健康发展就没有坚定的体制基础。这些问题既是经济运行中重复出现盲目投资和较大波动的根本原因，也是实现经济社会全面协调可持续发展的重大障碍。解决这些矛盾和问题已经刻不容缓。”胡锦涛总书记的讲话非常重要，应当切实地付诸行动。

第三，调整意味着某些方面的后退，而且要退够，不要害怕这个清醒的健康的调整。

调整都是不得已的。在调整中最常犯的毛病是下不了决心，总想希图侥幸，这也舍不得下，那也舍不得下，以致拖延了时间，问题越积越多。

陈云每遇调整，决心都是大的。1980年那次大调整，陈云提出基本建设搞“铁公鸡”一毛不拔（极而言之），还是中华人民共和国，天塌不下来；有人说，耽误了时间，从鸦片战争以来耽误了多少时间，现在耽误3年时间有什么了不得。陈云的话壮了全党的胆。只有决心大，退要退够，形势好转的时间才来得快。

1985年2月第一次省长会议后，陈云在政治局会议上，不理睬有的领导人提出的“用轻松的办法解决紧急的经济问题”，而主张有些东西要搞得死一点，叫先死后活，置之死地而后生。可惜，这一次陈云的意见没有为全党所接受，以致酿成大祸。

实践显示，在遇到必须调整的时候，人们往往不容易下决心，怕这怕那，但在调整过后又后悔早该下决心，早该退够。因为下决心调整了，形势就很快好转，没有一次调整出现一蹶不振。因此，我们可以得出一条经验，不要怕调整，该调整的时候，就下大决心调整，不要前怕狼后怕虎。因为我们的调整，总的都是考虑周密的、清醒的、健康的调整，而不是溃退。

“软着陆”是应当争取的。但是太“软”了，就着不了陆。1985年提出“软着陆”，就没有着下来，1989年还得动大手术。1993—1997年“软着陆”是成功的，但用的时间太长了，付出代价如何，没有人算账。

有一幅对联：“焦头烂额为上客，曲突徙薪无恩泽。”救火者固然有功，但提倡曲突徙薪的更应当受到尊重。不能老忙着救火，要研究“曲突徙薪”之道。

我们要向陈云学习，认真地总结历史经验，接受历史教训。

# 领会陈云经济思想，坚持稳步前进，防止急于求成*

（2005年5月21日）

陈云同志几十年领导和指导我国的社会主义经济建设，不但以他卓越的才能，解决了当时许多难以解决的问题，而且从辩证唯物主义的观点出发，为我国的经济发展提出了许多重要的原则和理念，形成了陈云独特的经济思想。陈云同志一贯主张，坚持实事求是的原则，一切从实际出发，循序而稳步地前进，注重综合平衡，努力保持国民经济比例关系的协调，反对急于求成。其中，坚持稳步前进，反对急于求成，可以说是陈云经济思想的核心。几十年的实践证明，凡是按照陈云经济思想办事的时候，经济的发展就顺利；凡是违反陈云经济思想的时候，经济的发展就出现挫折。几十年的中国经济发展史，在一定意义上可以说是一部稳步前进与急于求成两种思想相争相尅的历史。

解放初期，情况复杂，任务繁重，困难重重。几个大的战役：稳定物价，统一财经，调整工商业。除此之外，还有土地改革，抗美援朝，边打边稳边建。这一个时期，党中央委派陈云主管财经工作，主次分明，循序而进，运筹得当，指挥有力，说到做到，可以说是得心应手。有些人急于搞经

---

* 在中国宏观经济学会举行的陈云经济思想研讨会上的发言。

济建设，被陈云止住了。

在陈云主持下，第一个五年计划的制定基本上是正确的，体现了实事求是、稳步前进、按比例发展的思想。第一个五年计划，1955 年 7 月人大会通过。如果没有随后发起的反右倾，1956 年出现了一次冒进，第一个五年计划执行的结果会更好。

1957 年 1 月 18 日，陈云在省、区、市党委书记会议上讲话，指出 1956 年的缺点错误，提出解决财经方面问题的三个办法，重点阐述了建设规模要和国力相适应的思想。他说："像我们这样一个有 6 亿人口的大国，经济稳定极为重要。建设规模超过国家财力物力的可能，就是冒了，就会出现经济混乱；两者合适，经济就稳定。当然，如果保守了，妨碍了建设应有的速度也不好。但是，纠正保守比纠正冒进要容易些。"陈云具体指出了防止经济建设规模超过国力的危险应当注意的各点，特别指出了要搞好几大平衡，要注意农业对经济建设的规模有很大的约束力。陈云的讲话，贯彻了稳步前进、综合平衡、按比例协调发展、反对急躁冒进的思想，可以说总结了"一五"的经验教训，为以后的发展明确了正确的指导方针。但这些，不但没有被接受，而且受到了批判。1957 年底和 1958 年从批判"反冒进"开始发动的"大跃进"，急于求成，完全无视和背离陈云的正确主张，什么都要大办，要求三年改变面貌，要求几年超英赶美，使建设规模大大超过国力的可能，造成国民经济比例关系严重失调，1962 年不得不再次把陈云请出来主持中央的财经工作，对国民经济进行大的调整。

10 年"文化大革命"，国民经济又受到严重破坏。粉碎"四人帮"之后，出于要把"四人帮"耽误的时间抢回来、把"四人帮"破坏造成的损失夺回来的急迫心情，对当时的比例关系严重失调情况估计不足，急于求成，要求加快步伐，在20世纪末实现现代化，以致1978年计划又搞大了，工业建设项目搞多了，农业上不来，加剧了国民经济的不平衡。陈云首先发现了问题，提出我们不能到处紧张，先把农民这一头稳下来；工业项目要循序而进，不要一拥而上；生产和基本建设都不能有材料缺口。1979年3月陈云提出前进的步子要稳，不要再折腾；要有两三年的调整时期把各方面比例失调的情况调整过来。1980年12月，陈云进一步指出，开国以来经济建设方面的主要错误是“左”的错误。1957年以前一般情况比较好些，1958年以后“左”的错误严重起来了。这是主体方面的错误。代价是重大的。错误的主要来源是“左”的指导思想。在“左”的错误领导下，也不可能总结经验。他指出，调整意味着某些方面的后退，而且要退够，不要害怕这个清醒的健康的调整。由于陈云的坚持，1979年中央决定对国民经济实行“调整、改革、整顿、提高”的方针，1980年12月又确定对国民经济实行进一步的调整。这是建国以来国民经济的第二次大的调整。

国民经济形势很快出现了好转。这时接着又发生了20年翻两番，要不要划分两个阶段和前10年慢些、后十年快些的争论。陈云坚持要划分两个阶段，指出前十年必须稳当，重点在理顺关系，打好基础，速度不能搞得太快，如果把本来应当放在后十年办的事也勉强拿到前十年来办，乱上基本建设项目，经济又可能出现混乱。实践证明了陈云的预言。由于没有坚持划分两个阶段，急于求成，前十年乱上基本建设项目，盲目追求翻番，速度搞得太快，以致国民经济比例关系又出现严重的不平衡，到1989年不得不再次对国民经济进行治理整顿。这是建国以来国民经济的第三次大调整。

到1991年，治理整顿取得明显效果，国民经济增长恢复到正常水平。这时，又发生了急于求成的倾向，在全国掀起了加快工业发展速度、大搞开发区、大上基本建设项目的高潮，以致国民经济再度出现严重的比例失调，不得不从1993年夏季开始对国民经济进行宏观调控。这是建国以来国民经济的第四次大调整。

这四次大调整说明了什么？

第一，说明问题都出在急于求成上，违背了稳步前进的发展思想。完全如陈云所说的，在中国这样一个国家，搞建设，真正脚踏实地、按部就班地搞下去就快，急于求成反而慢，“欲速则不达”。

第二，说明中国经济发展水平低，人民生活不富裕，问题成堆，领导干部不甘心于现状，容易求成心切，产生急躁情绪。这也说明，中国固然要防止保守，但更重要的是防止急于求成，防止急躁冒进。保守是不好的，但急躁冒进带来的危害更大，而纠正急躁冒进比纠正保守倾向要难得多。

第三，说明每次大调整过后，都没有很好地总结经验，没有从中吸取足够的教训，稳步前进的思想没有在干部脑子里扎下根，以致形势一好就又旧病复发和重蹈覆辙。特别值得注意的是，常常是大调整过后，稳步前进的方针受到质疑，甚至被视为右倾和对社会主义缺乏信心。

1979年9月18日，陈云就说过：“目前人民向往四个现代化，要求经济有较快的发展。但他们又要求不要再折腾，在不再折腾的条件下有较快的发展速度。我们应该探索在这种条件下的发展速度。”这个探索任务并没有完成。

是什么东西妨碍稳步前进的方针始终不渝地贯彻执行，是什么东西导致人们去急于求成？除了关心人民疾苦、急于改变中国面貌这一基本思想因素之外，也还有以下一些因素：

从上到下，追求政府的政绩，导致急于求成。我们的政府既有政治的职能，也有经济的职能。而在现有体制下，各级行政都强调以经济建设为中心，每届政府都以经济上的成就作为衡量政绩的主要标准。为了追求政绩，新的一届政府总是要提出新的口号、新的目标，要求抓住机遇加快发展。这几乎成了一条规律。

政绩的考核标准，主要是考核国民生产总值的增长速度，考核大项目建设多少，而不重视质量和效益，不重视比例关系的协调，缺乏问责制度，也导致急于求成难以克服。

为了追求地方利益最大化，各地区总是要求多上基本建设项目，要求银行多贷款，要求中央财政多支持，而对于中央宏观调控常常采取消极态度，强调自己特殊，强调你长我不长，强调减你不要减我。地方的计划权和中央的宏观调控权相互关系没有理顺，加大了宏观调控的困难。这也是急于求成难以克服的一个重要原因。

现在到了很好地总结经验、接受历史教训的时候了。

1981 年 9 月 2 日，李先念在中央政治局会议上说："我曾经讲过，32 年来，在发展经济上，究竟我们是低速度吃亏多，还是高速度吃亏多？经验证明，还是高速度吃亏多。我这样讲，并不是否定切合实际的高速度，更不是主张低速度。安排速度总是要合情合理，实事求是，能够达到的．速度而不去争取是不对的。但是，脱离实际，片面追求高指标、高速度，危害更大。"1958 到 1960 三年"大跃进"，搞了五年调整才把国民经济调整过来，这个亏吃的还不够大吗？

1981 年到现在又经过了 24 年。这 24 年来，在发展经济上，究竟我们是低速度吃亏多，还是高速度吃亏多？1982 年以后由于追求翻番，1985 年提出"软着陆"没成功，又再次起飞，最后导致 1989—1991 三年大调整。三年大调整之后，又要求大干快上，结果又来个 1993—1997 五年调整。这个亏吃的还小吗？现在我们又感受到经济增长速度过快所带来的经济风险。

几十年的经验证明，克服急于求成，保证经济工作按照经济的客观规律办事，稳步前进，最重要的是解决思想问题。思想问题不解决，其他都无从着手。但光靠思想工作不行，还要解决体制和机制的问题。

2004年12月中央经济工作会议上，胡锦涛总书记讲话中讲了这样一段话："体制机制不完善、改革不到位，是经济社会发展中诸多矛盾和问题产生的重要根源。如不加快体制改革和制度创新，国民经济持续快速协调健康发展就没有坚实的体制基础。这些问题既是经济运行中重复出现盲目投资和较大波动的根本原因，也是实现经济社会全面协调可持续发展的重大障碍。解决这些矛盾和问题已经刻不容缓。"胡锦涛总书记讲的非常重要，应当坚决付之实施。思想工作已经做了几十年了，一个时候通了，一个时候又不通了；一些人通了，一些人还没有通。因此，不能靠人治，要靠法制，要从根本上解决体制问题。无论是什么人，不管你通还是不通，都得遵守法制。

重温历史，我们要牢牢记住陈云经济思想，坚持稳步前进的发展方针，并且从体制上采取措施，防止急于求成重蹈覆辙。

# 从“十五”期间经济增长看到的问题*

（2005 年 6 月 23 日）

**中国宏观经济学会最近分析了“十五”计划的执行情况和“十一五”计划期间可能发生的问题，感到如果处理不好，“十一五”期间有可能发生生产过剩危机。建议在制定“十一五”计划建议时讨论清楚这个问题，以做到有备无患。**

**（一）“十五”期间，经济增长速度很快，但严格地说，基本上依然是粗放型的增长。这可以用以下两个指标来说明：**

1. 能源消费总量过快增长，能源弹性系数（能源消费增长率/GDP 增长率）上升：

80 年代（1981－1990 年），GDP 增长 1.43 倍，能源消费总量增长 64%，弹性系数为 0.44；

90 年代（1991－2000 年），GDP 增长 1.7 倍，能源消费总量增长 40%，弹性系数为 0.24；

2001－2004 年，GDP 增长 43%，能源消费总量增长 46.7%，弹性系数为 1.09；

2004 年，GDP 增长 10.1%，能源消费总量增长 16.1%，弹性系数为 1.59。

这说明，从总体上来看，“十五”经济的增长，是靠大量

* 代中国宏观经济学会起草的给国务院领导同志的意见书。

增加物质消耗换来的。

2. 固定资产投资过快增长，投资弹性（投资实际增长率/GDP 增长率）上升：

“八五”期间（1991～1995 年），GDP 增长 76%，实际投资增长 1.37 倍，投资弹性为 1.8；

“九五”期间（1996～2000 年），GDP 增长 51.2%，实际投资增长 55%，投资弹性为 1.07；

2001～2004 年，GDP 增长 43%，实际投资增长 96.5%，投资弹性为 2.24。

这一方面说明 GDP 增长过多地依靠投资，另一方面说明投资效率下降。

**（二）GDP 的对外依存度（进出口总额/GDP 总值），1995 年是 40%，2000 年是 43.9%，2003 年是 60%，2004 年猛增到接近 70%。**

这种比较不很科学，进出口总额与 GDP 总值两者包含的内容不一样。我国外贸出口中，加工贸易比重大。简单的计算，国际间不好比。但在国内，用同一口径计算，可以看出近几年我国 GDP 的增长依靠进出口贸易的比重过大。

大量的进口和出口已引起严重的国际摩擦。

**（三）GDP 中，投资率大幅度上升，消费率大幅度下降。**

| 年份 | 投资率（%） | 消费率（%） | 其中：居民消费率（%） |
|---|---|---|---|
| 2000 | 35.3 | 62.3 | 46.4 |
| 2003 | 41.0 | 56.8 | 41.7 |
| 2004 | 43.2 | 54.3 | 39.8 |
| 2001－2004 | +7.9 | －8 | －6.6 |

这几年中，投资、消费都有增长，但投资增加得快，消

费增加得慢。2004 年的投资率接近于历史上经济最热的 1993 年。这显然是不正常的。

为什么出口增长得快，消费品价格上不去，内需（个人消费）不足，是一个重要原因。

**（四）2000 年全社会固定资产投资为 3.3 万亿元，2004 年增加到 7 万亿元，扣除物价因素，4 年增长了近 1 倍。2004 年城镇 50 万元以上的在建项目 21 万个，投资总规模 13.7 万亿元，其中新开工项目 15 万个，计划总投资 4.9 万亿元。新开工项目占总项目的 70.7%，计划投资占总投资的 35.6%。2005 年 1~5 月又新开工了 5.6 万个。**

2004 年比 2000 年，4 年间，化学纤维产量增长了 1.4 倍，纱产量增长了 96%，电冰箱产量增长了 1.35 倍，电视机产量增长了 89%，煤产量增长了 55.3%，发电量增长了 62.5%，钢产量增长了 1.2 倍。增长速度是空前的。

在建项目还能形成多大能力，一时还搞不清。钢的产量，2005 年可能达 3 亿吨，钢的生产能力可能达到 4 亿吨。在建项目建成后，钢的生产能力估计可能达到 5 亿吨，或者更多。

这些项目能不能都建成，建成后这么大的能力怎么消化，是值得认真考虑的问题。

**（五）2001 年到 2004 年，中国耕地面积减少 8700 万亩，其中建设占地大量增加，是推动中国经济过度扩张的重要因素。这种情况显然难以为继。**

**（六）生态环境更趋严峻。**

全国消耗 20 亿吨原煤，生产 3 亿吨粗钢，很多都是落后的生产技术，其造成的环境污染可想而知。

上面是从“十五”经济增长中看到的问题，这些给我们提示什么？

第一，“十一五”不能再按“十五”的路子走下去，再这样粗放下去不得了。由于几年的极度扩张，许多生产能力已经过剩，对已有的建设部署都应当重新考虑，不能按照原样子搞下去。与其被动调，不如主动调。一方面强化中央的宏观调控，一方面要让市场法则发挥作用，适者生存，劣者淘汰。省市的计划必须服从全国的计划，坚持全国一盘棋。一切要求，都应当从当前的现实情况出发，有利于转变增长方式，不再是片面追求速度。

第二，在供不应求的情况下，要把生产摆在消费的前面，而在供大于求的情况下，就应当把消费放在生产的前面。“十一五”要把提高城乡居民消费水平作为一个重点问题加以研究。围绕这一点，考虑财政的收支和投资的分配。缩小收入分配差距，是一个经济问题，也是一个政治问题。应当集中更多人的智慧，解决这个难题。

第三，解决生产过剩，会带来一系列的变化，带来诸多风险。对此，要有所准备。

第四，现在全国已有近7000亿美元的外汇储备，7万亿元的银行存大于贷。这是有利条件，要让他们在经济调整中发挥作用。

第五，在2004年12月中央经济工作会议上，胡锦涛总书记已经提出，从根本上解决经济运行中重复出现盲目投资和较大波动的体制和机制的问题，应当加以具体化，认真付诸实施。

# 认真剖析“十五”计划的执行情况*

（2005 年 8 月 12 日）

**“十五”期间，工业增长速度之快是惊人的。主要基础工业产品中，煤炭、生铁、钢、钢材、电解铝产量增长都在 1 倍以上，发电量增长 85% 以上，5 年间增长数量之大是空前的。值得分析的是，这些基础工业产品为什么能增长这么快，有多少是正常的，有多少是无序和过度开发，它带来一些什么问题，是什么原因造成这种情况，从中应当吸取什么经验教训。都说“十五”是粗放型的增长，应当通过分析，看一看这种粗放增长是怎样发生的。**

先从煤炭的增长分析起。2000 年全国产煤 10 亿吨，2004 年增加到近 20 亿吨，4 年间增长近 1 倍。在 2004 年全国原煤产量中，原国有重点矿生产 9.19 亿吨，占总量的 46.9%，比 2000 年增加 3.8 亿吨，占增加量的 40%；地方国有矿 2.95 亿吨，占总量的 15.1%，比 2000 年增加 1 亿吨，占增加量的 10%；乡镇矿生产 7.42 亿吨，占总量的 37.9%，比 2000 年增加 4.7 亿吨，占增加量的 50%。重点国有矿是煤炭生产的主力，发展是健康的。部分国有矿有超能力超强度开采现象，2003 年大约有 1.5 亿吨，占国有煤矿产量的 13%。90 年代后

* 对制定“十一五”规划纲要向国务院领导提出的建议。

期整顿小煤窑，乡镇煤矿从8.2万个减少到2.1万个，产量从6.15亿吨减少到2.7亿吨。这几年煤炭紧张，挖煤赚钱，地方又有收入，不少产煤省区违反国家限制和改造小煤矿的规定，层层卖采矿权，为小煤矿划拨资源，乡镇煤矿又陷于盲目地大发展，4年间产量增长了1.7倍。严重的问题在于，很多煤矿为了追求产量不惜“采厚弃薄”、“吃肥丢瘦”。鄂尔多斯市的一些煤矿煤层厚度十几米，采高只有几米，回采率只有百分之十几。全国煤矿平均资源回收率只有30－35%，乡镇煤矿资源回收率低的只有10%，采一吨丢一吨甚至丢几吨，浪费严重，无人监管。据统计，在全部煤矿中，有安全生产能力的只有12亿吨。大量的乡镇煤矿缺乏安全生产条件，2004年全国矿难死亡6027人。今年7月11日新疆阜康神龙煤矿发生瓦斯爆炸，死亡83人。这个矿就是一个无专用通风井、无安全生产许可证、无改扩建资格证书的“三无煤矿”。这些情况说明，2004年的煤炭生产中有很大一部分属于无秩序的、过度的、掠夺式的开发。在2004年的近20亿吨煤炭中，火电用掉8亿吨，冶金用掉4亿吨，建材用掉3亿吨，化工用掉1亿吨，说明电力、钢铁、有色、建材、化工等行业的增长，一部分是靠煤炭的这种无序的过度的和掠夺式的开发支撑的。也可以说，是这些行业无序过度开发对煤炭需求的急剧增加，导致了煤炭行业的无序和过度开发。

再看钢铁生产的增长。铁矿石：2000年国内生产铁矿石2.1亿吨，2004年增加到3.1亿吨，4年间增加了1亿吨。在2004年的3.1亿吨中，大约一半是靠先进的和一般水平的采矿选矿设备生产的；一半是靠盲目发展的落后的采矿选矿设备生产的，不仅采出率低，消耗大，而且污染严重。2004年河北滦平县年产铁精粉260万吨，整个滦河水都被污染了。这说明铁矿石的生产存在无秩序的、过度的、掠夺式的开发。国内矿石不足就增加进口。矿石进口量，2000年是6997万吨，2004年增加到近2.1亿吨，4年间增长了将近两倍，其中2004年的产铁量占全国生铁产量的51.2%。由于中国的大量采购，进口铁矿石连续三年涨价，2003年涨32%，2004年涨86%，今年上半年又涨12%，进口价每吨从26.55美元涨到68.21美元，不仅加大了钢铁生产成本，而且造成国际摩擦。

生铁：2000年全国生产1.3亿吨，2004年生产2.5亿吨，4年间增长了92.2%。在2004年2.5亿吨生铁产量中，有26%是靠盲目发展的容积在300立方米以下的耗能高的小高炉生产的。这些小高炉中，大部分属于应当淘汰的落后设备。

钢：2000年全国钢的生产能力为1.5亿吨，钢产量为1.28亿吨；2004年钢的生产能力增加到4.22亿吨，增长1.8倍；钢的产量增加到2.72亿吨，增长1.1倍。在全国4.22亿吨钢的生产能力中，先进水平的生产能力为1.38亿吨，占33%；一般水平的生产能力为2.3亿吨，占54%；30吨以下的小转炉和小电炉生产能力为5500万吨，占13%。在2.72亿吨钢的产量中，30吨以下的小转炉、小电炉生产5123万吨，占18.8%。小转炉、小电炉的耗能高于大转炉、大电炉，都是属于应当淘汰的设备。

钢材：2004年底全国热轧一次材轧机能力为3.7亿吨，其中落后水平生产能力7900万吨，占21.2%；全国冷加工钢材轧机能力为8000万吨，其中落后水平的生产能力2072万吨，占25.9%。这说明钢材产量中，有一部分是靠盲目发展的落后的属于应当淘汰的设备生产的。2004年全国钢材实际消费量为2.7亿吨，其中，建筑消费1.75亿吨，机械消费3362万吨，轻工消费2480万吨，汽车、造船、石油、集装箱消费2700万吨，共2.6亿吨，说明这些行业的增长有一部分钢材是靠无序和过度开发支撑的。也可以说，是这些行业对钢材需求的急剧增加，导致了钢铁工业的无序和过度开发。

“十五”期间，很多地区都上了不少钢铁厂。2004 年，钢的生产能力达到500 万吨以上、4 年增长 1 倍以上的省区市有 14 个，其中有的地区增长了 3 倍到 4 倍。各地新上的这些钢铁厂，大多没有按基建程序办事，急于求成，在没有落实生产条件特别是煤和电的条件、未经国家核准就仓促上马，以致上了马以后到处抢煤抢电抢运力，造成煤、油、电、运全面紧张。据国家发改委检查，2003 年全国在建钢铁厂项目 629 个，炼钢能力 1.52 亿吨，95% 的项目存在违规审批问题。

**部分省区市钢的能力和钢的产量增长情况表**

| 地区 | 钢的生产能力（万吨） | | | 钢的产量（万吨） | | |
|---|---|---|---|---|---|---|
| | 2000 年 | 2004 年 | 2004 年比2000 年增长倍数 | 2000 年 | 2004 年 | 2004 年比2000 年增长倍数 |
| 全国合计 | 14960 | 42217 | 1.8 | 12850 | 27280 | 1.1 |
| 1 河北 | 1747 | 7507 | 3.3 | 1334 | 5641 | 3.2 |
| 2 江苏 | 963 | 5473 | 4.7 | 640 | 2222 | 2.5 |
| 3 山东 | 713 | 2998 | 3.2 | 635 | 1855 | 1.9 |
| 4 山西 | 490 | 2731 | 4.6 | 465 | 1184 | 1.5 |
| 5 安徽 | 494 | 1569 | 2.2 | 460 | 907 | 97% |
| 6 广东 | 527 | 1526 | 1.9 | 282 | 717 | 1.5 |
| 7 四川 | 568 | 1463 | 1.6 | 598 | 989 | 65% |
| 8 河南 | 358 | 1415 | 2.9 | 406 | 974 | 1.3 |
| 9 江西 | 369 | 1124 | 2 | 319 | 748 | 1.3 |
| 10 天津 | 366 | 980 | 1.7 | 356 | 742 | 1 |
| 11 湖南 | 322 | 970 | 2 | 305 | 864 | 1.6 |
| 12 浙江 | 149 | 777 | 4.2 | 141 | 369 | 1.6 |
| 13 广西 | 176 | 772 | 3.4 | 114 | 319 | 1.8 |
| 14 福建 | 150 | 520 | 2.5 | 124 | 319 | 1.5 |

电解铝，2000 年全国产量为 299 万吨，2004 年增加到 656 万吨，4 年间增长了 1.2 倍。全国电解铝的生产能力，2004 年已形成 950 万吨，投入生产的为 750 万吨，有 80 万吨停产淘汰，120 万吨建成不能投产。这说明电解铝的发展盲目性更大。

电力：全国发电量，2000 年是 1.36 万亿千瓦小时，2004 年达到 2.19 万亿千瓦小时，4 年间增长 61.3%。“十五”期间，电站建设同样处于无序扩张状态，许多项目不按基建程序办事，缺乏对生产条件和环境的综合平衡，有的根本不考虑煤炭的供应条件就上了马。据国家发改委今年 2 月的检查报告，未经国家核准已违规开工建设的电站项目有 1.09 亿千瓦，其中 831 万千瓦已经投产，2665 万千瓦进入主体工程建设阶段，7430 万千瓦处于基础施工阶段，已发生投资 900 亿元，全部建成需要 4500 亿元，每年需增加规划以外的电煤 3 亿吨。

这就是为什么这几年重化工上得这么快，煤油电运这么紧张，环境污染这么严重的重要原因，也是这几年工业增加值以至 GDP 增长得这么快，财政收入增长得这么多、民间资本积累得这么多的一个重要原因，也是这几年工业增长方式不是进步而是倒退的根本原因。

“十五”计划纲要明确规定：“坚持资源开发与节约并举，把节约放在首位，依法保护和合理使用资源，提高资源利用率”，“严格整顿矿业秩序，对重要矿产资源实行强制性保护”；并且规定：“综合运用经济、法律和必要的行政手段，关闭产品质量低劣、浪费资源、污染严重、不具备安全生产条件的厂矿，淘汰落后设备、技术和工艺，压缩部分行业过剩和落后的生产能力。”按照这些规定以及其他有关规定，以下几种情况应当属于无序和过度开发：①违反基建程序进行开发的部分：②用属于应当淘汰的落后设备、技术和工艺生产的部分；③用大量浪费资源和造成环境污染的方式生产的部分；④不具备安全生产条件生产的部分；⑤超能力超强度生产的部分。把几种情况综合起来，算粗账，2005 年至少有 5 亿吨煤、近 1 亿吨钢属于无序和过度开发。扣除这一部分，2005 年大约有 2.5 亿吨钢、16 亿吨煤，是属于正常的合理的生产。即便这样，“十五”期间的能源弹性系数仍然成倍高于 80 年代和 90 年代，国民经济仍然是大发展，成绩仍然是伟大的。这样，固定资产投资也不需要 5 年 29 万亿元，2005 年发电量也不需要 2.5 万亿千瓦小时。

应当看到，尽管“十五”期间在工业增长的数量方面远远超过了计划的预期，但在产业结构的战略性调整、经济增长的质量和效益方面却远远没有实现计划的预期。

“十五”计划要求，围绕增加品种、改善质量、节能降耗、防治污染和提高劳动生产率，鼓励采用高新技术和先进适用技术改造传统产业，带动产业结构优化升级。这个要求并没有完全实现。

“十五”计划要求，资源节约和保护环境取得明显成效；2005 年单位产值能耗比 2000 年下降 15%—17%，“两控区”二氧化硫排放量比 2000 年减少 20%，主要污染物排放总量比 2000 年减少 10%。2004 年这三项指标都没有完成，甚至还有上升。

“十五”计划要求，2005 年一、二、三产业增加值占 GDP 的 13%、51%、36%。据统计，2004 年三者的比重只达到 9.2%、61.8%、29%。第三产业的比重停留在 2000 年的水平。

“十五”计划要求，居民消费率提高到 50% 左右，固定资产投资率调控在 35% 左右。据统计，2004 年居民消费率从

2000年的48%降到41.9%，不升反降；固定资产投资率从2000年36.4%上升到43.9%，不降反升。

可以说，“十五”期间一些地区（不是所有地区）过度地抓重化工的发展，走上了一条无序和过度开发的恶性循环的道路。越是资源耗费大，越是要扩大建设规模。先进设备供不上，就大量采用落后的设备和技术工艺；设备和技术工艺越是落后，资源的消耗量就越大。水多了要加面，面多了要加水。发展慢的地方不加快，日子难过；发展快的地方不再加快，日子也过不下去。宏观调控处于两难境地。中央难以控制，地方也驾驭不了自己。

必须指出，“十五”期间一些地区的这种做法，同党的十六大精神，同国务院制定并经全国人大通过的“十五”计划纲要的要求是不相符合的。

党的十六大提出，实现工业化仍然是我国现代化进程中艰巨的历史任务。但是，十六大提出，必须走新型工业化道路，大力实施科教兴国战略和可持续发展战略，坚持以信息化带动工业化，走出一条科技含量高、经济效益好、资源消耗低、环境污染少、人力资源优势得到充分发挥的新型工业化路子。

党的十六大提出，推进产业结构优化升级，形成以高新技术产业为先导、基础产业和制造业为支撑、服务业全面发展的产业格局。为此，必须用高新技术和先进适用技术改造传统产业，大力振兴装备制造业；加快发展现代服务业，提高第三产业在国民经济中的比重。

党的十六大提出，必须把可持续发展放在十分突出的地位，合理开发和节约使用各种自然资源，搞好国土资源综合整治，树立全民环保意识，搞好生态保护和建设。

从这些可以看出，中央指出的工业化道路是新型的工业化道路，是注重依靠科技进步和提高劳动者素质、改善经济增长质量和效益的道路，是一、二、三产业协调发展、重工业和轻工业协调发展、投资与消费协调发展的道路，是促进人和自然和谐发展的道路，是当代人和后代人可持续发展的道路。“十五”计划纲要同党的十六大精神是完全一致的。

很显然，一些地区所走的道路并不是中央所指出的新型工业化的道路，仍然是以高资本投入、高资源消耗、高环境污染为代价的传统的工业化道路，

应当承认，“十五”期间钢铁、有色、化工以及相应的煤炭、电力的发展，有它客观的要求，如居民对住宅、汽车等需求的扩大。但所有这些都只能循序前进，而不能急于求成，不择手段。许多地区城市建设超前化，追求豪华，既占用了大量土地，也耗费了大量的资源。发展非公有制经济是必要的，但绝不能不加限制、不加监管地让这些企业乱采滥挖、任意浪费资源和破坏环境。增加出口是必要的，但一些重化工产品对出口的过多依赖，等于过多地出口能源和资源，这是得不偿失的。资源不足、生态环境的承载能力有限，是制约我国经济长期发展的难题，绝不允许我们这一代人浪费资源和破坏生态环境。这两年，我国的 GDP 只相当于全世界的 4%，而却消耗了全世界 30% -40% 的原煤、铁矿石、钢材和水泥；我国经济总量居世界第六位，而二氧化硫排放量、化学需氧量、消耗臭氧层物质产生量居世界第一位。这种局面是难以支撑下去的。在目前的环保技术水平下，一年消耗 21 亿吨煤简直是一场灾难。

我们已经经过了 9 个五年计划，科学技术已经发展到今天的地步，“十五”期间一些地区如此盲目扩张并且重新造成煤油电运全面紧张，是无法解释的。人们会问：建钢厂为什么不先落实电，电没有保证为什么要上那么多的钢厂？建电

站为什么不先落实煤和运，煤、运没有保证为什么要上那么多的电站？建煤矿和其他矿为什么不审查资质，不限定各种矿产的合理开采标准、环保标准和安全生产条件，不合资质、不按合理的开采标准和环保标准以及不具备安全生产条件的，为什么让他们开工、让他们任意掠夺和浪费资源？这完全不能用没有经验作解释。已经搞过了 9 个五年计划，竟在第十个五年计划期间不讲按基建程序办事，矿产资源管理已经强调了多少年，竟在第十个五年计划期间放了羊。这一方面表现了许多地区又旧病复发，片面追求数量，犯了急于求成的毛病；另一方面说明了管理体制上出现了严重失控。

自 2003 年下半年以来，国务院发现了工业发展中出现的一些问题之后，相继对一些重大行业包括钢铁、电力、煤炭的产业政策作出了规定，这是完全必要的。国家发改委强调宏观调控、强调新上项目必须按基建程序办事，适时地向党中央、国务院提出建议，这是完全必要的。现在需要对全局进行综合考察，在“十一五”计划中做出进一步的宏观决策，使党中央、国务院的这些规定切实付诸实施。党中央、国务院的权威，在于正确立法和严格执法。否则，党中央、国务院的权威就树立不起来。

针对“十五”期间发生的问题，建议：

第一，对各级干部进行一次深入的社会主义建设的教育，使他们了解我国社会主义建设所走过的路，接受这中间成功的经验，也吸取这中间失误的教训，学会按客观经济规律办事。通过教育，使党中央的方针、政策真正为全体干部所接受，并得到坚定不移地贯彻执行。要使各级领导干部懂得，“发展是硬道理”讲的是发展的重要性，并不是说不论是什么样的发展都是硬道理。浪费资源、破坏环境的发展就不是硬道理。不协调、不稳定的发展就不是硬道理。积极性有两种，一种是正当的积极性，一种是盲目的积极性，不是不管什么样的积极性都要保护。盲目的积极性不但不应当保护，而且应当加以纠正。不论那一级干部，都要遵守经济法规。违反的，要追究责任。

第二，采取坚决有力的措施，纠正已经发生的无序的过度的掠夺式的开发，不能使这种浪费资源、破坏环境的状况得以继续。坚决执行对矿产资源的强制性保护和对生态环境的强制性保护。要从体制上采取必要的措施，把一些权收到中央、省市两级，国土资源部、环保总局的职能要到位，要建立起强有力的监管体系。对基层干部中所发生的一切违法行为，要采取断然措施，加以解决。

第三，恢复“坚持稳步前进、反对急于求成”的指导原则，恢复过去几十年行之有效的“持续稳定协调发展国民经济”的方针，同党中央提出的科学发展观一致起来。

第四，对“十五”计划执行情况以及对当前经济形势的评价，都应当实事求是，恰如其分，而且留有余地，既不能抹煞成绩，也不要夸大成绩，一切溢美之词都应当慎用。

# 清醒认识我国能源和环境面临的严峻形势*

（2005 年 11 月10 日）

“十五”时期两大问题，能源消耗没有控制住，环境污染没有控制住，以致能源和环境问题成为“十一五”面临的两大难题。

“十五”能源规划规定，“十五”期间 GDP 年均增长 7%，能源消费总量年均增长 3.26%，单位能耗 5 年降低 15% -17%。按照这几个指标计算，2005 年能源消费总量为 15.3 亿吨标准煤，万元产值能耗为 1.22 吨。在计划执行中，这三个指标都失去了控制。“十五”预计，GDP 年均增长 8.8%，能源消费总量年均增长 10%，2005 年达到 21.1 亿吨；万元产值能耗 1.55 吨，上升 7%。实际比计划多消耗 5.8 亿吨标准煤，折合原煤 8.1 亿吨。这就是“十五”期间煤、油、电、运出现那么紧张局面的根本原因。如果不是多消耗这么多，也不致于这么紧张。“十五”时期 GDP 的增长速度超过了计划，是以多消耗能源作为代价的。

煤炭的情况。“十五”设想，2005 年产煤 11.7 亿吨。之所以定这么低，一是要调整能源的结构和煤炭的生产结构，二是要减少污染，三是要促进各方面从节能中求增产。预计，

* 在江苏省发改委经济研究院举办的能源论坛上的发言。

2005 年产煤 21. 5 亿吨，不但超过了“十五”计划，而且超过了原来 20 年设想的 2020 年目标，当时设想 2020 年生产 20 亿吨。这就是说，一个五年一步跨到了 2020 年，干了四个五年的事。就是这样，煤炭还是不够用，说明整个工业发展失去了控制。煤是靠什么上来的？原国有重点煤矿增加 4 亿吨，其中 1 亿吨是靠超强度超能力开采的；地方国有煤矿增加 1 亿吨；技术落后的乡镇煤矿增加 5 亿吨，这是违反国务院关于限制和改造小煤矿的规定的。乡镇煤矿三大问题，一是回采率低，二是污染严重，三是安全事故频发。

煤炭供应紧张的直接原因，是钢铁、有色、建材、化工四大耗能产业搞多了，电也随之搞多了。钢铁原来的 20 年设想，2005 年产钢 1. 5 亿吨，2010 年产钢 1. 9 亿吨，2020 年产钢 2. 1 亿吨。谁也没有料到，2005 年预计生产 3. 4 亿吨，一个五年跨过了 20 年，在数量上超过了四个五年的目标。钢是怎么上来的？除了采用现代化的和一般的设备外，上了一大批落后的设备、工艺和技术，绝大部分钢厂是违反正常的基建程序上马的。

发电，“十五”设想，2005 年达到 1. 73 万亿千瓦时。实际 2005 年达到了 2. 47 万亿千瓦时，超过设想 42%。原来的 20 年设想：2005 年发电装机 3. 7 亿千瓦，2010 年达到 5 亿千瓦，2020 年达到 8. 6 亿千瓦。实际上 2005 年就达到了 5. 1 亿千瓦，在建的还有 2. 1 亿千瓦，拟建的 5 亿千瓦。从建设规模来说，也是一个五年干了几个五年的事。在建大电站的同时，上了不少耗能高的小电站。“十五”期间大部分电站是违反基建程序上马的，而且没有脱硫装置。

2005 年 21. 5 吨煤，大体上发电用了 10 亿吨，钢和有色用了 5 亿吨，建材用了 3 亿吨，化工用了 1 亿吨，其他方面用了 2 亿吨。说明钢铁、有色、建材、化工以及电力的无序过度开发导致了煤炭的无序和过度开发，煤炭的无序和过度开发又支撑了这些产业的无序和过度开发。

有人说我们进入了“重化工阶段”，重化工业发展快是应当的，多消耗能源也是应当的。试问：发展重化工有个技术政策没有？有个能源限制没有？有个环境限制没有？什么限制都没有，想干多少就干多少，想怎么干就怎么干，就把整个建设部署打乱了。

由于“十五”煤炭生产增长得过猛，把后备资源吃光了，再准备也来不及。现有重点国有煤矿2010年以前有100多处衰老报废，能力将减少1.5亿吨，地方国有煤矿也有一批能力衰老报废，乡镇煤矿要关闭一大批。规划开工建设的项目，2010年前尚缺精查储量500多亿吨，2011－2020年缺精查储量1200亿吨。

这就表明，2010年前煤炭面临两大问题：①包括煤炭在内的矿产资源开发要整顿，煤炭产量要减少，除非对抗国务院已下发的文件不整顿；②新建矿井后备资源不足，生产能力一下子补不上来。这样，今后几年煤炭产量保不住现在的生产水平，顶多也只能保住现有水平。其他一次能源要想办法多搞，但也有一定的限度。这就是“十一五”面临的能源形势。

再说环境。

“十五”计划要求，加强生态建设，强化环境污染综合治理，使城乡特别是大中城市环境质量得到明显改善。要抓紧治理大气污染、水污染，“两控区”的二氧化硫排放量要降低20%。大气污染主要来源于煤的燃烧。因此，能源的增长计划都是同环境保护同时考虑的。“十五”煤炭的无限制增长，各种环保措施跟不上，大气环境必然继续恶化。可想而知，燃烧11.7亿吨与燃烧21.5亿吨煤炭之差，2005年比2000年二氧化硫排放不是下降，而是上升，已经超过了环境容量的一倍。现在，全国三分之二城市人口生活在中度和严重的大气污染环境中。“十五”大上重化工，而且很多技术落后，污水任意排放，水污染更加严重。据监测，全国58%的河流水质处于中度和严重污染，75%的湖泊出现不同程度的富营养化，一半以上的城市市区地下水污染严重。土壤污染也相当严重。“十五”期间GDP的增长速度超过了计划，是以环境污染加剧作为代价的。

这些情况说明，环境污染已经到了不能再增加的地步，可以说已经达到了极限。不能等到100%都污染了才算达到极限。这就是“十一五”面临的环境形势。

以上的分析告诉我们，煤炭供应已接近极限，环境污染已达到了极限。必须明确：

（1）“十五”是靠过多消耗能源取得经济高增长的，“十一五”必须主要靠节约能源取得经济的适度增长。能源结构要从煤炭转到水能、核能、风能，更多地依靠清洁能源，煤也要清洁化。

（2）“十五”是靠恶化环境取得经济高增长的，“十一五”必须靠减少环境污染、降低环境负担取得适度增长。环境承载一分也不能再增加了。

就我的理解，“十一五”期间贯彻党的十六届五中全会提出的科学发展观，转变增长方式，走新型工业化道路，建立节约型社会和构建和谐社会，真正的行动就在于此。

这是我作为一个长期从事宏观经济研究人员，对“十五”和“十一五”资源和环境面临的严峻形势的分析，作为我的忠告。

# 对“十一五”规划《纲要》草案的几点意见*

（2005 年 12 月 9 日）

起草“十一五”规划《纲要》很不容易。现在的草案把一些问题都疏理出来了，把想要说的要点都提出来了，这就有了基础。许多立意都是好的，有新意。

我想说几个难以处理的问题，也是在规划《纲要》中和宏观调控中必须处理好的问题。

## 一、对“十五”的评价

“十五”时期经济社会发展无疑取得巨大成就，同时也存在不少问题。规划《纲要》如果对“十五”只讲成绩不讲问题，写“十一五”才说面临一些矛盾和问题，人们就会不理解它是怎样产生的，弄不清楚它同“十五”有什么关系，国务院、地方政府应当承担什么责任。在讲成绩的同时，不把问题鲜明地点出来，人们就不能从“十五”的实践中记取教训，就不能深刻地理解党中央为什么提出发展必须是科学发展、必须加快转变增长方式、必须切实转变政府职能健全国家宏观调控体系。这些话，“十五”期间已经提出，为什么

* 在国家发改委听取部分老同志对“十一五”规划纲要草稿意见会上的发言要点。

“十一五”要这么强调。

《纲要》草案写了“‘十五’计划确定的主要发展目标提前实现”，而且加了一句“重点任务如期完成”，并且附了重要发展目标完成情况表，这就更加使人们感到对“十五”的评价不实事求是。

“十五”计划《纲要》明明写着：“‘十五’期间国民经济和社会发展的主要目标是：国民经济保持较快的发展速度，经济结构战略性调整取得明显成效，经济增长质量和效益显著提高，……生态建设和环境保护得到加强，……。”怎么能够把只是国内生产总值指标提前实现说成是主要发展目标提前实现？这还是只讲数量而不讲质量和效益，不讲投入产出，不讲付出的代价有多大。至于说“重点任务如期完成”，那就更加不妥，有些如期完成了，有些并没有完成。比如，加快工业改组改造，优化企业组织结构，保护土地、森林、草原、海洋和矿产资源，加强生态建设，保护和治理环境等等，可以说都没有很好完成。

绝不能把“十五”的变化以及它带来的影响估计小了。改革开放以来，我们已经搞过四个五年计划，从来没有一个五年发生这么大的变化，若干基础工业产品一个五年实现了四个五年的目标，一步跨进了2020年；也从来没有一个五年发生过这么大的问题，土地、资源、环境陷于如此紧张，生产能力出现如此过剩，对外依存度如此之高，居民消费率如此之低，金融、财政潜伏的风险如此之大。这既不能用有些经济学者所说的“我国进入重化工阶段”来解释，也不能用一般的增长方式粗放来解释，更不能用我们还处于社会主义初级阶段来解释。

“十五”期间的问题，不出在“十五”计划本身有什么问题，而出在一些地区在计划执行中偏离了计划的正确方向，盲目地追求高速度，走上了过度发展高能耗、高污染的重化工道路。尽管2003年以来，国务院、国家发改委采取了那么多的宏观调控措施，发出了那么多的产业政策规定，一些地区竟可以执行也可以不执行，有些国务院的通令成为废纸，以致经济建设中发生了那么多的问题。事实表明，如果没有国务院以及国家发改委采取那么多的措施，那发生的问题肯定会更大。但是，如果国务院的宏观调控措施更坚决有力，令出如山、一贯到底，一些地方也不敢那样肆无忌惮。地方不顾大局，国务院必须令出法随。这方面说得深刻一些，对树立国务院的权威只有好处没有坏处。一点批评和自我批评都没有，不是一个好现象。

《纲要》草案第二章的“五个立足”、“五个转变”写得好。但也只有同“十五”计划执行中出现的问题对应起来，才能显出它的力量。

《纲要》草案提出的“十一五”治理污染的指标都太低。比如，主要污染物排放总量减少5%，化学需氧量削减5%，全国二氧化硫排放总量零增长，这完全在开玩笑，无视“十五”造成的环境污染的严重性。全国七大江河水系，60%以上的水质遭到中度和重度污染，有些地区已经有水皆污；全国75%的湖泊出现不同程度的富营养化；一半以上城市的地下水污染严重；15个沿海海洋生态监控区中仅有3个处于健康运行状态。说“江河污染猛如虎”，一点也不夸张。化学需氧排放量，统计局数字：2000年1445万吨，2004年是1339万吨，这统计不全。专家计算，化学需氧排放量的环境容量是800万吨，很多地区已大大超过环境容量，老百姓喝不上清洁的水，削5%，老百姓能答应吗？二氧化硫排放量，2000年是1995万吨，2004年是2255万吨，环保局的数字是2700万吨，超出环境容量（1200万吨）一倍以上。三分之二的城市居民经常呼吸不到新鲜空气，二氧化硫排放总量零增长就等于维持现状，老百姓能答应吗？应当下决心，限期把工厂和城市向江河、湖泊、海洋的排污口关闭，不按期治污就关闭工厂；限期让电站安上脱硫装置，不准把二氧化硫向大气排放。这是体现不体现以人为本的科学发展观的试金石。空喊口号没有用，要看实际行动。宁肯小康生活来得慢一点，增长速度少一两个百分点，也要让老百姓喝上清洁的水，呼吸上新鲜的空气，吃上放心的食品，过上健康的生活。这才是以人为本的政府应有的作为。有些地区为了加快建设小康社会而加剧了环境污染，这种“小康”只能是那些地区的长官要的“小康”，而决不是老百姓要的小康。不信，去问问老百姓。听说有人不同意把指标定高。“十五”规划《纲要》是国务院制定的文件，绝不能听信少数人的话。这几个指标如果公布出去，挨骂的是国务院和国家发改委。将来老百姓闹事的，很可能发生在环保问题上。

有材料说，“十五”计划中应建的污水处理厂共687座，仅完成124座，占应建项目总数的18%；在建工程212座，占应建项目的31%；未动工的351座，占应建项目的51%。“十五”期间全社会固定资产投资29万亿元，城市建设了那么多的办公楼、大广场，应建的污水处理厂建不起来，以人为本的城市建设指导思想哪里去了。

“十五”期间两大问题，一个是能源消费没有控制住，一个是环境污染没有控制住，“十一五”必须当成大事来抓。这对“十一五”的政绩是最大的考核。

我觉得，把成绩和缺点写在一起，而且缺点和问题要说得多一点，作为《纲要》的序言，使人们感到我们的政府是说实话办实事的政府，而且是庄严的政府，这只有好处没有坏处。

## 二、文武之道，一张一弛

按照事物发展的客观规律来讲，“十五”的经济增长已经过快，由于过快产生了种种不平衡和不协调，“十一五”就应当适当地约束速度，更好地调整这些不平衡和不协调。但是，从各省市区提出的“十一五”规划建议来看，是一片“加快”的声音。例如：“我们刚刚进入发展快车道”、“我们已站在加快发展新的起跑线上”、“我们要把加快发展摆在首要位置，由快走变快跑”、“坚定不移地加快发展、率先发展，这一条决不能有任何动摇”、“进一步加快发展是‘十一五’时期的主旋律”、“努力实现更快更好发展”、“始终坚持加快发展，科学发展”、“现在仍处在‘爬坡上坎、负荷前进’的发展阶段”、“不是‘不进则退’，而是跑得慢也得掉队”，都在相互叫劲、相互攀比速度。

在这种情况下，作为宏观调控部门应当冷静，不要去推波助澜。《纲要》草案第一篇第三章“发展目标”的第一条写“宏观经济平稳运行”，我就非常赞成。但在第五篇“促进区域协调发展”一篇中就写有15个“加快”，这要慎重，不要迎合地方。不管什么事情，简单讲“加快”都会出毛病。这次总书记在中央经济工作会议上讲了一句“力戒心浮气躁，防止急于求成，坚决反对形式主义、官僚主义”，这是切中时弊的。

## 三、“十一五”的宏观调控面临“十五”的同样困境

“十一五”的增长指标，全国定为7.5%。已发表“十一五”建议的18个省市区中，定为9%的有5个省市，定为

10%的有8个省，定为11%的有2个省，定为12%的有2个省区，定为13%的有1个自治区，平均是10%。

“十一五”规划建议中，全国规定单位产值能源消耗五年降低20%左右。已发表“十一五”建议的18个省市区中，规定降低30%的有1个省（吉林）；规定降低25%的有3个省市（北京、山西、内蒙古）；规定降低20%的有7个省市；规定降低15%的有1个省（浙江）；规定降低13%的有1个省（广东）；未提出具体指标的有5个省区（福建、湖南、广西、海南、西藏）。

作为2006年，“十一五”的第一年，GDP就出现三个数字：

（1）7.5%，全国五年平均数。

（2）8%，作为年度全国计划目标。

（3）10%，是各省市区的计划目标（按五年平均数推测）。

全国的计划靠各省市区去执行，腿在地方。执行者的目标是10%，最后的结果必然是8%也没有用，国家发改委要围绕10%转。“十五”就是这样：五年计划是7%，全国年度计划前四年是7%，后一年是8%，省市计划平均9%以上，执行的结果2005年是9.4%。国家发改委只能承认这9.4%，而且为之保煤保油保电保运，并且誉之为“平稳较快增长”。有人还提出要“熨平周期，使这种平稳较快增长期尽量延长”。5年29万亿投资，建成4.7亿吨钢、1030万吨电解铝、2213万吨铁合金、1600万吨电石的生产能力，钢的产能过剩1.2亿吨，电解铝的产能闲置260万吨，铁合金的开工率仅有40%，电石有一半能力放空，这些都得接收下来，造成的环境污染都得接收下来，还得说宏观调控见了效。实际上，不是中央调控地方，而是地方调控中央。这不怪国家发改委，怪体制。一个五年计划，两届政府去执行，前两年是上届政府，后三年是下届政府，出了问题不知找谁。

2006年计划，按惯例省市区1、2月份将全部通过（河南、西藏两省区除外），全国计划要3月才通过。这也决定了中央只能承认地方计划。

至于降低能耗，这要看国家发改委和国务院的决心。高兴《纲要》中提到：要将约束性指标中的耕地保有量、万元国内生产总值能耗、主要污染物排放总量分解落实到各省市区。但这不简单，必须有一些强有力的措施，必然有一番讨价还价，有一番博弈。弄不好，又是无可奈何。中央连这些也管不住，那还有什么中央权威可言。“十一五”能源、环境再管不住，那经济振兴就没有希望。

## 四、关于体制

推进政府职能转变，是体制改革的最重要的攻坚战。现在的一些规定，好像解决不了地方政府指挥经济的弊端。

“十五”时期两个逆转：一个是增长方式逆转，不是转向集约而是转向更加粗放；一个是地方政府职能逆转，不是转向政企分开而是转向更加合一。中央把一些企业下放给地方，应当属于企业的权被地方政府截留了。地方政府掌握土地资源、矿产资源，掌握国有资产，掌握干部任免大权，地方长官一上任，就划蓝图，提新口号，规定增长指标，指定建设项目，制定招商引资目录，确定责任制，斥资多少亿资金打造多少基地，直接配置资源，指挥企业实现政府意图，而且地区分割，画地为牢，省、地、县各自为政。对于国家的方针政策和宏观调控，强调地方特殊，可以执行也可以不执行。在经济体制改革中在地方政府职能环节上发生的这种逆转，导致增长方式的逆转。不转变地方政府的职能也就转变不了增长方式。当然，地方政府也有苦衷，有些问题需要由中央在整体改革中来解决。

完全出于一片赤诚。有些话讲得太直了，所用词汇未加推敲，未加修饰，请原谅。

# "十五"期间经济建设中的一些问题是怎样发生的*

(2006年1月5日)

"十五"时期，我国的经济建设取得很大的成绩，但也发生了很多问题，需要在"十一五"时期继续消化和解决。为了解决好这些问题，必须弄清楚这些问题是怎样发生的，找出它的原因。都说"十五"是粗放式的增长，但要问明白到底粗放到什么程度，是怎么样造成的。如果弄不清楚这些，我们也就不能对症下药，不能很好地解决这些问题，也就不能深刻地理解党中央在"十一五"规划建议中提出的各项方针政策，不能深刻理解把经济社会发展切实转入科学发展轨道的极端重要性。因此，在制定"十一五"规划的时候，在总结成功经验的同时，回顾一下"十五"走过的路，弄清楚一些原来没有预料到的问题是怎样发生的，从中记取教训，是完全必要的。

## 一、"十五"期间经济建设中发生了一些什么问题

可以举出以下一些：

1. 煤油电运全面紧张。尽管这些方面的供应能力以惊人的速度增加，宏观调控部门竭尽全力为各地保煤保油保电保运力，但是长达两三年之久的时间，80%的地区还是经常拉

* 载《中国经济报告》2006年创刊号。

闸限电，最紧张的时候要停三开四。

2. 城市建设的土地供应、城市和工矿企业的水资源供应、工业发展所必需的矿产资源供应，出现了不该出现的紧张局面，甚至难以为继。

3. 大气污染、水污染、固体废物污染，几年间猝然为环境的承载能力所不容。现在，三分之二的城市人口生活在中度和严重的大气污染环境中，五分之三的河流水质处于中度和严重的污染状态，二分之一以上的城市市区地下水的水质不符合生活用水标准，一部分农田遭到不同程度的污染。一些地区的生态遭到破坏。全国已进入环境污染事故高发期。

4. 钢铁、有色、建材等行业出现了不是一般的生产能力过剩，而相当大的生产能力还在加紧建设。

5. 对外依存度，从40%左右上升到接近70%，国际贸易风险增大。

6. 产业结构没有优化升级，低加工度产品的比重大，第三产业基本上停留在2000年的水平。

7. 经济的增长过度依赖投资的增长，居民消费率不但没有比2000年上升，反而由46%下降到40%，居民的消费增长支撑不了经济的高速增长。

8. 基尼系数上升，贫富悬殊更加拉大。居民享受的教育、医疗等公共服务水平极不平等，相当大一部分城乡居民，特别是经济落后地区的城乡居民仍然为医疗和教育的负担太重所苦。

## 二、是不是“十五”计划出了问题？如果真的按照“十五”计划的指导方针和总体部署去做，“十五”时期不会出现这么多的问题

现在回过头看，“十五”计划是一个全面、协调、可持续

发展的计划，是一个阶段性分明、稳步前进的计划。

1. “十五”计划的指导方针是明确的，即把发展作为主题，把结构调整作为主线，把改革开放和科技进步作为动力，把提高人民生活水平作为根本出发点。“十五”计划的主要目标是：国民经济保持较快的发展速度，经济结构战略性的调整取得明显成效，经济增长质量和效益显著提高，为到2010年翻一番奠定坚实基础。

2. 五年经济增长速度定为年均7%，是国民经济步入正轨后的正常速度。

3. 7%是建立在经济结构战略性调整的基础上的。计划要求，加强农业基础地位，调整一、二、三产业结构，采用高新技术和先进适用技术改造传统产业，带动工业产业结构优化升级。关闭产品质量低劣、浪费资源、污染严重、不具备安全生产条件的厂矿，淘汰落后设备、技术和工艺，压缩部分行业过剩和落后的生产能力。加速发展信息产业，大力推进信息化。

4. 以单位能耗5年降低15%－17%，实现国内生产总值年均增长7%。为调整能源结构，降低污染，2005年煤炭生产总量控制在11.7亿吨的水平，煤炭在能源消费中的比重从61%降到57%。

5. 加强基础设施建设。要优化结构，调整布局，提高质量，拓宽投资渠道，注重投资效益，把基础设施建设提高到一个新水平。

6. 打破行政分割，重塑市场经济条件下的新型地区经济关系，发挥比较优势，防止结构趋同。通过区域规划和政策，形成各具特色的区域经济。

7. 生态恶化趋势得到遏制，城乡环境质量得到改善，资源节约和保护取得明显成效。抓好重点行业的污染防治，依法关闭污染严重危害人民健康的企业。所有新建项目必须依法严格执行环境影响评估制度。积极开展农村环境保护工作。

8. 城乡居民收入年均增长5%。实行鼓励消费的政策，促进消费需求较快增长，居民消费率提高到50%左右。

9. 推进科技进步和创新，提高持续发展的能力，为产业升级提供技术支撑。加快教育发展，深化教育体制改革，提高全民素质。

10. 推进改革，完善社会主义市场经济体制。健全市场体系，深化金融体制改革，深化财税体制改革，推进行政管理体制和政府机构改革。扩大对外开放，提高对外开放水平。

"十五"计划的执行，只要按照中央的方针办，即使生产总量增长速度超过原定计划10% -20%，重化工多发展一些，也绝不会出现煤、油、电、运那样的紧张，资源接续那样紧张，污染那样严重，若干重工业产品生产能力那样的过剩，进出口依存度那样高，产业结构那样不合理，居民消费率那样的低，劳动收入分配那样悬殊。

## 三、问题出在一些地区在计划执行中偏离了计划的正确方向，盲目地追求高速度，走上了过度发展高耗能、高污染的重化工道路

应当承认，"十五"期间重化工的较快增长有它的客观必然性。

第一，居民消费结构升级，对住宅、汽车等的需求增大，从而对钢材、水泥等的需求增大。

第二，利用外资，引进日益增多的工业、服务业项目。政府以优惠方式提供土地，银行提供贷款，投资者从境外引进设备，当地负责土建，从而带动建筑业的兴旺，带动钢材、

水泥等建筑用材需求的扩大。

第三，城市化进程的加快。城市建设规模的扩大，加大了对钢材、水泥等的需求。

但是，不正常非理性的情况也随之而生。

（1）由于钢材、水泥、煤炭等重工业产品需求的扩大，出现了供不应求，导致这些基础工业产品价格的不断攀升，甚至产生暴利，引发了社会投资蜂涌而至，出现了无序和过度开发。

（2）地方政府出于对国内生产总值的追逐，以及追求财政收入的增加，把主要精力用于打造重化工，为各种投资主体提供一切条件，甚至为各种落后的生产方式大开方便之门，而把“十五”的指导方针以及产业和技术经济政策置诸脑后，把国家的各种经济法律法规置诸脑后。

（3）建筑业和房地产业的发展给地方政府创造了税收，城市扩张成为地方政府扩大税源的有效途径，而土地出让收入则成为城市基础设施建设资金的重要来源。有了土地收入，有了政府主导的城市建设较易获得的银行贷款，城市中的各类开发区、市中心的大广场、大马路、豪华办公楼，热火朝天地兴建起来。到处大兴土木，到处拆迁，不该拆的也拆了。有些城市土地越“卖”越欢，失去了控制，城市建设过度。许多城市总体规划尚未到期，但城市建设规模已经完全突破原定的框框，为期20年的规划指标在5年内完成已成为普遍现象。

（4）“我国已进入重化工业化阶段”舆论的兴起。舆论认为，重化工业化是工业化中期必须经历的阶段，只有经历这个阶段才能完成工业化。既然是必经阶段，不可逾越，只有加快发展重化工，走重型化，才符合潮流，因此都嫌自己的工业过轻，不管有无条件竞相上重化工，主要是低加工度的重化工，使发展重化工陷入非理性非市场化的程度。同时，要突出发展重化工，高耗能、高污染就不可避免。因此一切优化产业结构和控制能源消耗、控制环境污染的产业政策成为不符合时令而置之不顾。

“十五”期间过度发展重化工，表现在以下几个方面：

（一）由于各方面对钢材需求量的猛增，钢材销售价格猛涨，各经济主体和地方政府从钢铁生产中获得高额利润和高额税收，从而在一些地区掀起了大办钢铁的高潮，在正常发展之外，出现了严重的无序和过度开发。

1. 在一些地区，省一级大办钢铁，地市一级大办钢铁，县一级也大办钢铁，以致一个地区出现了几十个甚至上百个钢铁厂。

2. 在兴建和扩建大中型钢铁厂的同时，兴建了为数众多的缺乏竞争力的小型钢铁厂。

3. 先进设备供应不上，就到处搞属于应当淘汰的技术落后、耗能高的小高炉、小转炉、小电炉。2004 年各地 300 立方米以及 300 立方米以下的小高炉发展到 710 座，生产能力 9880 万吨；30 吨以及 30 吨以下的小转炉、小电炉 639 座，炼钢能力 8214 万吨。

4. 2000 年国内生产铁矿石 2.2 亿吨，2005 年增加到 3.7 亿吨，5 年间增加了 1.5 亿吨。其中，大约一半是靠先进的和一般水平的采选矿设备生产的，一半是靠落后的采选矿设备生产的，不仅采出率低，消耗大，而且污染严重。国内矿石不足就增加进口。矿石进口量，2000 年是 6997 万吨，2005 年增加到 2.6 亿吨，其产铁量占全国生铁产量的 52% 以上。由于中国大量采购，进口矿石连年涨价，既加大了钢铁生产成本，也造成了国际摩擦。

5. 大多数项目不经过可行性研究，不经过必要的审批和核准程序，在水资源、环境条件以及煤、电、运力没落实的情况下就仓促上马，以致全行业60%以上的生产能力建在水资源缺乏的地区，50%以上的生产能力建在二氧化硫控制区，建成以后到处抢煤抢电抢运力，造成煤电油运紧张。

在这种盲目投资和无序过度开发的情况下，2000年全国钢的生产能力为1.5亿吨，2005年狂增到4.7亿吨，5年增长两倍多，在建的还有7000万吨，拟建的有8000万吨。这是在制定“十五”计划时根本没有预料到的，也根本无法想象中国的工业化为什么要这么大的钢铁生产能力和用什么来支撑这么大的钢铁生产能力。

2000年全国钢的生产量为1.28亿吨。制定“十五”计划时设想，2005年产钢不到1.5亿吨。2003年有关单位研究长远规划时，年初设想2010年产钢1.9亿吨，2020年产钢2.1亿吨；下半年根据钢铁迅猛发展的形势，设想2005年生产钢2.5亿吨，2010年生产钢3亿吨，2020年生产钢2.8亿吨。没有任何人能想到2005年钢的产量就接近3.5亿吨，一个五年跨过了20年，在数量上超过了几个五年的目标。

2004年全国消费钢材2.7亿吨。其中，建筑消费1.75亿吨，机械消费3362万吨，轻工消费2480万吨，汽车、造船、石油、集装箱消费2700万吨，共2.6亿吨。说明这些行业的增长有一部分是靠钢材的这种无序和过度开发支撑的；反过来，是这些行业对钢铁需求的急剧增长，导致了钢铁的无序和过度开发。

（二）随着钢铁、有色、化工、建材四大高耗能产品生产能力的扩张，对电力的需求猛增，一些地区掀起了大办电站的高潮，在正常发展之外，出现了严重的无序和过度开发。

1. 全国发电装机总量，2000年为3.19亿千瓦，2005年达到5.1亿千瓦；各地在建的还有2.1亿千瓦，拟建的有5亿千瓦。原来的20年设想，2005年发电装机达到3.7亿千瓦，2010年达到5亿千瓦，2020年达到8.6亿千瓦。从建设规模来说，一个五年达到的数量接近四个五年的设想。

2. 电力结构不合理。为了追求速度，上电站主要是上煤电，而且没有脱硫装置。从在建规模的结构看，火电比重高达78%以上，水电比重仅为20%左右，核电比重很低。在建大型电站的同时，上了不少高耗能、高污染的小电站。许多煤电项目没有经过正常核准手续，事先没有落实煤和运的条件就仓促上马，建成后就到处抢煤抢运力，加剧了煤和运的紧张。现在已建成和在建的火力发电站，煤炭供应成为难以解决的大问题。

3. 全国发电量，2000年是1.35万亿千瓦时，2005年预计达到2.45万亿千瓦时，5年间增长81%，平均每年增长12.6%，电力弹性系数达到1.54。这是从来没有过的。就是这样，电力供应仍然十分紧张，2004年有24个省级电网出现了拉闸限电，2005年上半年有26个省级电网出现了拉闸限电，说明整个工业增长和城市建设出现了严重失控现象。

这种情况说明，钢铁、有色、化工、建材的无序和过度开发，导致了电力的无序和过度开发；而电力的无序和过度开发，又支撑了钢铁、有色、化工、建材的无序和过度开发。

（三）随着钢铁、有色、化工、建材、电力生产能力的扩张，对煤炭的需求猛增，以及煤炭销售价格的猛涨，各经济主体和地方政府从煤炭生产中获得高额利润和高额税收，从而在一些地区掀起了大办煤炭的高潮，在正常发展之外，出现了严重的无序和过度开发。

1. 原国有重点煤矿，2000年产煤5.36亿吨，2004年产煤9.19亿吨，4年增加了3.8亿吨。地方国有煤矿，2000年产煤1.94亿吨，2004年产煤2.95亿吨，4年增加1亿吨。原国有重点煤矿是煤炭生产的主体，发展基本是正常的。存在的问题是，在煤炭供应紧张、煤价高涨的情况下，出现突击产量超能力超强度开采。2004 年在原国有重点煤矿的产量中，属于超能力超强度开采的数量达到 1.4 亿吨。

2. 乡镇煤矿，90 年代后期整顿小煤窑，乡镇煤矿从 8.2 万个减少到 2.1 万个，产量从 6.15 亿吨减少到 2.7 亿吨。这几年煤炭紧张，挖煤赚钱，地方又有收入，不少产煤省区违反国家限制和改造小煤矿的规定，层层卖采矿权，为小煤矿划拨资源，乡镇煤矿又陷于盲目大发展，2004 年产量增长到 7.42 亿吨，比 2000 年增加 4.7 亿吨。乡镇煤矿普遍存在三大问题：一是回采率低，采一吨丢几吨，浪费严重，无人监管；二是环境污染严重；三是安全事故频发，重大伤亡事故不断。2004 年全国煤矿共发生伤亡事故 3641 起，死亡 6027 人。其中：原国有重点煤矿死亡 854 人，国有地方煤矿死亡 816 人，乡镇煤矿死亡 4357 人。追逐产量是第一祸首。中国矿难之多成为世界第一。

3. 全国煤炭产量，2000 年是 10 亿吨，2005 年预计增加到 21.5 亿吨，5 年间增加 11.5 亿吨。原来的计划设想，2005 年生产 11.7 亿吨，2010 年生产 17 亿吨，2020 年生产 20 亿吨。同钢铁、电力一样，一个五年一步跨过了 2020 年，实现了四个五年计划的目标。即使这样，煤炭供应仍然不能满足各方面的需求，同样说明了整个工业增长出现了严重的失控。

4. 现有国有重点煤矿矿井，在 2005 - 2010 年将有 100 多处衰老报废，能力将减少 1.5 亿吨，地方国有煤矿也将有一些矿井衰老报废，现有乡镇煤矿很大一部分将要淘汰关闭，存在的问题是建新井后备资源不足。据统计，2010 年前规划开工建设的煤矿项目尚缺精查储量 500 多亿吨，2011 - 2020 年规划开工建设的煤矿项目需要精查储量 1200 亿吨。目前地质勘查跟不上，难以满足规划建设前期准备工作的需要。这也说明，“十五”煤炭生产出现的过度开发，已造成资源难以为继。

5. 我国近90%的煤炭分布在大陆性干旱、半干旱气候带（主要是晋、陕、蒙地区），水资源的承受能力是一个大问题。

在2004年的近20亿吨煤炭中，火电用掉10亿吨，冶金用掉4亿多吨，建材用掉3亿吨，化工用掉1亿吨。说明电力、钢铁、有色、化工、建材等行业的增长，一部分是靠煤炭的这种无序和过度开发支撑的。反过来，是这些行业无序和过度开发对煤炭需求的急剧增加，导致了煤炭行业的无序和过度开发。

（四）“十五”期间出现的以上各种问题，要害是拼资源拼环境。

在“十五”的能源发展专项规划中，明确规定了“十五”国内生产总值年均增长7%，能源消费总量年均增长3.26%，单位产值能耗5年下降15% -17%。“十五”计划的执行把这一部署全部打乱了。“十五”国内生产总值年均增长8.8%，能源消费总量年均增长10%，单位产值能耗5年上升7%，2005年能源消费总量计划为15.3亿吨标准煤，预计为21.1亿吨标准煤，预计比计划多消耗了5.8亿吨标准煤，折合8.1亿吨原煤。国内生产总值的超计划增长，是以能源的超计划消费作为代价的。

“十五”的环境规划，就总体来说，大多没有实现。“十五”国内生产总值超计划增长，是以环境污染的加剧和生态的恶化为代价的。大量燃烧煤炭，是我国大气污染严重的主要原因。2000年我国二氧化硫总排放量为1995万吨，其中90%是燃烧煤炭造成的。“十五”煤炭的无限制增长，各种环保措施跟不上，环境必然恶化。可想而知，燃烧11.7亿吨煤与燃烧21.5亿吨煤，所造成的环境污染之差。“十五”计划要求，2005年“两控区”（二氧化硫控制区和酸雨控制区）二氧化硫排放量比2000年减少20%，由于“两控区”内钢铁和电站建设项目的增多，这一计划自然无法完成。2004年全国二氧化硫排放量已超过环境容量的1倍，浓度超过二级标准的城市在增加。现在全国有三分之二的城市人口生存在中度或严重大气污染的环境中。一年消耗21.5亿吨煤，固然支持了工业生产的增长，但也造成了严重的环境污染，给人民造成灾难。这几年水污染也在加重。“十五”计划要求，巩固“三河”（淮河、海河、辽河）、“三湖”（太湖、巢湖、滇池）水污染治理成果。结果是成果没巩固住，而是更加恶化。全国七大江河水系几百个监测断面中，1至3类水质占30%－40%，4至5类水质占30%，严重污染的劣5类水质占30%－40%。这就是说，60%以上河流的水质遭到中度和重度污染。有些地区已经有水皆污。全国75%的湖泊出现了不同程度的富营养化（水质污染）。全国有25%的地下水体遭到污染，平原地区有54%的地下水不符合生活用水水质标准，一半以上的城市市区地下水污染严重。陆源污染使海洋环境遭到破坏，15个沿海海洋生态监控区中仅有3个处于健康运行状态。一些地区农田污染加剧，危及当地农民的生产和生活。应当说，环境污染已经达到了难以承受的程度。如果说这还不够严重，还不到极限，那么达到什么程度才算到了极限呢？总不能说，达到100%的污染才算达到极限。在发展重化工方面，一个五年消耗了几个五年的资源，也造成了几个五年都难以改变的生态破坏和环境污染。

“十五”期间一些地区过度地抓重化工的发展，走上了一条无序和过度开发资源的恶性循环的道路。越是资源消耗大，越是要扩大建设投资。先进设备供不上，就大量采用落后的设备和技术工艺。设备和技术工艺越是落后，产业结构不合理，资源的消耗量就越大。这就在很大程度上出现了投资推动投资、消耗推动消耗、大量的重化工产品在重化工内部循环的状况。在这种惯性的情况下，发展慢的地方不加快，日子难过；发展快的地方不再加快，日子也过不下去。宏观调控处于两难境地。中央难以控制，地方也驾驭不了自己。

“十五”期间，国内生产总值的增长幅度同固定资产投资的增长幅度、同能源消耗的增长幅度、同发电量的增长幅度是不成比例的，投入太多而产出太少。

从投资的弹性系数来看：“八五”期间（1991－1995），国内生产总值增长76%，实际投资增长1.37倍，投资弹性系数为1.8；“九五”期间（1996－2000），国内生产总值增长51.2%，实际投资增长55%，投资弹性系数为1.07；“十五”期间（2001－2005），国内生产总值增长52.7%，实际投资增长1.44倍，投资弹性系数为2.73。“十五”投资弹性系数是“八五”的1.5倍。

从能源的弹性系数看：“八五”期间，国内生产总值增长76%，能源消费总量增长32.9%，能源弹性系数为0.43；“九五”期间，国内生产总值增长48.8%，能源消费总量增长5.6%，能源弹性系数为0.11；“十五”期间，国内生产总值增长52.7%，能源消费总量增长62.3%，能源弹性系数为1.18。“十五”能源弹性系数是“八五”的2.7倍。

从电力的弹性系数来看：“八五”期间国内生产总值增长76%，发电量增长62%，电力弹性系数为0.81；“九五”期间国内生产总值增长48.8%，发电量增长35%，电力弹性系数为0.72；“十五”期间国内生产总值增长52.7%，发电量增长81%，电力弹性系数为1.54。“十五”电力弹性系数是“八五”的1.9倍。

"十五"期间投资、能源、电力弹性系数这么高，简单地用"'十五'进入重化工阶段"是解释不过去的，只能用增长方式比过去更加粗放、生产建设中浪费更大来解释。目前钢的生产能力有1.2亿吨过剩，电解铝的生产能力有260万吨闲置，铁合金开工率仅有40%左右，电石有一半能力放空，足以说明投资效率的低下。

必须指出，"十五"期间重化工的增长，固然有它客观的要求，但这都只能是循序渐进，而不能急于求成，不择手段。许多地区城市建设失去理智，追求豪华，占用了大量土地，也消耗了大量的资源，完全脱离了我国当前的国情。发展非公有制经济是必要的，但决不能不加限制、不加监管地让这些企业盲目发展、任意浪费资源和破坏环境。增加出口是必要的，但一些重化工产品对出口的过多依赖，等于过多的出口能源和资源，并把污染留在国内，这是得不偿失的。发展重化工是一个自然的进程，不应当人为地去"化"。国家的矿产资源不是取之不尽、用之不竭的。必须明确一件事情，在粗放的增长方式下，生产的超常规增长或跨越式增长，都是对资源的超常规动用，对环境的超常规增负。我国资源不足、环境承载能力有限，是制约经济长期发展的难题，决不允许我们这一代人为追求短期利益而拼资源拼环境。地方政府，只能在国家的总体规划下，根据本地区的资源条件和环境承载能力，来筹划各项生产事业的发展，并且要发挥市场的主体地位，而不能想干什么就干什么，想干多少就干多少。

这两年，我国国内生产总值只相当于全世界的4%，而却消耗了全世界30%－40%的原煤、铁矿石和水泥；我国的经济总量居世界第六位，而二氧化硫排放量、化学需氧量、消耗臭氧层物质产生量居世界第一位。2005年1月世界经济论坛公布的环境可持续发展评价报告，在全球144个国家和地区中，中国位居第133位。报告指出，低产值、高污染的生产模式将造成国家未富而资源环境先衰。这是给我们敲警钟。

必须认识到，中国“十五”时期对钢铁、有色金属、建材、煤炭等初级产品的需求和供应已经达到了或者接近于极限，拼资源拼环境已经到了不能再拼的地步。如果我们不清醒，不抓住产业结构向高加工度优化升级，继续懵懵懂懂地往前闯，后果将不堪设想。

这就是为什么党中央在“十一五”规划建议中那样强调落实科学发展观、转变增长方式、建立节约型社会和和谐社会的根本原因所在。如果我们不认识我们所处的险境，不痛下决心，就不会理解党中央决策的重要性，也不能认真执行党中央的决策。

**四、“十五”期间，特别是2003年以来，国务院针对出现的问题，实施了宏观调控，发布了诸多有关产业政策的规定，所有这些并没有得到很好的执行**

举其要者：

1.2001年4月30日，国务院发出《关于加强国有土地资产管理的通知》。通知要求各地严格执行土地利用总体规划、城市规划和土地利用年度计划，严格控制新增建设用地供应总量。规定各地不得违反国家有关规定擅自设立工业园区、科技园、开发区等各类园、区。这个通知可以说没起作用。没过多久，全国各地就出现了乱占滥用土地的现象，到处搞开发区。2003年开始清理开发区，2004年一年共清理6866个，占地面积达到3.8万平方公里，超出了有史以来城市建成区的总面积。在这6866个开发区中，属于中央审批的只有175个。经过清理，保留1000多个，保留面积1.2万平方公里。

2. 2001 年 6 月 13 日，国务院办公厅发出《关于关闭国有矿矿办小井和乡镇煤矿停产整顿的紧急通知》。通知指出，全国煤矿安全生产形势严峻，1 至 4 月，共发生重大、特大事故 118 起，死亡 891 人，其中乡镇煤矿和国有煤矿矿办小井的事故占绝大多数。国务院决定，立即关闭国有煤矿矿办小井、所有乡镇煤矿一律停产整顿。2001 年 9 月 16 日国务院办公厅再度发出《关于进一步做好关闭整顿小煤矿和煤矿安全生产工作的通知》，重申不具备基本安全生产条件的各类小煤矿、“四证”不全以及生产高灰高硫煤的小煤矿，必须全部予以关闭；对应关闭之外的所有小煤矿均列入整顿范围，实行高标准、严要求；严禁采矿权人以承包、转包和租赁等方式将采矿权转给他人开采；“十五”期间新建煤矿要严格按照基本建设程序招标。这两个文件在一些地区得到了执行，但没过多久，各地小煤矿又盲目地发展了起来。

3. 2001 年 12 月 26 日，国务院发出《关于国家环境保护“十五”计划的批复》，要求各地严格执行全国主要污染物排放总量控制计划，确保 2005 年环境污染有所减轻，生态环境恶化趋势得到初步遏制，城乡环境质量特别是大、中城市环境质量得到改善。同时要求加快淘汰落后工艺和设备，限期关闭污染严重企业；所有企业排放污染物必须稳定控制在排放标准和总量指标之内；所有新建项目必须依法严格执行环境影响评估制度；地方各级人民政府要将环境保护目标和措施纳入省、市、县长目标责任制，建立总量控制指标和环境质量指标完成情况考核制度。“十五”国家环保计划，在一些地区得到一定的执行，在多数地区没有得到很好执行，有些地区完全陷于放任自流。

4. 2002 年 3 月 18 日，国务院办公厅转发《关于从严控制铁合金生产能力切实制止低水平重复建设意见的通知》。这个通知基本没有得到执行，以致2004年国务院办公厅又再次发出《关于对电石、铁合金行业进行清理整顿的若干意见的通知》。

5. 2003年12月23日，国务院办公厅转发《国家发改委等部门关于制止钢铁、电解铝、水泥行业盲目投资若干意见的通知》。通知指出：近年来，受市场需求拉动，钢铁、电解铝、水泥等行业投资增速加快，产量大幅度上升。在这个过程中，一些地区和企业受利益驱动，不顾市场、资源等外部条件，违反规定大规模新建和扩建钢铁、电解铝、水泥项目，出现了盲目投资，低水平重复建设和违法生产现象。通知指出：目前，三个行业的在建项目生产能力大大超过了预期需求，必将导致生产能力过剩、市场无序竞争、浪费资源和污染环境，甚至造成金融风险和经济社会其它方面的隐患。各地区、各部门必须引起高度重视，采取有力措施，迅速遏制盲目投资、低水平重复建设的势头。通知要求，各地区、各部门尽快组织力量，对各地钢铁、电解铝、水泥等投资建设项目进行认真清理，并将清理结果于2004年2月底前报国务院。根据各地清理结果，国家发改委在2004年7月23日写出清理报告。报告指出，目前共有在建钢铁项目629个，拟建项目145个，在建炼钢能力1. 52亿吨。在这些在建项目中，95%的项目存在违规审批问题。从装备水平看，在建高炉小于1000立方米的共256座，合计能力占在建总能力的58%；转炉小于100吨的150座，合计能力占在建总能力的45. 3%，均不符合准入标准。新建项目占用土地大部分未办理审批手续。大部分地区对环保重视不够，环保审批形同虚设，把环保审查仅作为手续办理，有些项目未办理环保审批就违法开工。

6. 2004年4月27日，国务院办公厅发出《关于清理固定资产投资项目的通知》。通知指出，经济发展中突出矛盾集中表现在固定资产投资增长过快，规模过大，同时煤、油、电、运和重要原材料供求紧张。为了进一步加强宏观调控，国务院决定开展固定资产投资项目清理工作。清理范围，包括所有在建项目。清理内容，包括是否符合国家产业政策和行业规划，是否符合土地利用总体规划并纳入土地利用年度计划，是否符合国家环境保护的有关规定并通过环境影响评估，是否符合城市总体规划，是否符合项目审批等各项建设程序，是否符合信贷政策和固定资产投资贷款的有关规定。清理后的处理，对国家明令禁止建设的违反土地管理法等法规的在建项目要停止建设；对不符合环保规定、城市规划、项目审批等建设程序的在建项目要暂停建设、限期整改；对不符合法律、行政法规和国家政策要求的拟建项目，一律取消立项，严禁擅自开工建设。这一通知，有些地区执行了，有些地区并没有认真执行。

7. 2004 年 11 月 24 日，国务院办公厅批转《国家发改委关于坚决制止电站项目无序建设意见的紧急通知》。通知指出，一些地区和企业不顾国家多次重申电力建设必须有序发展的要求，继续违规开工建设了大量电站项目，致使电站在建规模远远超出电力规划确定的目标，同时也超出了资源和环境的承受能力，极易再次形成高耗能工业无序发展的恶性循环。这种状况如果任其发展，势必扰乱国家能源总体战略的实施，引发电力布局混乱，煤炭供应和运输能力失衡，金融风险压力加大，以及电力工业技术水平倒退等问题，也为今后电力结构和产业结构调整留下隐患。通知要求各地区、各有关部门和单位必须认真清理违规建设的电站项目，提出停缓建的处理意见，并负责做好各项善后工作，清理情况和处理意见要报国务院。2005 年 2 月 22 日，国家发改委将清理情况汇总后报国务院。报告指出，各地区违规开工项目总计1.25亿千瓦，其中已经国家批准项目建议书但未经核准的项目约3000万千瓦，未按国家规定程序审批或核准的项目约7930万千瓦，另有1600万千瓦的项目未按清理要求上报。根据清理情况，国家发改委提出分别处理意见。国务院办公厅转发了这一文件。从事后的结果看，这次清理，有些地区认真，有些地区并未认真，以致电站建设规模依然过大，电站建设单位依然要求制造厂按合同交货，不管国家如何清理。

8. 2005年6月7日，国务院发出《关于促进煤炭工业健康发展的若干意见》，强调煤炭工业要走资源利用率高，安全有保障，经济效益好，环境污染少和可持续发展的道路，坚持发展先进生产能力和淘汰落后生产能力相结合的原则，一方面加快现代化大型煤炭基地建设，培育大型煤炭企业和企业集团，促进中小型煤矿重组联合改造，另一方面继续依法关闭布局不合理，不具备安全生产条件，浪费资源，破坏生态环境的小煤矿。这一意见并没有得到有效的执行。

9. 2005年8月22日，国务院办公厅发出《关于坚决整顿关闭不具备安全条件和非法煤矿的紧急通知》，针对山西、陕西、新疆、河南、河北、贵州、广东等地相继发生停产整顿煤矿和不具备安全条件煤矿非法生产造成的特大、特别重大事故，特别是广东省梅州市兴宁市大兴煤矿发生特大透水事故，造成123名矿工涉难，决定立即停产整顿不具备安全生产条件的煤矿；坚决关闭取缔停而不整、经整顿仍不达标以及非法生产的矿井；实行联合执法，依法查处违法违规单位和人员；加强领导，建立和落实煤矿整顿关闭工作责任制。这是国务院下了决心，采取了断然措施。但仍有顶风不办的。

10. 2005年8月18日，国务院发出《关于全面整顿和规范矿产资源开发秩序的通知》，要求各地政府严厉打击无证勘查和开采等违法行为，全面查处越界开采等违法行为，坚决关闭破坏环境、污染严重、不具备安全生产条件的矿产企业，全面查清和纠正矿产资源开发管理中的各种违规违纪行为，全面开展煤炭资源回采率专项检查，对保护性开采的特定矿种进行专项整治。通知同时规定了规范矿产资源开发秩序的主要任务。通知要求，自本通知发出之日起至2006年底，基本完成整顿的任务，同时开展相关的规范工作；2007年初到当年底，全面完成本通知提出的各项任务。这个通告能不能完全执行还要拭目以待。

事实证明，国务院采取的这些宏观调控措施，是完全正确的、必要的。如果能够全面地得到贯彻实施，那“十五”的成绩肯定会比现在大，发生的问题肯定不会象现在那么多。

## 五、应当从“十五”实践中记取教训

1. 就地区和经济主体来说，根据简单的市场信号就作出决策，会掉进地区间结构趋同和重复建设的陷阱。市场需求钢材、水泥和电力，自然办钢铁、水泥和电力赚钱，决定办钢铁、水泥和电力有它合理的一面。它的不合理一面，在于你想到办和马上动手办，别的地区也会想到办和马上动手办。大家都这样做起来，就必然因重复建设而导致生产能力过剩。而当发现过剩的情况时，又谁都不愿意下马，硬在那里撑着，企图侥幸过关，于是越拖损失越大。

2. 根据简单的市场信号就作出决策，而不考虑自身的资源和环境的承载能力，不考虑生产技术的条件，那就不仅是无知而且是蛮干，最终会受到资源和环境的惩罚，遭到因竞争力劣势而被淘汰出局的下场。

3. 所有新上项目都必须进行可行性研究，经过必要的审批和核准程序，落实各种生产条件，然后才能开工兴建。这不是限制企业和地方的积极性，而是使企业和地方避免盲目性。怎么可以上钢厂不先落实煤、电、运条件，上电站不先落实煤在那里，上钢厂上电站不事先进行环境评估。我们已经搞了50年的建设，怎么到了第十个五年开起了倒车呢？不能说，搞市场经济了，就可以完全放任自流。社会在进步，在世界上完全自由市场经济时代已经不存在了。地方和企业最不满意审批和核准，但“十五”期间出的问题恰恰不是出于审批和核准制度过严，而是出在根本不经过审批和核准就仓仓促促上了一大批项目，最终受害的是企业和地方。

4. 所有地区和企业都必须熟悉和自觉遵守国家在一定时期的产业政策、技术政策和区域政策，遵循国家的宏观调控，克服利益取向的陕隘性和盲目性。“十五”期间，很多地区发生的问题，严格地说是对中央政策的无知和置若罔闻。其结果既害了国家，也害了自己。

5. 地方政府要严格执行政企分开的原则，属于企业的权力地方政府不能滥加干预。属于市场的职能，应当交给市场，政府不能越俎代庖。重大的方针政策，地方必须服从中央，令行禁止。地方的权力过大，直接配置资源，指挥企业，中央的方针政策可以执行也可以不执行，是造成“十五”期间诸多经济问题产生的重要根源。这既表明我国的经济体制改革还不到位，也暴露了当前国家治理结构的弊端。“十五”时期的宏观调控，实际上不是调控市场，更多地是调控地方政府的经济行为，其调控的难度也在于此。价格的形成机制没理顺，更增加了宏观调控的难度。加快政府职能的转变，建立强有力的宏观调控体系，并且不断地改善宏观调控，成为紧迫的任务。

6. 任何人都必须遵守法律。80年代以来，我们国家公布了那么多的法律，包括：《中华人民共和国矿产资源法》、《中华人民共和国土地管理法》、《中华人民共和国环境保护法》、《中华人民共和国大气污染防治法》、《中华人民共和国水污染防治法》、《中华人民共和国固体废物环境污染防治法》、《中华人民共和国海洋保护法》、《中华人民共和国水法》、《中华人民共和国草原法》。成天讲依法治国，突然一个时间不讲法了，不仅是一些经济主体不讲法，一些地方政府也带头违法，行政执法部门不作为成为普遍现象。查一查那些破坏资源造成严重污染的项目是怎样上马的，谁承担了污染的法律责任。"先污染后治理"，已经进行过批判，这几年又旧病复发，这是不应当的。污染环境，就是危害人民健康，威胁人民生命，对此不能麻木不仁了。

7. 不要盲目攀比国内生产总值。作为核算指标，国内生产总值仍然是一个数量的指标，既反映不了质量的进步，也反映不了效益的提高。国内生产总值是事后统计的结果，它可以是集约增长的结果，也可以是粗放增长的结果；它可以是节约资源的增长，也可以是浪费资源的增长；它可以是减少环境污染的增长，也可以是增加环境污染的增长；它可以是给人民带来福祉的增长，也可以是给人民造成灾难的增长。因此，只看国内生产总值不行，要看形成国内生产总值的各种经济行为和经济因素。如果以国内生产总值作为追逐的目标，那就有可能鼓励人们采取不正当的经济行为，去追逐国内生产总值数值的提高，甚至去制造国内生产总值。各地的自然禀赋和资源环境承载能力不同，盲目攀比国内生产总值，会滋生蛮干、产生违反自然规律的行为。"十五"期间，一些地区大搞重化工，在缺乏能源的地方大搞钢铁、电解铝和铁合金，动机也是追逐国内生产总值。因此，只宜把国内生产总值作为国家宏观调控的目标，速度高了往下调一调，速度低了往上调一调，而不应当把它作为各级政绩的考核标准。把追求国内生产总值政治化，层层压指标，层层攀比，增长速度越高越好，而不是审查它是靠什么实现的，它给人民带来的结果是什么。这已经走入了邪路，是愚昧无知的表现，应当下决心改变。事实表明，地方政府追求国内生产总值增长速度，有它深层次的原因，光指责地方政府不行，还需要从更高层次找原因，采取措施加以解决。

8. 坚持稳步前进，反对急于求成。一些地区所以发生以上种种问题，根子在于一个“急”字。在经济发展中，争取快当然是必要的，是好事。但是，“过快”则事与愿违，把好事做成了坏事。总不能把浪费资源、破坏环境、事故频发也说成是好事吧。为什么增长方式转变不过来？如果要求不那么急，那就能较多地注意经济增长的质量和效益，注意结构的调整和优化升级，注意环境保护，注意安全生产，注意发展科技教育，注意发展第三产业，注意公平分配。要求过急，而且限期达成，那就什么都顾不过来。文武之道，一张一弛。当前值得注意的是，一些地区“十五”的增长速度特别是重化工的增长速度已经过快，经济中发生了种种问题需要调整整顿，“十一五”是不是还要继续加快速度？全国重化工已经达到今天水平的情况下，一些“十五”期间重化工发展慢的地区，“十一五”是不是要加速重化工的发展？这需要头脑冷静，“持筹而算之”。什么账都不算，是要吃亏的。

# 宏观经济问题根本是个体制问题*

（2006 年 1 月 19 日）

方才听了委领导的工作介绍，讲得非常好。我认为，国家发改委现在是处在黄金发展期。作为国家发改委，党中央、国务院从来没有像现在这么重视过，很多发展建议由发改委提出，很多改革方案由发改委制定，在宏观调控中发改委发挥着重要作用。但国家发改委也处在矛盾凸显期，矛盾重重、困难重重。“十五”过来很不简单，发改委是尽了力的。

年前的中央经济工作会议上，胡锦涛总书记有一篇重要讲话，其中讲到“力戒心浮气躁，防止急于求成，坚决反对形式主义、官僚主义”。现在，浮躁之风、急于求成之风、形式主义之风、官僚主义之风严重，到了好好反一反的时候了。总书记在会上讲的这些话，并没有引起全党的重视，也没有听到什么反响。如果大家要问，浮躁之风、急于求成之风、形式主义之风、官僚主义之风表现在哪里，建议大家看看各省区市发表的“十一五”规划纲要，或可从中得到领悟。

宏观经济问题，根本是个体制问题。现在，我们国家是什么样的行政体制和经济体制？说形象一点和严重一点，是“诸侯”经济，而且是“诸侯”计划经济。如果是“诸侯”

---

* 在国家发改委举行的新春茶话会上的发言。

市场经济，那还好，地区之间可以联合；坏的是“诸侯”计划经济，地区之间根本难以联合。全国的计划经济体制打破了，地区的计划经济体制却根深蒂固，依然是政企不分、块块分割。这从“十五”、“十一五”规划就能看得出来。第一，各自以行政区为界，画地为牢、自成体系，31个省区市就是31个经济独立体。各地区都要在一个地区尽快实现工业化、现代化，缺什么补什么，并把自己融入全球化。第二，地方政府掌握土地资源、矿产资源和国有企业，可以直接配置资源、指挥企业。政府直接抓项目，按项目招商引资。征地手续没办好可以先开工，环境影响评估没做完可以先建设，贷款由政府帮办。许多项目说是市场驱动，实际上是政府拉动。小铁厂、小土焦搞得那么多，还不是当地政府招商引资的结果？有的省，斥资多少万亿，打造多少个基地，谁完不成招商引资谁下课。GDP上不去，就末位淘汰。中央把有些企业下放给地方，中央给企业的权力被地方截留了。有些地方政府硬性给企业下指标，完不成就换人。第三，中央的政策，任务不能越级控制，一下到底，只能层层下达，依靠下一级政府来实施。这就产生地方对上级下达的东西，符合自己的利益就办，不符合就拖延不办，甚至顶住不办，以致有令不行，有禁不止。

中央号召东部率先、西部开发、东北振兴、中部崛起，号召谁呢？显然不是号召企业，也不是号召老百姓，就是号召各地政府，“东西南北中，一起打冲锋”。现在搞“十一五”规划，GDP年均增长率，中央是7.5%，地方是10%以上。是按7.5%来调控，还是按10%来调控？国家发改委还真有点难。搞得不好，不是中央调控地方，而是地方调控中央。我是很同情国家发改委的。

现在地方权力太大，过度分散，画地为牢，自成体系，这是经济发展的最大障碍。体制改革必须解决这个问题。建议国家发改委用一年的时间研究这个问题，提出解决方案，提交党的十七大。不解决这个问题，攻坚战就是一句空话，社会主义市场经济体制就永远建立不起来。

# 从地区的“十一五”规划引出的思考*

（2006年3月27日）

## 一、三个共同点

全国各地区的“十一五”规划纲要，在2006年1月至2月之间，都已正式确定并公布。其对经济发展的具体部署，有以下三个共同点：

（一）地区定的经济增长速度一般都高于全国，而且越往下速度越高。

“十一五”期间，全国国内生产总值（以下简称GDP）预期年均增长速度为7.5%，2010年人均GDP比2000年翻一番，这已经全国人民代表大会通过。

“十一五”期间，31个省区市的GDP预期年均增长速度，定为8.5%的有1个，定为9%或以上的有8个，定为10%或以上的有14个，定为11%－13%的有8个，平均起来在10%以上，高于全国2.5个百分点，即高出三分之一。不少省区提出人均GDP提前比2000年翻一番，有些提出提前2－3年，有的提出到2010年翻一番半或翻两番。这一规划已经各省区市人民代表大会通过。

全国31个省区市下辖333个地区一级政府，其中283个

---

* 载《中国经济报告》2006年4月号。

为地级市。据部分调查，这些地级区（市）的“十一五”GDP预期年均增长速度大多高于其所在省区市1－3个百分点，按平均高出一个百分点计算，即为11%以上，高于全国3.5个百分点，高出近50%；其2010年人均GDP比2000年翻的番也大多高于所在的省区市。这一规划大多已经各地级区（市）人民代表大会通过。

全国333个地级区（市）下辖2862个县（市），每个县都制定了“十一五”GDP增长速度，其数值又多高于所在的地级区（市），按平均高出一个百分点计算，即为12%以上，高于全国4.5个百分点，高出60%。有的县提出“十一五”实现“四个翻番”（人均GDP比2005年翻一番，地方财政收入比2005年翻一番，固定资产投资比“十五”翻两番，工业增加值比2005年翻两番）。这一规划大多已经各县级人民代表大会通过。

这就反映出一个问题，全国不是只有一个GDP预期目标，而是各省、地、县各有各自的追逐目标，并且越往下速度越高，又都是经过同级人民代表大会通过，各自都要为之奋斗。“进一步加快发展”，到2010年人均GDP比2000年提前翻番，成为省、地、县“十一五”规划的主旋律。

（二）许多地区的高增长预期，又是以高投入作为支撑的。不少省区市的“十一五”固定资产投资总额都成倍地高于“十五”，有的高出1.5倍、两倍甚至更多。这些投资又多有重大项目和招商引资项目作为载体。“以经济建设为中心，以项目建设为载体”、“坚持发展狠抓项目不动摇”，这一口号具有代表性。

（三）在产业结构的选择上，多数仍然强调工业，特别是重化工。有些工业特别是重化工业比重不大的省份，要求“十一五”重化工有一个大发展。由于这个理由，他们提出的“十一五”期间单位产值能耗降低指标多低于全国20%的要求，有的甚至没有明确提出降低的指标；第三产业所占比重提高不大，有的还有下降。工业强省、工业强市、工业强县，成为共同追逐的目标。

这三个共同点，“十一五”规划是这样，2006 年计划也是这样。

这三个共同点发出了什么信号？

第一，地区的经济增长目标，就总体来说比全国不是高出一点，而是高出很多。就省一级来说，高出 30% 以上；就地一级来说，高出近 50%；就县一级来说，高出 60%。

第二，实现地区经济增长目标的支撑条件和推动地区经济发展采取的方式，就总体来说与全国规划的导向不是差异很小，而是差异很大。

第三，地区规划通过在先，全国规划通过在后。全国规划刚刚通过，地区规划早已公布并下达执行。

显然，这不是一个小问题，而是一个大问题。这个问题解决不好，党中央确定的科学发展、转变增长方式、建设节约型社会和和谐社会等重大指导方针将难以贯彻，全国“十一五”规划和 2006 年计划将难以顺利完成。“十五”计划的执行已经有过沉重的教训，对此应当引起警觉，并加以认真思考，不能视而不见，麻痹大意。

**二、从地区的“十一五”规划引出的第一个思考：全国的“十一五”规划已经全国人民代表大会高票通过，成为全国人民“十一五”时期共同的行动纲领，各地区制定的“十一五”规划就总体来说与全国规划差距那么大，两者能否“并行不悖”？如果不能，地区规划是应当服从全国规划，还是全国规划服从地区规划**

全国“十一五”的 GDP 年均增长目标定为 7.5%，比

"十五"时期实现的9.5%低2个百分点，是国务院从全国的大局出发，综合考虑各方面因素，根据需要和可能提出的。通过这一综合指标，表达了"十一五"期间国家的意向，得到了全国人民代表大会的批准，并公之于世。但是，不能认为全国规划的执行就高枕无忧了。如果全国各地区的规划不与全国规划保持一致，各地执行的不是全国的规划而是各自的地区规划，那全国规划就必然被架空，束之高阁。"十一五"的增长速度所以必须低于"十五"，地区增长目标所以必须与全国目标相一致，而不能与此相悖，两者也不可能做到"并行不悖"，其道理可以举出以下一些：

1. "十五"期间由于粗放经营，重投入、重数量、轻质量、轻效益，尽管GDP增长速度超过了全国预期7%的目标，达到9.5%，实现了地区平均9%以上的预期增长目标，但造成大量的资源消耗和严重的环境污染，部分行业生产能力过剩，居民消费率下降，对外依存度过高，居民收入差距扩大，社会事业发展滞后。"十一五"必须调整推动发展的思路，转变推动发展的方式，按全国规划纲要要求，立足扩大国内需求推动发展，促使经济增长由主要依靠投资和出口拉动，向消费与投资、内需与外需协调拉动转变；立足优化产业结构推动发展，促使经济增长由主要依靠工业带动和数量扩张带动，向三次产业协调带动和结构优化升级带动转变；立足节约资源保护环境推动发展，促使经济增长由主要依靠增加资源投入带动，向主要依靠提高资源利用效率带动转变；立足增强自主创新能力推动发展，促使经济增长由主要依靠资金和物质要素投入带动，向主要依靠科技进步和人力资本带动转变；立足深化改革开放推动发展，促使经济增长由某些领域相当程度上依靠行政干预推动，向在国家宏观调控下更大程度发挥市场配置资源基础性作用转变；立足以人为本推动发展，促使经济增长由偏重于增加物质财富，向更加注重促使人的全面发展和经济社会的协调发展转变。这六个立足、六个转变是增长方式转变的六个内涵，体现了国家的政策导向。要实现这种转变，增长速度就必须从“十五”的过高速度降下来。全国“十一五”GDP增长规划符合这种转变的要求，不少地区的“十一五”增长规划看不出这种转变，甚至是一仍旧章。把7.5%的GDP预期目标作为全国的目标，“十一五”就有希望实现在这种转变道路上前进一大步。如果全国目标让位于地区的目标，这种转变就必然成为清谈。

2. 我国国内生产总值只相当于全世界的4% -5%，却消耗了全世界原煤、铁矿石和水泥产量的30% -40%；我国的经济总量居世界第五位或第四位，而有害物质二氧化硫排放量、化学需氧量、消耗臭氧层物质产生量居世界第一位。这就是说，中国还在发展中，但已经成为世界最大的资源消耗国和最大的环境污染国。这种情况，使我们难以承受、难以为继。我们必须猛醒，从“十一五”开始，即采取严格的节约资源和环境保护措施。全国“十一五”规划把GDP增长定为7.5%作为预期指标，把2010年单位产值能耗比2005年降低20%、主要污染物排放总量比2005年减少10%作为约束性指标，就是针对这种严重情况作出的具体部署，它符合我国现实和长远的利益。GDP年均增长7.5%是预期目标，它可以随着节能指标和环境指标的变动而变动。如果单位产值能耗和主要污染物排放量下降的幅度大于规划要求，GDP的增速可以加大；反之，GDP的增速就要减少。这是三者之间的相互联动关系，彼此之间不能脱离。“十一五”能源消耗指标降不下来，环保指标完不成，谁都不应当把增长指标抬上去。这是规划的严肃性。

可以进一步加以测算。按照“十一五”GDP年均增长

7.5%、万元产值能耗下降20%（由2005年的1.43吨标准煤下降为1.14吨标准煤）粗略计算，2010年全国能源消费总量将达到25.4亿吨标准煤，比2005年的22.2亿吨增加3.2亿吨标准煤，增长14.4%。其中，假设煤炭占能源消耗总量的比重维持2005年68%的水平，2010年煤炭的消费总量折合原煤为24.5亿吨，要求原煤的生产总量为25亿吨左右，比2005年的21.9亿吨增长14%。这样，全国的能源消费总量就可以实现低增长，能源的弹性系数就可以从“十五”的1.12降低为0.33。“十一五”实现了这一目标，并且在以后的10年进一步采取措施，就有希望到2020年实现能源消费总量比2000年翻一番，支撑GDP总量比2000年翻两番的大目标。这不仅将为全国人民所称颂，也将为全世界人民所称颂。

在过去20年（1981－2000年）中，我国能源消费总量从6亿吨标准煤增加到13.5亿吨标准煤，增长1.25倍；同期GDP从4518亿元增加到99215亿元，按不变价格计算增长6倍，翻了两番半，实现了能源消费总量翻一番支撑GDP翻两番的要求。今后20年能不能期望做到再以能源消费总量翻一番实现GDP翻两番。能源消费总量2000年是13.5亿吨（标准煤），2020年控制在27亿吨（标准煤）。今后20年与过去20年不同，实现工业化对能源的需求要比过去多，但是科学技术比过去更加发达，第三产业比重比过去增加得更快，节能的潜力也比过去更大。从现在起就必须紧紧抓住节能，再不能像“十五”那样敞开口消费能源了。严格地说，从今以后必须实行以能源定增长，先定能源指标然后定经济增长指标。此制不立，节约型社会将无从谈起。

保证总供给与总需求的平衡，不能说只是计划经济的要求，也是市场经济宏观调控的要求。在市场经济的情况下，总需求超过总供给，同样会造成经济的失衡和不稳定。能源的供求平衡是总供给与总需求平衡的一个重要内容，在任何体制下都不可漠然视之，放任自流。

“十一五”期间，原煤产量从21.9亿吨增加到25亿吨左右，虽然增幅不高，但难度是很大的。应当尽可能地提高油气、水电和核电的比重，提高新能源的比重，特别是可再生能源的比重，减少煤炭供应的压力。山西省针对“十五”期间煤炭的过量开采，造成“资源浪费、生态破坏、污染严重、地面塌陷、矿难频繁”的情况，作出“十一五”原煤产能和产量零增长的决定，这是实事求是的，明智的，体现了科学发展。如果零增长还不能缓解上述状况，即使“十一五”降低产量，也无可指责。应当为山西省这种煤炭产量零增长的决定叫好。“十一五”应当限制煤炭开采的省区可能不止山西一家。不少地区，资源、环境已经不能再拼下去了，应当早日悬崖勒马。

必须指出，许多地区的“十一五”规划并不符合全国的能源形势，他们的能源消费总量是没有底数的。如果按照各地区的规划去做，“十一五”的能源消费总量就控制不住，会使能源供应和环境状况更加恶化。

3.“十一五”的GDP预期增长速度所以必须低于“十五”，也还基于以下的情况：

“十一五”时期的经济基数比“十五”扩大了0.57倍。“十五”期间GDP增长1%，按2000年不变价格计算接近1000亿元；“十一五”增长1%，同样按2000年不变价格计算是1570亿元，按2005年价格计算是1800亿元。基数扩大了，增长的难度也大了。

“十五”期间，一些主要工业产品产量的增长速度几倍于“九五”（见下表），“十一五”期间不可能保持这么高的速度。这些产品产量的增长速度降下来，整个“十一五”的增长速度就保持不住“十五”的水平。

| 项目 | 1995 年 | 2000 年 | 2005 年 | “九五”增长 | “十五”增长 | “十五”增长为“九五”的倍数 |
|---|---|---|---|---|---|---|
| 纱（万吨） | 542 | 657 | 1440 | 21.2% | 119% | 5.6 倍 |
| 布（亿米） | 260 | 277 | 470 | 6.5% | 69.7% | 10.7 倍 |
| 化学纤维（万吨） | 3416 | 94 | 1618 | 103.5% | 133% | 1.3 倍 |
| 家用电冰箱（万台） | 918 | 1279 | 2986 | 39.3% | 133.5% | 3.4 倍 |
| 一次能源产量（亿吨标准煤） | 12.9 | 12.9 | 20.6 | 0 | 59.7% | |
| 发电量（亿度） | 10070 | 13556 | 24747 | 34.6% | 82.6% | 2.4 倍 |
| 原煤（亿吨） | 13.61 | 12.99 | 21.9 | -4.6% | 68.6% | |
| 粗钢（万吨） | 9536 | 12850 | 35239 | 34.8% | 174% | 5 倍 |
| 钢材（万吨） | 8980 | 13146 | 39692 | 46.4% | 202% | 4.4 倍 |
| 水泥（亿吨） | 4.76 | 5.97 | 10.6 | 25.4% | 77.6% | 3 倍 |
| 电解铝（万吨） | 1897 | 279 | 779 | 49.2% | 179% | 3.6 倍 |
| 发电设备（万千瓦） | 1667.9 | 1249 | 9200 | -25.1% | 636% | |
| 汽车（万辆） | 145 | 207 | 570 | 42.8% | 175% | 4 倍 |
| 集成电路（亿块） | 55 | 59 | 266 | 7.3% | 351% | 48 倍 |
| 金属切削机床（万台） | 2018 | 45 | -10% | 150% | | |

许多地区的“十一五”规划，显然没有考虑全国的这些

情况，把增长速度定高了。

4. 全国的“十一五”规划已提出推进四类主体功能区的建设：

优化开发区域，指国土开发密度已经较高、资源环境承载能力开始减弱的区域。这类区域要改变依靠大量占用土地、大量消耗资源和大量排放污染实现经济较快增长的模式，把提高增长质量和效益放在首位，提升参与全球分工与竞争的层次。这里规定，这类区域要“把提高增长质量和效益放在首位”，而不应再把增长速度放在首位。

重点开发区域，指资源承载能力较强、经济和人口集聚条件较好的区域。这类区域要充实基础设施，改善投资创业环境，促进产业集群发展，壮大经济规模。这里虽然没有提出有效利用资源和环境保护的要求，但同样要注意这个问题，避免走优化开发区过去走过的老路，是不言自明的。

限制开发区域，指资源环境承载能力较弱、大规模集聚经济和人口条件不够好，并关系到全国或较大区域范围生态安全的区域。这类地区要坚持保护优先、适度开发、点状发展，因地制宜发展资源环境可承载的特色产业，加强生态保护和修复，引导超载人口逐步有序转移，逐步成为全国或区域性的重要生态功能区。这里规定，这类区域要“坚持保护优先”，而不应再是开发优先。

禁止开发区域，指依法设立的各类自然保护区域。这类区域要实行强制性保护，限制人为因素对自然生态的干扰，严禁不符合主体功能定位的开发活动。这里规定，这类区域要依法实行“强制保护”，而不应再是可保护可以不保护。

这四类主体功能区域的划定，是我国长期规划的一大进步，完全符合科学发展和建设节约型社会和和谐社会要求。一些地区制定的“十一五”规划，并没有来得及思考这四类功能区域划定的重要意义和具体实施的部署，属于优化开发区域内该把质量和效益放在首位的没有放在首位，属于限制开发区域内要坚持保护优先的没有坚持保护优先，属于禁止开发区域内该实行强制保护的没有强制保护。不然，一些地县怎么能不分区域，把 GDP 增速都定那么高呢。因此，这些地区应当根据全国规划引导的方向，重新修改本地区的“十一五”规划，使之符合这四类功能区域的要求。

5. “十一五”不能再依靠高投入支撑高增长。从这一点看，许多地区的规划是不可行的。

就全国来说，当前消费品的生产能力已经过剩，投资品的生产能力有些也已经过剩，“十一五”再大量投入，各自为战，会使这种过剩的状况更趋严重。生产分散在各地区，但销售要到全国。全国市场容纳不下，国际市场再容纳不下，地区的生产能力将难以维持。对市场不作具体分析，就进行生产建设，那是盲目的。

“十五”期间已经出现了投资和消费的关系不协调。投资率，2000 年为 36.4%，2004 年上升到 44.2%；消费率，2000 年为 61.1%，2004 年下降到 53%；其中居民消费率由 48% 下降为 41.4%。“十一五”的任务是把投资率降下来，使消费率特别是居民消费率得以提高。“十一五”如果投资控制不住，消费率提高不上来，那扩大起来的生产能力更无法消化。

投资的密集，也不利于就业的增加，这已为实践所证明。

我们的口号是转变增长方式、走新型工业化道路。依靠高投入支撑高增长，依然是粗放型的增长方式，走的依然是过了时的道路。这种工业化道路最省力，但最没有前途。

6. 每个地区都要搞重化工，会使地区的产业结构更加趋同、进一步加大重复建设，这也是不可取的。

现在不少地区感到小型化、分散化发展的弊端，转而向大型化、集中化发展，试图把工业大省打造成工业强省。这种结构升级和资产重组，只要是以一个地区为单位各自为战，那就可能造成新一轮集中度比较高的重复建设，其危害可能更大。

现在，有一个原则问题要大家好好思量。是不是每个地区都不考虑自己地区的自然禀赋、经济技术条件和资源环境承载能力，都走发展重化工的道路。这种陈旧的思维，是否到了应当反思的时候了。试看一下北欧的一些国家，他们并没有多少重化工，但他们成了经济发达的国家，甚至成为竞争力最强的国家。

美国《新闻周刊》2005 年 12 月 15 日一期发表知名专栏作家托马斯．弗里德曼的一篇文章讲到：在当今世界，将越来越少提及“发达、发展中和欠发达国家”，而是越来越多提及“聪明、更聪明、最聪明的国家”；发达国家对付像中国这样的低收入新兴经济体的唯一战略就是“越来越聪明”，而不是“越来越便宜”的工作。文章还提出：“任何到过中国沿海工业城市的人都会明显地感觉到，建造更多的工厂不可能不破坏环境。应当用更多的知识和服务业替代制造业，向产业中注入更多的知识和技术，使之更为‘绿色’。这是有新鲜空气呼吸的唯一办法”。把文中讲的“国家”变成我们的地区，难道地区之间的竞争还是一味地比谁的工业比重大，而不是比谁最聪明。

最近出版的《长三角蓝皮书》，指出长三角在经济快速增长的情况下，现在已面临生态环境十分严峻、能源和土地资源供给难以保障、人口大量集聚的负面影响日趋严重，投资推动能力逐步减弱，创新发展能力严重不足，低成本优势逐渐丧失，结构性矛盾日趋突出。同时，贫富差距进一步拉大，区域发展不平衡加剧。《蓝皮书》提出，要实现长三角可持续的发展，必须树立新的发展理念，寻求新的发展路径，全面推进增长方式的转变，推进和谐社会的建设。有的经济专家指出，长三角地区经济的快速发展带来了一系列问题，如今长三角适度放慢经济增长，有利于其自身的产业结构调整和增长思路的调整。这是有见地的。

长三角的前车可鉴。是不是经济发展不如长三角的一些地区，还要走长三角的路，等到达到困境的时候再来调整产业结构、转变增长方式，那不是太迟钝了吗。适当地放慢经济增长速度，好好调整一下产业结构和增长思路，不失为明智之举。

前面我们阐述了就总体来说，地区增长目标必须与全国目标相一致，不能与此相悖。地区规划只能服从全国规划，而不能全国规划服从地区规划。这样，能不能做到地区规划与全国规划“并行不悖”，两者“和平共处”，也就找到了答案。其根本之点有二：一是两者规划各有各的支撑条件，全国规划要求的是低投入、低消耗、低污染、高效益、高产出；许多地区的规划靠的依然是高投入、高消耗，从而必然是低效益、低产出，甚至还有一个高污染，两者是不相容的。二是全国的规划要靠地区去执行，如果地区执行的不是全国的规划而是地区的规划，那全国规划必然被地区规划取代。在这种情况下，尽管全国有宏观调控之权，也只能在地区执行的基础上修修补补。“十五”期间就是如此，以致今年以来各地固定资产投资依然强劲，新开工项目照开不误，就是因为他们没有执行全国的计划，而是执行地区的计划。由于各地区规划定在全国规划通过之前，也由于许多地区对全国情况了解不够，制定规划时全国与地区平行作业，加上习惯势力在作祟，计划指标“层层加码”，历来如此，见怪不怪，地区规划指标高于全国是必然的。现在我们明白了两个规划不能

“并行不悖”，地区规划必须服从全国规划，五年规划如此，年度计划也应当如此。在这个问题上，过去我们过了多少年糊涂日子，现在不能再糊涂了。

有一个观念必须改变：“地区计划增长指标定得高些，可以保证全国计划的超额完成”。事实可能完全相反。许多地区计划增长指标定得高，投入也高，消耗也大，重复建设也多，其结果可能不是保证而是打乱全国计划的完成，使许多应当完成的指标完不成。这方面的教训太多了。不能认为在 GDP 增长速度上超额完成计划就是好事情，要看你在什么情况下依靠什么手段超额。

也不能把提前翻番都看成是好事情。全国把“十一五”GDP 增长预期定为 7.5%，到 2010 年实现人均 GDP 比 2000 年翻一番，仍然是一个比较快的速度。按照转变增长方式要求，实现这一指标并不容易，不能再要求加快和提前翻番。翻番只能翻好，不能翻乱。“十一五”适当放慢速度，重点放在调整结构、节约资源、改善环境，这都是为了翻好而不致翻乱。要鼓劲，不要再鼓追逐 GDP 的劲，而应当鼓提高效益和质量的劲，鼓更多节约资源和保护环境的劲。经济结构合理、质量和效益好、节约资源和保护环境成就大的 7.5% 和 10 年翻一番，即使再低些，比过度发展的 10% 和提前翻番更受人民的欢迎。一些地区不顾人口、资源、环境的和谐，强调提前翻番，造成资源浪费和环境恶化，这不符合人民的意愿。建设小康社会，是人人向往的目标。人们期望于小康社会的，最起码的是能呼吸上新鲜空气，喝上清洁的水，吃上放心的食品，过上健康的生活。为加快小康的到来，而破坏了生态，污染了环境，那种小康绝不是老百姓要的小康。如果为了提前翻番，造成资源提前枯竭，环境容量难以承载，那提前翻番就不是为人民造福。提前翻番，都要付出代价的。

在中国当前的经济社会状况下，提前翻番的效果并不好，因此不宜提倡，更不能表扬。

要不要发挥地方的主动性和积极性？地方的主动性和积极性是要发挥的。但是它必须在中央的统一领导下，服从全国的统一规划。离开了中央的统一领导和全国的统一规划，那种积极性就是盲目的积极性。国家要保护的是正当的积极性，而不能保护盲目的积极性。

有些地区提出“十五”已经走上了快车道，“十一五”要“更快更好”地发展，这未必能如愿以偿。“十五”已经过快了，国民经济中出现了很多问题；“十一五”要更快，那就做不到更好。要做到更好，那就不能更快。“十一五”规划中，都写上了落实科学发展观，强调转变增长方式，节约资源，遏制环境的恶化，只有不再追求过高的速度，才能很好地实现这些要求。速度要求一高，大家又一个心眼抓速度去了，这些要求都将落空。在速度的问题上，现在听到加快速度的声音很大，适当放慢速度的声音很小。这不是个好现象。只能说加快，不能说放慢，好像说了适当放慢就是右倾保守主义。这种空气不好。一个劲地讲加快，并且不动摇，会造成人们心里不踏实，对前景失去信心。

在最近举行的全国人民代表大会上，一位在县一级政府任职的全国人大代表说，各级政府应当回归自己的职能。政府的职责是优化经济发展环境，提供好各项公共服务，不应当再直接出面招商引资、争项目、搞建设。正如人的精力和财力都是有限的那样，一级政府的精力和财力也是有限的。如果把主要精力和财力还是放到追逐GDP的增长上，那其他工作必定会放松。国家预期性的指标若是在一些地方实际执行中走了形，那么人口、资源、环境、公共服务、人民生活等约束性指标怕难以真正具有“约束性”。这是新华社记者写的一篇报导，题目是“莫让预期指标‘预期落空’”，实属经验之谈。

“十一五”规划已经全国人民代表大会通过，全国人民对于“十一五”规划的胜利实现表示极大的关注和期待。中央政府应当履行自己的职责，坚定地维护全国“十一五”规划，并把全国各省、地、县的积极性引导到忠实地执行全国统一规划上来。

## 三、从地区的“十一五”规划引出的第二个思考：GDP作为国家宏观调控的主要依据之一，全国应当只有一个核算体系，还是每个省、每个地、每个县都有自己的目标，都自己进行核算？这种规划体制有什么害处，应不应当改一改

GDP，即国内生产总值，代表一个国家所有常住单位和个人在一定时期内全部生产活动（包括产品和劳务）的最终成果，亦即一个国家领土范围内本国居民和外国居民在一定时期内所生产和提供最终使用的产品和劳务的价值总和。

GDP，是一个事后的统计指标，即对一国经济运行表现做出的整体性的衡量，是联合国国民经济核算体系中最重要的总量指标，为世界各国广泛使用并作为国际比较。

GDP，同通货膨胀率、失业率和国际收支平衡状况相联系，作为一个国家的中央政府判断经济是景气还是不景气，是萎缩还是过热，是需要刺激还是需要控制的重要依据。只有一个国家的中央政府才能从全国的整体情况作出这种判断，地方政府则不可能作出这种判断。一个国家，只有中央政府有对GDP进行宏观调控的手段和能力，地方政府则没有这种手段和能力。

经济发达的市场经济国家，由中央政府作出 GDP 预测。美国政府每年初发表总统经济报告，报告由美国总统经济顾问委员会撰写，反映美国政府对上年度宏观经济运行状况、公共政策和货币政策实施效果的评价，对本年度经济增长率、失业率和通胀率作出预测，并提出相应的政策。美国一般由联邦储备银行按照通胀率和失业率对 GDP 进行宏观调控。美国理想的年增长率在3% -3.5%之间，高了就认为经济过热，要采取措施往下调；低了就认为经济过冷，要采取措施往上调，而不是 GDP 越高越好。美国各州基本不作 GDP 预期，因为州没有调控手段。

联邦德国有《经济稳定增长促进法》，明确规定联邦政府每年 1 月向联邦议院和参议院提交年度经济报告。其内容包括：①对于专家委员会的年度意见书提出意见；②说明联邦政府在本年度内争取达到的经济和财政目标（年度计划），年度计划采用对国民经济进行全面核算的方法和形式，也可附以供选择用的核算方案；③对本年度计划中的经济政策和财政政策加以说明。联邦各州没有这种年度计划。《经济稳定增长促进法》规定的经济政策的总的方针是：联邦和各州应该通过各种经济和财政的措施达到整体经济的平衡，这些措施的目的在于在市场经济体制下，促使经济持续适当的增长，同时保持物价稳定、高度就业和对外经济平衡。他们重视“整体经济的平衡”，强调的是“经济持续适当的增长”。

我国的《宪法》有以下规定：

“国家实行社会主义市场经济。国家加强经济立法，完善宏观调控”；

全国人民代表大会“审查和批准国民经济和社会发展计划和计划执行情况的报告”；

国务院“编制和执行国民经济和社会发展计划和国家预算”；

“县级以上的地方各级人民代表大会审查和批准本行政区域内的国民经济和社会发展计划、预算以及它们的执行情况的报告”；

“县级以上地方各级人民政府依照法律规定的权限，管理本行政区域内的经济、教育、科学、文化、卫生、体育事业、……”；

“地方各级人民政府对上一级国家行政机关负责并报告工作。全国地方各级人民政府都是国务院统一领导下的国家行政机关，都服从国务院”。

现在，除全国制定统一的国民经济和社会发展计划之外，各地区都制定自己地区的国民经济和社会发展计划，其追求的经济增长目标差异很大，这就发生了以下的问题：

1. 社会主义市场经济的根本原则，是在宏观调控下让市场在资源配置中起基础性作用。各级地方政府以行政区为界，制定本地区的全面的增长计划，并规定了一系列的相关指标作为保证，这就强化了地方政府的直接配置资源和干预企业决策的作用，既使市场的作用难以发挥，也使国家的宏观调控作用难以发挥。

2. 中央政府很难按照全国的经济增长预期目标进行宏观调控，因为省、地、县维护的不是全国的目标，而是自己地区的目标。这种目标又都是硬性的，层层下达，责任到人，限期完成，年终考核。地方政府是全国计划的执行者，地方政府的经济增长目标不让位于全国目标，全国目标必然让位于地方目标，使全国目标落空。

3. 省、地、县制定的计划目标，是完全从自己地区的情况和利益考虑的，它不可能顾及其它地区；他们是以政府的任期作为制定计划的出发点，因此往往追求短期行为，而缺乏长远考虑。把31个省区市、333个地级区市、2862个县级的计划加在一起，那就不知道有多少重复建设、有多少经济的不合理性和盲目性。地区之间相互攀比GDP，在地区竞争中谁都不甘落后。这种非经济的因素，更加剧了这种重复建设和经济的不合理性以及盲目性。条块分割、画地为牢、各自为战的体制，阻碍经济的区域联合，阻碍国家的经济一体化，不符合现代经济的发展潮流，不符合体制改革的方向。

既然我们国家已经确立实行社会主义市场经济，那就应当按照《宪法》的要求，加强经济立法，完善宏观调控。"十一五"期间，应当通过立法，强化中央制定的GDP预期增长指标，弱化和淡化地区的GDP增长指标。否则，中央制定的GDP预期指标就完全失去意义。在国家统计局的季度和年度统计中，宜只作国家的GDP核算，省及省以下各级政府都不再设立GDP核算指标，以避免造成GDP核算上的混乱，并避免地区间相互攀比GDP。各级人民政府，必须按照《宪法》关于"都服从国务院"的规定，认真执行国务院发布的为保证全国规划的实现而加强宏观调控所采取的措施，做到令行禁止，维护中央宏观调控的权威性。"十五"期间一些地区不执行或不认真执行中央宏观调控措施，产生混乱，应引以为戒。下一个五年，应当根据社会主义市场经济的基本原则，从根本上改变各地区条块分割、自成体系的规划体制，切实把政府经济管理职能转到主要为市场主体服务和创造良好发展环境上来，使各类市场主体真正具有完全的行为能力和责任能力，同时改革国家的财税体制。要通过法律的形式，对中央政府的宏观调控作出规定，对各级政府的经济行为作出界定，并且对经济的稳定增长作出立法，以法治国。现在有些省已经实行省管县，把给地市的权力下放给县，以促进县域经济的发展。如果在体制上不作出明确的规定，2800多个县都画地为牢、自求发展，全国不是“一盘棋”，而是上千盘棋，全国必将陷于一片混乱，而不可收拾。

## 四、从地区“十一五”规划引出的第三个思考：在实际工作中，以GDP作为政府政绩主要的考核标准，是造成政府追逐GDP和因此而发生的一切误导的重要根源。这种考核标准适应计划经济和粗放型增长方式，而不适应市场经济和集约型增长方式，因此也成为政府行政职能转变滞后的一个重要原因

市场经济与计划经济一个根本不同点，是计划经济以政府为主导，按计划生产，以生产总值作为追逐的主要目标；而市场经济则以企业为主体，以市场为导向，以效益作为追逐的主要目标。这也是粗放型增长方式和集约型增长方式的分水岭。改革开放以来，生产企业已逐步转向以效益为中心，它们不再重视生产总值，转向重视销售总值、销售收入和企业利润，以利润作为主要考核指标。政府的转变则远远落后于企业的转变。一些地区为了追求本地区的经济快速增长和财政收入的增加，仍然强调生产总值（GDP）的作用，不仅规定硬性的GDP增长目标，而且规定建设项目，以项目配置资源，引导和指挥企业实现政府的意图。GDP作为干部考核标准，已成为一种共同的准则。落实科学发展观，深入进行经济体制的改革和转变增长方式，必须切实改变在实际工作中这种以生产总值作为政府官员政绩考核标准的做法。其理由是：

第一，GDP不能反映经济增长的方式。它的取得，可以是粗放型的增长，也可以是集约型的增长。“十五”期间，地

区之间按同一增长比例计算的投资产出系数大不相同，能源消费弹性系数也大不相同，说明增长方式有很大的不同。但这都不能从 GDP 增长率中看得出来。因此，根据谁的增长率高就评定谁的成绩大，而不计算投入产出账，这种评判不是糊涂评判吗。对于“十五”，多数地区只报 GDP 增长的账而不报投入产出账，这就使人们无法对之进行正确的评判。

第二，GDP 不能反映经济增长的外部成本，即社会成本。例如，它的取得，可以来自保护生态和减少环境污染，也可以来自破坏生态和加剧环境污染。“十五”期间，有的地区生态和环境保护得好，治理得好，为人民造福；有些地区则生态破坏严重，大气污染、水污染、固体废弃物污染加剧，给社会和人民生活造成极大的危害，恢复生态和治理污染所花费的代价甚至会比创造的 GDP 要大。但这些都不能从 GDP 的增长率中看得出来。因此，根据谁的增长率高就评定谁的成绩大，而不问它对社会是造福还是造祸，同样是一种糊涂的评判。对于“十五”，多数地区只报 GDP 增长的账，而不报生态和环境变化的账，这就使人们失去对之进行正确评判的依据。

第三，GDP 不能反映经济增长的效率、效益和质量。它的取得，可以是高效益高质量的产品和服务，也可以是低效益低质量的产品和服务。高质量或低质量的产品都统计进 GDP，但质量好的产品及时销售了出去，质量不好的产品因卖不出而进了仓库，积压了起来，有的要削价出卖，有的则要报废，这都无关 GDP 的统计。工业设备由于产品的质量不好，要不断地维修和更新；每次维修和更新都需要器材，都造成 GDP 的增加。因此，在一定意义上，产品质量愈不好，产生的 GDP 可能越多。“十五”期间建起的 300 立方米及以下的小高炉生产能力有 1 亿吨，建造起来要几百亿元人民币，这已经算进了 GDP；“十一五”有的要淘汰，有的要改造，要改造的又要一笔投资，又创造了 GDP。以 GDP 增速高低论短长，不是鼓励先进而是鼓励落后。

第四，GDP 不能反映资源配置的方式和效率。它的取得，可以是市场配置资源，也可以是行政配置资源。市场配置资源，企业是主体，由企业根据市场需求安排生产和建设，其盈亏由企业自负，因此企业会精打细算，关心产品的命运。行政配置资源，主体是政府，由政府直接干预企业的生产和建设活动，但盈亏政府不负责任。政府直接指挥企业，同片面追逐 GDP、片面追求政绩结合起来，这种指挥就具有极大的盲目性，极易造成产品与市场脱节，甚至会迫使基层和企业弄虚作假，人为地制造 GDP，向 GDP“注水”。这些，都不能从 GDP 的增长率中看得出来。

第五，GDP 不能反映社会公正。它的取得，可以是合理分配的结果，也可以是不合理分配的结果。GDP 核算有三种方法：一是生产法，由一、二、三产业增加值的总和来核算；二是收入法，用劳动者个人收入、国家税收、企业利润和折旧的总和来核算；三是支出法，用居民消费、政府消费、固定资本形成、存货增加、净出口的总和来核算。这三种核算都不反映贫富差距扩大还是缩小。

从上面这些可以看出来，把 GDP 作为政绩的考核标准，那就会鼓励人们以主要的精力去追逐 GDP 数量的增长和财政收入的增加，而不顾采取什么样的增长方式，不顾生态和环境的保护，不顾增长效益、效率和质量，不顾资源的配置方式，不顾社会的公正。它可以为了追逐短期利益而损害长远利益；可以是为民造福，也可以是给人民带来灾难。这都表明，把 GDP 作为政绩的考核标准，不能正确体现政府为人民谋福祉这一根本宗旨，甚至与这一宗旨相违背。

我们当然要抓生产，使 GDP 保持适当的增长，但我们绝不能为生产而生产，生产是手段而不是目的。我们的政府是人民的政府，生产的增长必须落实到为人民谋福祉这一根本立场上。考核地方政府官员的政绩，不应当看 GDP 增长多少，而应当是看生产的增长给人民带来多少利益。其衡量的标准应当是：居民收入水平和消费水平的提高，就业率的提高，居民受教育程度的提高，居民享受公共服务水平的提高，收入差距的缩小，环境状况的改善，社会治安状况的改善等等。只有把这些作为地方政府政绩的考核标准，才能促进地方政府转变职能，把主要注意力不是放在追逐 GDP 的扩大，而放在人民福祉的增进上。

在省及省以下各级政府不再设立 GDP 核算指标的同时，切实改变把 GDP 作为政绩考核标准的做法，已经是时候了。

# 不迅速采取措施，2006年节能减排指标将会落空*

（2006年6月5日）

我看到了国家发改委和国务院研究室提出的改进发电调度方式大幅度降低能源消耗的建议，将长期以来电网对各发电机组按计划平均分配发电时间的调度办法，改为按照机组耗能水平排序发电，并严格执行国家规定的发电排放环保标准。我认为这是一项能立竿见影、比较实在的节能举措，不但节能量大，而且可根治“小火电”的痼疾，应当尽快付诸实施。

按照国家“十一五”规划和2006年计划，五年内单位GDP能耗要降低20%、二氧化硫排放量减少10%以上，2006年单位GDP能耗降低4%、二氧化硫排放量减少2%。已向中外宣告，这是约束性指标，中央政府和地方政府必须确保实现。能不能履行这些承诺，是对政府行政能力的考验，已无任何退缩余地。今年以来能耗的情况很不乐观，一季度GDP增长10.3%，能源消耗总量增长15.97%，能源弹性系数又上升到1.55（2005年已降到1.22），单位GDP能耗不是下降而是上升，这是很反常的。一季度全国煤炭消费增长15.57%，二氧化硫排放总量根本无法减少。这样下去，今年节能减排

* 写给温家宝总理及曾培炎副总理的信。

两大指标都将落空，转变增长方式、建设节约型社会等等都将流于空谈。

必须逐项采取措施，把节能减污指标落到实处，而不是停留于一般号召。发电调度采取节能排序开个头，其它行业，包括钢铁、有色、建材企业供煤供电的序列也要按消耗高低排出队来，设立门槛，坚决让高耗能、高污染的企业停下来。这些推行起来当然有困难，要付出一定代价。但是别无选择，时不我待，必须当机立断。现在 GDP 增长速度已经过高，必须通过控制能源供应的办法控制 GDP 的疯涨。有多少电就搞多少生产建设，不能电力不够又把高耗能高污染的发电设备开动起来。

为了减少阻力，尽快看到实效，建议由发改委牵头，请各省发改委、经贸委会同两大电网企业，尽快制定改进发电调度规则的方案。国家发改委、电监会审定通过后，不能简单发个通知，要由国务院下令，以果断的手段推广实行。

# 宏观调控的力度急待由弱转强*

（2006 年 7 月 5 日）

今年以来，固定资产投资增长过快，银行信贷投放过多，已成为经济运行中的突出问题。

按照 2006 年国家计划，全年固定资产投资预期增长 18%，金融机构新增贷款 2.5 万亿元，广义货币供应量（$M_2$）预期增长 16%。从 1、2 月份开始，经济运行就远远偏离了计划的预期目标。

1－2 月，全国城镇固定资产投资增长 26.6%，新开工项目 1.17 万个，这些项目的计划总投资同比增长 33.4%。1－2 月新增贷款 7500 亿元，占全年新增贷款预期目标的 30%。2 月末，广义货币供应量（$M_2$）增长 18.8%，比预期目标高出 2.8 个百分点。投资与信贷出现了过快增长的势头。

1－3 月，统计数字显示：城镇固定资产投资继续加快，增幅达到 29.8%；新开工项目 3.34 万个，这些项目的计划总投资同比增长 42%。1－3 月新增贷款 1.26 万亿元，占全年新增贷款预期目标的 50%，同比多增 5193 亿元，增幅达 70%。3 月末，广义货币供应量（$M_2$）继续保持 18.8% 的增速。至此，人民银行自 4 月 28 日起把银行贷款利率提高了 0.27 个百分点，实属微调。

---

* 载《中国经济报告》2006 年 7 月号。

4月份的统计数字显示，城镇固定资产投资继续高速增长，1-4月同比增长29.6%；新开工项目达到4.9万个，这些项目的计划总投资同比增长32.2%。同期新增贷款1.57万亿元，占全年预期目标的63%；4月末，广义货币供应量（$M_2$）的增速达到18.9%。

5月份的统计数字显示，1-5月城镇固定资产投资增幅达到了30.3%，增幅超过35%的省份有14个；新开工项目6.7万个，这些项目的计划总投资达到2.6万亿元，增长23.6%，增幅超过50%的省份有12个。5月末，施工项目达到13.3万个，同比增加2.2万个，这些项目的计划总投资达到15万亿元，同比增长26.9%。同期新增贷款1.78万亿元，占全年预期目标的71.3%，同比多增7939亿元，增幅为80%。5月末，广义货币供应量（$M_2$）同比增长19.1%。至此，国家发改委、国土资源部、银监会于6月13日发出《关于加强固定资产投资调控从严控制新开工项目的意见》；人民银行6月16日宣布自7月5日起将存款准备金率提高0.5个百分点，仍属温和。

以上这些事实说明什么？

第一，今年以来固定资产投资的增长是强劲的，从1月持续到5月，而且会持续强劲增长下去。这种过快的增长，是一些地方在“十一五”开局之年脱离国家“十一五”规划指针掀起的新一轮大干快上的结果。

第二，银行体系流动性过剩，商业银行通过贷款扩张增加盈利的动力强，造成银行信贷偏松，助长了固定资产投资的膨胀。

第三，迄今为止，宏观调控所采取的措施，都是属于微调性质的，属于警示性的，不足以抑制住固定资产投资的过快增长和银行贷款的过多投放，建设规模不是有所收敛而是越来越大。

按照固定资产投资的规律，第一、第二季度投资控制不住，新开工项目大幅度增加，下半年的投资就欲罢不能，难以控制。2003 年全社会固定资产投资计划增长 12%，第一季度增长 27.8%，上半年增长 31.1%，全年增长 27.7%。2004 年全社会固定资产投资计划增长 12%，第一季度增长 43%，上半年增长 28.6%，全年增长 26.6%。2005 年全社会固定资产投资计划增长 16%，第一季度增长 22.8%，上半年增长 25.4%，全年增长 25.7%。这都是在宏观调控的情况下实现的，但都说明宏观调控的力度不够。

固定资产投资增长过快，银行信贷投放过多，有什么危害?

最大的危害是造成生产能力的大量重复建设，加剧一些行业的产能过剩。如果“十一五”规划的第一年控制不住新开工项目，控制不住建设规模，整个“十一五”规划的部署将被打乱，调整经济结构、提高经济增长的质量和效益、转变增长方式等等预期都将落空。

随之而来的是金融风险加大，大量的贷款会因到期收不回来形成呆账和坏账。

由于投资规模过大，造成钢材、水泥等的需求量增加，钢材价格由下降转为上升，一些需要淘汰和限制生产的钢铁企业又把设备开动起来，造成生产的更大盲目性。

由于重化工业的盲目扩张，资源和环境承载压力也随之增大。节约能源和减少污染的目标将难以实现，建设节约型社会和环境友好型社会的愿望也将落空。今年一季度能源消费总量增长了 15.97%，其中煤炭消费总量增长了 15.57%，就是一个警示。

这些说明，能不能控制住固定资产投资的过快增长，控制住银行信贷规模过大，关系到国家的“十一五”规划和2006年计划能不能顺利实现和经济社会发展能不能切实转入全面协调可持续发展的轨道。

现在时间已经过半。用微调的办法已经难以遏制投资和信贷的过多过快增长，需要经过周密的讨论，权衡利弊，化解一些思想障碍，协调好各方面利益的关系，制定出果断而又强有力的区别对待的措施，使宏观调控由温和转向严厉。在这里，至关重要的是使人们对当前存在问题的严重性有一个统一的认识，对要不要执行全国人民代表大会通过的“十一五”规划和2006年计划有一个统一的认识，对国家的宏观调控要达到一个什么样的目标有一个统一的认识，对局部利益要不要服从全局利益有一个统一的认识。解决了认识问题，下定了决心，办法也就产生出来了，有了办法也就能够得以顺利实施。不认为当前存在的问题有什么严重性，不认为国家计划规定的预期性指标和约束性指标必须努力争取实现和确保实现，不认为国家宏观调控必须有一个量的规定性作为遵循，不认为局部利益必须服从全局的利益，那就只能迁就现状，能调到什么程度就调到什么程度，谈不上什么采取果断而强有力的措施。“上马容易下马难”。今年不下决心把一些建设项目特别是准备上马的重化工项目压下来，不对银行贷款釜底抽薪，不对土地供应采取更加严厉的措施，等到它们都开起工来，张开嘴巴要资金、要能源和资源吃，那时再调控就更难了。在现实情况下的宏观调控，采取经济的办法固然重要，但行政的办法不可不用。特别是对待地方政府的越位和错位行为，以及违规操作行为，采取行政和法律的手段是必要的。地方政府不得打赤字预算，不得欠债搞市政工程，不得为企业贷款担保，这些都必须坚守。

# 不能用高增长低通胀来解释经济并不过热*

（2006 年 9 月 20 日）

当前中国经济是否过热，是一个有争议的问题。否认过热的主要根据，是中国经济高增长而没有出现高通胀，当前是加快而不是过热。认为过热的主要根据，是当前建设规模过大，固定资产投资增长过快，导致国民经济出现严重不平衡，难以可持续发展。通货膨胀是经济过热主要是投资过热引起的，而且有一个滞后期。等到出现通货膨胀或者通货紧缩再去制止经济过热，那就晚了。我支持后一种观点，不赞成前一种观点。

## 一、历史的经验可以作证

可以对我们经历过的几次过热进行粗略的回顾：

第一次经济过热，是 1958 年至 1960 年的三年“大跃进”，从大办钢铁发展到无数个大办，基本建设投资的三年增速为 87.7%、30%、11.1%，三年间增长了 1.71 倍，年均增长 40%。在投资拉动下，经济的增长速度 1958 年由上年的 5.1% 上升到 21.3%。由于建设规模过大，国家财政连续三年

* 载《中国经济报告》2006 年 10 月号。

出现巨额赤字，银行现金投放过多，出现了通货膨胀。居民消费价格指数，1958年为-1.1%，1959年为0.3%，1960年为2.5%，1961年上升到16.1%，严重通货膨胀出现时间滞后于经济过热时间一年。由于经济承受不住，不得不对国民经济进行大调整，把投资规模压缩下来，遏制住了通货膨胀。

第二次经济过热，是粉碎“四人帮”以后的1977、1978两年。为了追求新的“大跃进”，基本建设规模又搞大了，1978年建设规模比1977年增长了31%，经济增长速度由上年的7.6%上升到11.7%。由于建设规模过大，国家财政在1979、1980连续两年出现了赤字，银行信贷投放过多，引发了通货膨胀。居民消费价格指数，1978年为0.7%，1979年为1.9%，1980年上涨到7.5%。通货膨胀出现时间滞后于经济过热时间两年。由于经济承受不住，1979年不得不进行调整，1980年被迫进行大调整，把建设规模压缩下来，遏制住了通货膨胀。

第三次经济过热，是1984年到1988年的追逐经济翻番和提前翻番。1984年固定资产投资增速由上年的16.2%上升到28.2%，1985年又上升到38.8%，1986年实行“软着陆”，投资增速减为22.7%，1987年减为21.5%，1988年又上升到25.4%，经济还没有着陆又再次起飞，固定资产投资五年间增长了233%，年均增长27%。在投资拉动下，经济的增长速度1984年由上年的10.9%上升到15.2%，1985年为13.5%，1986年减为8.8%，1987年又上升为11.6%，1988年为11.3%。由于投资增长过快，国家财政赤字逐年增多，银行大量投放货币，再次出现通货膨胀。居民消费价格指数，1983年为2.0%，1984年上升到2.7%，1985年上升到9.3%，1986年下降到6.5%，1987年为7.3%，1988年上升到18.8%，1989年仍然为18%。由于经济承受不住，不得不从1989年起进行再一次大调整，把投资规模压缩下来，遏制住了通货膨胀。

第四次经济过热，是1992年到1994年的“大干快上”。固定资产投资的三年增速为44.4%、61.8%、30.4%，经济的各年增速为14.2%、13.5%、12.6%。由于建设规模过大，国家财政赤字居高不下，银行大量投放货币，又一次出现了通货膨胀。居民消费价格指数，1991年为3.4%，1992年为6.4%，1993年为14.7%，1994年上升到24.1%。由于经济承受不住，不得不又一次进行大调整，把投资的增长速度减慢下来，1996年减到14.8%，1997年减到8.8%，遏制住了通货膨胀。

以上四次经济过热，都是由于固定资产投资增长过快，导致财政赤字增加和银行投放过多造成通货膨胀，不得不进行调整。

2003年以来，固定资产投资又出现了过快增长的势头。2003年到2005年固定资产投资增长速度由前三年的平均13%上升到25%以上，经济增长速度连续三年达到10%。这一次出现的问题与前四次不同，没有出现资金不足，也没有出现通货膨胀，而是出现了对资源的无序和过度开发，部分行业盲目扩张、产能过剩，出口过多，能源资源消耗过大，环境污染加剧。全国能源消耗总量，2000年到2002年三年间增长了13.4%，年均增长4.2%；2003年到2005年，三年间则增长了46.6%，年均增长13.6%，国内能源总需求远远超出了国内的能源总供给。主要污染物中的二氧化硫排放量，2000年到2002年是逐年减少的，2003年又显著增多，2003年到2005年三年间增长了32.3%，平均每年增长9.8%，大大超过了环境的承载能力，对人民生活造成严重危害。2005年我国GDP相当于全世界的4%－5%，但已成为世界最大的资源消耗国和最大的环境污染国，煤炭的消费总量已占全世界的36.9%，二氧化硫、化学需氧量的排放量已占世界第一位。这说明，固定资产投资增长过快，最大的恶果是资源和环境难以为继，国民经济难以可持续发展，它的危害不下于通货膨胀。

## 二、当前经济过热的主要标志

党中央、国务院提出的并经全国人民代表大会通过的“十一五”规划，要求发展必须是科学发展，经济社会发展必须切实转入全面协调可持续发展的轨道；要求调整推动发展的思路，转变主要依靠投资和出口拉动、主要依靠工业带动、主要依靠增加资源投入并导致环境恶化的增长方式，努力建设节约型社会和环境友好型社会。2006年国家计划把固定资产投资预期增长速度由上年的25.7%降为18%，同时把经济的预期增长速度由上年的10%降为8%，并把单位产值能耗降低4%、主要污染物排放量减少2%作为约束性指标，是实现国家“十一五”战略意图开局之年，经过深思熟虑所作出的整体安排。经验证明，既要追求过高速度，又要结构趋向合理，又要节约能源和减少污染，那是做不到的。只有把投资的增长速度降下来，并调整投资结构，才能防止经济过热，避免造成更大的结构不合理和产能过剩；才能减少能源消耗，实现节能和减少污染两大约束性指标。2006年国家计划是符合科学发展观的计划，是保证国民经济平稳而较快增长的计划，得到了全国人民代表大会的批准。但是，这一计划并没有得到贯彻执行。2006年以来，固定资产投资继续出现了过热，出现了过度和无序扩张：

1. 全社会固定资产投资，1－6月比上年同期增长

29.8%，其中城镇投资增长31.3%。采取若干宏观调控措施后，1-8月城镇固定资产投资增速仍然达到29.1%，增幅不是比上年缩小而是扩大。预计全社会固定资产投资的全年增幅不会低于25%。这样，2006年当年新增的国内生产总值，将有90%以上几近全部化为固定资产投资。

2. 有关部门对8个省区1-4月投资亿元以上的3779个新开工项目自查材料汇总，有44.2%的项目没有土地批准文件，有43.9%的项目没有环境影响评价文件。这虽还仅限于自查的材料，但已足见新开工项目的混乱和地方政府以及基层管理部门的有法不依。亿元以上的建设项目尚且如此，上半年全国新开工项目9.9万个，突击上马、违法违规的项目更不会在少数。据今年9月11日新华社报道，安徽省98个工业园区4600个企业中，60%没有进行环评，没有一家园区达到环境监管规范要求。这些虽然不都是今年上马的，但包括了今年上马的项目。

3. 上半年，在60多个行业中，有36个行业投资增幅超过40%；在31个省区市中，有11个省区市投资增幅达到30%-40%，有7个省区市投资增幅超过40%，地区之间存在严重的产品结构趋同。一些地区片面追求自成体系和区内平衡，水多加面，面多加水，势必加剧全国的产能过剩，带来更大的金融风险。

4. 由于投资规模过大，造成钢材、水泥等的需求量增加，一些需要淘汰和限制生产的钢铁企业又把设备开动起来，造成生产的更大盲目性。

5. 由于重化工业的盲目扩张，资源和环境承载压力也随之增大，节约能源和减少污染的目标将难以实现。今年上半年能源消费总量增长了11.8%，其中煤炭消费总量增长了10.7%，单位能耗上升0.8%，二氧化硫排放量增加6.5%，化学需氧量排放量增加4.1%，就是一个警示。

对于上述情况，还不能判断为经济过热，那要出现什么情况才算经济过热呢？

有的学者称赞当前全国的经济活动还在正常的区间，或者“在宏观调控的‘目标区间’行走”。不知道这里所说的宏观调控的“目标区间”是什么。在正常情况下，全国人民代表大会通过的年度计划所规定的预期性指标（即国家期望的目标）和约束性指标（即必须确保实现的目标）就应当是宏观调控的“目标区间”。抛开全国计划另外寻找和设立“目标区间”，那是没有依据的。说当前“并未出现供求失衡”，这缺乏说服力。许多产品产能过剩，就显示了供求失衡。产品的大量出口，顺差过大，这也显示了供求失衡。

必须指出，2006年固定资产投资增长过快，基本上不是来源于经济因素，而是来源于多数地方政府为了在“十一五”期间继续追求过高的增长速度掀起的新一轮“大干快上”。

按照经济因素来说，“十五”期间由于过度投资已经出现一些工业产品产能过剩，相关产品价格下跌，库存上升，企业利润减少，亏损增加，潜在的金融风险加大，2006年固定资产投资增速理应降下来，降到正常水平。但是，2006年的固定资产投资增速不降反升，这就不能简单归之于经济因素。

许多地区制定的“十一五”规划和2006年计划，都延续了2003年以来提出的奋斗目标，把“加快发展作为主旋律”。他们的口号是：“坚定不移加快发展，决不能有任何动摇。”为了加快发展，他们都坚持“狠抓项目不动摇”，坚持以扩大投资促进经济增长，把招商引资作为政府工作的主要任务。2006年开始，不少地方都根据自己的发展目标，提出了一个招商引资的大单子，并且给所有部门规定任务，责任到人，定期检查，年终评比。有的项目招商由地方政府首脑直接负责，大大地强化了招商的力度，直接地指挥了资源配置。这种地方政府代替市场主体，把市场行为变为政府行为的招商引资，造成固定资产投资的过快增长，并使固定资产投资陷于极大的盲目性。

## 三、怎样看待当前的高增长、低通胀

有些文章把当前的高增长、低通胀作为经济形势好的主要标志，把它作为否认经济过热的主要依据。对此，我认为有深入分析的必要。

根据国家统计局的统计，今年上半年国内生产总值比上年同期增长 10.9%，其中一季度为 10.3%，二季度为 11.3%。国内外一些权威机构已作出预测，全年增速在 10%到 10.5%之间。

应当分析一下，这 10% 以上的增速是怎么来的：

1. 它的很大一部分是靠过度和无序的固定资产投资扩张带动的。而 10% 以上的新增国内生产总值又几近全部化为当年的固定资产投资，用新增 1 元钱的投资来新增 1 元钱的国内生产总值。这样，2006 年的资本形成总额占国内生产总值的比重，将由上年的 43.4% 上升到 48% 以上（2000 年为 36.4%），最终消费的比重将由上年的 52.1% 下降为 48%（2000 年为 61.1%），其中居民消费将由上年的 38.2% 下降为不到 35%（2000 年为 48%）。这不仅使投资效率大大下降，而且使投资与消费的结构失衡更趋尖锐。显然，这种高增长是以压低消费、主要是低收入者的消费为代价的。

2. 它的很大一部分是靠地区的大量重复建设带动起来的。这种重复建设将造成更大的产能过剩，造成更大的产业结构和产品结构不合理。

3. 它是以更大的能源消耗和环境污染为代价的。国内生产总值的增长速度固然超过了国家计划的预期目标，但降低单位产值能源消耗和减少主要污染物排放量两项必须确保实现的约束性指标却完不成，应当认为这是得不偿失的。

4. 它是靠过多地出口带动的。出口过多，外贸顺差过大，加剧了国际贸易摩擦，进一步加大了人民币升值的压力。

以上可以说明，今年以来经济增长速度不是一般的快，而是过快，有很大成份是不正常的，是难以为继的。这种增长速度越高，其副作用越大，付出的代价越大。不问付出的代价多大，后果多么严重，只要快就加以赞扬，那是不妥的。

根据国家统计局的统计，今年 1－8 月居民消费价格指数同比上升 1.2%，确实没有出现通货膨胀，也无明显的通货紧缩。但是，我们应当分析一下这是否可以令人高枕无忧。

按照一般的规律，投资过大必然会出现生产资料价格上涨，从而带动消费品价格上涨，造成通货膨胀。今年 1－8 月，原材料、燃料、动力购进价格上涨 6.2%，但居民消费价格指数只有 1.2%，上游产品涨价没有传导到下游产品。这是因为下游产品严重供大于求，销价不但涨不上去，而且有些还要继续削价才能维持企业的生存。如果重化工产品也出现更多的产能过剩，其价格也要下降，那通货膨胀更难以发生。这表明，是产能过剩抑制了通货膨胀，其代价是大的。

按照一般规律，产能过剩必然会出现价格下降，造成通货紧缩。我国的消费工业品生产能力已经严重供大于求，如果更多的重化工产品也出现产能供大于求，通货紧缩就必然出现。现在所以没有出现，是因为一经发现生产资料产能过剩，各地就鼓动加大固定资产投资，用扩大建设规模的办法来消化生产资料的产能过剩，用来抵消通货紧缩的发生。但是，越是这样做，就预示着造成更大的产能过剩。这表明，是加大投资抑制了通货紧缩，其代价是大的。

中国当前就处于这种通货膨胀与通货紧缩相持的时期，也可以说是通胀与通缩趋势共存的时期，也是我们为此付出更大代价的时期。低通胀或低通缩的时间持续越长，付出的代价就越大。不问低通胀是怎样产生的，不问其付出代价多大，后果多么严重，只要是低通胀就加以赞扬，那也是不妥的。

因此，当前的高增长、低通胀，不是可以令人放心，而是令人担心。解此困危的根本之道，在于认识当前经济已经过热，下决心毫不动摇地通过宏观调控把固定资产投资的增长速度降下来，并切实调整投资结构；采取积极的措施把居民消费增长上去，并切实调整分配结构。绝不要再留恋和陶醉于当前的“高增长、低通胀”，更不要再火上浇油。也绝不要相信制止这种过热会轻而易举，更不要为一些假象所迷惑。

## 四、根源在于体制和机制

为什么这些年来中央政府一直强调控制固定资产投资规模，制止固定资产投资的过快增长，而又年年控制不住？除了认识上的原因以外，根本的原因在于体制和机制。中央的宏观调控权和地方的计划自主权的关系没有处理好，中央制定的全国计划与地方制定的地区计划预期目标不一致，各地区执行的是地区的计划而不是全国的计划，因此全国计划往往被驾空；中央采取的宏观调控措施，因为与地方利益相冲突而难以做到令行禁止。其次，地方政府对资源的配置往往不是以市场为主体，而是强化政府的意图，由政府直接规定建设项目，主导资源的配置。由于市场不能对资源配置起基础性的作用，中央对市场经济采取的以经济手段为主的宏观调控措施就无法发挥应有的作用。

2004 年 12 月中央经济工作会议上，胡锦涛总书记讲话中指出："体制机制不完善、改革不到位是经济社会发展中诸多矛盾和问题产生的重要根源，如不加快体制改革和制度创新，国民经济持续快速协调健康发展就没有坚实的体制基础。这些问题既是经济运行中重复出现盲目投资和较大波动的根本原因，也是实现经济社会全面协调可持续发展的重大障碍，解决这些矛盾和问题已经刻不容缓。"

2006 年 9 月 4 日，温家宝总理在加强政府自身建设，推进政府管理创新电视电话会议上指出："我国经济社会发展中存在的深层次矛盾和突出问题，包括经济结构调整和增长方式转变滞后，投资盲目扩张、重复建设严重，乱占耕地、破坏矿产资源现象屡禁不止，土地征用、房屋拆迁、企业改制、环境污染、安全生产等方面损害群众利益的问题没有得到有效解决，主要原因在于体制不完善，特别是行政管理体制改革滞后。只有加快推进政府自身建设和管理创新，才能更好地贯彻落实科学发展观，适应发展社会主义市场经济和构建社会主义和谐社会的要求。我们一定要深刻认识政府自身改革和建设的重要性和紧迫性，增强责任感和使命感，努力建设法治政府、服务政府、责任政府和效能政府。"

温家宝总理指出："政企分开是政府职能转变的关键。必须重申，凡是应该由企业自主行使的生产经营和投资决策权，都要由企业自行决定、自行负责，各级政府及其部门都不得包办企业投资决策，干预企业正常的生产经营活动。当前，要坚决禁止各级政府替企业招商引资，层层分解并考核招商引资指标。政府要将抓经济工作的主要精力放在为各类市场主体服务和创造良好发展环境上。"

温家宝总理指出："提高政府执行力和公信力，是深化行政管理体制改革的重要目标。”“执行力弱，政令不畅，有令难行，甚至有令不行，政策落实就可能出现‘雷声大雨点小’的状况，也会使政府的公信力受到损害。我们国家大，人口多，区域之间差别较大，需要发挥中央和地方两个积极性。中央要把握工作全局，区别不同情况，实行分类指导。各地区、各部门要牢固树立‘全国一盘棋’的观念，认真贯彻中央的方针政策，从本地实际出发，创造性地开展工作。但在政策执行上不能打折扣，更不能各行其是，要确保政令畅通，维护中央权威。当前，各地方、各部门都要贯彻科学发展观，正确认识和处理全局利益与局部利益、近期发展与长远发展的关系，认真落实中央关于宏观调控的决策和部署，严格控制固定资产投资规模和新开工项目，严格执行土地管理、节能降耗、保护环境等方面的要求。要加强督促检查，严格执法执纪。”

胡锦涛总书记和温家宝总理的讲话，代表党中央和国务院改革行政管理体制、转变政府职能的决心。拥护党中央、国务院把这些改革的理念通过法律法规尽早付之实施。

随着行政管理体制的改革，各地区以行政区划为界、画地为牢、自成体系的计划体制也必须改革。既然政企必须分开，让市场对资源配置起基础性作用，全国又是一个统一的市场，地方政府没有必要也没有条件再去制定无所不包的地方计划，再去规定地方全面核算的 GDP 增长指标，而应当只制定依靠地方财政支付的建设计划和地方财政与中央财政转移支付相结合的公共服务计划，切实把政府的职能转到为市场主体服务和创造良好的发展环境上来。

# 实现“十一五”节能和环保指标完全可能，必须寸步不让*

（2006年12月25日）

党中央、国务院制定的全国“十一五”规划纲要，经2006年3月全国人民代表大会通过，成为国家的意志和全国人民的行动纲领，现在已经执行了一年。从这一年的执行情况来看，有必要对“十一五”规划进行再认识，特别是对“十一五”规划确定的节能和环保指标进行再认识。

## 一、“十一五”必须加快经济增长方式的转变，节能和环保指标的规定具有决定性的意义

“十一五”规划纲要要求：发展必须是科学发展，要坚持以人为本，转变发展观念，创新发展模式，提高发展质量，落实“五个统筹”，把经济社会发展切实转入全面协调可持续发展的轨道。纲要规定，必须加快转变经济增长方式，加快建设资源节约型、环境友好型社会，促进经济发展与人口、资源、环境相协调。

“十一五”规划纲要把规划指标分为预期性和约束性两类，把单位产值能源消耗5年降低20%、主要污染物排放总

* 载《中国经济报告》2007年1月号。

量5年减少10%作为政府必须确保实现的约束性指标，把GDP年均增长速度从“十五”实际的9.5%降为7.5%作为主要依靠市场主体的自主行为努力争取实现的预期性指标，摆正了经济增长与资源环境之间的关系，是上述指导思想的具体落实，是加快转变经济增长方式、加快建设资源节约型和环境友好型社会这两个“加快”的具体落实。

单位产值能源消耗5年降低20%是什么概念？2005年全国能源消费总量为22.33亿吨（按标准煤计算，下同），全国GDP为18.3万亿元，每万元产值能源消耗为1.22吨。单位产值能源消耗5年降低20%，2010年应当减少为0.98吨。按照“十一五”期间GDP年均增长7.5%，5年增长43.6%的预期计算，2010年能源消费总量可以控制在26亿吨左右，比2005年增长15%，年均增长3%，能源消费弹性系数为0.4。而我国“十五”期间GDP年均增长9.5%，能源消费总量年均增长10%，能源消费弹性系数为1.05；其中2003年到2005年3年间，GDP年均增长10.1%，能源消费总量年均增长13.7%，能源消费弹性系数为1.36。这一对比，显示出“十一五”规划对节能的要求是严厉而紧迫的，体现了加快转变增长方式和建设资源节约型社会步伐的决心。

主要污染物排放总量5年减少10%是什么概念？2005年全国二氧化硫排放总量为2549万吨，5年减少10%，2010年应当控制在2294万吨，即减少255万吨；2005年全国化学需氧量排放总量为1414万吨，5年减少10%，2010年应当控制在1273万吨，即减少141万吨。而我国“十五”期间，二氧化硫排放总量年均上升5%，5年上升28%，增加了554万吨，其中2003年到2005年3年间增长了32.3%，平均每年增长9.8%；化学需氧量排放总量，前三年有所下降，后两年有所上升。这一对比，显示出“十一五”规划对环境总体改善的要求是严厉而紧迫的，体现了加快转变增长方式和建设环境友好型社会步伐的决心。

“十一五”规划为什么要下这样大的决心，要这样严厉地规定节能降耗和污染减排指标，并把 GDP 的增长预期降低？根本的原因，就在于我国经济发展面临的最大问题，不是经济增长速度不快，而是资源和能源消耗太多，环境污染严重，难以为继。同时，也是接受“十五”期间节能和环保指标落空的教训。“十五”预期，2005 年能源消费总量控制在 16 亿吨，二氧化硫排放总量控制在 1795 万吨，化学需氧量排放总量控制在 1300 万吨，结果出人意料，能源消费总量猛增到 22.33 亿吨，二氧化硫排放总量猛增到 2549 万吨，化学需氧量猛增到 1414 万吨。如果“十一五”不提出这样严厉的要求，不用节能和环保指标约束经济的增长，继续沿着“十五”的路子走下去，到 2010 年全国能源消费总量就有可能达到 35 亿吨，那将发生严重的能源危机和经济危机，环境恶化的程度将更不堪设想。到那个时候再想解决就晚了。

“十一五”规划确定的节能和环保指标对转变增长方式的决定意义在于：

1. 长期以来，我们走的是高增长、高消耗、高污染、低效益的粗放型增长方式的老路，喊了多少年都没有显著改变，一个阶段好了一些，一个阶段又变本加厉。“十一五”期间必须悬崖勒马，改弦更张，不再停留于一般口号，而是明确规定出节能降耗和污染减排的硬性指标，强制性地把单位产值能源消耗和污染物排放总量降低和减少下来。在这个基础上求得经济的适度增长，并促进经济结构的合理调整，促进经济增长质量和效益的明显提高。以实际的行动促使经济增长方式从高消耗、高污染转为低消耗、低污染，高增长转为适度较快增长，低效益转为高效益。如果不对节能和环保作出硬性规定，依然是软约束而不是硬约束，任其信马游缰，仍然以牺牲资源和环境为代价追求 GDP 的高增长，那转变增长方式不是还要空喊下去吗。

2. 把实现节能降耗和污染减排指标作为各级政府必须确保实现的约束性指标，不是可以实现也可以不实现，而是必须确保实现。政府必须对此承担责任，这将促使各级政府真正把节能和环保放在优先地位，采取严厉的切实行动，而不再是敷衍塞责。

3. 不论哪个地区，都必须把全国分配下达的节能降耗和污染减排指标纳入本地区的“十一五”规划和年度计划，采取有效的措施确保实现，而不再是自搞一套，把国家规划目标驾空。这样，地方原定的“十一五”规划和年度计划，凡是影响和妨碍这两个约束性指标实现的安排，都理所当然地应当进行修改和调整。如果原定的规划和计划不变，特别是预期的增长指标和原定的投资部署不变，产业结构不进行大的调整，只是简单地把节能降耗和污染减排的数字加上去，那节能降耗和污染减排指标肯定无法实现。这样，地区计划也就在整体上与全国计划的目标趋于一致。这就是约束性指标对经济增长的约束作用，也是对各级政府的约束作用。

4. 通过这两个约束性指标的实施，造成一种声势，促使人们发展观念的猛醒，并形成群众性的监督。追求经济增长有一个较快的速度，为人民多谋一些福利，想法是好的。但是这种增长必须是可持续的，它必须为人民造福，而不能为人民造祸，为子孙造祸。企业为了追求利润，地方为了追求财政，任凭污水排放江河，有害气体弥漫天空，这是在害人。过去司空见惯、知错不改的事情，现在必须断然地与之划清界限。人们思想观念转变了，就能更自觉更主动地去转变增长方式，落实“十一五”规划的要求。

## 二、非不能也，是不为也。关键是采取有效的技术措施和调整产业结构

应当承认，“十一五”规划对节能和环保的要求很高，实现有难度，但决不是高不可攀。

举一个例子可以说明问题。目前全国发电用煤占全国煤炭消费总量的一半和一次能源消费总量的36%，火电厂排放的二氧化硫占全国二氧化硫排放总量的60%。采取两项措施，就可以节省近亿吨标准煤，减少二氧化硫排放量800万吨，相当于2005年全国二氧化硫排放总量的30%。

第一项措施，用煤耗低的高效发电机组取代煤耗高的中小型发电机组。现在全国中小型火电机组总容量约为1.6亿千瓦，每千瓦时供电标准煤耗为380－500克，有的更高。其中很大一部分是近几年违规建设的。而单机容量30万、60万、100万千瓦的高效发电机组，每千瓦时煤耗仅为330－275克。如果在几年时间内，全部中小型机组被高效发电机组取代，按每千瓦时节约100克标准煤计算，一年就可以少用近1亿吨标准煤，相当于减少1.3亿吨原煤的采掘、运输、燃烧和排放，可以减排二氧化硫200万吨。

第二项措施，大型火电机组都必须安装脱硫设施，而且保证全部使用。据统计，2006年上半年全国新增投产的火电机组容量3200多万千瓦，同步建设并运行脱硫设施的只有一半；2005年投产的火电机组5500万千瓦，安装脱硫设施的只有40%；目前全国火电厂安装有脱硫设施的只占30%，而已投产的脱硫设施并没有全部开动。在建设火电机组时不同时建设脱硫设施，是违反国家关于“三同时”的规定的；不保证脱硫设施正常运转，也是违反国家的环保法的。用几年时间，强制性地使所有发电机组都执行国家规定安装脱硫设施

并且全年运转，一年至少可以减少二氧化硫排放量600万吨。

可见，不是能耗和污染降低不下来，而是下不下决心去淘汰那些消耗高、污染大的落后设备和工艺，并下大力气采用先进技术。难就难在这里。非不能也，是不为也。为与不为是关键。

淘汰落后的设备和工艺，采用先进技术，碰到的难题：一是会影响地方工业的产值和财政收入；二是会加大企业的生产成本；三是被淘汰的企业职工的安置和善后处理。但是，不管你有千条和万条理由，总挡不住一条理由：我们国家的能源和环境容量承受不住这样大量的消耗和污染，而且也为法律所不容。我们已经搞了50多年的建设，有了正反两方面的经验，制定了一系列的节约和环保法规。科学技术发展到今天，一些节能和环保技术是成熟的，决不能容忍再这样地浪费资源和污染环境。以人为本，科学发展，创新发展模式，提高发展质量，这是大道理，一切小道理都必须服从这个大道理。而且不能停留在口头上，必须全面规划，分步实施，不能贻误时机。决不能“叶公好龙”，成天抱怨增长方式粗放，成天讲增长方式转变，等到真正要转变了又怕了起来，退缩了回去。

由政府确保节能降耗和污染减排指标的实现，并且层层下达降耗减排指标，这是不是不重视市场的作用，又回到计划经济的老路？这里应当说清楚两点：

(1) 能源和环境容量属于重要的公共资源，涉及公共利益和政府的公共服务，政府应当管也必须管。管的办法，一是制定政策，二是规定门槛，三是加强监管；而在制定政策中间，就包括发挥市场作用的政策，如价格、税收政策，不是一纸责任状就能解决问题的。

(2) 一些地方政府现在的主要精力放在追求GDP、财政收入和招商引资上面，采取了种种行政命令的办法，指标到人，按时检查，年终评比，完不成指标的给以行政处分。这种做法违反政企分开和市场对资源配置起基础性作用的社会主义市场经济原则。把地方的主要精力转到为公共利益服务的轨道上来，并且加强其责任，这符合在宏观调控下发挥市场机制的原则。完全不要发挥政府的作用，排斥一切行政手段，一切听之于市场，这是不可取的。

## 三、2006 年节能和环保指标没有完成原定目标，有一定的客观原因，2007 年不能再次落空，对此必须寸步不让

2006 年是我国实施“十一五”规划的第一年，全国计划规定单位产值能源消耗降低 4%，主要污染物排放总量减少 2%，GDP 增长 8%。计划执行结果，GDP 预期增长 10.5%，而节能降耗和污染减排指标都没有完成国家计划。

由于全国的“十一五”规划和 2006 年计划是在 2006 年 3 月全国人民代表大会上通过的，各省区市乃至地县的规划和当年计划在此前已经本级人民代表大会通过并开始执行，其制定和实施与全国规划和年度计划要求存在差距是很自然的。其中包括：

1. 地区 GDP 增长速度都高于全国，平均为 10% 以上，地市级和县级的计划速度更高。仍然把追求 GDP 增长放在首位，而没有足够地考虑节能降耗和污染减排的要求。

2. 产业结构调整缺乏有力措施，偏重于第二产业尤其是重化工业的增长，对高耗能、高污染的产能扩张迁就忍让，该治理的没有下决心治理，该淘汰的没有下决心淘汰，该停建的没有坚决停建，有些地区甚至继续发展了一些高耗能、

高污染的企业；对第三产业的增长仍然重视不够。

3. 节能降耗和污染减排指标不完全符合全国的要求，而且责任不明确，没有成为硬约束。2006 年 8 月份和 9 月份全国才把污染减排和节能降耗指标分解下达到省区市。此后，省区市才依次把指标分解到各地市和县以及有关行业和重点企业，分解到基层和重点排污单位，把这两个约束性指标逐步同地方和企业的发展目标具体挂钩。

由于解决思想认识和采取具体措施要有一个过程，2006 年节能和环保指标落空，已在所难免。对此，应当采取实事求是的态度，不能过分理想化。

但是，必须指出，对于 2006 年 GDP 增长 10.5%，不能不加分析地报之以赞美之声。2006 年 GDP 的增长速度超过国家计划 2.5 个百分点，是以能源消费总量仍然以 11% 的高速增长、主要污染物排放总量不减反增为代价的，得失相抵，未必是得大于失。对此，应当认真加以检查，找出原因，给予警示。同时，必须认识到，五年的节能降耗和污染减排指标不但每年要进行检查，而且到 2010 年要进行总检查，前一年欠的账，要在后四年补上去，前两年欠的账要在后三年补上去，是侥幸不得的。

现在，各地区正在根据中央经济工作会议精神，制定本地区 2007 年经济和社会发展计划。除个别省区市外，各地人民代表大会都将在 1 月或 2 月通过本地区的 2007 年计划，而全国计划要在 3 月中旬才能经全国人民代表大会通过。接受 2006 年的经验教训，各地在制定和审议地区的 2007 年计划中，以下几件事情有必要加以注意：

第一，制定经济增长和结构调整计划时，应当首先分析本地区的能源和环境状况，严格按照国家下达的节能降耗和污染减排指标，制定出确保完成的具体措施，然后再定与之相适应的 GDP 增长指标、固定资产投资计划和结构调整方案。

第二，必须增加节能降耗和污染减排的工作力度。对高耗能、高污染的企业必须采取有力的措施，发挥市场的作用，加强政府的监管，该治理的治理，该关闭的关闭，该停建的停建。工作力求到位，不能优柔寡断，听任放纵。

第三，各地区人民代表大会在审查和批准本地区的 2007 年计划时，应当重点审查是否能够完成降耗减排指标，凡是不执行国务院的规定，不能确保完成节能降耗和污染减排指标的计划草案，都应当经过修改后才能通过。

2007 年是实施“十一五”规划处于关键时期的一年，节能降耗和污染减排指标已经层层下达，有关部门已经制定了一系列的具体措施，应当贯彻落实，确保实现，不能再使之落空，而且绝对不能允许弄虚作假行为的发生。

# 五年节能和减排指标的成败 2007 年是关键*

（2007 年 3 月 28 日）

## 一、第一年没有完成节能和减排指标告诉我们什么

2006 年全国 GDP 增长 10.7%，超过国家计划（增长 8%）2.7 个百分点；万元 GDP 能源消耗降低 1.2%，比国家计划（降低 4%）少降 2.8 个百分点；二氧化硫排放量增加 1.8%，化学需氧量排放量增加 1.2%，比国家计划（减少 2%）多出 3.8 个百分点和 3.2 个百分点。国家统计局 2006 年全国国民经济和社会发展统计公报已经公布了这几个数字。现在，我们要对这几个数字进行分析，弄清楚 2006 年经济增长、节能、环保三者之间的关系，并从中得到启示。

按照 2006 年国家计划测算，全国 GDP 增长 8%，由上年的 18.4 万亿元增长为 19.9 万亿元；万元 GDP 能源消耗降低 4%，由上年的 1.22 吨（标准煤，下同）降低为 1.17 吨，由此计算出全国的能源消费总量为 23.3 亿吨，比上年增长近 4%；二氧化硫排放总量减少 2%，由上年的 2549 万吨减少为 2498 万吨，减少 51 万吨；化学需氧量排放总量减少 2%，由

* 载《中国经济报告》2007 年 4 月号。

上年的1414万吨减少为1386万吨，减少28万吨。计划执行结果，按不变价格计算GDP为20.4万亿元，比上年增长10.7%，能源消费总量增加到24.6亿吨，比上年增长9.3%，万元GDP能源消耗为1.21吨；二氧化硫排放总量达到2594万吨，化学需氧量排放总量达到1431万吨。这就是说，全国GDP增长超过国家计划2.7个百分点，多增产值5000亿元，是以多消耗能源1.3亿吨、多排放二氧化硫96万吨、多排放化学需氧量45万吨为代价的，致使全国的能源供应压力继续增大，环境污染进一步加剧。这个代价显然是过大了。

即使按照统计数字的实际增长10.7%的速度测算，如果实现节能4%的要求，能源消费总量也应当为23.9亿吨，实际消耗比这多出将近7000万吨。按照1.21吨标准煤换取万元GDP，即多产生了5700亿元GDP，相当于GDP的近3%。扣除这个因素，2006年GDP的增速也就是8%。

在评价2006年GDP增长10.7%的时候，要看到各个方面在节能和减排方面所作的努力，同前两年比较有进步。但是，必须看到它没有确保节能和减排指标的完成，增长方式仍然粗放，从而不应妄加赞美。

2006年节能和减排计划落空给了我们什么启示?

第一，在我国当前的能源和环境约束的情况下，GDP增长速度超过8%就是危险的。继续追求过高的速度，主要又是靠加快发展高耗能、高污染的重化工业，这与国家加快转变增长方式的指导方针相悖，与国家“十一五”规划和2006年国家计划的宏观导向相悖。

2006年全国火电发电量增长了15.1%，钢材产量增长了25.3%，电解铝产量增长了20.1%，氧化铝产量增长了59.4%，水泥产量增长了15.5%。规模以上重工业增加值增长17.9%，增长速度比上年更高，该淘汰的高消耗、高污染的落后设备和工艺没有淘汰，又新增加了一大批高耗能、高污染的重化工业，那过高的能源消耗怎么能降低下来，过大的污染物排放总量怎么能减少下来。

现在到了给发展重化工热降温的时候了。2006 年我国的粗钢产量已经达到 4.2 亿吨，钢材产量已经达到 4.7 亿吨，电解铝产量已经达到 935 万吨，氧化铝产量已经达到 1370 万吨，水泥产量已经达到 12.4 亿吨，化纤产量已经达到 2025 万吨。一年增加了 7000 万吨钢、9559 万吨钢材、157 万吨电解铝、511 万吨氧化铝、1.7 亿吨水泥、360 万吨化学纤维，而且还在迅速地扩大生产。一些代表性高能耗产品如钢铁、水泥等，国内市场已经明显出现产能过剩；钢材去年出口 4301 万吨，比上年增长 109.6%，今年头两个月钢材出口 875 万吨，比去年同期增长 139.3%，国际市场出口已经遇到抵制。如果各地掀起的发展重化工热刹不住车，不把过快的增长速度降下来，追求一时的高盈利，必然造成更大的产能过剩，一旦崩溃，那将给我国经济带来沉重的打击。对此，必须保持清醒的头脑。

第二，加快转变增长方式和加快建设资源节约型、环境友好型社会，就意味着要加快淘汰落后的工业生产技术和工艺，严格限制新的高耗能、高污染工业项目的建设。这就会触及一些企业和地方政府的利益，遭到企业和地方政府的抵制。现在，许多地方政府加快发展的观念是牢固的、坚定不移的，加快转变增长方式的观念并不牢固甚至犹豫徘徊，而我们现行的一些政策也不利于鼓励地方和企业转变增长方式。如果不转变地方政府的思想观念，不对地方政府和企业的行为有所制约，没有严格的降低能源消耗和减少污染排放的有力举措，并调整政策，妥善处理各种矛盾和利益关系，那转变增长方式、建设资源节约型和环境友好型社会的步伐只能是放慢而不是加快。

第三，我们已经建立了一系列的节约资源和环境保护的法令和制度，虽然还不健全，但根本的问题是没有严格执法。主管部门没有严格执行新建项目的环评和新建项目“三同时”的规定，没有及时建立科学的节能和减排指标体系、准确的节能和减排监测体系和严格的节能和减排考核体系，以致浪费资源和破坏环境违法现象横行无阻。人们不重视甚至不理采环保主管部门，首先是环保主管部门本身不坚守自己的岗位，维护自己的职责，敢于向各种违法现象作斗争。去年以来，国家环保部门采取的几次大的环保行动，受到人民的赞扬，说明人们是寄希望于主管部门有所作为的。

第四，2006年国家计划GDP的增长预期是8%，而大多数地方的增长预期都在10%以上，使全国的预期落空，地方的经济增长失去了控制。现行的体制，在很大程度上依然是地方政府配置资源，以地方计划为主，而地方政府又多是以GDP为基准，追求“跨越式”的政绩，追求在全国中的排序，追逐建设工业强省、工业强市，这就造成了地区之间画地为牢，盲目攀比，强调自己特殊，而且强制推行指标分解、责任到人、全员招商，以至低水平的重复建设、重复生产愈演愈烈。一些地方政府为了追求过高的速度，对中央的宏观调控阳奉阴违，对环保部门的环评和环保执法消极抵制。这种计划体制和地方政府的职能，哪一年不改变，哪一年的国家计划就必然落空。改革要打攻坚战，攻这些根本性的问题，才是真正的攻坚。

## 二、今后四年实现节能和减排指标要有整体布局，不能走一步看一步

在今年3月召开的十届全国人大五次会议上的政府工作

报告，虽然没有提出年度的节能减排指标，但宣布："十一五"规划提出的这两个约束性指标是一件十分严肃的事情，不能改变，必须坚定不移地去实现，国务院以后每年都要向全国人大报告节能减排的进展情况，并在"十一五"期末报告五年这两个指标的总体完成情况。

第一年计划落空了，后4年的路子怎么走，应当有一个总体设想和整体布局。不能走一步看一步，走到哪算到哪。为了做到心中有数，不妨对今后4年实现节能减排指标的进度作一些测算。

拿节能来说，5年降低单位产值能耗20%，从1.22吨降为0.98吨，5年大约节约能源6亿吨。第一年只降下来1.2%，节约能源3000万吨；第二年如果降低2%，节约5000万吨；那后三年的节约总量还有5.2亿吨，3年的降幅就得达到5%、6%、7%，每年节能1.4亿吨、1.7亿吨、2.1亿吨，或者是4%、6%、8%，每年节能1.2亿吨、1.8亿吨、2.2亿吨，后2年降这么大的比率可以说完全没有把握。如果第二年能降下来4%，节约能源1.1亿吨，那后3年的节能总量还有4.6亿吨，3年的降幅还必须达到4%、5%、6%或略高一点，仍然不轻松。这说明，5年降耗决不能前松后紧，2007年降多少是5年成败的关键，当年降耗4%应当作为理想的追求。

污染减排是同样道理。5年减排10%，第一年上升了1%-2%，第二年维持不再增加，后3年的减幅就得达到3%、4%、5%，难度大，完成的可能性小。如果第二年减下来2%，那后3年的减幅还必须达到3%、3%、4%，仍然不轻松。这也说明，5年减排同样不能前松后紧，2007年减多少是5年成败的关键，当年减排2%应当作为理想的追求。

节能和减排是相互关联的。如果能源消耗降不下来，煤炭消费总量依然是每年以8－10%的速度上升，要把二氧化硫的排放总量减下来也难。

有鉴于此，尽管国家今年没有定出年度节能减排指标，不等于说每个地区都不制定自己的年度要求。实际上，除个别地区外，都已经过当地人大审议，确定了2007年节能和减排指标，有22个省区市的节能要求在4%以上。这已在当地立了法，应当坚持，并且寸步不让。

什么叫寸步不让？

第一，既然把GDP的增长作为预期性指标，把节能降耗和污染减排指标作为必须确保完成的约束性指标，全国人大已经对此立了法，那在先后顺序上就必须把实现节能减排指标放在第一位，把实现GDP增长指标放在第二位。道理很简单，只有把节能和减排指标放在第一位才能确保其实现，放在第二位那还是先保GDP。GDP的增长必须建立在确保完成节能减排指标的基础上，这种增长才是科学的增长，不能再允许节能减排指标为GDP指标让路。把节能减排指标放在第一位，把GDP增长指标放在第二位，这是时代的需要，全局利益的需要。2007年国家计划把GDP增长预期定为8%，如果多数地区仍然坚持增长10%以上，而且是加快发展不动摇，毫不让步，指望2007年节能减排取得更大的成绩是不可能的，从而指望2010年能完成两项约束性指标也是不可能的。2006年实践就是最好的证明。不要认为高增长就是好事，以牺牲能源和环境为代价的高增长不是好事而是坏事，因为它会给国家带来灾难，给人民带来灾难。GDP增长速度是否恰当，要用节能和减排的实绩来衡量。GDP上去了，节能和减排指标完不成，那GDP的增长不但不应当表扬，而且应当受到指责。

第二，把实现节能减排指标放在第一位，把实现GDP增长指标放在第二位，不仅是对工业发达的地区说的，对工业不发达的地区同样如此。先污染后治理的路绝对不能再走。等到生态受到破坏、污染严重的时候再去治理那就晚了。有些生态破坏是无法恢复的。有些地区属于禁止开发区域，应当禁止发展高耗能、高污染的工业。青海省决定，对三江源地区不再考核 GDP 指标，这是明智的。有些地区属于限制开发区域，应当限制发展高耗能、高污染的工业，只适宜于发展资源环境可承载的特色产业。即使属于重点开发区域，也必须把环境放在优先地位。所谓把资源优势变为产业优势，绝不能允许发展落后的高耗能、高污染的重化工业，而应当发展耗能低、污染小的采取先进技术的工业。资金、技术不够怎么办？那就把增长速度放慢，决不能把环境当成牺牲品。县域经济的发展，更应当加以引导和控制。在节能和环保的事情上，绝不能向工业落后的地区让步。否则，工业发达的地区污染治理未了，工业不发达的地区又处处冒起烟来，那将是一场灾难来临。地方政府官员承受 GDP 增长的压力太大了，上级应当给下级减压，下级对上级的施压应当有申诉权。

第三，对高耗能、高污染的企业，必须逐个企业规定出减少能耗和减少污染的指标。超过这一指标的，有的必须立即停产限产，有的必须进行技术改造。对他们的放纵，就是听任对国家的整体利益和人民健康的损害。怕关停高耗能、高污染企业而影响 GDP 增长和财政收入的想法和做法，那就是对执行国家的立法不积极，对贯彻科学发展的原则不坚决。

必须采取一系列有效的行政办法、经济办法和法律手段，促使企业节能和减排。改变传统的发电调度方式，对现有火电厂取消按行政区划分配发电量指标的做法，以节能、环保为标准优化发电排序，就是一个好办法。应当让价格真实反映要素的稀缺程度，谁多消耗资源谁就得不到应得的利润，更不应当得到暴利。现行的排污标准太低，排污收费和罚款额度过低，应当尽快地修订。据报道，一个地区大型火电厂脱硫成本大约为1.2元/公斤，按现行的排污费征收标准，企业将这1公斤二氧化硫直接外排，只需缴纳排污费0.63元；一个城市处理1吨污水的成本价格为3元，如果企业对污水不作任何处理直接外排，1吨只需缴纳排污费0.7元。据同一报道，假如一个火电等大型企业每年产生二氧化硫1万吨，有脱硫设施，脱硫效率为90%，企业遵守环保法规，正常运行脱硫设施，其全年脱硫成本超过1000万元。如果企业不遵守环保法规，在环保部门现场检查时才运行脱硫设施，即使该企业在一年时间内被环保部门发现12次，而且每次都被顶格处罚，至多也只需交付罚款60万元。可见，这种违法成本低、守法成本高的收费标准和处罚额度只能放纵企业违法排污。

第四，环保部门必须挺起腰杆，强硬起来，对自己职责范围内的事情寸步不让。执法人员不足，装备落后，资金缺乏，这是客观事实。环保优先，就必须把强化环保部门的职能和装备放在优先地位。各级政府有责任、有义务优先帮他们解决。只要算一算由于资源浪费、生态和环境破坏给国家造成的损失，政府部门一年有那样大量的财政收入，不相信不能解决这些问题，而且不需要拖多少年才解决。2007年中央财政安排20亿元资金专项用于“三大体系”建设，安排少了。不健全三大体系，要加强环境保护那是空谈。试问：国家环保部门不在全国大中型发电厂的每个烟囱装上二氧化硫在线监测器，不对全国的重点工厂每个污水排出口装上污染物在线监测器，你能管住发电厂不偷排二氧化硫、排污水的工厂不偷排污水吗？这个要靠中央与地方一起使劲，不能把责任都推给地方。环保部门应当把全国的大中城市二氧化硫和化学需氧量的环境容量与实际排放量列出清单，凡是主要污染物排放量超过环境容量多大比例的，都应当采取“限批”的手段，强制执行，刮起一场更大的环保风暴，这才能振聋发聩，把国家环保法的执行变成真正的铁面无私。

第五，开展更加强大的舆论监督，对无视国家法令、无视政府监管的高耗能、高污染的行为形成老鼠过街人人喊打的氛围。要给人民群众以维护自己的健康权、生命权和保护自己生存环境的权利。政府应当支持人民群众的这种维权行为。

第六，国家宏观调控部门、环保部门以及其他有关部门，有必要对今后四年节能和环保指标的实现作出总体和分年部署，并且对节能和环保措施作出量的规定性，列出逐年的节能减排数字，确保“十一五”规划确定的两项约束性指标在规划期末能够全面完成。有了这样的规划和部署，大家才能放心，不然不放心。非常支持宏观调控部门作出的决心不变、目标不变、责任不变的“三不变”和“一个加大”（工作力度加大）的承诺，愿意看到一个又一个让人心动和眼睛发亮的切实而有力的节能减排措施出台。

## 三、把眼光放远，想一想10年、20年后会发生一些什么样的事情

现在，全世界议论最多的是全球气候变暖，而中国是全球气候变暖特征最显著的国家之一。

根据中国气象局局长秦大河院士的分析，1950年以来，无论是年平均温度还是冬季温度，我国大部分地区都有明显的变暖趋势，从1986－1987年的冬季至今，我国已经经历了19个暖冬。特别是2006年，全国平均气温达9.92℃，成为

1951 年以来创记录的暖冬。

另据中国气象局国家气候中心的统计，2006 年 12 月 1 日入冬以来，截至 2007 年 2 月 25 日，我国平均气温为 -2.6℃，较常年同期值（-4.4℃）偏高 1.8℃，东北三省及北京、重庆平均气温都创下历史同期最高记录。北京市，立春的第二天 2 月 5 日，气温高至 16℃，是 1840 年有气象资料以来历史同期最高记录；大年除夕的 2 月 17 日，白天最高气温为 9℃，是 1951 年以来最暖的一个除夕。

据科技部、中国科学院、中国气象局在《气候变化国家评估报告》中预测，到 2020 年，我国年平均气温可能增加 1.3℃到 2.1℃，今后人们还将频繁地遭遇暖冬。

气候变暖对我们最直接的威胁是极端气候灾害异常。秦大河院士分析说：全球气候变暖不仅会导致暖冬出现，还会使一些极端天气事件，比如高温、干旱、飓风的频数和强度都发生改变。2006 年我国台风登陆时间早、滞留时间长、风力大、降雨多、破坏性强，历史上罕见；春季森林火灾重、沙尘暴天气多、四川重庆夏季伏旱强、长江中下游洞庭湖和鄱阳湖等水位低、部分地区农作物病虫害严重也是多年少见；暴雨、高温热浪、大雾、霾、雷电、酸雨等频发的灾害性天气和山洪、泥石流、滑坡灾害，严重影响经济社会发展和人民生命财产安全。

秦大河院士分析说，如果到 21 世纪末，全球地表气温平均增暖 1.1℃到 6.4℃，这将使我国极端气候灾害发生的频率、强度和区域分布变得更加复杂和难以把握，所造成的灾害也将更为严重。首先是水资源安全形势堪忧。我国现有的冰川面积将显著减少，预计到 2050 年可能再减少 27%；多数主要河流的径流量都呈减少趋势。其次是新的干旱化趋势，草原面积不断减少，退化速度不断加快；湿地面积大大减少，冻土将全面、持续退化。由于全球气候变暖、污染物排放和城市建设的热岛效应，大气中气溶胶浓度增加，雾、霾、酸雨、光化学烟雾等极端气候环境事件也将增多。另外，全球气候变暖还将导致土地退化和病虫害加剧，农业生产风险加大。

水的问题将成为中国的最大忧患。2006 年 8 月，世界可持续发展工商理事会在经过 3 年的研究之后，发表了一份淡水资源匮乏对世界经济影响的报告，其中预测到 2010 年，中国 600 个大型城市当中将有 550 个缺水，水资源匮乏将迫使中国限制日常用水、灌溉、工业和能源工业用水，从而不可避免地导致工业和农业的生产力下降，以及公共卫生状况告急。

尽量减少化石燃料的燃烧，控制温室气体排放，是减缓气候变暖的重要措施，实现“十一五”节能减排指标具有长远的意义。

从 2001 年到 2005 年，我国能源消费总量从 13.8 亿吨标准煤增加到 22.5 亿吨标准煤，5 年增加 8.7 亿吨，增长 62.2%。主要是“十五”的后 3 年增幅太快，每年增加 2 亿多吨。2006 年 1 年又增加了 2.1 亿吨。按照这种趋势走下去，不采取严格的限制措施，到 2010 年能源消费总量有可能达到 30 亿吨，比 2000 年增长 1.2 倍。这样，到 2020 年能源消耗总量就有可能远远超过 35 亿吨。那时不仅会出现能源危机，还会出现环境危机。党中央、国务院从国家的长远利益出发，在“十一五”规划中规定，GDP 增长速度预期为 7.5%，5 年单位能源消耗降低 20% 左右，到 2010 年能源消费总量控制在 26 亿吨左右，同 2000 年相比，即 21 世纪的第一个 10 年增长 90%。这样，在 21 世纪的第二个 10 年中继续严格控制能源消费，到 2020 年有可能做到能源消费总量翻一番多一些，实现

GDP 总量翻两番的理想预期。这个理想预期决不能放弃。这对于缓解能源供应压力和减缓温室气体排放，以及减少环境污染，都是至关重要的。我们不能只看到能源供需是否平衡，而必须从环境的容量找出化石能源的最大可供量。看来，只规定万元 GDP 能源消耗量是不够的，还必须控制能源的消费总量。以能源消费总量定 GDP 增长总量，势所必然。

这就是为什么必须对实现“十一五”规划节能和减排两大约束性指标寸步不让的基于长远的考虑。

从上述分析，我们得到最大的启示，是经济增长只能稳步前进，不能急于求成。“十一五”规划规定的7.5%的年增长率是有远见的。经济的增长，特别是重化工业的增长，是以能源和资源的消耗为代价的。追求过高的增长速度，势必带来能源和资源的过高消耗，以及环境污染的加剧。短期的过高增长，将损害甚至断送经济的长期可持续发展。算长期账，这是得不偿失的。2007 年，把增长速度降到国家计划的8%的水平上，2008 年以后进一步降到 7% 左右的水平上，2010 年以后进一步降低一些，不能认为是保守主义。年增 7 -8%不是低速度，这是适应我们国家现实情况和长远需要的较高的速度。我们的经济已经达到今天的水平，资源和环境的承载压力已经如此之重，把增长速度降到7%左右，经济总量10 年就翻一番，20 年就翻两番。它给人民带来的是实实在在的利益，这应当受到赞扬，不应当受到责难。相反，那种追求短期效益不顾长远效益的发展冲动和“跨越式发展”，应当受到质疑。由于情况不同，各个地区的经济增长速度可以有所不同。那种不从实际出发，相互攀比高速度，进行速度竞赛，是愚昧的。

西部大开发，东北振兴，中部崛起，千万要以长三角为戒。建议大家看一看《中国经济报告》2007 年第一期登载的

“长三角可持续发展如何破解生态环境制约”。这篇文章揭示长三角是我国经济高速发展的地区和经济社会发展的核心区域，2005 年 GDP 占全国总量的 23.9%。但是这一地区环境污染严重，由小流域向跨行政区、跨流域快速发展，由大中城市向小城镇、农村迅速蔓延。太湖平原地表径流已难以找到直接可供生活与工业生产安全使用的水源，杭嘉湖平原地区 86.5%以上的地表水为不能饮用的Ⅲ至劣Ⅴ类水。江苏南部、上海和整个浙江都是酸雨的重污染区，长三角 15 个城市中有 14 个属于酸雨控制区。农用耕地减少，土壤受污染，城镇地面沉降，山丘水土流失，水乡供水紧张，湖泊萎缩，湿地受侵，海域污染，已交织在一起。文章说：“长三角环境问题的发生、发展和演化趋势，表明经济发展和人类活动在加速流域生态恶化进程中起着愈益支配的重要作用，这并非耸人听闻。”现在，长三角地区的政府和民众已经认识到环境问题的严重性，并采取了必要的环保措施，但这都需要时间。环境问题系长期积累形成，其治理和恢复将是一个长期的过程。前车之鉴，难道西部、东北和中部地区还要重蹈长三角的覆辙吗？

《中国经济报告》2007 年第一期的另一篇文章“南水北调西线调水与横断山水电建设的隐忧”，同样值得重视。文章从青藏高原江河源区冰川退缩、雪域升高，气候在持续变干、逐渐变暖，“固体水库”正在消融，“生命之源”正在消亡，讲到西南地区水能资源主要分布在横断山脉的江河峡谷中，这一地区自然生态系统极为脆弱，生态欠账多，而如今又面临着一轮更大的开发态势。进入 2000 年以来，各大水电集团和一些资金背景复杂的开发商纷纷圈下西南大小江河的水电资源，进行集群式的水电开发，已有一批电站在论证不充分、立项不完善、资金不到位的情况下仓促开工，一些地方政府把“建设水电王国”当成执政目标，呈现出诸多河流被拦腰斩断和开山破肚的景象。据不完全统计，目前西南地区在建大中型水电总装机容量达6000万千瓦以上，小水电不计其数，总投资上万亿元人民币。文章忧虑说：“大香格里拉生态旅游圈、西线调水工程、西电东送水电基地、中国自然生态高地的保育和恢复、世界自然与文化遗产的保护与传承、还有地质矿产资源的大开发等等，如此巨大而复杂的世纪工程在一块不到50万平方公里而且是地球上地质活动最活跃的地面上展开，在人类历史上是前所未有的，笔者认为是无序和失控的。且不说这其中还有许多重大科学技术问题需要我们去攻破，就连我们面对的国家法律法规、世界遗产公约、移民安置、利益共享、资源纷争、可持续发展、生态安全等等都似乎还没有找到良策，我们更没有制定出该区多项建设事业发展的合理构架，因为在横断山地区，我们对它的本底状况、综合功能、战略地位、调水与水电建设、经济与生态、经济与社会、生态与社会还缺乏全面深度认识。在这种情况下一旦动手，那就会伤及命脉，痛及心脏。”

科学家的这些文章，不能说是杞人忧天、耸人听闻，值得我们深思和反思。“凡事预则立，不立则废”，“居安思危”，应当永远作为我们的座右铭。

# 质疑国家统计局等三机构公布的2006年地区单位GDP能耗指标*

（2007年8月8日）

2007年7月12日，国家统计局、国家发改委、国家能源领导小组办公室发布了《2006年各省、自治区、直辖市单位GDP能耗等指标公报》。根据公报公布的数字，各省、自治区、直辖市2006年单位GDP能耗的降低幅度如下：

北京降低5%以上；

天津、上海、江苏、浙江、河北、辽宁、吉林、黑龙江、安徽、福建、江西、山东、湖北、湖南、重庆、陕西等16个省市降低3.04%－3.98%；

内蒙、河南、广东、广西、四川、甘肃等6个省区降低2.1%－2.98%；

山西、贵州、云南、青海等4个省降低1.51%－1.97%；

降低1.33%以下的，只有海南、宁夏、新疆3个省区。

公报只对计算公式作了说明，对各省区市的单耗指标未作任何说明，表明这些数字都是经过国家统计局、国家发改委、国家能源办共同审核和认可的。以三个机构的名义发布公报，表明它的权威性。

这就发生了一个问题，这些省区市的降低单耗数字与以

* 给温家宝总理的一封信。

国家统计局一家的名义刚刚公布的2006年全国单位GDP能耗降低1.33%的数字相距太远，两个数字到底相信哪一个。

为什么会出现这种差距，通过媒体报道，国家统计局负责人对此作出如下解释：计算单耗的分母GDP的差距，一是核算制度的原因：国家统计局计算国家的GDP，地方统计局计算当地GDP。采用这种方式，地区与国家的GDP数据之间不可避免地存在差距。二是技术方面的原因：一方面，服务业缺乏全国统一的常规统计制度，国家和地区基础资料不一致；另一方面，地区GDP核算存在特殊性，如地区间流入流出核算、跨地区生产和经营活动的计算、价格指数的代表性等问题难以很好解决，导致地区与国家GDP数据出现差异，2006年两者相差2.6个百分点。

国家统计局负责人对计算单耗的分子能耗总量作出的解释是，2006年全国与各地区的能耗增速的核算数据衔接是比较好的。国家核算的2006年全国能源消费总量比2005年增长9.61%，按照各省核算的2006年地区能源消费总量合计数比2005年增长10.21%，两者相差仅0.6个百分点（见2007年7月13日《人民日报》第五版“热点解读”）。

国家统计局负责人做出的这种解释，只说明了两种核算制度不同所产生的差异，并没有对全国与地区核算出的两个降低单耗的数字做出任何评价。

正是由于这些情况，多数地方自然对国家统计局等三机构公报公布的数字信以为真。除少数省份外，都会认为自己虽然没有实现原定的计划目标，但完成的情况还不错，都高于全国的平均水平，甚至接近自己的年度降低目标。正是由于这种情况，社会上的人就会认为省市核算的数字经过国家三机构公报公布，就等于国家承认了这些数字，而这些数字又与国家统计局公布的全国单位能耗数字相矛盾，从而对国家统计局统计数字的可信度产生怀疑。

我认为，国家统计局公布的全国单耗降低数字和通过三机构公报公布的省区市单耗降低数字，两者只能相信一个，不能两个都相信。如果全国的数字接近实际，那各省区市的数字就脱离实际，不可置信。国家统计局对这两种数字不加任何说明，都予承认，是不严肃的，对社会产生了严重误导。

我根据国家统计局公布的数字，计算了三张表。因为是用大数算的，不很精确，但大致不会错。

**第一张表：2005 年各省区市的单位能耗、总能耗和 GDP 总数**

| 地区 | 2005 年单位 GDP 能耗（吨标准煤/万元） | 2005 年能源消费总量（万吨标准煤） | 2005 年 GDP（亿元） |
|---|---|---|---|
| 北京 | 0.8021 | 5524 | 6886 |
| 天津 | 1.1133 | 4117 | 3698 |
| 河北 | 1.9554 | 19742 | 10098 |
| 山西 | 2.9460 | 12313 | 4180 |
| 内蒙古 | 2.4749 | 9641 | 3896 |
| 辽宁 | 1.8337 | 14686 | 8009 |
| 吉林 | 1.6456 | 5958 | 3620 |
| 黑龙江 | 1.4563 | 8026 | 5512 |
| 上海 | 0.9066 | 8300 | 9154 |
| 江苏 | 0.9233 | 16902 | 18306 |
| 浙江 | 0.8955 | 12034 | 13438 |
| 安徽 | 1.2127 | 6519 | 5375 |
| 福建 | 0.9370 | 6155 | 6569 |

续表

| 地区 | 2005 年单位 GDP 能耗（吨标准煤/万元） | 2005 年能源消费总量（万吨标准煤） | 2005 年 GDP（亿元） |
|---|---|---|---|
| 江西 | 1.0566 | 4286 | 4057 |
| 山东 | 1.2751 | 23611 | 18517 |
| 河南 | 1.3812 | 14623 | 10587 |
| 湖北 | 1.5105 | 9849 | 6520 |
| 湖南 | 1.3994 | 9112 | 6511 |
| 广东 | 0.7943 | 17765 | 22367 |
| 广西 | 1.2215 | 4979 | 4076 |
| 海南 | 0.9157 | 819 | 895 |
| 重庆 | 1.4194 | 4358 | 3070 |
| 四川 | 1.5301 | 11300 | 7385 |
| 贵州 | 3.2481 | 6428 | 1979 |
| 云南 | 1.7344 | 6033 | 3473 |
| 西藏 | | | |
| 陕西 | 1.4760 | 5425 | 3676 |
| 甘肃 | 2.2579 | 4367 | 1934 |
| 青海 | 30.746 | 1670 | 543 |
| 宁夏 | 4.1408 | 2510 | 606 |
| 新疆 | 2.1144 | 5506 | 2604 |
| 合计 | 1.357 | 262548 | 197538 |

注：2005 年 GDP 数值为统计局公布的地区生产总值，2005 年单位 GDP 能耗根据 2006 年公布的单位 GDP 能耗比上年上升或降低的比例计算得出，2005 年能源消费总量是用 GDP 乘以单位能耗得到。

**第二张表：2006 年各省区市的单位能耗、总能耗和 GDP 总数**

| 地区 | 2006 年单位 GDP 能耗（吨标准煤/万元） | 2006 年能源消费总量（万吨标准煤） | 2006 年 GDP（亿元） |
|---|---|---|---|
| 北京 | 0.760 | 5862 | 7713 |
| 天津 | 1.069 | 4522 | 4230 |
| 河北 | 1.895 | 21658 | 11429 |
| 山西 | 2.888 | 13495 | 4673 |
| 内蒙古 | 2.413 | 11092 | 4597 |
| 辽宁 | 1.775 | 16177 | 9114 |
| 吉林 | 1.591 | 6623 | 4163 |
| 黑龙江 | 1.412 | 8716 | 6173 |
| 上海 | 0.873 | 8950 | 10253 |
| 江苏 | 0.891 | 18740 | 21033 |
| 浙江 | 0.864 | 13189 | 15265 |
| 安徽 | 1.171 | 7106 | 6068 |
| 福建 | 0.907 | 6756 | 7449 |
| 江西 | 1.023 | 4661 | 4556 |
| 山东 | 1.231 | 26145 | 21239 |
| 河南 | 1.340 | 16187 | 12080 |
| 湖北 | 1.462 | 10686 | 7309 |
| 湖南 | 1.352 | 9868 | 7299 |
| 广东 | 0.771 | 19676 | 25520 |
| 广西 | 1.191 | 5510 | 4626 |
| 海南 | 0.905 | 910 | 1006 |
| 重庆 | 1.371 | 4723 | 3445 |
| 四川 | 1.498 | 12534 | 9367 |
| 贵州 | 3.188 | 7036 | 2207 |
| 云南 | 1.708 | 6637 | 3886 |

续表

| 地区 | 2006 年单位 GDP 能耗（吨标准煤/万元） | 2006 年能源消费总量（万吨标准煤） | 2006 年 GDP（亿元） |
|---|---|---|---|
| 西藏 | | | |
| 陕西 | 1.426 | 5906 | 4142 |
| 甘肃 | 2.199 | 4739 | 2155 |
| 青海 | 3.121 | 1901 | 609 |
| 宁夏 | 4.099 | 2796 | 682 |
| 新疆 | 2.092 | 6048 | 2891 |
| 合计 | 1.2885 | 288849 | 2224179 |

注：2006 年 GDP 数值是根据统计局年初公布的地区 2006 年比 2005 年增长速度计算得出，2006 年单位 GDP 能耗是统计局公布的数字，2006 年能源消费总量是用 GDP 乘以单位能耗得出。

**第三张表：2005 年、2006 年全国与地区三个指标的对照**

| 项目 | | 2005 年 | 2006 年 | 增长（%） |
|---|---|---|---|---|
| GDP 总值（亿元） | 全国 | 183868 | 204277 | 11.1 |
| | 地区 | 197538 | 224179 | 13.5 |
| | 加上西藏 | 197789 | 224464 | 13.5 |
| | 加调整比例 | | 225362 | 13.7 [注 1] |
| 能源消费总量（万吨标准煤） | 全国 | 224682 | 245669 | 9.61 [注 2] |
| | 地区 | 262548 | 288849 | 10.21 [注 2] |
| 单位能耗（吨标准煤） | 全国 | 1.22 | 1.206 [注 3] | -1.33 |
| | 地区 | 1.357 | 1.2885 | -5.05 |

注 1. 2006 年 GDP 增速，年初公布为 10.7%，年中修改为 11.1%，按此比例调整地区的年初数。13.7% 据国家统计局负责人解释（11.1 +2.6）得出。

2. 根据国家统计局负责人的解释。

3. 根据国家统计局负责人的解释。

从这三张表看出：

第一，尽管全国GDP核算是建立在全国31个省区市经济活动的基础上，但31个省区市自己核算出的GDP总和，2005年高出全国核算数1.4万亿元，2006年高出2.1万亿元。

第二，尽管能源消费总量，全国与地方的增速仅差0.6个百分点，但计算出的能源消费总量绝对数则相差甚远。2005年全国统计数是22.5亿吨标准煤，地区核算数合计为26.3亿吨，高出3.8亿吨。2006年全国统计数是24.6亿吨标准煤，地区核算数合计为28.9亿吨，高出4.3亿吨，相差17%。

第三，如果用简单数学算，2006年地区单位能耗比2005年降低5.05%；如果对各省区市的单耗降低数加权合计，也在2.5－3%之间，高出全国一倍。这是难以置信的。

据此，我的总的意见是：

1. 国家统计局等三机构公布的公报数字，否定了年初许多省市宣布已实现2006年降低能耗目标，这是它的积极意义。但是，这些数字的计算仍然偏高，误差太大，离实际相差太远，有副作用。必须提醒各省区市不能信以为真，不能受它的迷惑，千万不能认为自己真的降了这么多而放松更加艰苦的努力。

2. 现行的核算制度非改不可。如果不改，很可能到时候地区的计划都完成了，而全国的计划完不成，闹出一个天大的笑话。

3. 国家统计局、国家发改委、国家能源办对已发布的公报应当做出说明，澄清事实，纠正人们造成的错觉，并籍此增强社会的公信力。

4. 今年以来，国务院采取了一系列措施，加大了节能减排的工作力度，形势是好的。国务院要求，“力争通过今明两年的努力，实现节能减排任务完成进度与‘十一五’规划实施进度保持同步”，这是非常重要的。当前要防止的，是一些地方采取不正确的做法，虚报统计数字，夸大成绩。而人们也非常重视和密切审视国家公布的统计数字的真实性。对此，必须慎之又慎。

附：三机构的公报

# 2006年各省、自治区、直辖市单位GDP能耗等指标公报

国家统计局
国家发展和改革委员会
国家能源领导小组办公室
2007年7月12日

现将2006年各省、自治区、直辖市单位GDP能耗、单位工业增加值能耗、单位GDP电耗公布如下：

| | 单位GDP能耗 | | 单位工业增加值能耗 | | 单位GDP电耗 | |
|---|---|---|---|---|---|---|
| | 指标值（吨标准煤/万元） | 上升或下降（±%） | 指标值（吨标准煤/万元） | 上升或下降（±%） | 指标值（千瓦时/万元） | 上升或下降（±%） |
| 北京 | 0.760 | -5.25 | 1.33 | -10.06 | 787.0 | -5.01 |
| 天津 | 1.069 | -3.98 | 1.33 | -7.99 | 1024.1 | -1.61 |
| 河北 | 1.895 | -3.09 | 4.19 | -5.59 | 1515.9 | 1.90 |
| 山西 | 2.888 | -1.97 | 5.89 | -3.36 | 2348.4 | 3.72 |
| 内蒙古 | 2.413 | -2.50 | 5.37 | -5.20 | 1913.1 | 11.61 |
| 辽宁 | 1.775 | -3.20 | 2.92 | -6.10 | 1372.6 | -1.01 |
| 吉林 | 1.591 | -3.32 | 2.80 | -4.41 | 990.9 | -5.15 |
| 黑龙江 | 1.412 | -3.04 | 2.23 | -5.91 | 965.9 | -4.22 |
| 上海 | 0.873 | -3.71 | 1.20 | -6.00 | 964.3 | -4.15 |

续表

| | 单位 GDP 能耗 | | 单位工业增加值能耗 | | 单位 GDP 电耗 | |
|---|---|---|---|---|---|---|
| | 指标值（吨标准煤/万元） | 上升或下降（±%） | 指标值（吨标准煤/万元） | 上升或下降（±%） | 指标值（千瓦时/万元） | 上升或下降（±%） |
| 江苏 | 0.891 | -3.50 | 1.57 | -7.32 | 1221.2 | 1.92 |
| 浙江 | 0.864 | -3.52 | 1.43 | -1.90 | 1247.4 | 2.06 |
| 安徽 | 1.171 | -3.44 | 2.86 | -6.96 | 1092.6 | 0.89 |
| 福建 | 0.907 | -3.20 | 1.37 | -5.30 | 1149.8 | -0.17 |
| 江西 | 1.023 | -3.18 | 2.72 | -5.84 | 979.4 | 1.36 |
| 山东 | 1.231 | -3.46 | 2.02 | -5.70 | 1069.0 | 3.55 |
| 河南 | 1.340 | -2.98 | 3.78 | -5.93 | 1257.5 | -1.58 |
| 湖北 | 1.462 | -3.21 | 3.33 | -4.99 | 1187.5 | -1.86 |
| 湖南 | 1.352 | -3.39 | 2.74 | -4.38 | 1051.9 | 1.55 |
| 广东 | 0.771 | -2.93 | 1.04 | -2.96 | 1172.1 | -1.95 |
| 广西 | 1.191 | -2.50 | 2.88 | -7.36 | 1252.0 | 0.02 |
| 海南 | 0.905 | -1.17 | 3.15 | -5.56 | 970.3 | 6.36 |
| 重庆 | 1.371 | -3.41 | 2.63 | -6.34 | 1177.0 | 3.95 |
| 四川 | 1.498 | -2.10 | 2.82 | -3.98 | 1265.7 | -0.83 |
| 贵州 | 3.188 | -1.85 | 5.21 | -3.15 | 2633.8 | 7.04 |
| 云南 | 1.708 | -1.52 | 3.40 | -4.31 | 1660.8 | 3.50 |
| 西藏 | | | | | | |
| 陕西 | 1.426 | -3.39 | 2.46 | -7.09 | 1364.6 | -2.87 |
| 甘肃 | 2.199 | -2.61 | 4.59 | -3.03 | 2487.0 | -1.74 |
| 青海 | 3.121 | 1.51 | 3.64 | 5.96 | 4007.9 | 5.42 |
| 宁夏 | 4.099 | -1.01 | 8.68 | -3.19 | 5528.2 | 10.61 |
| 新疆 | 2.092 | -1.06 | 2.91 | -2.13 | 1232.3 | 3.47 |

# 怎样看待能源的总供给与总需求的平衡*

（2007 年 9 月 20 日）

现在有一种说法，当前投资增长过快、货币信贷投放过多、外贸顺差过大，但总需求与总供给仍然保持了基本平衡，煤电油运总体上没有出现全面紧张，因此经济运行正常，经济增长只能说是偏快而不是过热。

持这种论点的人，忽略了一个基本事实，这就是经济的快速增长，是以大量地消耗能源、严重的环境污染作为代价的。当前的能源总供给与总需求大体平衡，是建立在对未来能源严重透支的基础之上的。总体来说，它是不平衡的，总需求远远超过了总供给。

请看下列事实：

我国能源消费总量，1980 年是 6 亿吨标准煤，1990 年达到将近 10 亿吨，10 年间增加 3.8 亿吨，年均增加 3800 万吨；2000 年达到 13.8 亿吨，10 年间增加了近 4 亿吨，年均增加近 4000 万吨，其中前 5 年（“八五”）年均增加 6500 万吨，后 5 年（“九五”）年均增加 1500 万吨。自 1981 年到 2000 年 20 年间，能源消费总量增加了近 8 亿吨，基本上做到了能源消费总量翻一番，实现 GDP 翻两番的预期目标。

进入第十个五年计划时期，经济增长速度加快，能源消

* 载《中国经济报告》2007 年 10 月号。

费总量也迅猛上升，2001 年增加了4600 万吨，2002 年增加了8600 万吨，2003 年增加了 2.3 亿吨，2004 年增加了 2.8 亿吨，2005 年增加了 2.1 亿吨。2005 年能源消费总量达到 22.5 亿吨，5 年增加 8.6 亿吨，超过了过去 20 年增加量的总和，年均增加 1.7 亿吨，是“八五”的 2.6 倍，是“九五”的 11.7 倍。2001 年到2005 年，工业化的进程大大加快了，许多重工业产品，一个 5 年实现了原来设想的 20 年的目标。但是，能源和环境的问题严重地出现在我们的面前。由于能源消费的过量增加，加大了资源的开发强度，并且不择手段地发展了大量本应淘汰的落后的技术，造成资源的大量浪费以及安全事故的频繁发生。同时，使生态和环境遭到严重的破坏。

正是在这种情况下，党中央提出必须加快转变经济增长方式，加快建设资源节约型、环境友好型社会，促进经济发展与人口、资源、环境相协调。根据这一方针，国家的“十一五”规划和能源专项规划对全国能源消耗作出了两项规定，一是万元 GDP 能源消耗五年降低 20%，年均降低 4.4%，二是 2010 年能源消费总量控制目标为 27 亿吨标准煤，年均增长 4%。

万元 GDP 能源消耗 5 年降低 20%，即由 2005 年的 1.22 吨标准煤降低为 2010 年的 0.98 吨标准煤。这已经作为必确保完成的约束性指标，列入“十一五”规划纲要，并且分解到 31 个省区市。

但是，2010 年能源消费总量是多少，其决定因素除了单位 GDP 能耗降低之外，还应看 GDP 总量增长多少。“十一五”期间，在万元 GDP 能耗降低目标不变的情况下，如果 GDP 增长速度按“十一五”规划纲要规定的 7.5% 作为预期目标计算，2010 年能源消费总量为 26 亿吨标准煤，比 2005

年的22.5亿吨增加3.5吨；如果GDP增长速度达到10%，2010年能源消费总量则为29亿吨标准煤，比2005年的22.5亿吨增加6.5亿吨。

显然，只规定单位GDP能耗是不够的。由于GDP增长速度的不同，能源消费总量也就出现了很大的差异。而且增长速度越高，万元GDP能耗的降低目标就越难完成，其消费的能源总量就会越大。2010年能源消费总量控制在一个什么水平上，这需要综合考虑国内的生产条件，也要考虑国际的进口条件，也还要考虑能源安全和能源的可持续增长。

国家发改委经过综合分析需要与可能两个方面的因素，制定并公布了能源发展“十一五”专项规划。规划中规定：2010年我国一次能源消费总量控制目标为27亿吨标准煤，年均增长4%。其中：煤炭消费总量为25.6亿吨，折合标准煤为18亿吨；石油消费总量为3.9亿吨，折合标准煤为5.5亿吨。

2010年全国能源消费总量控制在27亿吨标准煤，比2005年的22.5亿吨增加4.5亿吨，年均增加9000万吨。但是，2006年一年能源消费总量就达到了24.6亿吨，比2005年增加2.1亿吨，增长9.6%；2007年上半年能源消费总量达到12.21亿吨，比2006年同期增加9400万吨，增长8.4%，预计全年能源消费总量仍将比上年增加2亿吨左右。这样，五年规划增加4.5亿吨，实际上两年就增加了4亿吨，还剩下不到5000万吨留给后三年，基本上把后三年新增产量透支光了。

2004年国家发改委发布了《节能中长期专项规划》，规划指出：“按照能源中长期发展规划，充分考虑节能因素的情况下，到2020年能源消费总量需要30亿吨标准煤。要满足这一要求，无论是增加国内能源供应还是利用国外能源，都面临着巨大的压力。”现在，离发表这一规划才两年多时间，原设想的2020年30亿吨的控制目标，极有可能在2010年提前完成。这就是说，“十一五”时期经济的持续高速增长，我们将透支原来设想的未来10年的能源新增产量，能源消费总量不是20年翻一番，而是10年翻一番。

这就是所说的能源总供给与总需求基本平衡的真相。

为什么2006年能源消费总量增加得那么多？主要原因是，节能措施没有达到计划要求，该停的没有停，该限制的没有限制，同时大量增加了高耗能、高污染的重化工业，以致万元GDP能耗降低指标没有达到计划要求。2006年国家计划规定万元GDP能耗降低4%，根据国家统计局的核算，在GDP总量增长11.1%、超过计划3.1个百分点的情况下，万元GDP能耗实际只降低了1.33%，比计划多消耗7000万到1.3亿吨标准煤。这里应当指出，2006年各地区自己核算的万元GDP能耗降低指标，除了三个省区以外都在1.33%以上，其中一半以上省区市都降低了3%以上，这是不可置信的。这是源于现行核算制度和核算方法上的缺陷，致使地方核算的数字误差太大，偏离实际太远。不改进现行核算制度和核算方法，就无法考核地区的降低单耗的实际成绩。

为什么2007年上半年能源消费仍然这样高？主要的原因是各地区仍然没有放弃加快发展重化工业的冲动，有些地区又在掀起新一轮的发展重化工热。根据统计数字，2007年上半年，规模以上工业增加值增长18.5%，远高于2003－2006年12.1%的平均增长速度；工业中又是重工业增长过快，增速为19.5%，同比提高1个百分点；重工业中，占工业能耗70%的高耗能、高排放的六大行业增长20.1%，同比提高3.6个百分点。以用电量来说，2007年上半年工业用电量增长17.2%，同比加快3.9个百分点；其中重工业用电量增长

18.8%，同比加快4.6个百分点。由于工业增长速度过快，今年一季度GDP增长11.1%，二季度增长11.9%，上半年为11.5%，是1994年以来增幅最高的。经济运行中的这种状态，同国家的宏观调控目标相悖，显然不能说是正常的。如果同全国的经济增长计划8%相比，那就更加不正常。

现在许多地区仍然是实现节能减排指标与追求GDP的高指标在较力。在口号上都说力保实现节能减排指标，但在实践上没有一个省市宁肯降低自己原定的GDP高指标。如果不是追逐GDP或者在GDP方面提出了更高的目标，那能源消耗肯定不会增长得这么快。

必须澄清一个误解，中国化石能源资源丰富，用不着担忧能源的供给。现在许多地区都在追求GDP翻番，有的地区还在加码。不知道，他们考虑了能源供给可能没有，他们的经济增长受不受全国能源供应总量的约束？

根据国土资源部的数据，我国石油的剩余可采储量，2005年为24.9亿吨，按年采2亿吨计算，采十几年就采光了。满足国内原油需求，必须大量靠进口，今年进口的依存度将达到50%，而国际的石油供应，也不是没有极限的。我国煤炭资源丰富，但基础储量，即控制的、探明的并通过可行性或预可行性研究认为属于经济的、边界经济的部分，2005年为3326亿吨，按30%的采出率计算，年采30亿吨，可采30年。当然，我们还可以找到新的可采储量，但是必须明白：第一，煤炭的开采需要大量的水资源，而我国煤炭埋藏量大的山西、内蒙、陕西都属于干旱地区，水资源缺乏；第二，煤炭的开采和燃烧会造成严重的环境污染，产生大量的二氧化硫和二氧化碳；第三，这些资源不全属于我们这一代人的，不能把子孙后代的资源在我们这一代都用完。我们每年的能源消费总量必须有一个可控制的目标，不可能无限制地消费下去，谁想用多少就用多少。

人类的经济活动受制于三个资源：土地资源、水资源和矿产资源。人类为了实现现代文明，必须依据这三个资源条件，规划自己的行动，实现经济和社会的可持续发展。不顾资源条件，不考虑经济社会的可持续发展，无限制地耗费资源，任意地破坏生态和环境，追求什么跨越式发展，夸耀什么大气魄、大手笔，都是无知的。恩格斯说过，我们不要过分陶醉于我们对自然界的胜利，每一次胜利，自然界都对我们进行报复。我们现在受自然界的报复太大了，我们必须有所醒悟。

我们当然要发展经济。但是经济发展的快慢，取决于我们可利用的资源条件以及环境的承载能力。我们已经连续4年经济增长速度在10%以上，许多地区已面临巨大的能源供应和环境恶化的压力，应当主动把增长速度降下来，降到国家期望达到的目标。每个地区可以独立地制定自己地区的经济发展计划，但是它却脱离不了全国经济所面临的环境。如果全国经济搞不好，全局出现了问题，地方经济也好不了。置全国的情况于不顾，追求一己经济的超高速度发展，最后必然欲速不达，给自己造成被动。全国的化石能源不是用之不竭的，我们已经临近能源消费总量每年增长1% -2%的时候了。

今年5月23日，国务院发出《关于印发节能减排综合性工作方案的通知》。通知中说：

各地区、各部门要充分认识节能减排的重要性和紧迫性，真正把思想和行动统一到中央关于节能减排决策和部署上来。要把节能减排任务完成情况作为检验科学发展观是否落实的重要标准，作为检验经济发展是否“好”的重要标准，正确处理增长速度与节能减排的关系，真正把节能减排作为硬任务，使经济增长建立在节约能源资源和保护环境的基础上。

把节能减排任务完成情况作为检验科学发展观是否落实的重要标准，作为检验经济发展是否“好”的重要标准，把节能减排作为硬任务，经济增长要建立在节约能源资源和保护环境的基础上，这就是党中央、国务院为当前经济发展确立的政策导向。衡量经济增长好坏和热与不热都要以此作为标准。离开这个标准去评论经济形势和评价经济工作的成绩，那就背离了中央的政策导向，是不可取的。

# 控制能源消费总量的力度应当加大*

（2008年1月16日）

“十一五”规划，把5年降低单位GDP能源消耗20%左右作为约束性指标，这对控制能源消费总量的增长有重要的作用。但是，几年来的实践证明，单靠这一指标还不能控制住能源消费总量，因为它还取决于GDP的增长速度。

我国的中长期规划，对能源消费总量都定有控制目标。2004年10月，国家发改委制定的《节能中长期专项规划》，就分析了我国经济发展面临的能源约束矛盾和能源使用带来的环境污染问题，指出如果按近三年能源消费增长趋势发展，到2020年能源需求量将高达40多亿吨标准煤。如此巨大的需求，在煤炭、石油和电力供应以及能源安全和环境安全等方面，都会带来严重的问题。根据需要与可能，国家发改委制定2010年能源消费总量的控制目标为24亿吨标准煤，2020年能源消费总量的控制目标为30亿吨标准煤。

由于其后经济的高速增长，能源消费总量也随之不断攀升。到2005年，全国的能源消费总量达到22.5亿吨标准煤，离2010年的控制目标24亿吨只差1.5亿吨。从这一情况出发，国家发改委制定的《能源发展“十一五”规划》，把2010年能源消费总量控制目标调高为27亿吨标准煤，年均增长4%。

* 载《中国经济报告》2008年1月号。

根据“十一五”能源消费总量年均增长4%、单位GDP能耗年均降低4%的控制目标以及其它经济因素，2006、2007年国家计划把GDP增长预期目标都定为8%，这是切合实际的。但是，这两年的增速都达到11%以上。在单位GDP能源消耗降低指标没有完成预定年度目标的情况下，2006年能源消费总量达到了24.6亿吨标准煤，比2005年增加2.1亿吨，增长9.6%；2007年预计达到26.6－27亿吨标准煤，比2006年增加2亿吨以上，增长8%－9%，都成倍地高于能源消费总量年均增长4%的控制目标。即使这两年单位GDP能源消耗降低达到预定目标，由于GDP增长过快，能源消费总量也少不了多少。

2006、2007年GDP增长过快，主要是重工业增长过快。尽管中央政府不断采取措施控制重工业的增长速度，但是挡不住地方政府扩张重化工的冲动。2007年前三个季度，全国重工业增长19.6%，高出GDP增长速度8.1个百分点；六大高耗能工业投资同比增长22.6%，增幅提高4.5个百分点，可见冲动的力度之大。因此，有效控制高耗能行业的过度扩张，成为抑制GDP过快增长、实现节能减排任务的重中之重。

地方对发展重化工业的强烈冲动，是因为发展重化工业能更多地带动地方GDP的增长，从而带动地方财政收入的增加。轻工业现在已经是产能过剩，发展的余地较小，给政府带来的财政收入也少。至于发展重化工业需要多少能源，这些能源从哪里来，会给全国的能源安全和环境安全带来什么影响，这是他们很少考虑，甚至根本不加考虑的。在他们的规划里，只有搞多少个大项目，搞多少重化工基地，需要多少投资，而没有能源消费总量的平衡表。缺电就上电站，缺煤就上煤矿，好像能源是取之不尽、用之不竭的。

我们国家是一个统一的国家。经济的发展要照顾地方的利益，但地方利益必须服从国家的整体利益。国家的整体利益受到损害，地方利益也就不复存在。现在全国的能源开发已经过度，环境污染和气候变化的威胁在现实生活中已经如此严重，决不允许重化工业再这样漫无边际地发展。发展重化工热已连续了5年，许多重工业已出现产能过剩的迹象，现在是中央出手约束地方政府发展重化工业冲动的时候了。再不采取行动，后果不堪设想。

2007年全国能源消费总量已经接近27亿吨标准煤，基本上两年用完了原定的5年能源控制指标，2008年到2010年这3年，日子怎么过，是一个非常现实不可回避的问题。

可以试作这样的测算：

2008－2010年能源消费总量每年平均增长4%，则2008年为28亿吨左右，2009年为29亿吨左右，2010年为30亿吨左右，同2000年相比，10年翻一番还多，提前10年达到原定的2020年控制目标。在此基础上，2011年到2020年能源消费总量年均增长2%，则2020年为36亿吨；年均增长2.5%，则2020年为38亿吨；年均增长3%，则2020年为40亿吨。

如果2008－2010年能源消费总量增长速度不减下来，仍然保持近3年每年9%－10%的增速，则2008年为29亿吨，2009年为32亿吨，2010年为35亿吨。在此基础上，2011－2020年年均增长2%，则2020年为43亿吨；年均增长3%，则2020年为47亿吨。

美国2006年能源消费总量为33.3亿吨标准煤。我国的能源消费总量如果不严加控制，用不了多久就将赶上美国。

由此得出的认识是：从全局和长远考虑，2008－2010年3年间，我国每年能源消费总量的增长无论如何不能超过

4%，这应当作为一条不可逾越的红线。如果这条红线守不住，到2010年全国能源消费总量大大超过30亿吨，2020年大大超过40亿吨，那时将悔之晚矣。

党中央已经把科学发展观作为我们经济工作的最高指导方针。同时，把节能减排任务完成情况作为检验科学发展观是否落实的重要标准，要求经济增长必须建立在节约能源资源和保护环境的基础上。这是我国经济工作的一个重大转折。所说的经济增长必须建立在节约能源资源和保护环境的基础上，就"十一五"时期来说，就是要建立在实现5年降低单位GDP能耗20%（年均降低4%），5年减少主要污染物排放10%，同时严格控制能源消费总量的基础上。它是有实际内容的，决不能把它当作一个空洞的口号。在处理GDP增长与节约能源、保护环境的相互关系上，应当严格遵守这一基本要求，凡与此相违背的一些想法和做法，都不符合科学发展观，都应当加以纠正。

党的十七大为我们确定的奋斗目标是在2020年全面建成小康社会。小康社会的一个基本要求，是建设生态文明，使人民在良好的生态环境中生产生活。这就必须形成节约能源资源和保护生态环境的产业结构、增长方式、消费模式；循环经济形成较大规模，可再生能源比重显著上升；主要污染物排放得到有效控制，生态环境质量明显改善；生态文明观念在全社会牢固树立。煤炭是中国能源的主要组成部分，二氧化硫排放的90%来源于煤炭的直接燃烧，温室气体的排放也主要来源于此。如果不把能源消费总量的增长速度降下来，煤炭占能源消费总量将近70%的结构不改变，主要污染物的排放就无法得到有效的控制，那生态文明从何谈起？从现在起，采取严格措施，把能源消费总量的年均增长速度控制在4%以内，2011年以后进一步把增速降低，正是为了在2020

年全面建成小康社会。不控制能源消费总量的增长速度，不刹住盲目发展重化工热，不由主要依靠第二产业带动向依靠第一、第二、第三产业协同带动转变，不由主要依靠增加物质资源消耗向主要依靠提高资源利用效率转变，那恰恰是与2020年全面建成小康社会的伟大目标背道而驰。

怎样把后三年能源消费总量年均增长速度控制在4%以内，2010年不超过30亿吨，这需要动员各个方面的智慧和力量来实现，需要依靠中央和地方政府共同努力。

前提条件，是大家必须认识到控制能源消费总量极端必要而且刻不容缓。如果对这一点没有共识，那控制措施就无从谈起。

应当抓紧产业结构的调整，努力转变增长方式和消费模式。但地方追逐打造工业强省的观念不改变，这种调整和转变就不可能很快见效。2006年全国第三产业在GDP中的比重不但没有上升反而有所下降，就是证明。

提高能源特别是电力的市场价格，是控制能源消费总量的有效手段。但现在又面临通货膨胀的压力，想动又不敢动。有一个办法可以考虑，提高电价的好处不都给电厂和煤矿，而是通过税收把一部分拿到国家手里，补给居民生活用电费用的增加。

当这些办法都不能很快见效的情况下，也可以考虑采取强制性的行政办法，规定各个地区2008－2010年能源消费总量的增长速度。全国能源消费总量每年控制在不超过4%，每个地区可以按两种方法设限：一种方法是按不同情况把全国分为三类地区，发达地区能源消费总量每年增长2%或3%，次发达地区每年增长4%，欠发达地区每年增长5%或6%；再一种方法是，不分发达不发达，一律限定能源消费总量每年增长不超过4%。

这个办法可能遭到两个方面的反对。一是地方反对，说你不该控制或者说你搞“一刀切”。一是有的经济学家反对，说你违反市场经济原则。但是，有一条是不可抗拒的，这就是2010年全国能源消费总量必须控制在30亿吨以内。控制能源消费总量，如同控制人口、控制耕地一样，这是政府的职能，而不能推给市场。采取行政的措施，可能有不合理的地方，但把能源消费总量控制住了，就是大合理。“一刀切”固然不好，但在能源消费整体过量的情况下，不分发达不发达都切一刀，是无可指责的。

采取什么办法能把2010年能源消费总量控制在不超过30亿吨标准煤，就此展开一场讨论是完全必要的，有益的。只要下定决心，办法总是会有的。一计不行，那就千方百计。说不论采取什么办法都无法控制住地方的能源消费总量，这不能令人信服。

我们已经实行了社会主义市场经济，市场经济就要求全国必须是一个统一的市场。而我们现行的体制又是以地方计划为主的体制，这是一个尖锐的矛盾。在以地方计划为主的体制没有改变之前，要实现国家的意图，国家必须用政策指导地方经济的发展，同时采取严格的手段，约束地方对能源和资源的消耗。否则，中央政府就失去它的作用。

我们不能直接控制地方GDP的增长，但应当为地方GDP增长设置条件。一是单耗5年降低20%，一是总能耗增加每年不超过4%，再一个就是主要污染物排放5年减少10%。在此基础上，谁的增长速度快，谁的本事就大，那是真本事，是真正的又好又快。靠大量消耗能源实现的高增长不能算是真本事，不能算是真正的又好又快。应当鼓励地方在这方面发挥积极性。“好”字优先，把节能减排任务完成情况作为检验经济发展是否“好”的重要标准，这是中央的号召，我们必须落实在行动上。

这几年为了控制高耗能产业的增长速度，国家宏观调控部门规定了建设项目的审批和核准制度，规定了把好土地、信贷两个闸门和提高准入的一个门槛。所以控制不住，就是因为没有坚守能源消费总量的控制目标，通过两个闸门和一个门槛放进的水仍然过多。正因为如此，控制地方能源消费总量的增长速度可能更为有效。国家应当以中长期能源消费总量控制目标，作为审批和核准建设项目的重要依据。

有一条必须卡死，已经规定的淘汰落后产能的规划（特别是电站和煤矿）必须限期完成。不管需求情况发生什么变化，决不允许落后的产能死灰复燃。能源供应不够，那就放慢增长速度，决不允许以牺牲能源和环境作为代价来保 GDP 增长的现象再次发生。

地方应当主动地行动起来，自己管住自己的能源消费总量，这就是全局观念。每年用9% -10%的能源消费总量增长速度实现10%以上的 GDP 增长速度，这个时代已经一去不复返了。今后3年把能源消费总量的增长速度控制在4%以内，这个要求并不苛刻。这既是为了今天，也是为了明天。按照能源和环境允许的条件，制定年度和中长期的发展计划，才能称得起是清醒的有远见的和切实可行的。这对每一个地区都是一个考验。

2006年3月，全国人大通过了国务院根据党中央“十一五”规划建议制定的“十一五”规划纲要，以后国务院又公布了若干专项规划。国家的“十一五”规划规定，5年 GDP 增长预期目标为7.5%，2006、2007两年国家计划规定 GDP 的增长预期目标为8%，必须让大家知道这都不是随意提出的，而是经过综合平衡，建立在5年降低单位 GDP 能耗20%（年均降低4%）、每年能源消费总量增长4%、主要污染物5

年减排10%的基础上的。7.5%或8%，不是随意制定的，也不是随意可以超越的。在保证实现这些内涵基础上的超越，是符合国家意图的正当的超越。否则，尽管你增长得再多，都是不符合国家的意图，是不正当的。全国的“十一五”规划一经全国人民代表大会通过，就成为我国人民在“十一五”期间的行动纲领。我们应当引导各地区的计划以全国计划为导向，而不能离开这个导向，各行其是。今年是“十一五”规划的第三年，当全国一些地区政府在换届后又在制定新的“跨越”计划、掀起新一轮重化工热的时候，重温一下“十一五”规划，重新宣传一下“十一五”规划，有始有终地贯彻“十一五”规划，有其极为重要的意义。

# 以地方计划为主的计划体制的利与弊*

（2008 年 3 月 17 日）

我国现行的计划体制，按大的来说，是两级体制：全国性的发展战略、生产力布局、产业政策、技术政策、分配政策、经济的总量平衡和结构调整，由中央计划确定；在全国计划的指导下，各地区的经济活动，由省、自治区、直辖市进行全面规划和组织管理。

全国性的计划，由国家发改委制定，由国务院提出，经全国人民代表大会讨论通过。各省、区、市的计划，由省、区、市发改委制定，由省、区、市政府提出，经省、区、市人民代表大会通过。都有法律作为依据。

但是，中央制定的方针政策可以下达到地方，当然许多还要经过地方转发，而中央制定的经济总量计划和结构调整计划并不下达，也无法下达。各省区市制定的经济总量计划和结构调整计划不需报中央核准，地方执行的是本地区制定的经济总量计划和结构调整计划。

经济总量计划和结构调整计划，是整个国民经济计划的最重要指标和整个国民经济活动的总量体现。它决定能源消费总量、固定资产投资总量、贷款总量和进出口总量的多少，决定一、二、三产业在 GDP 总值中的构成，决定投资消费关

---

* 载《中国经济报告》2008 年 3 月号。

系是否协调。由于中央的计划并不下达，地方执行的是地方自己制定的计划，这就决定了现行的两级计划，是以地方计划为主的，中央的总量计划只具有象征性的意义。而中央的宏观调控，并不以中央计划中的经济总量为坐标，从而更使中央的预期目标让位于地方。

下面是这几年中央与地方经济总量计划的差异：

2006 年 3 月，全国人民代表大会通过的“十一五”规划纲要，规定全国 GDP 的预期目标为 7.5%。而各省区市人民代表大会通过的当地的“十一五”规划纲要，GDP 的预期目标多在 10% 以上。在 2007 年或 2008 年政府换届中，有的地区又调高了“十一五”的规划目标。

2006、2007 年的年度计划指标，全国人民代表大会通过的计划，GDP 的增长预期目标都是 8% 左右；而各省区市人民代表大会通过的计划，GDP 的增长目标大多在 10% 以上。执行的结果，地区的 GDP 增长计划都实现了，全国统计，2006 年为 11.1%，2007 年为 11.4%，而全国的 GDP 增长预期落空了。

2008 年，由于地方政府换届时间提前，省区市人民代表大会在 2 月以前都通过了本地区的 2008 年计划，GDP 增长预期除了北京、广东为 9% 以外，都在 10% 以上。而 3 月份全国人民代表大会通过的 2008 年计划，GDP 增长预期仍然定在 8% 左右。相信这 8% 仍然起不到指导作用，没有一个省区市会按照 8% 指导其经济活动。一些国内外经济研究机构对 2008 年的预测，也没有一个理会全国 8% 的预期。

全国 8% 的增长预期目标，是不是随意制定的，毫无根据、毫无道理？显然并非如此。

温家宝总理在最近召开的全国人民代表大会上所作的政府工作报告中说，“今年国民经济和社会发展的预期目标是：

在优化结构、提高效益、降低消耗、保护环境的基础上，国内生产总值增长8%左右；居民消费价格总水平涨幅控制在4.8%左右；城镇新增就业1000万人，城镇登记失业率控制在4.5%左右；国际收支状况有所改善。”可见，8%的提出，是综合考虑了优化结构、提高效益、降低消耗、保护环境这四个因素。这四个因素绝不是虚词，而是有实实在在的内容的。这两年一、二、三产业发展不协调，工业特别是重工业比重偏大，服务业比重偏低，第三产业在GDP总量中的比重都比上年有所下降，谈不上有什么优化。经济增长的资源环境代价过大，单位GDP能源消耗，2006年降低1.33%，2007年即使降低3.27%，两年合计降低4.6%，基本上是第二年补上了第一年的欠账，而把第二年的任务加重给后三年，全国能源消费总量已接近国家规划确定的2010年的控制目标。不从根本上减慢增长速度，要使结构优化、完成五年计划规定的节能减排指标是不可能的。当前国际经济环境变化不确定因素和潜在风险增加，对此我们必须有充分准备。中央政府是负责任的政府，今年提出增长8%左右是经过反复权衡的。如果今年经济增长仍然在10%以上，而结构矛盾依然突出，能源消费总量继续大幅度增长，绝非国家之福。

既然8%的增长预期是科学的，是经过了综合平衡的，有利于经济的可持续发展，为什么得不到贯彻？为什么固定资产投资增长过快、货币信贷投放过多、外贸顺差过大喊了几年依然故我？为什么国家中长期规划制定的能源消费总量控制目标一再修改而又节节退败？为什么环境保护和耕地保护工作如此强调而又陷于如此之艰难？这不能不从体制上找原因，并在体制上寻求解决办法。

以地方计划为主的计划体制，已经实行了多年。过去叫“条块结合，块块为主”。改革开放以来，中央强调简政放权，把大部分中央权力放给了地方，把绝大部分的企业下放给地方管理。中国经济名为高度集中的体制，实际上是过度分散的体制。不仅省区市可以独立地制定计划，地级市和县市同样可以独立地制定计划。每个省区市都追求自成体系，各自为战。1978 年以前提出建成六个大区不同水平、各具特点的工业体系，现在是多数省区都提出建成工业省和工业强省。

有什么样的体制就会产生什么样的机制。强化地方的权力，以地方计划为主，它的最大好处是可以充分地调动地方的积极性和主动性。一个地方不满足于同自己的过去比，而是以极大的激情同其他省市比。相互攀比，跨越式发展，赶超列在自己前面的省市，成为共同性的口号和时代的最强音。东部率先，西部大开发，东北振兴，中部崛起，更激发了地方的热情，加大了地方的责任。谁也不甘落后，都面临一种"如逆水行舟，不进则退"的巨大压力。现在不仅是企业与企业之间的竞争，更是地方政府与地方政府之间的竞争。这种体制和机制，形成一种最强大的动力，使中国经济在最近 5 年增长速度连续在 10% 以上。在短短的 5 年中，中国的钢材产量从不到 2 亿吨增加到 5.7 亿吨，发电量从 1.65 万亿千瓦小时增加到 3.28 万亿千瓦小时，煤炭产量从 14.6 亿吨增加到 25.4 亿吨。中国经济已经成为全世界的第四大经济体。

但是，必须看到，这种体制也带来很大的弊端。

第一，由于地区分割，自成体系，统一市场难以形成，全国不是"一盘棋"，不知道是多少盘棋，水多加面，面多加水，造成大量的重复生产和重复建设，造成资源的极大浪费。

第二，能源与环境急剧成为经济可持续发展的最大制约因素。中国的 GDP 只占全世界的 5%，而能源消费总量已占全世界的 15%。二氧化硫和化学需氧量的排放总量成为全世界第一，远远超出我国环境的承载能力。

第三，建立社会主义市场经济体制，要求打破政企不分、条块分割。扩大地方政府的权力，强化块块的作用，与建立市场经济体制背道而驰。

利与弊相比较，在经济总量比较小的时候，是利大于弊。在经济总量已经达到今天的地步，经济增长与资源环境的矛盾已如此之尖锐，传统的计划体制已经是弊大于利。

党的十七大提出完善社会主义市场经济体制，推进各方面体制改革创新，加快重要领域和关键环节改革步伐；提出加快行政管理体制改革，建设服务型政府；提出加快推进政企分开，减少政府对微观经济运行的干预。同时，提出加快形成统一开放竞争有序的现代市场体系，健全中央和地方财力与事权相匹配的体制，围绕推进基本公共服务均等化和主体功能区建设，完善公共财政体系。这都有非常现实的意义。

在这些改革中，进一步改革国务院的行政管理体制，转变中央政府的职能是重要的，这次全国人民代表大会已经批准了国务院机构改革方案。相对来说，地方政府行政管理体制的改革滞后于中央政府，加快地方行政管理体制的改革，转变地方政府的职能，更为迫切。只有中央和地方政府的改革共同进行，才能有利于社会主义市场经济体制的完善，才能使国家的宏观调控真正在全国的经济活动中发挥作用，真正使市场对资源配置起基础性作用，从而使国民经济实现全面协调和可持续地发展。

发挥地方的主动性和积极性，仍然是划分中央和地方的国家机构职权的重要原则，但这都必须服从社会主义市场经济体制的要求。块块分割，严重损害中央宏观调控作用的发挥。不从体制和机制上解决问题，不在转变地方政府的职能上下功夫，国家再怎么提倡宏观调控，宏观调控部门再做出多大的努力，中央的计划依然起不到应有的指导作用，宏观调控的作用依然有限。

以地方计划为主、块块分割所产生的弊端，这是体制造成的，不能责怪地方政府。在我国，社会主义市场经济体制已经初步建立，但影响经济发展的体制机制障碍仍然存在，改革攻坚面临深层次矛盾和问题。在体制改革这个问题上，需要我们继续解放思想。

# 对 GDP 的考核，应当从政府政绩考核指标中退出*

（2008 年 7 月 17 日）

规定地方政府领导班子和领导干部的政绩考核评价办法，是必要的。这种规定应当遵循的原则是：第一，要体现科学发展观的要求；第二，要符合社会主义市场经济体制。

科学发展观，要求发展必须是科学发展，坚持以人为本，实现全面、协调、可持续发展。不仅要注重经济发展的数量和质量，还要注重社会发展、人民生活和资源环境。

社会主义市场经济体制，是要明确划分政府、企业、市场三者的职能。也就是在科学发展中，政府分担什么职责，企业分担什么职责，市场分担什么职责，要有清楚的界定。属于政府职责的事情，应当列入政府政绩的考核指标；不属于政府职责的事情，不应当列入政府政绩的考核指标。政府不代替企业，也不代替市场。

科学发展观与社会主义市场经济体制，二者有联系，也有区别。前者讲指导思想，后者是讲政府、企业、市场三者的分工，在国家的宏观调控下让市场在资源配置中起基础性作用。只有社会主义市场经济体制，才能实现资源的有效配置，才能更好地实现科学发展观的要求。

---

* 载《中国经济报告》2008 年 7 月号。

所以提出对 GDP 的考核应当从政府政绩考核指标中退出，不管其权重减少了多少，就是因为这种考核与我们要建立和完善的社会主义市场经济体制不符，甚至与此相悖。

在我国现行的社会主义市场经济体制下，全国计划中的 GDP 指标，亦即经济总量的增长指标，是作为预期性指标出现的。预期性指标，主要依靠市场主体的自主行为实现。政府创造良好的宏观环境、制度环境和市场环境，并适时调整宏观调控的方向和力度，综合运用各种政策引导社会资源配置，努力争取预期性指标的实现。在这里，政府是创造环境的主体，而不是实现经济总量目标的市场主体。把 GDP 及 GDP 增速列入政府领导班子与领导干部政绩考核指标，它的完成与否，得分多少，直接与干部的奖惩和升降挂钩，就把这一指标指令化了，变成了强化政府责任的约束性指标。为了取得好的政绩，地方政府的领导班子和领导干部势必争相攀比 GDP 增速，并使政府成为主导经济的直接指挥者。

GDP 是一、二、三产业的企业和生产单位创造的。为了保证 GDP 和人均 GDP 任务的完成，地方政府不得不干预企业及生产单位的生产经营活动，甚至给企业和生产单位下达指标。

GDP 的扩大，可以靠技术革新和提高效率来实现，也可以靠增加建设项目和扩大固定资产投资规模来实现。用前一种办法需要长时期的艰苦努力，不能立竿见影；而后一种办法来得快。为了实现快速，实现“跨越”，地方政府不得不以项目为抓手，在所管辖的地区范围内，安排盈利性项目，下达投资指标，并动员干部负责招商引资，直接分配政府所掌握的资源。

这种做法，使政府成了市场的主体，生产力仍然按块块布局，导致政企职责难以分开，全国难以形成统一的市场，市场对资源配置难以起到基础性的作用。在不同程度上，地方政府既代替了企业，也代替了市场。

所以形成这种局面，是因为我们的改革是从行政性分权开始的，中央把一些经济管理权力和企业管理权力下放给了地方政府。这样做，极大地调动了地方政府发展地域经济的积极性。但长此下去，不利于社会主义市场经济体制的完善。

社会主义市场经济体制的本质要求是：政企分开，企业是独立的经济实体，政府不再干预企业的生产经营活动；全国是统一的市场，不再是按块块分割；市场对资源配置起基础性作用，除少数不可再生的资源外，政府不再直接配置资源；政府负责经济调节、市场监管、社会管理、公共服务，宏观调控权在中央。所谓宏观调控，是指对供求总量的调控，不可与对企业微观经济活动的干预混为一谈。

行政性分权，并没有实现社会主义市场经济体制的这些本质要求。中央一级的许多权力下放了，地方一级权力仍然是集中的，中央的宏观调控作用难以充分发挥。当前改革面临的任务，就是要由行政性分权转到经济性分权，加快推进政企分开，规范行政管理行为，实现政府职能向创造良好发展环境、提供优质公共服务、维护社会公平正义的根本转变，使社会主义市场经济体制臻于完善。应当明确划分政府、企业、市场三者的职能，政府只承担政府该管的事，其余的该企业管的归企业，该市场管的归市场。经济总量的增长，是企业、市场、政府共同发挥作用的结果，主体是企业，政府只能引导、不能包揽，也没有能力包揽。严格地说，在社会主义市场经济体制下，政企分开，生产力不再按块块布局，地方政府已经没有必要也没有条件制定一个地区无所不包的GDP 增长计划。如果继续把 GDP 及其增速作为地方政府政绩的考核指标，那就势必阻碍政府的职能转变，使我们的改革停留在行政性分权而止步不前。

这里的关键，是如何认识社会主义市场经济，相信不相信市场在资源优化配置中的作用，并在发挥市场作用和发挥政府作用两者之间找到一个好的结合点。

从明确划分企业、市场、政府三者的职能这一点出发，有些指标是否列入政府政绩考核指标也值得考虑。比如，第三产业增加值占 GDP 比重，现代服务业增加值占第三产业的比重，高技术制造业增加值占工业增加值的比重，工业全员劳动生产率，工业经济效益综合指数，进出口总额发增长速度，人均社会消费品零售总额及增长率，固定资产投资及增长率，经济国际化水平综合指数，研发支出占 GDP 比重，科技进步贡献率，城乡居民人均收入增长，城乡居民收入比，人均储蓄存款余额及增长率，城镇居民恩格尔系数，基尼系数，人口出生性别比，等等。这些指标，有些是政府管不了的，有些只是根据统计数字作出的分析，作为导向可以，但都要求政府负责，都要给政府的政绩考核打分，那就必然使政府成为全能政府，促使政府更多地干预微观经济活动。

这些都说明，地方政府领导班子和领导干部政绩考核评价办法制定得正确与否，关系政府职能的转变，而政府职能转变的好坏又关系体制转轨的成败。对此，应当进一步展开讨论，以求得统一的认识。

# 建议推广一项能使天空变蓝的工业除尘技术*

（2008年10月15日）

送上达华工程管理集团给我的一份材料。

这份材料说明，我国天空不蓝是由于工业排放的粉尘太多，其中一半以上是燃煤电厂通过高烟筒排放的烟尘；而燃煤电厂现在采用的除尘设备基本上是静电除尘，除尘效率很差。因此，减少工业粉尘排放，让天空变蓝，改革工业除尘技术，首先是燃煤电厂除尘技术，是当务之急。

几年来，他们采用彭志民高级工程师发明的适合我国国情的袋式除尘技术专利，已在内蒙、山西的14家火电厂5万到60万千瓦机组的改造和新建中应用成功，除尘后的粉尘含量都在20－30mg/m$^3$之间。其中，山西漳山电厂两台60万千瓦机组使用袋式除尘器后粉尘排放浓度已降低为12.8mg/m$^3$，比国家标准50mg/m$^3$低了3/4。这有力地说明了袋式除尘技术的优越性和可行性。因此，用国内发明的袋式除尘技术代替现在通用的落后的静电除尘技术已经是时候了。

建议国务院指定有关部门组织专家和有关电厂对彭志民的袋式除尘技术进行论证和验证。经过论证和验证，如果认为这一技术确属切实可行，就应当制定一个袋式除尘技术的

* 给温家宝总理的一封信。

推广计划，首先在新建电厂的设计、建设中普遍采用，并对现有燃煤电厂进行技术改造。同时，研究在冶金、水泥行业推广的可能性。只要技术解决了，而认识又统一了，推广这一技术并非难事。抓紧时机，经过三到五年的努力，相信我国大气污染的状况将大为改观。

附：达华工程管理（集团）有限公司写给我的材料。

**房维中顾问：**

我集团控股的山川秀美生态环境公司，是一家从事燃煤电厂袋式除尘工程的专业公司。根据几年来在 5 万千瓦、20 万千瓦、30 万千瓦、60 万千瓦共 14 家电厂的改造和新建中采用我们自己发明的袋式除尘技术的实践经验来看，袋式除尘效率远远高于现在通行的静电除尘技术。普遍推广袋式除尘技术，可以把工业粉尘的排放降低到最低限度，使我国天空变蓝，使人们呼吸上新鲜空气。

天空为什么不蓝？主要是工业粉尘排放太多，空气中总悬浮物超标。这些悬浮物在空气中四处游荡，遮天蔽日。其中粒径小于 10 微米的可吸入粉尘，含有大量重金属元素和非金属化合物，吸入人体后严重危害人体健康。这些悬浮物主要是燃煤电厂、钢铁厂、水泥厂等工业烟尘排放造成的。

全国工业粉尘排放量，2000 年是 1092 万吨。近几年有所减少，但 2007 年总量仍在 750 万吨以上，其中燃煤电厂约占 400 万吨。在这 750 万吨中，10 微米以下的微细颗粒物约 400 万吨，其中燃煤电厂超过 300 万吨。可见，减少燃煤电厂粉尘排放是当务之急。我国 2003 年修订的《火电厂大气污染物排放标准》规定，2004 年起新建燃煤电厂烟尘排放标准提升为 $50mg/m^3$，实际上，很多电厂达不到这个标准。安徽华电芜湖发电有限公司新投产的两台 60 万千瓦燃煤机组，今年 6 月 19 日 14 点 45 分实测粉尘含量为 $135.57mg/m^3$。2007 年 10 月投产的内蒙上都发电厂两台 60 万千瓦机组，实测粉尘含量为 $115mg/m^3$。2008 年 6 月投产的福建可门发电厂两台 60 万千瓦机组，实测粉尘含量为 $84mg/m^3$。这些都远远超过 2003 年制定的国家标准。

为什么这些新建的大型电厂烟尘排放不能达标？这与电厂采用的除尘设备有关。目前，除尘设备大体有两种，即静电除尘器和袋式除尘器。静电除尘器对10微米以下的颗粒捕集率仅50%，对2.5微米以下的颗粒捕集率不到10%，对于烟气中悬浮物总体去除效果较差。也就是说，燃煤电厂烟尘排放中每年300万吨的微细颗粒是静电除尘放跑的。上述的新建大型电厂采用的都是静电除尘器。

世界上工业发达的国家，如美国、日本、德国、澳大利亚等，从上个世纪70年代开始逐步将静电除尘器改为袋式除尘器，以满足不断提高的烟尘排放标准的要求。其中，澳大利亚80%以上的电厂应用袋式除尘器，烟尘排放标准提高到$20mg/m^3$，使澳大利亚过上了蓝天白云、绿草羊群的田园牧歌式生活。

我国没有使用袋式除尘器，是由于1983年电力部在几个电厂中引用国外袋式除尘技术试验没有成功，因而止步不前，致使20年多年来静电除尘技术一直占据国内市场。

我公司高级工程师彭志民同志经过多年潜心研究，改进了传统的袋式除尘技术，1999年申报了“分室脉动反吹玻璃纤维袋式除尘器”，2003年申报了“大型分室定位脉动反吹袋式除尘器”，2007年申报了“外滤式袋式除尘器及其清灰方法”等三项国家专利和发明，都已获得专利权。这项技术从2001年起，先后在呼和浩特热电厂5万千瓦机组、丰镇发电厂20万千瓦机组、山西阳光发电厂30万千瓦机组和山西漳山发电厂60万千瓦机组等14家电厂的改造和新建中应用，除尘后的粉尘含量都在$20-30mg/m^3$之间，其中2008年建成投产的山西漳山电厂两台60万千瓦机组使用袋式除尘器后粉尘含量为$12.8mg/m^3$，都大大低于国家规定的排放标准。

这项新技术与静电除尘技术相比，投资相对较低，但除尘效率高，尤其是对10微米以下粉尘的除尘效果更为明显，对于微细颗粒物的除尘效率可以达到90%。这项新技术节省电能，节省钢材，节省占地，同时运行成本低。

这项新技术在推广应用中遇到的困难和阻力是：①观念上，人们往往停留在80年代不成功的布袋技术的认识上；②设计上，目前各地新建的大型电厂几乎全部采用静电除尘设备；③建设上，使用多年的静电除尘是安全的，如果采用新技术怕承担责任风险。由于这些原因，导致我们新建的大型电厂和老电厂的改造，袋式除尘技术难以全面推开。

我们认为，如果不用袋式除尘技术代替现行的静电除尘技术，2003年国家规定的火电厂烟尘排放标准是难以实现的。而这个标准现在已经落后了，应当代之以更高的标准。新建的燃煤电厂应当有步骤地推广使用这项技术；现有的5亿千瓦燃煤老电厂应当下决心实施除尘技术改造，力争在3－5年内有步骤地将静电除尘改为袋式除尘，将燃煤电厂10微米以下微细颗粒物排放总量从目前的300万吨降低到100万吨以下。与此同时，将袋式除尘技术逐步推广到冶金和水泥行业。

为了使袋式除尘专利技术日臻完善，建议在国家支持下，我们和科研、大学等有关单位联合建立一个除尘工程技术实验室，开展有关的科学实验。

建议进一步修改《火电厂大气污染物排放标准》，以推动新的除尘技术的推广应用。同时，加大排放标准的执法力度，建立严格的监管体系。

我们相信，经过几年的努力，我们会呼吸到新鲜空气，享受到蓝天和白云带给我们的喜悦。

以上情况，建议报给国家领导以及有关部门。

达华工程管理（集团）有限公司

2008年10月14日

# 扩大固定资产投资应当慎之又慎*

（2009 年 1 月 15 日）

针对国内经济增长速度下滑，从中央到地方都在采取刺激经济的措施。其中最重要的措施，是扩大固定资产投资。

2008 年 11 月，国务院确定紧急增加中央投资 1000 亿元，并且尽快落实到项目上。这 1000 亿元所涉及的建设工程，2009、2010 两年大体需要 4 万亿元投资。接着各省市纷纷提出了自己的增加投资计划，据有些机构统计，总额已经达到 18 万亿元。

这就是说，不论中央还是地方，在固定资产投资上都在做加法。中央在做加法，地方在做更大的加法。

中央的 1000 亿元以及 4 万亿元的投资计划，基本上是民生工程和公共性的基础设施工程，没有形成大规模生产能力的工程。据公布，4 万亿元的构成是：

保障性安居工程 2800 亿元；

农村民生工程和农村基础设施 3700 亿元；

医疗卫生、文化教育事业 400 亿元；

生态环境 3500 亿元；

自主创新和产业结构调整 1600 亿元；

铁路、公路、机场、城乡电网 18000 亿元；

---

* 载《中国经济报告》2009 年 1 月号。

灾后恢复重建1万亿元。

这里除了建那么多铁路，将来有没有那么多的运量值得斟酌以外，其他大多是关系人民生活的必需工程和过去应当做而来不及做的欠账工程。这个加法是应当做的。在这4万亿元中间，中央投资1.18万亿元，有2.82万亿元要靠地方财政、银行贷款和吸引社会资金进行配套。这需要有正确的政策措施，调动各个方面投资的积极性，加以落实。

至于地方的18万亿元，都加在哪些方面，资金从哪里来，并不清楚。但已经看到不少省份提出扩大投资规模，着力增强投资拉动力，并且提出一批大项目，扩大生产能力。因此，这些加法是不是都应当做值得怀疑。

据国家发改委发布的信息，2007年全社会固定资产投资13.7万亿元，2008年要超过17万亿元，2009年是20万亿元。这表明，2009年新增加的投资额远远大于2008年由于项目建成投产而减少的投资额，使已经过大了的固定资产投资规模进一步扩大。这就值得斟酌，需要慎重考虑。

经验证明，全社会固定资产投资每年的增速保持在10%－15%之间比较正常，连续几年超过20%就出问题。2003年以来，我国全社会固定资产投资的增速连续6年在20%以上，造成能源消耗过大，环境污染加剧，居民消费率下降，进出口依存度过高，低端产品的产能过剩。尽管中央、国务院连续几年敲起投资规模过大的警钟，并且提出尽快转变依靠投资和出口拉动经济增长的模式，但投资仍然连年大幅度上升。如果2008年固定资产投资超过17万亿元，2009年达到20万亿元，则2008、2009年的投资增长速度仍然在20%以上或者接近20%，一些新项目开工了，2010年将更加欲罢不能，这就难以改变依靠投资拉动经济增长的模式，国民经济中存在的深层次问题不但不能缓解，而且有可能进一步加剧。

应当看到，我们面临的问题是产能过剩，特别是重化工行业低端产品的产能过剩。扩大投资规模，可以消化过剩的产能，但也存在使过剩的产能更加过剩的危险。

据媒体报导，到2008年11月份各种重化工产品产能过剩的情况是：

钢铁行业，2008年9月以来，大钢厂普遍减产，小钢厂停了一大批。2008年6月，全国日产钢156万吨，相当于年产钢5.73亿吨的水平；2008年11月日产钢降为117万吨，相当于年产钢4.28亿吨的水平，四个月下降了25%。2008年底，全国钢的产能已经达到6.6亿吨，今后两三年这些产能到底能用多少是个未知数。

有色金属行业，铝业已遭受10多年来最严重的产能过剩，2008年8月以后已陷入全行业亏损。从10月起许多大的铝厂已先后减产，预计2009年铝的需求量很难超过2008年。

造船行业，2008年前11个月中国造船厂新订单减少44%。现在全球航运业已经陷入危机，2009年和2010年船舶制造行业将面临更大的压力。

汽车行业，11月份全国汽车产量同比下降15.9%，销售量下降14.6%。

电力行业，2008年10月份，全国发电量比上年同期下降4%，11月份进而下降9.6%，许多电厂存在“窝电”现象，有的地区新电厂建成无法投入运营。随着工业生产增长速度下降，电力行业产能过剩的情况将进一步显现。

许多行业产能过剩，现在已经看得很清楚，我们必须采取正确的对策。

人们在期待国际环境变好。但国际环境什么时候会转好，现在谁也说不清楚。美、欧、日的经济衰退，还刚刚暴露。

什么时候复苏，有的说要三、五年，有的说要十年。期望他们短期见好是不现实的。我们应当下决心，不管国外情况如何，中国绝不再做低端产品的世界加工厂。在国外需求锐减的情况下，我们必须转变依靠出口拉动经济增长的模式，积极地扩大内需，特别是扩大国内的消费需求，来填补国外需求减少的窟窿。这种转变绝不是权宜之计。对于产能过剩的行业，应当控制总产能不再增加，把主要精力用于调整产业的内部结构，采取企业重组和“上大压小”的方式，并尊重市场规律，把其中的高耗能、高污染的落后生产能力淘汰掉，促进产业升级，并把全国的能源消费总量和污染物排放总量减少下来。

2003年以来，各地为了追求高速度，违反国家的产业政策，建起了大量的技术落后的高耗能、高污染的重化工企业。虽然国家明令对这些企业要加以限制和淘汰，规定了新的准入标准，但由于国内外的需求旺盛而难以实现。现在国内外需求减少了，大量的技术和工艺落后的高耗能、高污染企业因为缺乏竞争力而停产和倒闭，这是好事，不是坏事。地方政府千万不能因为保增长，把这些落后的高耗能、高污染的企业也保了下来，更不能把已经淘汰了的落后产能重新扶持起来。建设新厂必须同淘汰落后的产能结合起来考虑，有利于加快淘汰落后的产能。淘汰落后的高耗能、高污染企业，不可避免地要有一批工人失业。对于这些失业工人，政府应当帮助企业进行救助。在这方面花一些钱是值得的。

对付产能过剩，有两种办法。一种办法，是做减法，针对重化工低端产品产能过剩，采取控总量、调结构的办法，淘汰其中落后的产能，以逐步求得产需平衡。另一种办法，是做加法，针对这些产品产能过剩，采取扩大投资的办法，从而扩大对过剩产能的需求，其结果是产能过剩一时缓和了但却造成更大的产能过剩。2004 年以来，我们走的就是后一条路，水多加面，面多加水，今后不能再走了。

在产能过剩的情况下，加强全国一盘棋的观念比什么时候都重要。各个地区如果画地为牢，为了追求本地区的经济增长，继续上一些不顾全国产能已经过剩的重化工项目，其结果必然使过剩的产能更加过剩，有些新项目建成之日难免即停产之时，最后遭殃的不是别人，而是自己。"十一五"规划已经确定但尚未完成的建设项目，应当根据具体情况进行调整，不宜存有侥幸心理。

应当看到，现在提倡的扩大内需，不是扩大投资需求，而是扩大国内的消费需求。因为国内的投资需求已经很大了，不足的是消费需求。要扩大消费需求，就必须提高居民收入在国民收入分配中的比重，更多地增加居民收入。如果不调整国民收入分配，继续扩大投资总量，势必使消费率继续下降。

第十个五年计划要求，"十五"期间居民消费率提高到 50%左右，固定资产投资率控制在 35%左右。这个计划并没有实现。由于 2003－2005 年每年固定资产投资增速都在 26%以上，投资占 GDP 的比重由 2000 年的 33%上升到 2005 年的 48.5%，导致 GDP 支出中固定资产投资率由 2000 年的 35.3%上升为 2005 年的 42.7%；居民消费率由 2000 年的 46.4%下降为 2005 年的 37.7%。

第十一个五年规划纲要要求，进一步扩大国内需求，调整投资和消费的关系，合理控制投资规模，增强消费对经济增长的拉动作用。这一个计划进行得也不顺利。由于 2006、2007 年固定资产投资高烧不退，投资占 GDP 的比重由 2005 年的 48.5%上升到 2007 年的 55%，以致 2007 年固定资产投资率仍然维持 42.3%的高度不减，居民消费率进一步下降到

35.4%。居民消费率这样低，显然难以支撑GDP的高速增长。

2007年全国GDP为25万亿元，2008年按增长9%预计，加上物价指数，GDP将增长为29万亿元。如果全社会固定资产投资达到17万亿元，比上年增长25%，占当年GDP总量的59%，新增的投资总量占当年新增GDP总量的83%，比过去任何一年都高，则2008年的投资率还要上升，居民消费率还有可能下降。

2009年全国GDP按增长8%计算，加上物价指数，GDP将增长为32万亿元左右。如果全社会固定资产投资达到20万亿元，增长速度接近20%，占当年GDP总量的63%，新增的投资总量接近于当年新增的GDP总量，则2009年的投资率还有可能上升，现有的居民消费率更无法保持。

如果2008、2009年固定资产投资真的达到国家发改委预测的那样，居民消费率将维持原地不动甚至下降，这显然不是扩大内需，而是削弱内需。

投资可以促进增长，这是事情的一面。投资过大将会抑制居民消费率的提高，从而不利于经济增长，这是事情的另外一面。我们不能只想到它好的一面，而忽视它另外的一面。

投资率过高，居民消费率过低，根源在于国民收入分配不合理。如何改变这种不合理状况，提高居民收入在国民收入分配中的比重，减少企业积累的比重，对投资需求釜底抽薪，要作为一个大问题，进行深入研究，并采取重大的步骤，使消费率和投资率达到合理水平。

在当前国际和国内的经济环境下，为保经济的可持续增长，必须调整投资与消费的关系，调整内需与外需的关系，调整产业之间与产业内部的结构、实现产业升级，努力减少能源消费总量和环境污染。这种调整是极端必要的。只有短期考虑不行，至少应当有一个两到三年的考虑，把近期同长远结合起来。

可不可以作这样的设想，到2010年或者2011年，实现以下的目标：

GDP支出总额中居民消费率提高到40%以上，投资率降到40%以下；

GDP的进出口依存度降低到40%左右，其中出口降为20%左右；

产业结构进一步合理化，淘汰落后产能与产业升级要见明显成效；

全国能源消费总量保持在“十一五”能源发展专项规划确定的27亿吨标准煤左右；

二氧化硫和化学需氧量排放总量确保比2005年减少10%以上；通过采用先进的除尘技术把燃煤电厂的烟尘排放总量特别是可吸入颗粒物排放总量减少50%以上。

采取多种措施，把失业人员减少到最低限度，并对失业人员进行救助。

这样，我们的经济就有可能切实地走上可持续发展的道路。

# 每个地区都应当算算自己的投资与消费账*

（2009年3月16日）

2009年各个地区的施政纲领已经公布。除个别地区外，其中最突出的一条，是在国际经济危机中化危为机，借机发展，着力扩大固定资产投资，特别是扩大大项目的投资，充分发挥投资对经济增长的拉动作用。

我们可以看到以下一些表述：

把大幅度增加固定资产投资作为保增长最基础、最必要的工作来推进。在困难中大干，在大干中加快追赶，在追赶中实现预期目标。

扩大投资是当前拉动经济增长最直接、最有力、最有效的途径，全力推进项目建设，努力把今后几年要开工的项目集中到2009年开工建设，力争实现全社会固定资产投资的重大突破。

进一步扩大固定资产投资规模，掀起新一轮重大项目建设高潮。

在全省的生产总值中，固定资产投资的贡献率达七成以上，保住了固定资产投资就基本能保增长，2009年固定资产投资安排1.3万亿元，不管遇到什么困难，都要坚决完成。

---

* 载《中国经济报告》2009年3月号。

积极扩大投资，继续把重大项目建设摆在突出位置。积极主动争项目，千方百计上项目，集中力量抓项目，充分发挥重大项目的集聚、引领、带动效应，为经济发展提供强有力的支撑。

以项目建设为核心，全力保持投资较快增长，以大项目带动大投资，以大投资引领大发展，迎来又一轮经济快发展、大发展的新高潮。

把投资作为拉动经济增长的第一动力，进一步加大投资力度，优化投资结构，培育新的经济增长点。在全国发展中抢占先机，在全球经济增长放慢的背景下奋勇前行。

积极引导扩大投资需求和消费需求，以投资带动消费，以消费促进增长。2009 年全社会固定资产投资确保完成 6900 亿元，力争达到 7750 亿元。

发挥政府投资的主导作用，引导和促进社会投资，把投资用在最直接、最有效拉动经济增长的地方，为保增长促发展打下坚实基础。

不管东南西北风，咬定发展不放松，以创造性工作在应对挑战中赢得新机遇，在破解难题中实现新发展。2009 年全社会固定资产投资增长 30%，力争 40%。

以上这些表述，表现了这些地方领导不怕困难勇于直前的雄心壮志。但是，值得我们关注的是，这种雄心壮志，这种决策和举措，是不是符合当前的实际，是不是有利于本地经济乃至我国整个经济的可持续发展？

为保经济的增长和人民生活水平的提高，必须有一定的固定资产投资规模，这是肯定无疑的。但是，固定资产投资规模搞多大，这是要受许多条件制约的，首要的是要处理好投资与消费的关系，看投资与消费是否形成了良性循环。

应当指出，从 2003—2008 年我国已经连续 6 年依靠投资和出口拉动实现了经济的超高速增长，在 GDP 的使用中投资与消费已经出现了严重的失衡。这种失衡在一些地区表现得尤为明显。

下面举出 16 个地区为例。

首先看这些地区 2003－2007 年 GDP 使用中投资率与消费率的变化（注）：

| 单位 | 投资率 | | 消费率 | | 其中 | | | |
|---|---|---|---|---|---|---|---|---|
| | | | | | 居民消费 | | 政府消费 | |
| | 2002 年 | 2007 年 | 2002 年 | 2007 年 | 2002 年 | 2007 年 | 2002 年 | 2007 年 |
| **全国** | **37.9** | **42.3** | **59.6** | **48.8** | **43.7** | **35.4** | **15.9** | **13.4** |
| 天津市 | 51.4 | 57.9 | 48.3 | 40.9 | 32.0 | 25.9 | 16.3 | 15.0 |
| 河北省 | 43.5 | 49.3 | 46.1 | 43.1 | 33.5 | 28.8 | 12.5 | 14.3 |
| 山西省 | 45.0 | 55.9 | 58.0 | 45.1 | 41.2 | 32.6 | 16.8 | 12.5 |
| 内蒙古 | 48.1 | 73.8 | 62.0 | 43.2 | 46.9 | 27.8 | 15.1 | 15.4 |
| 辽宁省 | 33.6 | 57.5 | 55.5 | 41.6 | 39.2 | 31.1 | 16.3 | 10.5 |
| 吉林省 | 38.8 | 69.3 | 62.3 | 46.2 | 45.0 | 32.5 | 17.3 | 13.7 |
| 黑龙江省 | 34.5 | 43.0 | 59.7 | 49.7 | 43.2 | 32.4 | 16.5 | 17.3 |
| 江苏省 | 45.7 | 48.1 | 45.6 | 42.0 | 33.0 | 28.5 | 12.6 | 13.5 |
| 福建省 | 45.9 | 50.4 | 52.7 | 45.7 | 36.8 | 33.5 | 15.9 | 12.2 |
| 安徽省 | 36.7 | 46.4 | 63.4 | 54.1 | 51.4 | 43.8 | 12.0 | 10.2 |
| 江西省 | 40.6 | 50.3 | 59.3 | 50.8 | 45.3 | 37.2 | 14.0 | 13.6 |
| 山东省 | 46.8 | 48.6 | 47.6 | 43.3 | 33.9 | 29.0 | 13.7 | 14.3 |
| 河南省 | 41.3 | 55.7 | 55.8 | 45.5 | 40.1 | 32.1 | 15.7 | 13.4 |
| 湖北省 | 41.0 | 46.6 | 54.9 | 52.4 | 43.5 | 38.8 | 11.4 | 13.5 |
| 广西区 | 35.8 | 51.0 | 69.2 | 55.1 | 47.1 | 39.7 | 22.0 | 15.4 |
| 陕西省 | 54.4 | 60.9 | 54.5 | 45.2 | 43.3 | 36.1 | 11.1 | 9.1 |

注：见 2003 年和 2008 年《中国统计年鉴》。

从上列统计表中可以看出：

1. 16 个地区中，2007 年的投资率，除个别地区外都在 45% 以上，而消费率基本上都在 50% 以下，其中居民消费率绝大部分在 35% 以下。2007 年，有 13 个地区投资增长在 25% 以上，其中有 8 个地区投资增长在 30% 以上。投资增长过快，直接导致投资率的上升。投资的增长幅度越大，投资率上升得越快。与此相对应，是消费率的下降，其下降的幅度要大于投资率上升的幅度。这是因为 GDP 的使用中，有一部分属于货物和服务的净出口，这一部分增大，虽然不列入投资率，但直接降低消费率。就全国来说，2007 年比 2002 年，投资率上升了 4.4%，消费率下降了 10.8%，就是因为在同期货物和服务净出口上升了 6.4%。作为 GDP 的使用来说，投资率与消费率的增减，完全是反向的。投资率过高，必然导致消费对经济增长的拉动不足。

2. 最终消费包括居民消费和政府消费两部分。政府消费是指政府部门为全社会提供的公共服务的消费净支出。尽管这些年政府在公共服务方面的支出有了较大幅度的增加，其增长幅度大于居民消费增长幅度，但由于投资和净出口增长过快，政府消费占 GDP 的比重逐年下降，2002 年为 15.9%，2005 年为 14.1%，2007 年为 13.4%。在上述 16 个地区中，2007 年有 10 个地区的政府消费率比 2002 年下降。这说明，就多数地区来说，消费率的下降，不仅是居民消费率下降，政府消费率也在同时下降。

3. 严格地说，按支出法计算国内生产总值的使用及构成，以全国为单位进行核算才有真实意义，就一个地区核算投资率与消费率意义是不大的。因为全国是一个统一的市场，各地区的资本、劳动力等生产要素和商品、服务等产出是在全国流动的，按地区计算投资率与消费率很难反映真实的情况。但是，在我国当前的体制下，从地区的投资率与消费率的核算中可以看出这样一种趋势，如果绝大多数地区的投资率都高，就必然抬高全国的投资率，加剧全国投资与消费的失衡。我们现在的情况正是这样。由于全国是一个统一的市场，商品是在全国流动的，如果各地区各自配置资源，地区间又相互攀比 GDP 和投资的增长速度，必然导致资源的不合理配置，不利于全国的综合平衡。就一个地区来说，生产能力上去了，而在全国来说则造成产能过剩，或者使过剩的产能更加过剩。可见，以 GDP 的增长和投资率的提高来评价一个地区的政绩是不科学的。保持经济增长的一定速度和投资的一定规模是必要的，但超过了一定限度，其效果就适得其反。这就是为什么要强调全国一盘棋的重要意义所在。

4. 投资率与消费率，在正常情况下，应当有一个合理的比例关系。在上个世纪八十年代初讨论长期规划时，中央着重讨论了积累和消费的关系。1958－1960 三年大跃进，积累率有两年高达40%左右，国民经济出现了大问题。1978 年又由于投资规模过大，积累率达到36%以上，国民经济又出现了问题。中央认为，积累率太高，不利于经济的协调发展。研究部门建议，积累率保持在25%左右比较合适，中央同意。1980 年，邓小平说："我们这次搞长期规划，积累率就定在25%这个杠杠上"。后来虽然超过了，但仍然控制在30%左右。从"一五"到"六五"的六个五年计划时期，个别年份积累率有高有低，但五年合计在24%到33%之间。虽然现在的国民经济核算体系和方法与过去不同，现在统计的投资率与过去统计的积累率在口径上也不一样，但投资率不能过高，投资与消费应当有合理的比例，其道理和积累与消费应有合理的比例是相同的。1981－1985 年的"六五"计划时期，原统计的积累率为30.8%，现统计的投资率为34.4%，相差不到4个百分点，两者还可以参照。

现在与过去不同，过去发生的问题是供给不足，总需求超过总供给；现在的问题是供大于求，总供给超过了总需求，表现为总产能过剩。2003年以来，全国全社会固定资产投资增长速度都在25%以上或者接近25%，投资率从35%左右上升到2007年的42%以上，而消费率则急转直下，从60%左右下降到2007年的不到50%，其中居民消费率下降到35%左右。在全国人大通过的我国2001－2005年的“十五”计划纲要中，曾经要求把居民消费率提高到50%左右、投资率调控在35%左右。这一规划是有道理的，但没有实现，五年合计，居民消费率降到41.1%，投资率上升到40.7%。在全国人大通过的2006－2010年的“十一五”规划纲要中，指出了“十五”快速发展中出现的突出问题是：投资和消费关系不协调，部分行业盲目扩张，产能过剩，经济增长方式转变缓慢，能源资源消耗过大，环境污染加剧。纲要明确提出了进一步扩大国内需求，调整投资和消费的关系，合理控制投资规模，增强消费对经济增长的拉动作用。这一规划同样是有道理的，但也没有起作用，投资与消费两者之间的失衡更趋严重。其后果是靠投资扩张支撑起来的庞大生产能力，远远超过了国内的最终消费需求，不得不过多地依靠出口加以平衡，以致2007年国内出口总额占到GDP的37%。同一个时间，日本对外出口的依存度只有16.3%，美国只有8.4%。投资率过大、消费率过低，已经成为经济发展的严重障碍。看不到这一点，就是对经济全局的茫然无知。

现在，我们再看看这些地区2008年的全社会固定资产投资预计和2009年的投资计划：

| 单位 | 全社会固定资产投资（注） | | | | 投资相当于GDP的比重（%） | | | 新增投资占新增GDP比重（%） |
|---|---|---|---|---|---|---|---|---|
| | 2008年预计 | | 2009年计划 | | | | | |
| | 总额（亿元） | 增速（%） | 总额（亿元） | 增速（%） | 2007年 | 2008年 | 2009年 | 2009年 |
| **全国** | **172291** | **25.5** | **207000** | **20** | **55** | **57** | **63** | **96** |
| 天津市 | 3404 | 42.5 | 4255 | 25 | 47 | 54 | 59 | 89 |
| 河北省 | 8800 | 28 | 10420 | 18 | 50 | 55 | 58 | 78 |
| 山西省 | 3700 | 26 | 4600 | 24 | 50 | 53 | 59 | 112 |
| 内蒙古 | 5600 | 29 | 7100 | 25 | 72 | 74 | 79 | 107 |
| 辽宁省 | 10016 | 34.7 | 13000 | 30 | 67 | 74 | 84 | 146 |
| 吉林省 | 5600 | 40 | 7168 | 28 | 69 | 88 | 97 | 153 |
| 黑龙江省 | 3669 | 28.1 | 5000 | 35 | 40 | 44 | 53 | 122 |
| 江苏省 | 15000 | 22.7 | 17550 | 17 | 48 | 50 | 51 | 61 |
| 福建省 | 5270 | 22 | 6060 | 15 | 46 | 48 | 50 | 64 |
| 安徽省 | 6789 | 33.3 | 8140 | 20 | 69 | 78 | 82 | 111 |
| 江西省 | 4738 | 43.5 | 6160－6630 | 30－40 | 60 | 73 | 84－90 | 165－220 |
| 山东省 | 15435 | 23.1 | 18550 | 20 | 48 | 50 | 52 | 63 |
| 河南省 | 10400 | 30 | 12480 | 20 | 53 | 57 | 59 | 73 |
| 湖北省 | 5798 | 27.9 | 6900－7750 | 20－33 | 47 | 53 | 55－62 | 72－127 |
| 广西区 | 3710 | 25 | 4650 | 25 | 49 | 52 | 57 | 90 |
| 陕西省 | 4800 | 32 | 6300 | 31 | 62 | 70 | 79 | 125 |

注：多数是根据地区公布的具体数字计算，一部分是根据地区公布的增长速度测算。

2008年各地区的投资率与消费率，现在还没有统计数字，2009年的投资率与消费率现在还测算不出来。从投资占GDP的比重和新增投资占新增GDP的比重来看，虽然不十分准确，但可以看出2009年多数地区的投资率还可能上升，消费率还可能下降。在所列的16个地区中，2009年固定资产投资相当于GDP的比重，都比2008年有所上升，有12个地区已占到60%以上或者接近60%，有9个地区2009年新增固定资产投资超过了当年新增 GDP，这值得警惕。

许多地区所以作出这样的安排，是由于他们认为，尽管资本主义国家出现危机，但自己地区加快经济发展的基本趋势没有改变，因此可以变不利为有利，“在危机中抢抓新机遇，在困境中实现新跨越”。这种认识，忽视了三个情况：

第一、资本主义国家发生了严重的经济危机，而且这个危机不是短期可以过去的。2009 年他们的经济将出现负增长，进口需求将严重萎缩，其影响波及亚洲乃至全球，包括新兴市场和发展中经济体，没有一个地区可以幸免。中国出口占国内 GDP 的 30% 以上，其所受的影响绝不可以低估。今年 1、2 月份，我国进出口总值出现了 27.2% 的负增长，其中出口负增长 21.1%，这是必然的。

第二、在国际市场萎缩的情况下，我国产能过剩的情况将更趋严重。全国产能过剩，其影响不可能不波及全国的每个地区。这是我们面临的最大挑战。

第三、为应付产能过剩，必须积极地调整投资与消费的关系，降低投资率，提高消费率，而不是相反。全国应当如此，每个地区也必须对此慎重考虑。

说我国的工业化和城市化远没有完成，长期的发展趋势仍然看好，这个判断是对的。但是，就近期来说，上述的一些情况已经发生了变化，而且是很大的变化，我们必须调整政策，切实地转变经济的增长方式。

我们可以而且应当在危机中抓住机遇。但是，今天的机遇，绝不是为了追求速度重新掀起大干快上的机遇，而应当是调整结构的好机遇，使我国经济从严重失衡中逐步走向平衡。所说的调整结构，第一就应当是调整内需与外需的结构，提高内需的比重，降低对外需的依赖。第二就应当是调整国民收入的分配结构，提高消费率，降低投资率。第三是调整产业结构，突出农业，淘汰落后工业产能，加大节能减排力度，实现产业升级。只有调整好结构，才能为保增长打下坚实的基础。在投资与消费已经严重失衡、表现为消费严重不足的情况下，继续扩大投资，将使经济的增长更加失去有力的支撑。这样做，不是化危为机，而是把我国经济进一步推向险境。

科学发展观，要求经济的发展必须符合经济发展的客观规律。形势变了，我们的思想必须适应已经变化了的形势。逆势而上，以不变应万变，扭住扩大投资不放，一条道跑到黑，未必是科学的思维方式。

我们党有一条历史经验，就是在困难的时候，我们工作的基点应当是：争取快，准备慢。凡是有利于争取经济发展的，我们都应当尽力去做。但是，也要考虑到，工作都做了，还可能不够快，所以要做慢的准备。

2009 年一些地区的固定资产投资计划过于庞大，不可知的因素很多，对完不成计划有所准备，可能不是多此一举。在近几年的全社会固定资产投资中，国家预算内资金占 4% 左右，国内贷款占 15－20%，利用外资占 4% 左右，自筹和其他资金占 72－77%。在国际和国内产能过剩的情况下，投资的需求和企业的投资欲望绝不会像前几年那样的冲动，投资不会呼之即来。在这种情况下，投资计划搞大了，不仅会落空，而是许多项目特别是大项目铺开了，资金接续不上，必然形成大量的半拉子工程，想下下不来，想上又上不去。这就是通常说的“上马容易下马难”。政府可以调节经济，但不要忘记仍然要发挥市场对资源配置的基础作用。如果把以自筹为主的全社会固定资产投资规定得死死的，而且不管遇到什么困难都要坚决完成，政府意愿完全代替了市场主体的意愿，这是无法做到的，而且也是不应当的。

转变增长方式，讲求经济效益，不应停留在口头上，而应当见诸行动。在当前，各地区好好算一算自己的投资与消费账，并且好好分析一下国际与国内形势，转变观念，采取正确的决策，看来实属必要。什么账都不算，是要吃亏的。经济学的基本原理，对我们还是管用的。

# 总结经验教训，加快转变增长方式，完善社会主义市场经济体制*

（2009年7月20日）

2008年下半年，我国经济增长速度深度下滑，其原因是多方面的。外因是美国爆发金融危机及其引发的欧美日经济衰退，外需急剧减少。内因是我们多年来采取的依靠投资和出口拉动经济增长的模式已经难以为继，经济体制存在严重的缺陷。

从2006年开始执行的“十一五”规划，本来要解决国内存在的这些问题，但是不但没有解决，反而使问题更加严重。总结经验教训，应当从这里开始。

**“十一五”规划，是一个调整发展思路、加快转变经济增长方式的规划，实行结果却事与愿违。**

2006年3月全国人大通过的“十一五”规划纲要，总结了“十五”时期经济发展的成就，也指出了“十五”时期快速发展中出现的突出问题。这些问题是：投资与消费关系不协调，部分行业盲目扩张、产能过剩，经济增长方式转变缓慢，能源资源消耗过大，环境污染加剧，城乡、区域发展差

* 载《中国经济报告》2009年7月号。

距和部分社会成员之间收入差距继续扩大，社会事业发展仍然滞后，影响发展的体制机制障碍亟待解决。同时，指出了国际环境复杂多变，世界经济发展不平衡状况加剧，对我国经济社会发展和安全提出了新的挑战。

“十一五”规划纲要，明确提出了进一步调整推动发展的思路，加快转变经济增长方式，明确规定了以下六个政策导向：

第一，把扩大国内需求特别是消费需求作为基本立足点，促使经济增长由主要依靠投资和出口拉动向消费与投资、内需与外需协调拉动转变；

第二，把调整经济结构作为主线，促使经济增长由主要依靠工业带动和数量扩张带动向三次产业协调带动和结构优化升级带动转变；

第三，把促进经济增长方式根本转变作为着力点，促使经济增长由主要依靠增加资源投入带动向主要依靠提高资源利用效率带动转变；

第四，把增强自主创新能力作为国家战略，促使经济增长由主要依靠资金和物质要素投入带动向主要依靠科技进步和人力资本带动转变；

第五，把改革开放作为动力，促使经济增长由某些领域相当程度上依靠行政干预推动向在国家宏观调控下更大程度发挥市场配置资源基础性作用转变；

第六，把提高人民生活水平作为根本出发点和落脚点，促使发展由偏重于增加物质财富向更加注重促进人的全面发展和经济社会的协调发展转变。

应当说，这六个转变的规定是清清楚楚的，是完全正确的，是切中时弊的。其中前四项都是属于经济增长方式转变的重中之重，它体现了国家的意志。但是尽管作了这样的规定，执行情况却与此相反，经济增长依然是主要依靠投资和出口拉动，依然是主要依靠工业和数量扩张带动，依然是主要依靠增加资源投入和依靠资金和物质要素投入带动，投资与消费关系更加不协调，产能更加过剩，能源消费总量继续加大。

投资率：2000 年是 35.3%，2005 年上升为 42.7%，2008 年上升为 43.5%，2009 年固定资产投资规模更大，投资率将继续上升。“十一五”这几年，投资对经济增长的拉动作用有增无减。

消费率：2000 年是 62.3%，2005 年降为 51.8%，2008 年降为 48.6%，2009 年预计还会进一步下降。其中，居民消费率，2000 年是 46.4%，2005 年降为 37.7%，2008 年降为 35.3%。“十一五”这几年，消费对经济增长的拉动作用有减无增。

进出口依存度：2000 年是 39.6%，2005 年上升为 63.8%，2007 年进一步上升为 64.8%。其中出口依存度，2000 年是 20.8%，2005 年上升为 34.4%，2007 年进一步上升为 36.3%。“十一五”这几年出口的拉动作用更加强劲。2008 年和 2009 年进出口依存度有所下降，表明在国际形势变化的情况下，我们依靠出口拉动经济增长的模式已经走不下去了。

一、二、三产业结构，“十一五”规划期望第三产业增加值占 GDP 的比重提高三个百分点。实际情况是：2008 年第一产业增加值占 GDP 的比重比 2005 年下降了近一个百分点，第二产业增加值占 GDP 的比重比 2005 年提高了近一个百分点，第三产业增加值占 GDP 的比重维持 2005 年的比重纹丝未动。这种情况，2009 年也难以改变。

全国能源消费总量，2000 年是 13.8 亿吨标准煤，2005 年是22.5亿吨标准煤。"十一五"规划预期2010年把这一消耗总量控制在25亿吨左右，2007年发布的专项规划把这一总量放大为27亿吨，实际上2008年已达到28.5亿吨标准煤，防线一次次被突破。

这说明，"十一五"这几年经济增长方式的转变并没有加快，而是进一步放慢。前三年经济的高速增长，是建立在主要依靠资金和物质要素投入、经济结构愈加不合理的基础上。这样的"大起"之后难免"大落"随之而来。2008年10月以后经济增长速度大幅下滑，除了国际的原因，也是传统的经济增长方式难以为继的必然结果。

**加快转变增长方式的目标落空，根子在于政企不分、块块分割的体制，在于地方执行的不是国家的计划，而是以追求发展速度为主要目标、以扩大投资规模为主要手段并以行政干预为主导的地方自己制定的计划。**

2006年3月，我们曾经发表文章分析过多个地区人大会通过的地方"十一五"规划。我们发现，地方的"十一五"规划与全国的"十一五"规划有以下重大差别：

1."十一五"的经济预期年均增长率，全国规划为7.5%；省、地、县规划平均为10%、11%、12%以上，高出全国规划30%、40%、50%。年度计划也是一样。"加快发展不动摇"，是地方的普遍行动口号。

2. 地区经济的高增长预期是以高投入作为支撑的，不少省区市的"十一五"固定资产投资总额都成倍地高于"十五"，有的高出1.5倍、两倍甚至更多。这些投资又多有重大项目和招商引资项目作为载体。"以项目建设为载体"、"狠抓项目不动摇"，这一口号具有代表性。

3. 在产业结构的选择上，多数地区仍然强调工业，特别是重化工业。“工业强省”、“工业强市”、“工业强县”，成为共同的追逐目标。

4. 能源消费总量，全国还有一个中期规划，地方根本没有这方面的规划，甚至连统计数字也说不清楚。

这就是说，地方的“十一五”规划经济的增长方式依然是沿袭传统的方式，而没有转变。全国7.5%增长速度的制定，是综合考虑各方面因素，根据需要和可能提出的，它是建立在优化结构、提高效益、降低消耗、保护环境基础上的。地方追求的增长速度一高，就把整个的综合平衡打乱了，什么优化结构、提高效益、降低消耗、保护环境统统放到了从属的地位，从而把“加快转变增长方式”变成了一句空洞的口号。

我们曾经论述过，各地区制定的“十一五”规划就总体来说与全国规划差距那么大，两者能否“并行不悖”和“和平共处”？结论是否定的。第一，两者规划的政策导向不同，全国规划追求的是低投入、低消耗、低污染、高效益；许多地区的规划依然是高投入、高消耗，从而必然是低效益，两者是不相容的。第二，全国的规划要靠地区去执行，如果地区执行的不是全国的规划而是地区自己的规划，那全国规划必然被架空、被地方规划所取代。2006－2008三年的事实，证明了这一判断的正确性。

地方规划与全国规划的另一个重大差别，在于全国规划制定的预期性指标，主要依靠市场主体的自主行为实现，发挥市场对资源配置的基础性作用，这符合社会主义市场经济的原则；而地方规划制定的预期性指标，是由政府主导实现的，即由政府下达，并且把主要指标完成好坏列入政府干部政绩考核指标，从而把预期性指标变成为各级政府必须完成的指令性指标，这不符合社会主义市场经济的原则。“十一五”规划纲要提出的六个政策导向的第五条“促使经济增长由某些领域相当程度上依靠行政干预推动向在国家宏观调控下更大程度发挥市场配置资源基础性作用转变”，也成为空中楼阁。

从这里可以发现，为什么中央屡屡强调转变增长方式而转变不了，根源在于中央的方针并没有普遍为地方干部所理解、所接受、所遵循，地方干部往往强调地方的特殊性和独立性，在实际行动上不执行国家的统一方针和政策。而在体制上，地方政府并没有把该由企业管的事交给企业、该由市场管的事交给市场，把自身的职能转到经济调节、市场监管、社会管理、公共服务上来，对地方经济仍然是统帅一切，处于主导的地位。全国不是统一的市场，计划体制仍然是以地方计划为主。

这就是问题的症结所在。

**党的十七大制定了 2020 年全面建设小康社会的目标，并且提出实现这一发展目标，关键要在加快转变经济发展方式、完善社会主义市场经济体制方面取得重大进展。我们必须为此身体力行。**

2007 年召开的党的十七大，提出在优化结构、提高效益、降低消耗、保护环境的基础上，实现人均国内生产总值到 2020 年比 2000 年翻两番。同时提出，实现这一发展目标，关键是要在加快转变经济发展方式、完善社会主义市场经济体制方面取得重大进展。

大致测算，从 2011 - 2020 年十年间，GDP 每年增长 6%左右，2020 年人均 GDP 就可以比 2000 年翻两番。同现在年均增长10%相比，这好似轻而易举。但是，中央规定的翻两番是有前提条件的，这就是要在优化结构、提高效益、降低消耗、保护环境的基础上。这四者决不是一个空洞的前置词，而必须有明确的目标，并且置于优先地位。多少年来，我们在优化结构、提高效益、降低消耗、保护环境上欠了很多账，今后不仅要做到新账不欠，而且要做到老账要还。就这个意义来说，6%左右的年均增长率并不轻而易举。

美国发生的金融危机以及欧美日的经济衰退，其影响波及全世界，而且将改变全世界的发展格局，也使中国的经济发展面临一个转折。要避免这种危机再次发生，世界的主要国家都要总结经验，改变他的增长模式，不能企望一切再回到危机前的状况。

中国将进入一个中速发展时期，不可能再回到2003－2007年的高速发展时期。这是因为，国际经济形势巨变，发达国家即使结束衰退，也不可能回到2008年以前依靠过度消费维持的繁荣状态。我国国内产能过剩，消化过剩的产能只能主要依靠国内的消费需求。在产能过剩的情况下，企业利润率下降，进而投资的欲望也将会减弱。我国的能源和资源的消费总量增长太快，无法维持。环境生态恶化必须遏制，否则2020年很难实现人们渴望的呼吸到新鲜空气、喝上清洁的水的全面小康生活，而且我们必须承担控制温室气体排放的共同而有区别的责任。这就是说，未来有三个不复存在，或者三个已经结束。一是大进大出的时代已经结束。二是企业高赢利和投资高增长的时代已经结束。三是高耗能、高污染、无序和过度开发的时代已经结束。归根结底，建立在上述前提下的爆发式的高增长时代已经结束。当然，中国工业化城市化的进程还没有结束，增长仍然有潜力，但是奢望恢复过去的高增长已不现实。什么时候不追求高速度了，什么时候经济增长方式才能转变。

中国经济面临的转变增长方式和调整结构的任务是艰巨的。只有增长方式转变，调整好内需与外需、投资与消费、经济增长与资源环境承载能力的结构，我们的经济才能走上可持续的健康发展之路。而实现这一任务的关键是改变以地方计划为主、资源配置以地方政府为主导的体制，以及相应的财税体制。

我们是一个统一的国家，全国是一个统一的市场。内需与外需、投资与消费、经济增长与资源环境承载能力的结构是否合理，这不是一个地区能够判断出来的，也不能要求地区对此作出判断。地方有各种各样的理由，要求多搞一些投资，多上一些工业项目，多消耗一些能源和资源，把经济增长速度搞快。至于这样做，在宏观上能否承受得了，会发生什么问题，那不是地方要考虑的问题，而是国家要考虑的问题。全局把握不好，出了问题，很难责怪地方，要地方承担责任。

因此，要转变经济增长方式，调整经济结构，必须彻底改变地方政府的政企不分、画地为牢的体制，把社会化大生产的计划权和管理权从地方政府手里拿出来，真正实现在国家宏观调控下让市场对资源配置起基础性作用。既然我们实行的是社会主义市场经济，把配置资源的基础性作用交给了市场，地方政府没有理由不这样做，也不应当要求地方政府不这样做。不从体制和机制上解决问题，不在转变地方政府职能上下功夫，国家再怎么提倡宏观调控，宏观调控部门再做多大的努力，中央的计划依然起不到应有的作用，宏观调控的作用依然有限。2007 年国家计划的经济增长率为 8%，实际达到 13%，超过国家计划 60%，这还有什么计划性？

现代化的大工业，现代化的服务业，以行政区为界，块块分割，画地为牢，这是极端落后、极端不合理的，弊病太多。再不考虑改变，还要等到什么时候？

认真总结经验，转变观念，是贯彻执行党中央第十七大所要求的加快转变发展方式、完善社会主义市场经济体制的前提，是把经济社会发展切实转入全面协调可持续的科学发展轨道的前提。不是中央做一个决定，问题就解决了。转变增长方式，从十三大讲到十七大，实行社会主义市场经济，从十四大讲到现在，并且已经写入宪法，但到现在依然是一个亟待解决的问题，这个教训还不值得总结吗？思想观念不转变，一切都无从谈起。而不认真地总结经验教训，思想观念也难以转变。改革的动力要从认真总结经验教训中产生。现在到了认真总结经验教训的时候了。

国宏观经济丛书(2008)

IACROECONOMY (2008)

# 动与

ment and Industrial

社